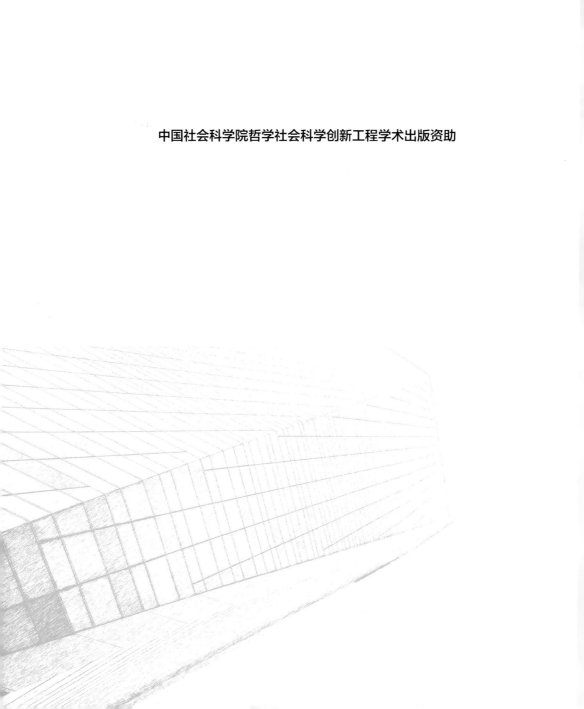

中国社会科学院哲学社会科学创新工程学术出版资助

滥用市场支配地位的反垄断法原理

郝俊淇　著

中国社会科学出版社

图书在版编目（CIP）数据

滥用市场支配地位的反垄断法原理/ 郝俊淇著 . —北京：中国
社会科学出版社，2022.9
ISBN 978 - 7 - 5227 - 0037 - 3

Ⅰ. ①滥… Ⅱ. ①郝… Ⅲ. ①反垄断法—研究—中国
Ⅳ. ①D922. 294. 4

中国版本图书馆 CIP 数据核字（2022）第 056983 号

出 版 人	赵剑英
责任编辑	许　琳
责任校对	赵雪姣
责任印制	郝美娜

出　　版	中国社会科学出版社
社　　址	北京鼓楼西大街甲 158 号
邮　　编	100720
网　　址	http://www.csspw.cn
发 行 部	010 - 84083685
门 市 部	010 - 84029450
经　　销	新华书店及其他书店

印　　刷	北京君升印刷有限公司
装　　订	廊坊市广阳区广增装订厂
版　　次	2022 年 9 月第 1 版
印　　次	2022 年 9 月第 1 次印刷

开　　本	710×1000　1/16
印　　张	24
插　　页	2
字　　数	369 千字
定　　价	138.00 元

序

就国家治理经济的法律形式而言，存在着财产合同等民商事法、反垄断法、行业或领域监管法、宏观调控法、国有化法等不同方式。作为市场经济的一项基础法律制度和治理工具，反垄断法着眼于市场竞争机制，旨在预防和制止形成、维持、加强市场力量以及不当利用市场力量的垄断行为，保护市场自由、公平竞争，以此提高经济运行效率，维护消费者利益和社会公共利益，促进市场体系一开放、规范有序、创新健康高质量发展。

从全球范围看，当前有130多个法域建立了反垄断法律制度。其中，禁止滥用市场支配地位制度是各法域反垄断法的基础支柱制度之一。从学理层面看，滥用市场支配地位行为也被称作反垄断法里的"单边行为"，区别于垄断协议、经营者集中等反垄断法里的"多边行为"。尽管同样会对竞争机制、经济效率、消费者利益等造成损害，多边行为是两个或两个以上经营者通过协议、决定、协同行为、合并、资产或股份收购、委托经营、合营、人事或业务控制等不正当联合方式形成、维持、加强市场力量的行为；而单边行为是已经具有较大程度市场力量（市场支配地位）的经营者，采取不公平定价、掠夺性定价、搭售捆绑、拒绝交易、限定交易、歧视性待遇等反竞争策略维持、加强市场力量或不当利用市场力量的行为。相较于多边行为，单边行为在反垄断法里的争议更大。因为竞争是一个残酷的过程，具有市场支配地位的经营者单方面做出的诸多行为，不可避免地会压制竞争对手的竞争能力、商业机会和利益空间，但这可能只是激烈竞争和创新驱动的正常表现或"副产品"，而非总是反竞争的违法行为。也就是说，"效能竞争"（competition on the merits）与"滥用行为"之间的界限往往十分模糊，要把"麦粒"完好地从"谷糠"中分离出来并非易事。最明显的，同样是削价行为，什么情况下是有利于消费者的"效能竞争"，什么情况下是有害于竞争机制和消费者的掠夺性定价，二者的边界不甚清晰，以至于各法域采取了大相径庭的认定规则或责任标准。

《中华人民共和国反垄断法》（以下简称《反垄断法》）第三章对"滥用市场支配地位"作了框架性规定，涉及典型滥用市场支配地位行为的列举，市场支配地位的定义，市场支配地位的认定和推定规则。《反垄断法》自2008年实施以来，反垄断执法机构和法院处理了多起具有重大影响的滥用市场支配地位案件，如"高通垄断案""利乐垄断案""阿里巴巴垄断案""美团垄断案""奇虎诉腾讯垄断案""华为诉IDC垄断案"等，涉案滥用市场支配地位行为主要包括不公平高价、搭售、附加不合理的交易条件、限定交易、差别待遇、忠诚折扣等。这些案件的处理起到了以案释法、立规矩、儆效尤的积极作用。但也应当看到，滥用市场支配地位行为不限于上述"典型情形"。一方面，从美国、欧盟等反垄断先进法域的经验看，受到反垄断法规制的滥用市场支配地位行为还包括限制性定价、利润挤压、策略性的产能结构、售后市场锁定、掠夺性的产品或设计更新、掠夺性雇佣、对新技术不予披露、以欺骗手段获得专利并实施该专利、明知专利无效或不可实施而实施该专利、积聚竞争性专利而不使用、与标准制定相关的专利伏击或专利劫持、虚假诉讼、滥用政府程序操纵管制措施等"非典型情形"。另一方面，伴随数字经济的兴起和快速发展，滥用市场支配地位行为在数字市场或平台经济领域有了新的表现形式，如平台包抄、隐私政策搭售、强制搭便车、自我优待、算法价格歧视、限制多归属、强制平台"二选一"、过度收集和处理消费者个人数据等。可见，滥用市场支配地位行为的外延非常宽泛。

2022年4月10日，中共中央、国务院发布《关于加快建设全国统一大市场的意见》，强调"加强和改进反垄断反不正当竞争执法司法"

"健全反垄断法律规则体系,加快推动修改反垄断法""完善垄断行为认定法律规则"。在这样的背景下,面对日益纷繁复杂的潜在滥用市场支配地位行为,准确把握滥用市场支配地位的概念内涵和规范原理,为相关行为设置适切的认定规则或责任标准,变得尤为迫切和重要。遗憾的是,包括中国《反垄断法》在内的相关法域立法文本,都只使用"滥用市场支配地位"的术语,或仅对相关行为予以列举,而不解释"滥用"的含义,也不提供可资操作的一般性判断标准。这样的规范现状无疑加大了滥用市场支配地位反垄断执法司法的不确定性和出现错误的可能性。在宽泛意义上,可以说滥用市场支配地位是经营者单方面做出的反竞争行为,是对市场支配地位的不正当利用行为,是维持或加强市场支配地位的不当行为,等等。然而,概念越抽象,其内涵越匮乏,也就越容易陷入意义空洞化的倾向。其实,概念没有类型是空洞的,类型没有概念是盲目的。用德国法学家考夫曼的话来说,法律以及法律发现的成功或失败,取决于能否正确地掌握概念背后的类型。所以,对滥用市场支配地位的内涵和规范原理的窥探,有必要借助类型的思维方式。

在此意义上,郝俊淇博士所作《滥用市场支配地位的反垄断法原理》一书,其主要价值在于突破了单一、具体的滥用市场支配地位行为的规制研究视域,以滥用市场支配地位行为可能导致的排他效应、扭曲效应、剥削效应等损害类别(损害理论)为基础,构建和阐释了滥用市场支配地位的基本规范类型,即"扭曲性滥用""剥削性滥用""排他性滥用",以及作为其规范前提的"单独市场支配地位"和"共同市场支配地位"。按照本书作者的界定:扭曲性滥用,即具有市场支配地位的经营者对与其并无关联但相互竞争的客户实施歧视性待遇行为,使某些客户处于竞争优势、某些客户处于竞争劣势,由此扭曲客户所在市场的有效竞争机制;剥削性滥用,即具有市场支配地位的经营者利用支配地位带给它的商业机会,对交易相对人采取不公平、不合理或不相称的手段,榨取其在正常和充分有效竞争情形下无法获取的商业利益;排他性滥用,即具有市场支配地位的经营者采取排他性行为策略,限制竞争对手的商业机会或者打压竞争对手的竞争性反应,损害竞争过程,以维持或加强其市场支配地位，却未合乎比例地带来补偿性利益特别是消费者利益在上述类型体系和思维方式下，对案件处理者而言，重要的不仅仅是识别涉案行为的表现形式，更重要的是洞察行为具有何种损害机理、导致何种损害效应、落入何种规范类型。换句话说，具有某种特定表现形式的行为（如搭售、限定交易、拒绝交易、差别待遇等），可基于不同的损害效应而落入不同规范类型的调整范围。所以，我们不能先入为主地把搭售、限定交易等行为视作排他性滥用行为，根据不同案件事实，其也可能构成扭曲性滥用行为或剥削性滥用行为。

进一步而言，基于这种分类体系，本书的贡献还在于：其一，尽管学界对滥用市场支配地位已建立排他性滥用（也称妨碍性滥用）和剥削性滥用的类型划分，但尚未对其一般性定义或判断标准进行探讨，本书在一定程度上填补了这一空白。其二，本书创新性地提出了扭曲性滥用的概念和类型，不仅具有理论拓补意义，而且对负有网络中立、平台中立、数据中立、算法中立等义务的传统"瓶颈设施"或新型"中介基础设施"以及数字市场"守门人"，具有重要的规范和应用价值。其三，本书对市场支配地位亦作了类型化解析，不仅包括对单独市场支配地位的规范探讨，还包括对共同市场支配地位的问题揭示、制度考察和规范建构，一定程度上弥补了我国学界对共同市场支配地位研究的不足。

不过，本书也存在有待商榷和深化研究的地方。例如，本书划分滥用市场支配地位规范类型的依据是滥用行为可能导致的损害类别，即排他效应、扭曲效应、剥削效应。但实际上，共谋效应也是反垄断法尤为关注的一类损害效应。这是否意味着本书遗漏了"共谋性滥用"的规范类型？抑或，"共谋性滥用"与本书论及的共同市场支配地位滥用，是同一个问题的两个侧面？对此，作者缺少充分的说明。还例如，本书对数字市场或平台经济领域一些特殊问题缺少足够的探讨，包括但不限于：在数字集群市场上，是否每个案件都必须界定相关市场，界定一个还是多个相关市场；数据、流量、算法、算力等因素在市场支配地位以及滥用行为的评估中具有何种相关性；是否需要改造市场支配地位的概念或者降低市场支配地位的认定标准，以缓解反垄断法在数字市场实施中

"过笨、过慢、过弱"的问题；是否需要拓展反垄断法的损害理论以回应数据隐私保护以及其他更宽泛的社会关切；对数字市场的滥用市场支配地位行为应秉持何种救济理念，如何设计有效的救济措施；禁止滥用市场支配地位制度与数字市场事前监管制度特别是"守门人"制度存在何种差异，如何协调二者的关系。其中一些问题或许超出了本书主题，不过仍值得进一步探索研究。

　　本书作者郝俊淇是我指导的博士研究生。长期以来，他勤思好学、刻苦钻研，对反垄断法以及禁止滥用市场支配地位制度保持着很高的研究热情。本书的一些内容，曾在学术会议上交流，或发表于核心期刊，得到了学界的认可。在他的新书出版之际，很高兴为其作序并向读者推荐本书。希望他将本书的出版作为新起点，继续深化滥用市场支配地位相关问题研究，在学术上取得更大的突破和进步！

时建中

中国政法大学学院路校区

2022 年 4 月 19 日

目　　录

前　　言

　　企业单方面做出的限制竞争行为及其他行为，即企业滥用市场支配地位的行为，是反垄断法的重点调整对象。然而，什么是"滥用市场支配地位"？或者说，何为"滥用市场支配地位"的规范意涵？进一步讲，识别和认定支配企业滥用行为的规范原理是什么？在笔者看来，滥用市场支配地位是企业不正当地获取、维持、加强市场支配力以及对这种市场支配力不正当行使的行为。经济学的研究表明，支配企业对市场力量的不当行使，以及市场力量被不当获取、维持或加强的过程，会造成巨大的社会福利损失，比如资源配置无效率、消费者福利的转移损失、企业内部效率损失、租金耗散以及动态效率损失等。在个案处理时，识别和平衡相关福利损失并不容易。鉴于市场过程的随机性、企业的多重属性、经济学的认识论局限、反垄断在信息和管理方面的成本约束等，滥用市场支配地位的反垄断法调整，首先应当确立具体目标，其次应当明确基本原则，最后应当根据滥用市场支配地位行为可能导致的不同性质的损害类型，划分出其在反垄断法上的基本规范类型（元规范类型），即"扭曲性滥用""剥削性滥用""排他性滥用"以及作为其规范前提的"单独市场支配地位"和"共同市场支配地位"。

　　扭曲性滥用，即上游支配企业对与其并无关联但相互竞争的下游企业（客户）实施的差别待遇行为，这种行为使某些下游企业处于竞争劣势，由此扭曲下游市场的有效竞争机制。实际上，差别待遇（价格歧视）是一种普遍的经济现象。然而，对差别待遇行为的反垄断法调整，往往是由与经济学原理相去甚远的考量因素推动的。《中华人民共和国反垄断法》（以下简称《反垄断法》）① 第 22 条第 1 款第六项将差别待遇作为一种独立的滥用行为类型，并且设定了"条件相同的交易相对人""在交易价格等交易条件上实行差别待遇"等违法性构成要件。由此产生的疑问是：如何解释第六项与其他诸项之间的关系？在剥削性滥用和排他性滥用的规范类型之外，是否存在"歧视性滥用"的特殊范畴？"歧视性滥用"的成立，需找到其所依据的独立的损害类型。差别待遇可能导致的负面效果包括：利用和剥削消费者；排挤竞争对手和妨碍市场进入；扭曲下游客户之间的竞争。据此，差别待遇可依剥削效应、排他效应（一线损害）、扭曲效应（二线损害）而归属于不同的规范类型，即剥削性差别待遇、排他性差别待遇和扭曲性差别待遇。为避免反垄断法在规范同一滥用行为时陷入双重标准，同时为了防范人为操纵规则，《反垄断法》第 22 条第 1 款第六项的规定，适宜作为调整扭曲性差别待遇和剥削性差别待遇的法律依据，但不宜作为调整排他性差别待遇的基础。扭曲性滥用，即扭曲性差别待遇，其违法性构成包含"支配地位""歧视对象""歧视行为""扭曲效应"等要件。"正当理由"在扭曲性滥用案件中具有重要性，其具体例证包括交易惯例、成本差异、切实可得性、情势变化、降价以回报客户的服务等。

剥削性滥用，不涉及对竞争过程的损害，而是对消费者利益的直接侵害，即企业利用支配地位带给它的商业机会，采取不公平高价、附加不合理的交易条件等方式榨取其在正常和充分有效竞争情形下无法获取的商业利益。剥削性滥用禁止制度的合理性，不仅与"公平价格"的经济思想和"过高定价"导致的福利转移损失有关，也与维护消费者利益和促进公平分配的价值追求相关；此外，该制度有助于增进公众对反垄断法的认同，

---

① 《反垄断法》自 2008 年开始实施，于 2022 年迎来首次修订。此次修法，条文总数由 57 条增加到 70 条，新增 12 条，将 1 个条文拆分为两条，调整了 19 个条文的顺序，新增 7 款，此外还有 15 处修改和 5 处文字增加，涉及了除附则之外的七章、原 57 条的 23 个条文。其中，第三章"滥用市场支配地位"的改动不大，仅在第二十二条（原第十七条）增加一款作为第二款："具有市场支配地位的经营者不得利用数据和算法、技术以及平台规则等从事前款规定的滥用市场支配地位的行为。"对此次修法的析评，参见时建中《新〈反垄断法〉的现实意义与内容解读》，载《中国法律评论》2022 年第 4 期。

同时具有对"错漏案件"和"缺口案件"补充调整的功能。我国《反垄断法》第 22 条第 1 款第一项有关"不公平定价"的规定、第四项有关"搭售及附加不合理交易条件"以及第六项有关"差别待遇"的规定，都可以是剥削性滥用的法律依据。《反垄断法》总则第 7 条的规定并不意味着所有滥用行为均须以"排除、限制竞争"为要件。尽管对不公平高价行为的反垄断法调整具有一定的方法支持，但其实际运作仍面临诸多弊端和困难。因此，启动对不公平高价行为的反垄断法调整应当符合相关限定条件。对不合理的交易条件而言，反垄断法对其进行谴责，需"附加"在其他违法特征更明显的滥用行为得以认定的基础上。数字经济领域的剥削性价格歧视行为（个性化定价行为），可基于剥削效应而受到禁止。这种剥削效应既可以从宏观层面加以证立，即个性化定价减损了消费者整体福利；也可以从微观层面加以证立，即个性化定价违背了消费者个体对获得公平价格和合理交易条件的实质性期待。

　　排他性滥用，即支配企业采取排他性行为策略，限制竞争对手的商业机会或者打压竞争对手的竞争性反应，损害竞争过程，以此维持或加强其市场支配地位，却未合乎比例地带来补偿性利益特别是消费者利益。实际上，"排他"或者"反竞争的排他"的概念在反垄断经济学中并不清晰。基于对待排他行为的不同友好程度，相关的反垄断经济学流派可归纳为严苛的反垄断理论流派、革命性的"反反垄断"理论流派、折中的反垄断理论流派。美国反托拉斯法和欧盟竞争法有关排他性滥用行为的反垄断法规则存在诸多差异。由于我国反垄断法与欧盟竞争法在预先信念及其所依赖的若干隐含前提或基础事实上的相似性，对系列排他性滥用行为反垄断法规则的中国化建构，可以将欧盟竞争法的对应规则作为一个相对有效的参照系。在此基础上，美国反托拉斯法的相关制度、经验可以充当某种"后现代"的知识资源，以帮助我国在市场发展、情境变迁的过程中，从视域融合的角度谨慎地做出规则调适或制度变革。"结构化合理原则"是一种重要的反垄断法分析方法，它是"纯粹规则"和"纯粹标准"的交叉融合，其主体结构包含形式化规则和实质性标准。形式化规则旨在建立"具备初步证据的排他性滥用行为"，而实质性标准旨在提供反思性的利益平衡机制。从形式化规则或类型化规则的角度看，繁复多样的排他性滥用行为可被归为三类："廉价的"排他、附条件的排他、无条件的排他。它们的违法特征依次减弱，相应的反垄断法规则也依次变得宽松。从利益平衡或正当理由衡量的角度看，"正当理由"可基于效率类型和非效率类型，分别适用效率抗辩的衡量标准和客观必要性的衡量标准。强调"规则之治"以及结构化合理分析的重要性，并不否认提炼排他性滥用行为的概括性判断标准或一般性定义的必要性。实际上，利润牺牲标准和无经济意义标准、同等效率竞争者标准、消费者损害标准，分别突出了排他性滥用行为有利可图、损害竞争过程、实质不合理的重要特征。排他性滥用的一般性定义应对这些特征加以综合。

"市场支配地位"和"实质性市场力量"通常被视为两个可以相互替换的概念。但二者不应被混同。市场力量是厂商通过有利可图的方式在相当长的一段时间内把价格提高到竞争性水平以上的能力。市场支配地位则是单个企业或者两个以上企业组成的整体，具备强大的经济实力，不受充分有效的竞争约束，并且能够妨碍相关市场的公平、有效竞争的市场地位。我国《反垄断法》第22条第3款对市场支配地位的定义，实际是在复刻市场力量的经济学含义。市场支配地位之所以构成滥用规制的前提条件，一是由于市场结构条件在滥用规制中处于核心地位，二是可以从序位决策理论、减小错误成本以及优化规则设计的角度加以解释。但是，一旦把市场力量作为市场支配地位的代理，进而预设市场力量与责任承担之间的普遍相关性，问题就会产生。因为不同于"市场支配地位"的规范化设定，市场力量可以嵌入行为促进竞争的解释，进而抵触责任承担并展现出"反相关性"。这一点尤其体现在创新特征明显的产业。市场支配地位的认定应当采取"综合方法"。市场支配地位的一般性分析框架建立在市场份额、进入壁垒、买方抗衡力量等维度之上。以上分析框架在"新经济"领域难免存在局限。对此，在调整分析框架及相关考量因素的同时，应着力于市场均衡与否的分析，以及支配企业"歧视"能力的分析。

共同市场支配地位，是相互独立的寡头企业系于特定的联系因素而组成的整体（共同实体）所具有的显著超脱其竞争对手、客户和消费者的约束，从而能够阻碍该市场之有效竞争的市场地位。实际上，寡头垄断问题，即寡头非合作的默契共谋，历来是产业组织经济学和反垄断法律、政策的重点关注。寡头市场具有复杂性。动态寡头垄断理论表明，寡头非合作默契共谋的实现，依赖于一系列严格的条件。尽管垄断协议禁止制度、企业合并控制制度、企业单边行为禁止制度为寡头垄断问题的反垄断法调整提供了潜在路径，但它们各自存在适用障碍或盲点，暴露出反垄断法调整寡头默契共谋的明显缺陷。为弥补这一缺陷，欧盟竞争法实践逐步探索和阐发出了共同市场支配地位制度。我国《反垄断法》第 24 条关于多个经营者市场支配地位推定的规则，隐含着共同市场支配地位的概念和制度。然而，人们对此多有误读，相关执法实践也存在隐忧。对共同市场支配地位法律规范的构造或改善，需立足于动态寡头垄断理论，进而区别"可能性要件"（动机要件）和"可行性要件"（能力要件），并合理配置举证责任。

此外，尤其需要引起重视的是，当前全球正处于新一轮科技革命和产业变革的历史交汇期，数字经济方兴未艾、加速演进，其迥异于工业经济的运行机制和竞争特点，不仅放大了企业滥用支配地位的风险，而且给传统滥用支配地位禁止制度带来了一系列挑战。数字经济是以数据资源为关键要素，以现代信息网络为主要载体，以信息通信技术融合应用、全要素数字化转型为重要推动力的新经济形态。数据驱动、网络协同、平台支撑、智能主导、算法定义、服务增值、跨界融合是数字经济的突出特征。在数字经济中，市场竞争的维度极大拓展，不仅包括传统企业注重的价格、产量竞争，还包括更能决定企业成败的数据、质量、算法（技术）、创新、流量、注意力等竞争。数字经济中的竞争行为通常以实现和巩固多边架构、规模效应、范围经济、网络效应、平台生态为导向，并呈现出投资活跃、产融结合、并购频繁、创新密集、动态循环、赢者通吃等特征。数字经济独特的运行机制和竞争特点，不仅使企业更易形成持久稳定的支配地位且滥用这种地位引发的竞争担忧更普遍，而且使传统滥用支配地位禁止制度在数字市场的适用面临诸多挑战。有鉴于此，经合组织举行了"数字市场的滥用支配地位"论坛，着重探讨了滥用支配地位禁止制度的立法与历史背景，数字市场中支配地位的证明和滥用行为的类型及损害理论，处理数字市场滥用支配地位案件面临的局限和解决方案等问题。其富有启示性的见解，有助于我们从事实、规范、价值等维度更好地认识、定位、完善面向数字经济时代的滥用支配地位禁止制度。

第一章

禁止滥用市场支配地位的规范基础

反垄断法之所以禁止企业（经营者）[①] 滥用市场支配地位，有其基础性的理据和规范逻辑。厘清这些事项，是进一步探析繁复多样的滥用市场支配地位行为在反垄断法上的规范类型，并对其展开建构的必要前提。

第一节　禁止滥用市场支配地位的经济学理由

从 19 世纪末开始，人们开始认识到，由于经济势力过度集中而形成的大企业，可能滥用绝对的自由市场所赋予的机会，故有必要对这些企业的行为进行某些限制。对经济势力过于集中的质疑，正是 1890 年美国《谢尔曼法》诞生的重要原因之一。[②] 事实上，各国（地区）反垄断法的生成和运行，不可避免地会涉及某些政治性、社会性因素的考量[③]，但就当代反垄断法实施的实际样态来看，它更加依赖经济性视角，甚至无

---

　　① 经营者是我国《反垄断法》上的一类主体，根据《反垄断法》第 15 条第 1 款的规定，经营者是指从事商品生产、经营或者提供服务的自然人、法人或其他组织。实际上，在域外反垄断法以及大量学术文献中，使用更多的对应概念是"企业"（undertaking/firm/enterprise）。本书不严格区分经营者和企业的概念，而根据语境和论述需要，交替使用这两个概念。

　　② 参见［美］罗伯特·皮托夫斯基等《超越芝加哥学派——保守经济分析对美国反托拉斯的影响》，林平、臧旭恒等译，经济科学出版社 2013 年版，第 1 页。

　　③ 参议员约翰·谢尔曼在国会辩论时慷慨陈词，"如果人们不愿忍受作为政治权力存在的皇帝，人们也不应该屈从于一个能阻止竞争、固定商品价格的贸易独裁者"。在布兰戴斯大法官看来，"人们可以在这个国家拥有民主，或者人们可以将大量财富集中在少数人的手中，但人们不能同时拥有这两者"。See Thomas Hazlett, "The Legislative History of the Sherman Act Re-examined", 30 *Economic Enquiry*, 263（1992）.

法脱离经济学的观照。因为经济学为反垄断法的解释和适用提供了较为可靠的认识论基础和方法论依据。[①] 在此意义上,甚至可以说,反垄断法是治理市场力量的规范体系。[②] 这一认识的根据在于,反垄断法所禁止的三大经济性垄断行为,共享一致的逻辑主线:无论是垄断协议、反竞争的企业集中,还是滥用市场支配地位,都是不正当地促进(facilitate)、获取(acquisition)或者维持(maintenance)、加强(enhancement)市场力量的行为。[③] 在这当中,垄断协议、反竞争的企业集中,关涉相互协调的企业不正当地获取、促进市场力量;而滥用市场支配地位行为,有时也称反竞争的单边行为(unilateral conduct),关涉支配企业不正当地维持、加强市场力量。就后者来看,反垄断法的介入之所以必要,原因在于支配企业对市场力量的不正当行使,以及市场力量(支配地位)被维持或加强的过程,会造成严重的社会福利损失。

一 市场力量的不正当行使及相关福利损失

市场力量(market power)是经济学中的重要概念,它是指厂商通过有利可图的方式在相当长的一段时间内把价格提高到竞争性水平以上的能力。由于厂商能够赢利的最低价格等于边际生产成本的价格,因此市场力量也被定义为厂商所制定的价格与其边际生产成本之差。[④] 企业的市场力量反映在它所面临的需求曲线的坡度上,需求曲线的右斜坡度越大或者说需求弹性越小,就意味着企业的市场力量越大。现实中,由于

---

① "经济学在反托拉斯过程中至高无上的重要地位已被确立。反托拉斯执法政策和法庭判决将在更大程度上以经济分析作为基础。现在政策问题的支持者和批评者均用竞争和效率概念来论证他们的观点。都明白无误地承认经济理论发挥的核心作用。"〔美〕J. E. 克伍卡、L. J. 怀特:《反托拉斯革命——经济学、竞争与政策》(第四版),林平、臧旭恒等译,经济科学出版社2007年版,第4页。

② 反垄断应重点关注可维持的市场力量,因为只有可维持的市场力量才可能造成严重伤害市场竞争的结果。参见唐要家《市场势力可维持性与反垄断》,经济管理出版社2007年版,第27页。

③ See Daniel A. Crane, *The Institutional Structure of Antitrust Enforcement*, Oxford University Press, 2011, Introduction, p. xiv.

④ 参见〔意〕马西莫·莫塔《竞争政策——理论与实践》,沈国华译,上海财经大学出版社2006年版,第33页。

产品差异化等原因，任何企业都面临着一条向右倾斜的需求曲线，因而可以说每个企业都具有一定程度的市场力量。①

尽管市场力量是一个经济学概念，而市场支配地位是一个法律概念②，但人们一般不对二者做严格的区分③，而是径直将市场支配地位等同于"实质性市场力量"（substantial market power），用以反映支配企业所具有的以下两方面的能力：一是将价格有利可图地提升到竞争性水平之上的能力；二是将这种超竞争性水平的价格维持在相当长时间的能力。④ 事实上，美国反垄断执法机构和法院在解释和适用《谢尔曼法》第2条关于"垄断化"（monopolization）的禁止性规定时，就没有采用市场支配地位的概念，而一般使用"垄断力量"（monopoly power）的概念———一种高度的市场力量（a high degree of market power）。⑤

因此，所谓滥用市场支配地位，实际上是具有实质性市场力量的企业对既有市场力量的不正当行使。其行为表现不仅包括不公平高价、掠夺性定价、拒绝交易、利润挤压、搭售、捆绑、附加不合理的交易条件、忠诚折扣、排他性交易、价格歧视等"典型形式"⑥，而且还可能包括策略性的产能结构或产能扩张、限制性定价、售后市场"锁定"、掠夺性的产品或设计更新、掠夺性广告、掠夺性雇佣、对新技术不予披

---

① 参见［美］欧内斯特·盖尔霍恩、威廉姆·科瓦西奇、斯蒂芬·卡尔金斯《反垄断法与经济学》（第5版），任勇、邓志松、尹建平译，法律出版社2009年版，第90页。

② 我国《反垄断法》第22条第3款规定，"本法所称市场支配地位，是指经营者在相关市场内具有能够控制商品价格、数量或者其他交易条件，或者能够阻碍、影响其他经营者进入相关市场能力的市场地位。"

③ 事实上，对"市场力量"的经济学概念和"市场支配地位"的法律概念进行区分，是有必要的。相关分析参见本书第五章第一节"市场支配地位与市场力量的混同"。

④ See ICN, Unilateral Working Group, Dominance/Substantial Market Power Analysis Pursuant to Unilateral Conduct Laws, available at http：//www. internationalcompetitionnetwork. org/uploads/library/doc317. pdf, last visit on Jan. 2, 2019.

⑤ See U. S. Department of Justice, *Competition and Monopoly：Single-firm Conduct under Section 2 of the Sherman Act*, Chapter 2, 2018；Philip Areeda, Louis Kaplow, Aaron Edlin, *Antitrust Analysis：Problems*, *Text and Cases*（Six Edition）, Aspen Publishers, 2004, p. 484.

⑥ 参见我国《反垄断法》第22条第1款第一至六项；EU Commission, Guidance on the Commission's enforcement priorities in applying Article 82 of the EC Treaty to abusive exclusionary conduct by dominant undertakings,［2009］OJ C 45/7, paras. 32 - 90.

露、以欺骗手段"获得"专利并执行该专利、明知专利无效或不可执行而执行该专利、积聚竞争性专利而不使用、与标准制定相关的"专利伏击"或"专利劫持"、商业侵权、虚假诉讼、滥用政府程序操纵管制措施等"非典型情形"。[①] 而在平台经济和数字经济领域，潜在的滥用市场支配地位行为还可以呈现为"二选一"的限定交易、对自身产品或服务的自我优待、过度收集关联用户数据、挪用第三方数据及"跟卖"、对非自有应用程序收取高额的交易处理费、封禁竞争对手的产品、服务或内容，以及频频曝出的"大数据杀熟"，等等。[②]

事实上，无论行为表现形式如何，支配企业对市场力量的不当行使以及市场力量被维持或加强的过程，都可能带来巨大的福利损失（参见图 1—1）[③]。

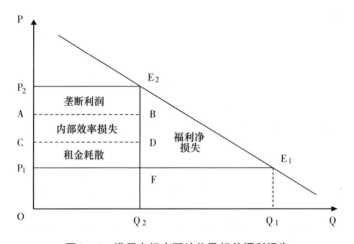

图 1—1　滥用市场支配地位及相关福利损失

---

① 参见［美］赫伯特·霍温坎普《联邦反托拉斯政策——竞争法律及其实践》，许光耀、江山、王晨译，法律出版社 2009 年版，第 318—371 页；R. O'Donoghue & J. Padilla, *The Law and Economics of Article 82 EC*, Hart Publishing, 2006, pp. 639-658.

② 参见郝俊淇《平台经济领域差别待遇行为的反垄断法分析》，《法治研究》2021 年第 4 期。

③ 参见刘志成《中国反垄断：经济理论与政策实践》，经济科学出版社 2015 年版，第 70 页。关于平台企业垄断现象与福利效应的分析，也可参见荆文君《互联网平台企业的"垄断"现象与福利效应》，中国财政经济出版社 2020 年版，第 89—109 页。

（一）资源配置无效率

根据福利经济学的观点，在一个给定的产业中，福利通常是由社会总剩余（total surplus）给出的，即消费者剩余（consumer surplus）和生产者剩余（producer surplus）构成。单个消费者的剩余是消费者对产品的支付意愿和支付价格之间的差额，而消费者剩余（消费者总剩余）是所有消费者剩余的总衡量。同样地，单个生产者的剩余等于企业销售特定商品所获得的利润，而生产者剩余（生产者总剩余）是产业中所有生产者剩余的集合。[①]

在完全竞争的市场条件下，竞争性企业接受市场给定的其产品的价格，并选择供给数量，以使价格等于边际成本。此时，企业的利润为零，社会福利完全表现为消费者剩余。换言之，市场对资源配置的效率达致最优状态。但是，当支配企业不正当地行使市场力量以维持或加强其支配地位时，这通常意味着，支配企业不仅可以进一步偏离边际成本对其产品收取"高价"，而且可以将提升后的"高价"或原有"高价"长时间地维持在竞争性水平之上。换言之，支配企业即便进一步减少产量或销量，却仍可以持续性地获得超额垄断利润。这种情况直接导致消费者剩余受损，损失的消费者剩余一部分转化成了支配企业的利润，而另一部分则消失了，即构成社会福利净损失，亦即"无谓损失"（deadweight loss）。福利净损失的原因在于，一些支付意愿（保留价格）较低的消费者放弃购买该支配企业的商品，而不得不去寻找非效率的替代品，从而资源配置的无效率。福利净损失即图 1-1 的三角形区域 E_1E_2F，也就是人们常说的哈伯格（Harberger）三角形。理论上，只要支配企业的定价高于竞争性水平，那么福利的净损失总会存在。[②]

（二）消费者福利的转移损失

正如上文所述，支配企业不正当地行使市场力量，不仅会造成福利净损失即资源配置无效率，而且还会导致财富转移（福利转移），即消

[①]　参见唐要家《市场势力可维持性与反垄断》，经济管理出版社 2007 年版，第 8 页。

[②]　参见刘志成《中国反垄断：经济理论与政策实践》，经济科学出版社 2015 年版，第 69 页。

费者剩余转变成了生产者剩余，企业获得了更多的垄断利润。换言之，消费者变得更穷了，而企业却变得更富了。福利转移造成的消费者剩余损失，可由图 1－1 的矩形 $OP_2E_2Q_2$ 表示。

如何看待市场力量的不当行使所导致的财富转移（福利转移）问题，可谓仁智各见。在一些学者和政策制定者看来，财富转移或福利转移并非就是坏事。至少对于信奉总体福利标准的人来讲，除了福利净损失即资源配置无效率能被称作负面的以外，消费者与生产者之间的福利转移被视为中性的，因为等量的财富对于生产者和消费者的效用被假定为一样的。[①] 但是，在另外一些学者看来，"反垄断法的基本关注不是资源配置的效率问题，而是分配问题，是阻止财富不公平地从消费者转移给拥有市场力量的生产者，即防止通过垄断剥夺消费者应得的福利"[②]。事实上，施马兰西、费舍尔和兰德的实证研究都表明，"现实中的垄断主要表现在财富转移而非资源配置无效率，前者几乎是后者的 2 到 40 倍。因此，反垄断的首要目标是阻止财富转移而非提高效率"[③]。另外，也有越来越多的研究表明，市场力量的存在及其不正当行使，在很大程度上加剧了不公平和不平等。因为富人在为商品支付更多费用的同时，也能分享市场力量的行使所带来的更高利润——尤其考虑到他们普遍具有对企业资本利润的所有权。[④] 最后，尽管许多学者试图将反垄断法或竞争

[①] 总体经济福利论者往往从福利经济学的效用理论出发研究财富的转移：不同主体对一单位的福利具有相同的效用，每一福利将产生同样的效用，福利从消费者转移到垄断经营者并不会改变社会的总体福利状况。因此，福利经济学更倾向于关注社会总体福利的创造而不是经济福利如何在不同群体之间分配的问题，它们中立地对待消费者和经营者之间的财富分配。See Joseph Farrell & Michael L. Katz, *The Economics of Welfare Standards in Antitrust*, Competition Policy Center Paper, 2006, pp. 9 – 10. Available at https： //escholarship. org/uc/item/1tw2d426, last visit on Jan. 3, 2019.

[②] See Robert H. Lande, "Wealth Transfers as the Original and Primary Concern of Antitrust: The Efficiency Interpretation Challenged", 50 *Hastings Law Journal*, 871 – 958 (1999).

[③] 任剑新：《美国反垄断法思想的新发展——芝加哥学派与后芝加哥学派的比较》，《环球法律评论》2004 年第 2 期。

[④] See Sean Ennis, Pedro Gonzaga, and Chris Pike, Inequality: A Hidden Cost of Market Power, Background Note by the Secretariat, OECD, 2017, pp. 7 – 9. Available at http： //search. oecd. org/daf/competition/Inequality-hidden-cost-market-power-2017. pdf, last visit on Jan. 3, 2019.

政策与分配问题撇清关系[①]，但值得注意的是，现代反垄断法"母法"（《谢尔曼法》）的诞生很大程度上正是源于对财富集中的担忧。实际上，由于不正当的市场力量本身会扭曲市场，并向较富裕的人群进行再分配，反垄断法以及禁止滥用市场支配地位制度是防止这种倒退性再分配（regressive redistribution）的工具，因此在解决不公平或不平等问题上可以发挥重要作用。[②]

（三）内部效率损失

内部效率损失，即企业内部生产效率低下，是指支配企业在其市场力量得到维持或加强的同时，因缺少外部竞争压力而导致自身缺乏动力和效率去慎重地购买生产投入并监督生产过程，或者发明新产品或新流程，使质量调节成本（quality-adjusted cost）达到最小化。用经济学家约翰·希克斯的话来说，"在垄断带来的所有利润中，最好的就是安静的生活"[③]。这种生产效率低下的状态，也被称作"X—非效率"。相应的损失可由图 1 – 1 中的矩形 ABCD 表示，也就是人们常说的莱宾斯基（Leibenstein）四边形。内部效率损失并非只在支配企业内部出现，但在部分支配企业，内部效率损失表现得尤为突出。[④]

（四）租金耗散

在传统福利经济学的教科书中，图 1 – 1 中的矩形 $OP_2E_2Q_2$ 在整体上被视作厂商的垄断利润，即厂商从消费者处转移来的福利。[⑤] 但实际上，以上垄断利润中的一部分可能因支配企业生产效率的低下损失掉了

[①] 经济效率是竞争主管当局和法院应该追求的目标，但这并不意味着经济效率以外的目标或者公共政策考虑因素并不重要，而是更进一步说明，如果政府想实现这些目标，那么就不应该运用竞争政策，而应该动用那些对竞争造成尽可能小的扭曲的政策工具。参见［意］马西莫·莫塔《竞争政策——理论与实践》，沈国华译，上海财经大学出版社 2006 年版，第 20 页。

[②] See Sean F. Ennis, Pedro Gonzaga, Chris Pike, "The Effects of Market Power on Inequality", *CPI Journal* Fall 2017.

[③] 转引自［美］理查德·A. 波斯纳《反托拉斯法》（第二版），孙秋宁译，中国政法大学出版社 2003 年版，第 19 页。

[④] 参见刘志成《中国反垄断：经济理论与政策实践》，经济科学出版社 2015 年版，第 70 页。

[⑤] 参见［美］曼昆《经济学原理（微观经济学分册）》（第 6 版），梁小民等译，北京大学出版社 2012 年版，第 315 页。

（图 1-1 中的矩形 ABCD）；另一部分，甚至全部，"可能根本不是财富转移，因为垄断者要用它来巩固自己的垄断地位。极端情况下，垄断者会把全部预期垄断利润用于保护其地位，最后得到的只不过是竞争性的回报"①。这即是所谓的租金耗散，亦即寻租的成本，是指支配企业为了维持、加强其支配地位并得到垄断利润所从事的一种非生产性寻利活动付出的成本，包括支配企业实施院外游说、广告宣传、贿赂、掠夺等行为的成本。由于这一部分付出并没有进入消费者剩余，也没有进入企业利润，而是以一定的形式自我耗散，因此也会造成整体社会福利的损失。该损失由图 1-1 中的矩形 P_1CDF 表示，就是人们常说的塔洛克（Tullock）四边形。②

（五）动态效率损失

事实上，支配企业对市场力量的不正当行使，除了导致以上福利损失外，还可能造成上述静态模型无法反映的有关创新或动态效率的损失。用汉德法官的话来讲，垄断之所以是坏的，是因为它"抑制首创精神，压抑活力"，也因为"对产业进步来说，免于竞争是麻醉剂，而对抗则是兴奋剂"③。尽管垄断抑制创新是一种强烈的直觉，但到底是竞争有利于创新，还是垄断（较高的市场力量）有利于创新，这在经济学界始终存在争论。④ 实际上，至少在某些学者看来，即便反垄断法倾向于确保低价格和高产量，但它仍能够促进创新，因为创新前的产品竞争和创新竞争对促进创新和经济增长更加重要。⑤ 此外，欧盟委员会亦充分支持

---

① "反托拉斯者经常说，他们主要关注的是垄断，但这不完全是真的。他们关注的是经由某些方式所产生的垄断。实际上，那些产生、维持垄断的手段所花费的成本，可能会超过垄断定价和产出减少而引起的配置不当所造成的成本。"［美］赫伯特·霍温坎普：《联邦反托拉斯政策——竞争法律及其实践》，许光耀、江山、王晨译，法律出版社 2009 年版，第 23、21 页。

② 参见刘志成《中国反垄断：经济理论与政策实践》，经济科学出版社 2015 年版，第 70 页。

③ See *United States v. Aluminium Co. of Am*（Alcoa），148 F. 2d 416，427（2d Cir. 1945）.

④ 有一种观点常与约瑟夫·熊彼特（Joseph Schumpeter）联系在一起，认为垄断有利于创新。相反的观点，常与肯尼斯·阿罗（Kenneth Arrow）联系在一起，认为竞争有利于创新。

⑤ See Jonathan B. Baker，"Beyond Schumpeter v. Arrow：Antitrust Fosters Innovation"，74 *Antitrust Law Journal*，575-577（2007）.

竞争有利于创新的观点："企业之间的竞争是经济效率的重要动力，包括以创新为形式的动态效率。如果没有竞争对手，支配企业缺乏充足的动力进行持续创新和提高效率。"①

综上，由于支配企业不正当地行使市场力量，以及市场力量（支配地位）被维持或加强的过程，会造成上述不同形式的福利损失，所以无论依据总福利标准还是消费者福利标准，对支配企业不正当行使市场力量的行为进行约束都是必要和合理的。这正是反垄断法禁止企业滥用市场支配地位的经济学理论基础。

二　滥用市场支配地位反垄断法调整的约束条件

尽管滥用市场支配地位禁止制度所依据的经济学理由是直截了当的，但在实际操作中，如何识别和平衡相关福利损失，并不容易。因为从根本层面看，反垄断执法机构或法院对企业滥用市场支配地位行为的调整，面临着某些约束条件。

（一）如何理解企业

什么是"企业"？基于不同的学科视角可以有不同的理解。在社会学中，企业通常被作为制度形态的组织。② 在法学中，企业通常被拟制为具有独立人格的法人。在经济学中，企业似乎更加缺乏一致性的定义。在一些经济学家看来，企业是市场的替代性存在，其有助于降低交易成本。③ 在另一些经济学家看来，企业是市场经济的必备微观要素，二者是互补性关系。④ 凡此种种。

就支配企业不正当行使市场力量所造成的系列静态福利损失而言，其前提实际上是将企业预设为某种"生产函数"，即把企业看作

---

① EU Commission, Guidance on the Commission's enforcement priorities in applying Article 82 of the EC Treaty to abusive exclusionary conduct by dominant undertakings, [2009] OJ C 45/7, para. 30.

② 参见周雪光《组织社会学十讲》，清华大学出版社 2003 年版，第 64 页。

③ 参见［美］罗纳德·H. 科斯《企业、市场与法律》，盛洪、陈郁译，格致出版社、上海三联书店、上海人民出版社 2014 年版，第 28—42 页。

④ 参见张维迎《经济学原理》，西北大学出版社 2015 年版，第 287 页；厉以宁《中国经济双重转型之路》，中国人民大学出版社 2013 年版，第 39—41 页。

一个投入资源、产出产品的单位。与之对应，市场则是一个静态的、通过价格竞争来配置资源的机制。在这样的分析框架下，人们通常认为，企业数量越多，竞争越激烈，效率就越高，对社会就越有利。但这种认识无疑是有限度的。其实，企业不仅是一种"生产函数"，同时也可以是一种熊彼特、鲍莫尔所谓的"创新函数"，即企业可以被看作是创造新技术、新产品、新市场、新的商业模式和生产方式的专门组织。与之对应，市场可以被理解为动态的、通过创新实现经济发展的过程。①

　　事实上，一旦人们考虑动态环境下的竞争之间的联系，福利就变得不像人们通常认为的那样明确。这对于反垄断执法机构或法院而言，既是挑战也是启示。概括来讲，尽管将企业视为一种"生产函数"，这对于相关行为的分析是一个大致有效的起点，但鉴于企业也可能具有"创新函数"的属性，因而在那些创新特征明显的场合，保有动态性的眼光和观点亦是至关重要的。例如，对于排他性滥用行为的判断标准，欧盟委员会就没有完全坚持"同等效率竞争者"标准。在委员会看来，效率较低的竞争对手也可能施加竞争约束，因为长期来看，这些效率较低的竞争对手可能从与需求有关的优势中获益，比如规模效应、网络效应、学习效应等。因此，"委员会将以动态的观点来看待效率更低的竞争对手所施加的竞争约束"②。

　　（二）信息成本、管理成本、认识论局限和易于错误性

　　事实上，不仅企业具有多重属性，企业行为也具有多重属性——比如效率属性、合作属性、创新属性、公益属性、限制竞争的属性、损害消费者利益的属性，等等。因而如何来识别和平衡支配企业相关行为所造成的福利损害或"净损害"，就显得尤为困难。换言之，支配企业做出的很多行为，其有害性和有益性之间的界限是非常模糊的。例如，企

---

　　①　参见张维迎《市场的逻辑》（增订版），上海人民出版社 2012 年版，第 100 页。

　　②　See EU Commission, Guidance on the Commission's enforcement priorities in applying Article 82 of the EC Treaty to abusive exclusionary conduct by dominant undertakings, [2009] OJ C 45/7, para. 24.

业对产品设定较低的价格，这本身是竞争的内在需要，且一般来说对消费者有益，但"过低的价格"却会受到反垄断法的谴责。再如，自由市场上的企业对产品收取较高的价格，这可能是基于投资的回报，或者是收回固定成本的必要举措，且有利于吸引更多竞争，但某些情况下"过高的价格"却会受到反垄断法的谴责。又如，产权的清晰界定、严格保护，合同的有效执行，这本身是市场经济良性运行的根基，但某些情况下，反垄断法却要谴责拒绝分享产权的行为。①

上述例子旨在表明，滥用市场支配地位行为的认定具有很大程度的不确定性和复杂性。这种不确定性和复杂性的根本原因在于，滥用市场支配地位的反垄断规制可能涉及各种相互冲突的效果、目的、利益的平衡，包括但不限于：（1）反竞争效果和促进竞争效果的平衡；（2）静态效率和动态效率的平衡；（3）竞争性利益和非竞争性社会公共利益的平衡。换言之，滥用市场支配地位的反垄断规制潜在地涉及复杂的价格效应分析、产量效应分析、反事实分析、跨时间分析、比例性分析，等等。

实际上，如果反垄断执法机构和法院的资源无限、经验无限、认知能力无限，那么上述艰难的平衡和分析工作无疑值得全面尝试。但遗憾的是，"反垄断所面临的最基本的问题是通过那些能力有限的机构来处理复杂的市场信息"②。很多时候，企业对自己做出的商业行为，尚且不能给出科学合理的解释（效率解释），因为解释的时机不成熟，并且市场更适宜被理解为一个随机的过程。在这种情况下，执法官员或法官要对某种商业行为各方面的效果做出绝对的、精确的探知，似乎更不可能。然而，在反垄断的历史上，无法理解的商业行为越多，

---

① 正是在此意义上，罗纳德·科斯说：我被反垄断法烦透了，因为假如价格涨了，法官们就说是垄断性定价；价格跌了，他们就说是掠夺性定价；价格不变，他们就说是合谋性定价。转引自王先林《超高定价反垄断规制的难点与经营者承诺制度的适用》，《价格理论与实践》2014年第1期。

② ［美］赫伯特·霍温坎普：《反垄断事业：原理与执行》，吴绪亮等译，东北财经大学出版社2011年版，第11页。

执法机构和法院依赖于"垄断解释"就越频繁。[①] 不容否认，时至今日，反垄断法实施所倚重的经济学分析，仍然存在着认识论局限性（epistemological limitations）。而这种认识论局限，可能不仅仅是源于认识方法的问题，更是源于信息成本和管理成本（执法成本和诉讼成本）的制约。也正因如此，反垄断通常特别容易受到错误的影响，不仅包括"积极错误"（false positive）的影响，也包括消极错误（false negative）的影响。[②]

第二节 滥用市场支配地位反垄断法调整的目标和原则

支配企业行使市场力量的行为何其繁多，究竟哪些行为属于滥用市场支配地位的行为？鉴于市场过程的随机性、企业的多重属性、经济学的认识论局限、反垄断在信息和管理方面的成本局限，滥用市场支配地位的反垄断法调整可以奉行某种"相对合理主义"，即承认各种约束条件，但着力应在以下三个维度上明确坐标：（1）树立滥用市场支配地位反垄断法调整的目标；（2）厘清滥用市场支配地位反垄断法调整的原则；（3）识别出滥用市场支配地位行为可能导致的损害类型或可能依据的损害类别，进而在此基础上划分出相关规范类型并对其展开建构。鉴于第三项内容是后文的阐述重点[③]，本节仅就前两项内容展开论述。

一 滥用市场支配地位反垄断法调整的目标结构

一般来说，滥用市场支配地位禁止制度的目标与反垄断法的目标具有一致性，即确保有效的竞争过程、提高经济效率、维护消费

---

① See Frank H. Easterbrook, "The Limits of Antitrust", 63 *Texas Law Review*, 4 – 9 (1984).

② See Alan Devlin & Michael Jacobs, "Antitrust Error", 52 *William & Marry law Review*, 75 – 132 (2010).

③ 请重点参见本书第二、三、四章。

者利益。① 此外，对支配企业滥用行为的规制可能有助于实现其他目标，比如促进经济自由、推动经济体制改革、加强市场整合，等等。

（一）确保有效的竞争过程

确保有效的竞争过程是反垄断法作为"竞争保护法"的应然追求。对此，可以从以下三个层面加以解析，即"保护有效竞争""保护竞争而非保护竞争者""保护竞争过程"。

1. 保护有效竞争

反垄断法旨在保护竞争。对很多人来讲，这是一个当然信奉的命题，而很少追问这种受到保护的竞争的性质。事实上，"竞争"完全可以有不同的定义和理解。比如，在一些论者看来，德国秩序自由主义学派所强调的竞争，是一种企业之间激烈对抗的"最大竞争"状态。② 而在另一些论者看来，竞争是一种消费者福利不能通过进一步的竞争加以改善的状态。③ 实际上，在经济学中，竞争理论的谱系颇为复杂，例如，以斯密为代表的自由竞争理论，以瓦尔拉斯、帕累托和马歇尔等人为代表

---

① 我国《反垄断法》第1条规定："为了预防和制止垄断行为，保护市场公平竞争，提高经济运行效率，维护消费者利益和社会公共利益，促进社会主义市场经济健康发展，制定本法。"其中，"预防和制止垄断行为"是反垄断法的应有之义或基础性目标，它反映反垄断法"内在的客观功用价值"（参见张守文《经济法理论的重构》，人民出版社2004年版，第293—295页）；"保护市场公平竞争"在很大程度上可理解为确保有效的竞争过程，而"提高经济运行效率，维护消费者利益"自不待言，这三者构成反垄断法的高层次目标，反映反垄断法"外在的主观评判价值"（同上，张守文书，第296—298页）。此外，"促进社会主义市场经济健康发展"属于一切经济立法的共通目标。这里唯独需要推敲的是"社会公共利益"应否成为反垄断法的目标。事实上，我国《反垄断法》言及"社会公共利益"的地方一共有三处，另外两处出现在第20条和第34条有关豁免的规定。由于第20条将"实现节约能源、保护环境、救灾救助等社会公共利益"作为法定豁免情形之一，并与其他直接追求经济效率的垄断行为如联合研发、专业分工等协议相列，第34条也将"符合社会公共利益"作为经营者集中效率抗辩之外的另一种豁免情形。因此，"从体系解释与逻辑解释的角度，我们只能将《反垄断法》中的'社会公共利益'作狭义理解，仅指那些非经济性的社会政策目标；但这样的话，它又不能作为反垄断法的价值目标，也就不能在立法目的条款中出现。解决这个悖论的方法很简单，可以直接在立法目的条款中删除'社会公共利益'的表述"。焦海涛：《社会政策目标的反垄断法豁免标准》，《法学评论》2017年第4期。

② See R. O'Donoghue & J. Padilla, *The Law and Economics of Article 82 EC*, Hart Publishing, 2006, p. 9.

③ 参见［英］奥利弗·布莱克《反垄断的哲学基础》，向国成等译，东北财经大学出版社2010年版，第3页。

的完全竞争理论，以张伯伦为代表的垄断竞争理论，以熊彼特为代表的创新与动态竞争理论，以克拉克为代表的有效竞争理论，等等。[①]

尽管理论取向有别，但作为一个实践问题，越来越多的学者和政策实践者承认，反垄断法旨在保护的"竞争"是指"有效竞争"。[②] 所谓有效竞争，在一定意义上就是有效竞争的市场结构，即"规模经济与竞争活力相兼容的一种竞争状态"[③]。展开来说：首先，有效竞争的目标模式是对完全竞争的目标模式的否定，因为把竞争定义为最大竞争的状态，无疑是一个"解组的公式"（a formula of disintegration）。[④] 其次，有效竞争的前提条件是存在较好的市场结构，竞争者的数量不能太少也不能太多，其具体数量取决于特定行业中规模经济和竞争活力相兼容的平衡状态；并且，竞争者的产品具有适度差异性，市场透明度不高。[⑤] 再次，由于不同行业在规模经济、市场集中度、进入壁垒的具体特征上存在差异，因而实现有效竞争的条件不尽相同。这即是说，有效竞争的目标模式鼓励反垄断法在不同行业"辨证施治"。[⑥] 最后，有效竞争是"突进行动"和"追踪反应"这两个阶段构成的一个无止境的动态过程；换言之，企业凭借其创新行为获得的市场优势和高额利润，这既是一轮竞争的结果，又是新一轮竞争的开端。实际上，有效竞争的目标模式承认，

　　[①]　参见王先林《竞争法学》，中国人民大学出版社 2009 年版，第 11—21 页。

　　[②]　参见王晓晔《有效竞争——我国竞争政策和反垄断法的目标模式》，《法学家》1998 年第 2 期；徐士英《竞争政策研究——国际比较与中国选择》，法律出版社 2013 年版，第 89 页。另外，欧盟委员会的官方指南明确指出，"企业具有市场支配地位本身不违法，且该企业有权利用此优势进行竞争。但是该企业承担其行为不得损害共同体市场有效竞争的特殊义务"。EU Commission, Guidance on the Commission's enforcement priorities in applying Article 82 of the EC Treaty to abusive exclusionary conduct by dominant undertakings, [2009] OJ C 45/7, para. 1.

　　[③]　王俊豪：《论有效竞争》，《中南财经大学学报》1995 年第 5 期。

　　[④]　See Frank H. Easterbrook, "The Limits of Antitrust", 63 *Texas Law Review*, 13 (1984).

　　[⑤]　参见王晓晔《有效竞争——我国竞争政策和反垄断法的目标模式》，《法学家》1998 年第 2 期。

　　[⑥]　"我国竞争政策的最终目标应当是'完善社会主义市场经济体制，提高经济效率和消费者利益'；而为了实现上述最终目标，把竞争政策的直接目标定位为'在大多数行业实现有效竞争'。"徐士英：《竞争政策研究——国际比较与中国选择》，法律出版社 2013 年版，第 89 页。

市场的某些不完善因素或垄断因素是实现有效竞争的必不可少的前提条件。①

总而言之，"有效竞争才应当是竞争政策所追求的理想目标，因为它最适合同时促成配置效率、生产效率和动态效率的实现，并避免由市场力量导致的再分配"②。

2. 保护竞争而非保护竞争者

如果问反垄断法中存在着什么最普遍的教义，那恐怕非"保护竞争而非保护竞争者"莫属。③ 这句话不仅被美国反托拉斯法奉为圭臬④，在欧盟竞争法中也几无争议。⑤ 在我国，这句话早已为学界耳熟能详。⑥ 尽管如此，这句法谚着实让一些论者心生顾虑和异议。在他们看来，"保护竞争者"与"保护竞争"属于反垄断法不同层次的价值目标，二者并不矛盾；甚至从滥用市场支配地位禁止制度来看，对"竞争者"的保护是其必然要求。⑦ 或者用某些论者的话来说，竞争者利益与消费者利益都应当是反垄断法所保护的法益。⑧

---

① 参见吴小丁《现代竞争理论的发展与流派》，《吉林大学社会科学学报》2001 年第 2 期。

② ［德］乌尔里希·施瓦尔贝、丹尼尔·齐默尔：《卡特尔法与经济学》，顾一泉、刘旭译，法律出版社 2014 年版，第 75 页。

③ 参见 ［日］土田和博《关于"竞争法保护的是竞争而非竞争者"之格言》，陈丹舟、王威驷译，《竞争政策研究》2018 年第 1 期。

④ "反垄断法不是为了保护企业免受市场竞争的影响……在过去几十年里，最高法院一再强调这一基本原则……反垄断法的制定是为了'保护竞争而非保护竞争者'。"U. S. Department of Justice, *Competition and Monopoly: Single-firm Conduct under Section 2 of the Sherman Act*, Chapter 1, 2008.

⑤ "委员会注意到，这样做真正重要的是保护有效的竞争过程，而不是简单地保护竞争者。这可能意味着任何竞争者只要在为消费者提供价格、选择、质量和创新方面做得更差，就将被市场淘汰。"EU Commission, Guidance on the Commission's enforcement priorities in applying Article 82 of the EC Treaty to abusive exclusionary conduct by dominant undertakings, ［2009］OJ C 45/7, para. 6.

⑥ 参见时建中主编《反垄断法——法典释评与学理探源》，中国人民大学出版社 2008 年版，第 6 页；尚明《反垄断法理论与中外案例评析》，北京大学出版社 2008 年版，第 35 页；王先林《竞争法学》，中国人民大学出版社 2009 年版，第 188 页。

⑦ 参见吴宏伟、谭袁《保护竞争而不保护竞争者？——对主流反垄断法观点的审视》，《北方法学》2013 年第 4 期。

⑧ 参见刘继峰《反垄断法益分析方法的建构及其运用》，《中国法学》2013 年第 6 期。

不可否认，以上"异议"从其内容本身来看是中肯的。因为竞争不是具体的"存在物"，也不是一个"自然"范畴，而是一个文化构造（culture construct）。只有当人们的语言、教育和经验赋予"竞争"这个概念以意义时，才能"看到"可以称为"竞争"的事情。① 换言之，"竞争"是否受到损害，需诉诸某种标准进行判断，比如以同等效率竞争者、更高效率竞争者、相对有效率的竞争者或整体性消费者的利益变动状况为判断标准，或者以价格、质量、选择、创新等经济效果（效率）为判断标准。在此意义上，说反垄断法只保护竞争而不保护竞争者，显然不足采信。

但是，以上"异议"似乎搞错了方向，进而曲解了"保护竞争而非保护竞争者"的原意。事实上，这句法谚并非否认竞争者利益在反垄断法上的重要性，其本来的意思是，"仅仅对竞争对手造成损害并不是反垄断责任的基础"（mere harm to competitors is not a basis for antitrust liability）。② 对此，可以从以下两方面加以理解：

一方面，竞争之最为重要的意义，在于落实"优胜劣汰"的市场法则，进而促进经济繁荣和社会进步。这即是说，竞争总会造成损伤，一个有进取性的（aggressive）企业可能会给竞争对手的利润产生负面影响，甚至使它破产；但与此同时，竞争会在价格、质量、选择、创新等方面给消费者带来利益。如果反垄断法直截了当地宣称"保护竞争者"，那么，这无疑是在盛情邀请那些意欲免受竞争影响的企业向法院或执法机构诉苦。③

另一方面，行为仅仅对竞争对手造成损害之所以不是反垄断责任的基础，原因在于，竞争对手受损的事实至多是竞争受损的初步迹象。这

---

① 参见［美］戴维·格伯尔《二十世纪欧洲的法律与竞争——捍卫普罗米修斯》，冯克利、魏志梅译，中国社会科学出版社2004年版，第12页。

② U. S. Department of Justice, *Competition and Monopoly*: *Single-firm Conduct under Section 2 of the Sherman Act*, Chapter 1, 2018.

③ 作为竞争者的原告对限制竞争而不是促进竞争更感兴趣，法院甚至有必要直接驳回竞争对手提起的反垄断诉讼。See Frank H. Easterbrook, "The Limits of Antitrust", 63 *Texas Law Review*, 33－40 (1984).

一初步迹象要转变为最终的违法认定或责任承担，尚且需要在两方面加以限定：一是受到损害的竞争对手足够"优质"，即不是"盆景竞争对手"（bonsai competitor），而是具有相当效率的竞争对手，唯其如此，竞争对手受损才能表征竞争受损；二是行为除了压制竞争以外，并未合乎比例地带来补偿性利益，特别是消费者利益。

3. 保护竞争过程

过程与结果是相对的概念。一般来说，保护有效的竞争过程，能够在结果上带来各种开放性利益，比如经济效率、消费者福利、经济自由、促进市场开放和整合，等等。① 在德国学者梅斯特梅克（E. J. Mestmaecker）看来，"反对限制竞争法只是一个比赛规则，它只针对个别人的限制竞争行为，而不是必须规定人们所希望的结果"②。而在美国学者艾琳诺·福克斯（Eleanor M. Fox）看来，"竞争结果范式是一种草率的视角，其目的和施行效果都只会是导致反托拉斯法的最低程度适用"③。实际上，相较于提高经济效率、维护消费者利益等结果性目标或附带性目标，保护有效的竞争过程或有效竞争的市场结构，具有独立的重要价值。④ 因为，"对竞争过程的保护是预防不好结果的第一道防线"⑤。换言之，保护有效的竞争过程能让市场更好地为企业和消费者的利益发挥作用。⑥

保护竞争过程，从滥用市场支配地位禁止制度的相关角度讲，就是

---

① 参见 ［德］ 丹尼尔·茨曼《处在三岔路口的欧盟竞争政策》，袁嘉译，载王晓晔主编《反垄断法实施中的重大问题》，社会科学文献出版社 2010 年版，第 3—8 页。

② ［德］ E. J. 梅斯特梅克：《经济法》，王晓晔译，《比较法研究》1994 年第 1 期。

③ 转引自叶卫平《反垄断法分析模式的中国选择》，《中国社会科学》2017 年第 3 期。

④ 在芝加哥学派的影响下，美国反托拉斯学界、业界流行着某种以经济效率或消费者福利的"竞争结果范式"，但近来，越来越多的学者对这种范式提出质疑，并重新呼吁"竞争过程"与"竞争结构"的重要性。因为在"竞争结果范式"之下，价格和产出的变化不能完全反映消费者福利受到的所有威胁，再者，通过维护有效竞争的过程，反垄断法旨在保护的多元利益才能得以实现。See Lina M. Kahn, "Amazon's Antitrust Paradox", 126 *Yale Law Journal*, 710 - 805 (2017).

⑤ ［美］ 罗伯特·皮托夫斯基等：《超越芝加哥学派——保守经济分析对美国反托拉斯的影响》，林平、臧旭恒等译，经济科学出版社 2013 年版，第 72 页。

⑥ See EU Commission, Guidance on the Commission's enforcement priorities in applying Article 82 of the EC Treaty to abusive exclusionary conduct by dominant undertakings, ［2009］ OJ C 45/7, para. 1.

反对那些促使支配地位或实质性市场力量不正当地得到维持或加强的种种机制或过程。[①] 自此而言，预防滥用市场支配地位行为和制止滥用市场支配地位行为同样重要。换言之，反垄断法不仅禁止那些对经济效率和消费者利益造成实际损害的滥用市场支配地位行为，而且也禁止那些足以（有可能）对经济效率和消费者利益造成损害的滥用市场支配地位行为。

（二）提高经济效率

确保有效的竞争过程，即保持市场的活力、开放性和可竞争性，由此带来的一种重要利益便是提高经济效率。虽然不同经济学家对什么构成经济效率以及如何衡量经济效率存在争议，但一般来说，经济效率包括三种具体形式，即配置效率、生产效率、动态效率，并且这些效率可以用福利（总福利或消费者福利）来进行衡量。

配置效率是指资源分配到最有价值的用途。即，以生产者的角度看，所有的投入要素被分配到对该要素有最高利用价值的生产者那里；或以买方选择的角度看，给定购买能力和消费偏好，买方能以最低的成本购买到商品或服务。

生产效率是指厂商以尽可能低的成本生产和分销商品。假定投入的成本和合意的产量既定，当厂商以尽可能最低的成本生产和分销商品时，就实现了生产效率。

动态效率，也称创新效率，是指企业通过引入新产品、改进现有产品或完善生产程序等实现的效率提升。事实上，动态效率的收益远大于静态效率的收益，因为创新可以以技术扩散的形式传递到整个行业，进而大幅度提升总体福利。另外，作为反垄断法的目标，促进创新（动态效率）和保护竞争并不矛盾。[②] 确保有效的竞争过程，能够营造良好的

---

① 关于垄断化的法律不仅要求有垄断地位，而且还要有一个或多个反竞争性的"排挤性行为"，这表明，决定其具有违法性的，是那个将会造成垄断的过程。参见［美］赫伯特·霍温坎普《联邦反托拉斯政策——竞争法律及其实践》，许光耀、江山、王晨译，法律出版社2009年版，第21页。

② See Jonathan B. Baker, "Beyond Schumpeter v. Arrow: Antitrust Fosters Innovation", 74 *Antitrust Law Journal*, 575 – 577 (2007).

创新环境；而创新所带来的新技术、新产品、新商业模式等，则提升了竞争的品质和层次。[①]

（三）维护消费者利益

虽然确保有效的竞争过程是使消费者受益的间接手段，但禁止滥用市场支配地位的相关法律规则，往往是直接根据最大限度地维护或提高消费者利益（消费者福利）来制定的，最典型的，比如禁止不公平高价的法律规则。此际，维护消费者利益作为相关反垄断法规则的目标，尽管也关注直接购买者（中间客户）的福利，但核心关注无疑是终端消费者的福利。在这种解释中，生产者福利并未显示出重要性。[②]

之所以将终端消费者的福利置于如此重要的地位，有以下几点原因：（1）任何人都可以是消费者，但并不是任何人都是企业所有者或资本利得者。在宏观状态下，对消费者利益的维护，基本上可以等同于对全体社会成员的保护。[③]（2）消费者很容易成为"转嫁竞争损失的终端"[④]。有经济学研究表明，福利转移导致的社会损失要大大超过因资源配置效率损失导致的福利净损失。[⑤]（3）企业（经营者）在组织上更加良好，他们更容易接近和影响决策者，在信息方面也更具优势。相反，消费者群体往往存在集体行动的难题。因此，在更大程度上关注终端消费者福利，而不是直接购买福利或总福利，重要原因之一是二者的不对称性。

[①]　例如，知识产权作为创新的重要形式，在这方面，"反垄断法与知识产权法具有共同的目标，即促进竞争和创新，提高经济运行效率，维护消费者利益和社会公共利益。两项制度是为了实现这一共同最终目标所采取的不同进路，其本身均仅是手段而非最终的制度目的"。参见时建中《著作权内在利益平衡机制与反垄断法的介入——美国录音制品数字表演权制度的启示》，《法学杂志》2018 年第 2 期。

[②]　See ICN, Unilateral Conduct Workbook Chapter 1: The Objectives and Principles of Unilateral Conduct Laws, 2012, pp. 5 – 6. Available at https://www. internationalcompetitionnetwork. org/portfolio/uc-workbook-objectives-principles-of-unilateral-conduct-laws/, last visit on Jan. 9, 2019.

[③]　参见应品广《法治视角下的竞争政策》，法律出版社 2014 年版，第 104 页。

[④]　孙颖：《论竞争法对消费者的保护》，《中国政法大学学报》2008 年第 4 期。

[⑤]　See Robert H. Lande, "Wealth Transfers as the Original and Primary Concern of Antitrust: The Efficiency Interpretation Challenged", 50 *Hastings Law Journal*, 871 – 958 (1999).

（四）其他目标

除了上述目标外，对支配企业滥用行为的反垄断规制可能有助于实现其他目标，包括但不限于：（1）促进经济自由。经济自由往往体现了更宽泛的宪法原则，不是反垄断法所独有。虽然参与商业活动的正式权利在法律的其他领域得到表达，但对反竞争的单边行为的规制有时被视作是使公认的自由成为真正自由的必要条件。① （2）推动经济体制改革。对那些长期实行计划经济，正在经历体制转型的国家（包括我国）而言，如何进一步深化经济体制改革，这或许首先不是反垄断法的问题，而依赖于系统性举措。但是，鉴于在这种经济体中，某些支配企业有过政府干预的历史，其支配地位的取得和存续并非基于商业智慧或效率原因，因此对该等企业的滥用市场支配地位行为进行严厉的反垄断规制，或许有助于暴露体制性问题并推进经济体制改革。（3）加强市场整合。整合市场通常会导致竞争加剧、产品种类增多，且能够带来源于规模经济的效率提高。此外，市场一体化可以进一步促进和平以及文化亲和力等政治目标。实践中，企业可能出于自身逐利动机或政企不分下的利益纠葛，希望分割市场，防止或减少市场整合对其自身或政府带来的不利影响。滥用市场支配地位的反垄断规制在一定程度上可以用来抵消这些倾向。这一点在欧盟竞争法中尤其重要，因为促进成员国市场一体化是其竞争法实施的关键目标。② 就我国反垄断法的实施目标来看，加强市场整合也具有一定的相关性。

二　滥用市场支配地位反垄断法调整的基本原则

尽管经济学在很大程度上塑造了当代反垄断法实施的方式和方法，但鉴于经济学分析的认识论局限，以及反垄断在信息和管理方面的成本

---

① Generally see ICN, Unilateral Conduct Workbook Chapter 1: The Objectives and Principles of Unilateral Conduct Laws, 2012, p. 6. Available at https://www.internationalcompetitionnetwork.org/portfolio/uc-workbook-objectives-principles-of-unilateral-conduct-laws/, last visit on Jan. 9, 2019.

② 参见 ［英］西蒙·毕晓普、迈克·沃克《欧盟竞争法的经济学：概念、应用和测量》，董红霞译，人民出版社 2016 年版，第 5 页。

约束，因而有必要确立滥用市场支配地位反垄断规制的三项基本原则：一是错误成本最小化原则；二是管理成本优化原则；三是法律确定性原则。

（一）错误成本最小化原则

由于经济学分析的认识论局限，滥用市场支配地位的反垄断规制通常容易受到错误（error）的影响。[1] 这里的错误分为两种：一是"积极错误"（false positive），也称"第一类错误"或"假阳性"，是指错误地处罚事实上有利的市场行为，会产生强化法律规则及标准的效果，企业被迫改变本来有利的市场行为，从而导致威慑过度及相应的损失。二是"消极错误"（false negative），也称"第二类错误"或"假阴性"，是指错误地免于处罚事实上有害的市场行为，会产生弱化法律规则及标准的效果，降低企业遵从法律的动力，从而导致威慑不足及相应的损失。[2]

对滥用市场支配地位行为进行反垄断规制，首先面临着采取严厉抑或宽松的法律规则及标准的抉择问题，而这往往取决于反垄断法所禁止的滥用行为在现实中发生"积极错误"或"消极错误"的成本和频率。如果我们相信"消极错误"更多且由此造成的损失更大，那么对该滥用行为采取趋于严厉的法律规则及标准就具有合理性。相反，如果我们相信"积极错误"更多且由此造成的损失更大，那么对该滥用行为采取趋于宽松的法律规则及标准亦具有合理性。

总之，反垄断法所禁止的不同滥用市场支配地位行为，在发生"积极错误"或"消极错误"的成本和频率的分布上不尽相同。[3] 因此，滥

① "正是由于经济分析的认识论局限性（epistemological limitations），反垄断通常特别容易受到错误的影响（antitrust remains unusually vulnerable to error）。"Alan Devlin & Michael Jacobs，"Antitrust Error"，52 *William & Marry law Review*，75（2010）.

② See U. S. Dep't of Justice，Competition & Monopoly：Single-firm Conduct Under Section 2 of the Sherman Act，Chapter 1，2008；See Frank H. Easterbrook，"The Limits of Antitrust"，63 *Texas Law Review*，1－40（1984）.

③ See Alan Devlin & Michael Jacobs，"Antitrust Error"，52 *William & Marry law Review*，75－132（2010）；丁茂中《反垄断法实施中的"积极失误"与"消极失误"比较研究》，《法学评论》2017年第3期。

用市场支配地位的反垄断规制应当平衡"积极错误"和"消极错误"的成本，对不同的滥用行为采取宽严适宜的法律规则及标准，力争将两类错误的成本（隐性成本）控制在最小状态。

（二）管理成本优化原则

事实上，"反垄断是一项经济性事业（economic enterprise），而不是伦理性事业（moral enterprise）"[1]。既然如此，滥用市场支配地位的反垄断规制，就不能忽略相关案件的管理成本，即与执法或诉讼有关的法律程序的成本（显性成本），并且应当尽可能地优化管理过程或执法技艺，力争将这些成本最小化。[2]

在这方面，经济学分析——尤其是那种无节制的全面分析，与执法机构或法院的管理关注存在很大的张力。对此，有必要明确，"尽管技术性的经济讨论有助于启示反垄断法，但反垄断法不能精确地复制经济学家（有时是相互矛盾的）的观点。因为与经济学不同，法律是一种管理体制……试图体现每一种经济复杂性和规格的法律，很可能由于管理的反复无常而适得其反，甚至削弱它所追求的经济目的"[3]。

如何在依赖经济学分析之技术理性的同时，又尽量优化反垄断案件的管理成本？在伊斯特布鲁克法官等论者看来，出路或许在于发展"结构化的合理分析"（structured rule of reason）。所谓结构化的合理分析，从特征上看，即法律规则与法律标准的交叉融合，或者说法律规范性和事实认知性的双重兼顾。[4] 在该方法下，并不是所有的反垄断案件一开始就需要进行复杂的效果平衡分析，相反，初始的步骤仍然是发展和依

---

① ［美］赫伯特·霍温坎普：《反垄断事业：原理与执行》，吴绪亮等译，东北财经大学出版社 2011 年版，第 10 页。

② 参见李剑《制度成本与规范化的反垄断法——当然违法原则的回归》，《中外法学》2019 年第 4 期。

③ See *Wright Corp. v. ITT Grinnell Corp.*, 724 F. 2d 227, 234 (1st Cir. 1983).

④ "规则"（rule）和"标准"（standard）是法律经济学中的一对范畴。简单来说，规则即是在事前预先设定行为的确切责任决定要素，一旦这些要素得到满足，行为就会受到谴责。而标准则不同，它依赖于裁判者在事后根据个案信息来考虑相关的责任决定要素，即在平衡各种事实后才决定是否谴责某项行为。See Louis Kaplow, "Rules Versus Standards: An Economic Analysis", 42 *Duke Law Journal*, 557-629 (1992).

赖法律规则，即围绕那些能够确定行为初步违法的责任要素，展开集约化、轻巧化、程式化的分析或"过滤"（filter）。①

（三）法律确定性原则

管理成本优化原则实际上部分涵盖了法律确定性原则，因为发展和依赖法律规则，在很大程度上体现了法律确定性原则的要求。

事实上，法律是成全预期和保障信任的设施②，反垄断法亦莫能外。滥用市场支配地位的反垄断法规范，无论是采取规则的形式，还是标准的形式，其具体措置都应当纳入法律确定性的考量，即体现对法律形式理性的追求③，亦即体现对企业合法预期的保障，而不应完全陷入经济效果路径下的情境分析、具体秩序。实际上，那种对滥用市场支配地位行为进行无限定的、全面的、宽泛的"合理分析"的做法，与法治原则（rule of law）存在根本性冲突。④用国内学者的话来讲，即"（过分）强调合理原则，势必会使反垄断法减少语义逻辑性，（过分）加强经济性和事实性等因素，强调经济的合理性分析，减弱了反垄断法规则的体系性"⑤。

第三节 滥用市场支配地位的规范类型及其建构路径

从滥用市场支配地位禁止制度的规范结构上看，其核心规范要素包

---

① See Frank H. Easterbrook, "The Limits of Antitrust", 63 *Texas Law Review*, 1–40 (1984)；兰磊《重估本身违法原则的制度成本——评李剑教授〈制度成本与规范化的反垄断法〉》，《竞争政策研究》2020 年第 2 期。

② 参见翟小波《"软法"概念何以成立？——卢曼系统论视野内的软法》，《郑州大学学报》（哲学社会科学版）2007 年第 3 期。

③ "法的形式理性主要是指由理智控制的法律规则的系统化、科学化及法律制定和适用过程的形式化。"参见黄金荣《法的形式理性论——以法之确定性理论为中心》，《比较法研究》2000 年第 3 期。

④ See Maurice E. Stucke, Does the Rule of Reason Violate the Rule of Law? 22 *Loyola Consumer Law Review*, 15–27 (2009).

⑤ 沈敏荣：《法律的不确定性——反垄断法规则分析》，法律出版社 2001 年版，第 83 页。

括：企业或经营者（以下统称为企业）①；市场支配地位；滥用行为。其中，企业市场支配地位的认定，是滥用行为得以认定的规范性前提。进一步讲，企业拥有市场支配地位本身并不违法，只有其滥用这种地位或状态，才会受到反垄断法的谴责。② 由此，哪些行为属于滥用行为，便构成滥用市场支配地位禁止制度至为关键的规范环节。然而，受制于经验、信息、认知的局限性，人们至今尚未形成对"滥用"这一概念的规范共识。③ 与此同时，人们更多是基于既有的、有限的经验、信息及认知，将"滥用"类型化为一系列具体行为并设定其责任要素，比如不公平高价、掠夺性定价、拒绝交易、搭售、价格歧视等滥用行为。④ 实际上，这些行为类型及其法律规则或责任要素，反映了有关"滥用"的不同认知模型，在一定程度上有助于节约信息成本、提高认知效率，以增进对滥用行为反垄断规制的有效性。但是，"行为类型化"的方法也存在局限性。根本上，不同"类型"的滥用行为及其法律规则或责任要素的设定，依托于特定的损害机理。换言之，据称为"滥用"的某种行为，当其所依据的损害类型发生变化时，其法律规则或责任要素也会发生改变。因此，尽管"行为类型化"的方法具有重要性，但这些被类型

---

① 企业（undertaking）是欧盟竞争法中的概念，我国反垄断法中的相应概念是经营者（operator）。我国《反垄断法》第15条第1款规定："本法所称经营者，是指从事商品生产、经营或者提供服务的自然人、法人和其他组织。"事实上，企业（经营者）在反垄断法中是一个包容性很强的概念，它重在主体的经济功能，而不拘泥于民商法语境下主体的法律人格，即使没有法律人格的民商事主体或多个法律人格独立的民商事主体（构成单一经济主体）都可以涵盖于企业的概念中。

② "如果没有实际的或可能的市场势力，我们几乎没有理由去关心单一企业的行为在反垄断法上的意义。"［美］欧内斯特·盖尔霍恩、威廉姆·科瓦西奇、斯蒂芬·卡尔金斯：《反垄断法与经济学》（第5版），任勇、邓志松、尹建平译，法律出版社2009年版，第90页。

③ 诸如欧盟、德国、美国、法国等国家或地区的反垄断法都使用了"滥用市场支配地位"这一术语，并都以各自的方式解释了市场支配地位的含义和考察方法，但对于"滥用"一词都只使用"术语"，而不解释其含义。究竟滥用市场支配地位中的"滥用"行为所指什么内容，法律中却全然找不到方案。参见吕明瑜《竞争法教程》（第二版），中国人民大学出版社2015年版，第116页。

④ 参见文学国《滥用与规制：反垄断法对企业滥用市场优势地位行为之规制》，法律出版社2003年版，第四至第八章；尚明《对企业滥用市场支配地位的反垄断法规制》，法律出版社2007年版，第五章；仲春《创新与反垄断——互联网企业滥用行为之法律规制研究》，法律出版社2016年版，第三、四章。

化的行为及其法律规则或责任要素，并非是滥用市场支配地位在反垄断法规范层面的"元类型"；对滥用市场支配地位"元"规范类型的分析和建构，需立基于"损害"及其不同类型而展开。

一　"行为类型化"的价值及其局限

反垄断法不是对纷繁复杂的商业行为及其无限信息和经验的镜像表现，而是通过对这些素材的深度解构、处理并经规范提炼、建构，最终形成体系化的判断标准。其中，"抽象"的概念，例如"垄断行为""垄断协议""滥用市场支配地位""具有或者可能具有排除、限制竞争效果的经营者集中"等①，是这一体系化作业最基础的建筑材料。然而，概念越抽象（可概观性程度越高），其内涵越匮乏，也就越容易陷入意义空洞化的倾向。因此，"当人们借助抽象—普遍的概念及其逻辑体系都不足以清晰明白地把握某生活现象或者某种意义脉络时，首先想到的是求助于'类型（Typen）'的思维方式"②。就此，考夫曼指出，"立法以及法律发现的成功或失败，端赖能否正确地掌握类型。我们今日的不安定性——法律的不安定性——主要并非肇因于法律在概念上的掌握较以往拙劣；而是不能再确切无误地掌握位于法律概念背后的类型"；"概念没有类型是空洞的，类型没有概念是盲目的"③。显然，类型化方法是一种重要的认知方法和法律方法，能有效避免"滥用市场支配地位"概念意义空洞化的倾向。从类型化的路径来看，滥用行为及其法律规则或责任要素的类型化，虽然具有重要价值，但也存在某些难以挣脱的局限。

（一）"行为类型化"的价值

一如前文所述，从各国（地区）反垄断法的规定以及反垄断的历史

①《中华人民共和国反垄断法》第三条规定："本法规定的垄断行为包括：（一）经营者达成垄断协议；（二）经营者滥用市场支配地位；（三）具有或者可能具有排除、限制竞争效果的经营者集中。"
②［德］卡尔·拉伦茨：《法学方法论》（全本·第六版），黄家镇译，商务印书馆2020年版，第577页。
③［德］亚图·考夫曼：《类推与事物本质——兼论类型理论》，吴从周译，台湾新学林出版股份有限公司1999年版，第113；117页。

经验看，滥用市场支配地位的行为可谓繁复多样。其主要行为类型包括：不公平高价、掠夺性定价、拒绝交易、利润挤压、搭售、捆绑、附加不合理的交易条件、忠诚折扣、排他性交易、价格歧视，等等。并且，从当前的执法或司法实践看，这些行为通常被设定了相对定型的违法性要素。比如，搭售要被认定为滥用行为，一般须满足以下违法性要素：（1）企业在搭售品市场具有市场支配地位；（2）搭售品与被搭售品属于不同的独立产品；（3）搭售造成反竞争效应。[①] 再如，排他性交易（独家交易或限定交易）要被认定为滥用行为，一般须满足以下违法性要素：（1）排他性交易的主体具有市场支配地位；（2）排他性交易的市场封锁率一般要高于50%；（3）排他性交易不能提前终止或并非短期（比如一年以内）；（4）不存在可行的替代性交易安排。[②] 又如，价格歧视要被认定为滥用行为，一般须满足以下违法性要素：（1）支配企业对不同交易对象采取"不同价格"；（2）"不同价格"针对的是"同一等级、同一质量的产品"；（3）对竞争造成损害，包括对卖方所在市场造成损害，也包括对买方所在市场造成损害。[③] 诸如此类。不可否认，滥用行为及其法律规则或责任要素的类型化，具有下列重要的理论和实践价值。

首先，它是对无限信息或经验、复杂事实、多重偶然性的过滤或化约，从而建构起关于"滥用"的各种相对稳定和有效的认知模型，进而为现实案件的处理奠定认知的基础和路径。[④]

其次，这些认知模型或分析框架有助于节约执法或司法的信息成本，提高了执法或司法的认知效率，同时增强了对滥用行为反垄断规制的及时性和有效性。实际上，"法律教义（认知模型或框架）的功能在很大

---

① 参见袁嘉、郝俊淇《滥用市场支配地位搭售行为的认定辨识——以"利乐案"为例》，《理论与改革》2015 年第 3 期。

② See International Competition Network, Report on Single Branding/Exclusive Dealing, April 2008, pp. 11 – 13. Available at http://www. internationalcompetitionnetwork. org/uploads/library/doc 355. pdf, last vist on Jan. 5, 2019.

③ 参见许光耀《价格歧视行为的反垄断法分析》，《法学杂志》2011 年第 11 期。

④ 实际上，法律和算都以过滤信息、建构模型为手段，具有降低认知负担、提高认知效率的功能。参见蒋舸《作为算法的法律》，《清华法学》2019 年第 1 期。

程度上是为了简化法律人在常规或同类案件决策时的信息需求，因此可以用规则或教义来置换许多相关但在历史上无法或很难获得的信息"①。

再次，把复杂的信息、事实"分拣到"或"凝练为"一系列的规范要素，反垄断法得以呈现出结构化或体系化的样态，进而，反垄断法作为一门法律，其"自洽"或"自治"成为可能。正如布雷耶（Breyer）法官所言，"尽管技术性的经济讨论有助于启示反垄断法，但反垄断法不能精确地复制经济学家（有时是相互矛盾的）的观点。因为与经济学不同，法律是一种管理体制……试图体现每一种经济复杂性和规格的法律，很可能由于管理的反复无常而适得其反，甚至削弱它所追求的经济目的"②。

最后，滥用行为及其法律规则或责任要素的类型化建构，也是法治原则及法律确定性原则的必然要求。按照卢曼的法系统理论，法律是社会的子系统，其存在的作用和意义在于化约现实生活的复杂性。"在充满无限的经验、偶然性和可能性的复杂社会，行动者之预期的落实，不仅取决于客观现实，还取决于他人的预期。自由以预期的稳定和落实为基础。为保障和扩大自由，就应竭力化约复杂性，这就应求诸法。法是建立在被一致普遍化的规范性行为预期之上的社会系统，是成全预期的设施。"③

（二）"行为类型化"的局限

尽管滥用行为及其法律规则或责任要素的类型化，对反垄断法的发展和实施具有重要价值，但这种规范建构的方法或路径也存在下列难以挣脱的局限。

首先，滥用行为不仅限于搭售、掠夺性定价、拒绝交易、限定交易、忠诚折扣、价格歧视等典型形式，还可能包括策略性的产能结构或产能扩张、限制性定价、售后市场"锁定"、掠夺性的产品或设计更新、掠

---

① 苏力：《中国法学研究格局的流变》，《法商研究》2014 年第 5 期。

② *Wright Corp. v. ITT Grinnell Corp.*, 724 F. 2d 227, 234（1st Cir. 1983）.

③ 转引自翟小波《"软法"概念何以成立？——卢曼系统论视野内的软法》，《郑州大学学报》（哲学社会科学版）2007 年第 3 期。

夺性广告、掠夺性雇佣、对新技术不予披露、以欺骗手段"获得"专利并执行该专利、明知专利无效或不可执行而执行该专利、积聚竞争性专利而不使用、与标准制定相关的"专利伏击"或"专利劫持"、商业侵权、虚假诉讼、滥用政府程序操纵管制措施等"非典型情形"。① 而在平台经济和数字经济领域,潜在的滥用市场支配地位行为还可以呈现为"二选一"的限定交易、对自身产品或服务的自我优待、过度收集关联用户数据、挪用第三方数据及"跟卖"、对非自有应用程序收取高额的交易处理费、封禁竞争对手的产品、服务或内容,以及频频曝出的"大数据杀熟",等等。② 对上述繁复多样、颇为驳杂的滥用行为一一进行类型化的规范建构,不仅力所不逮,而且很难保证所建构的法律制度的经济性、体系性和有效性。

其次,滥用行为及其法律规则或责任要素的类型化,可能存在"精度不良"或"不够正确"的问题。换言之,对特定滥用行为所建构的认知模型,可能与现实状况存在偏差。从原理上讲,滥用行为及其法律规则或责任要素的类型化,其可靠性需在以下两方面加以限定:一方面,某种滥用行为的有害性不仅在理论上具有连续性,而且在经验基础上具备相应的支撑;另一方面,滥用行为及其法律规则或责任要素的类型化,其收益应大于成本。③ 因此,如果不满足以上两方面的限定条件,"行为类型化"的做法就难免沦为粗暴的"贴标签",即用有限的规范剪裁丰富多样的事实和信息。④ 这最终会给反垄断法的实施带来严重的错误成本。

再次,某些据称的滥用行为,它们相互之间的界限是非常模糊的,

① 参见〔美〕赫伯特·霍温坎普《联邦反托拉斯政策——竞争法律及其实践》,许光耀、江山、王晨译,法律出版社 2009 年版,第 318—371 页;R. O'Donoghue & J. Padilla, *The Law and Economics of Article 82 EC*, Hart Publishing, 2006, pp. 639 – 658.

② 参见郝俊淇《平台经济领域差别待遇行为的反垄断法分析》,《法治研究》2021 年第 4 期。

③ See Mark A. Lemley & Christopher R. Leslie, "Categorical Analysis in Antitrust Jurisprudence", 93 *Iowa Law Review*, 1259 – 1269 (2008).

④ 反垄断法和知识产权法均须持续面对那些没有得到很好理解的新现象。要从法律实体规则上做到正确是极其困难的。参见〔美〕克里斯蒂娜·博翰楠、赫伯特·霍温坎普《创造无羁限:促进创新中的自由与竞争》,兰磊译,法律出版社 2016 年版,第 39 页。

因而当这些行为的类型化规则或责任要素在宽严程度上存在差异时，就可能诱致人为的"规则操纵"或"选择性执法"的问题。例如，搭售协议和排他性交易协议都是企业纵向整合的契约替代形式，有时候很难对二者进行区分。特别是当被搭售品的范围与该企业的产品范围相同时，这种区分更难。① 此际，如果针对搭售行为的类型化规则比针对排他性交易行为的类型化规则更加严厉，企业很可能将自己的商业行为说成或装饰成"排他性交易"而非"搭售"，相反，执法机构很可能将调查的商业行为认作是"搭售"而非"排他性交易"。显然，在这种情况下，对行为的形式化分类掏空了行为之所以有害或违法的实质内涵。

复次，滥用行为及其法律规则的类型化建构，虽然有利于降低信息成本、提升认知效率，但在实践中，滥用行为的类型化也可能存在"过度"问题，这反而增加了反垄断法实施的成本。例如，对于支配企业折扣计划的反垄断规制，有学者质疑执法或司法实践对"单一产品折扣"或"多产品折扣"的刻意区分，并强调对该等行为采取统一的违法性判断标准。② 再如，尽管利润挤压（margin squzze）在欧盟竞争法实践中被作为一种类型化的滥用行为③，但如果将这种行为加以解构，它其实潜在地涉及批发层面的不公平高价或零售层面的掠夺性定价，甚或涉及"实质性的拒绝交易"（a constructional refusal to deal）。④ 这即是说，"行

① 参见［美］赫伯特·霍温坎普《联邦反托拉斯政策——竞争法律及其实践》，许光耀、江山、王晨译，法律出版社2009年版，第480页。

② See Daniel A. Crane & Graciela Miralles, "Toward a Unified Theory of Exclusionary Vertical Restraints", 84 *Southern California Law Review*, 605–660（2011）.

③ 欧盟委员会《关于电信行业接入协议适用竞争法规则的通告》明确将利润挤压作为滥用市场支配地位的独立行为类型，并将其定义为：支配企业自己的下游业务无法根据支配企业的上游运营部门向其竞争对手收取的上游价格（批发价格）进行盈利的情况。

④ See Massimo Motta and Alexandre de Streel, "Exploitative and Exclusionary Excessive Prices in EU Law", in CD Ehlermann and I Atanasiu eds., *European Competition Law Annual* 2003: *What Is an Abuse of Dominant Position?*, Hart Publishing, 2006. 即便如此，有学者认为"利润挤压"是一种独立的滥用行为类型，其与不公平高价、掠夺性定价、拒绝交易等类型化的滥用行为具有差异。详细的分析参见 R. O'Donoghue & J. Padilla, *The Law and Economics of Article 82 EC*, Hart Publishing, 2006, pp. 321–326; J. Gregory Sidak, "Abolishing the Price Squzze as a Theory of Antitrust Liability", 4 *Journal of Competition Law & Economics*, 279–309（2008）.

为类型化"一旦"过度",很可能与"如无必要,勿增实体"的思维经济原则相背离。

最后,滥用行为及其法律规则或责任要素的类型化措置,如果不加反思性地理解,可能造成僵化自闭的"思维定式"或"框架效应"。这即是说,"决策者在审视决策过程时不能仅仅检验框架内的显性推理过程,还应重视框架本身暗示的隐性背景信息"①。实际上,滥用行为的任何类型化规则或责任要素,必定依托于特定的"损害理论"(theory of harm),例如共谋理论、剥削理论、排他理论,以及更为细化的掠夺理论、杠杆理论、提升竞争对手成本的封锁理论,等等。因此,据称为滥用的某种行为,当其所依据(原告或执法机构所主张)的损害类别发生变动时,其分析框架以及违法性构成要素也会发生改变。以搭售行为来看,其据以受到谴责的损害机理通常被"默认"为排他理论(排他性的搭售),因而在案件处理中,对被搭售品市场或搭售品市场的反竞争效应或封锁效应的验证成为关键。② 但实际上,搭售行为尚且可能依据共谋效应(促进共谋的搭售)③、剥削效应(剥削性的搭售)④ 而受到谴责。此际,相应的分析框架和违法性构成要素便发生了变动。由此可见,"损害类型化"⑤ 与"行为类型化"在方法论性质上是有差异的,但就滥用市场支配地位规范类型的建构来讲,这两种方法互为表里,理应协同并用、彼此映照。

---

① 蒋舸:《作为算法的法律》,《清华法学》2019 年第 1 期。

② See EU Commission, Guidance on the Commission's enforcement priorities in applying Article 82 of the EC Treaty to abusive exclusionary conduct by dominant undertakings, [2009] OJ C 45/7, paras. 47 – 58.

③ 参见[美]赫伯特·霍温坎普《联邦反托拉斯政策——竞争法律及其实践》,许光耀、江山、王晨译,法律出版社 2009 年版,第 464—465 页。

④ See R. O'Donoghue & J. Padilla, *The Law and Economics of Article 82 EC*, Hart Publishing, 2006, pp. 646 – 658.

⑤ 有必要说明,"损害类型化"的方法不同于"归纳出规制不同类型垄断行为的法益分析方法"。关于后者,参见刘继峰《反垄断法益分析方法的建构及其运用》,《中国法学》2013 年第 6 期。

二　路径拓补：以损害类型为基础的规范建构

不可否认，反垄断法是一部"行为调整法"。然而，鉴于滥用行为及其法律规则或责任要素类型化的方法所存在的上述局限，"较好的路径选择是把注意力投向认定违法行为所需证明的损害类型和程度"①。当然，这不是全然否定"行为类型化"方法的重要价值，而是强调"行为类型化"和"损害类型化"这两种方法需协同并用和彼此映照。

（一）"反垄断法损害"概念的起源

"反垄断法损害"（antitrust injury），即反垄断法意义上的损害，这一概念肇始于美国反垄断私人诉讼。美国最高法院认为，私人原告提起反垄断诉讼，要想胜诉并获得三倍损害赔偿，需证明被诉行为造成了反垄断法意义上的损害——源自竞争减少的损害。进一步讲，以整体性利益为主导的反垄断政策，应努力将以下两种损害区分开：一种是纯粹的私人损害，另一种是在对社会总体造成损害时所伴生的私人损害。②

1977 年，美国最高法院在 Brunswick 案的审理中首次提出了"反垄断法损害"的概念。该案原告是科罗拉多州普布罗市一个经营困难的独立保龄球球道企业。它的竞争对手是一家面临更大财务困难的企业，向它的主要硬件供应商 Brunswick 公司欠下巨额债务。Brunswick 是一家大型公司，供应多种体育产品，包括保龄球球道相关的产品，该竞争对手与 Brunswick 公司达成债务和解协议，约定由后者收购该球道、对它注入资金并作为自己的子公司继续经营。于是，原告提起诉讼，指

---

① "在反垄断和知识产权领域，有意义的改革都要求具备两项条件。第一，必须修订实体法规则，使法律与其背后的政策协调一致。然而，改进实体法并非问题的全部答案。就其性质而言，反垄断法和知识产权法均要持续面对那些没有得到很好理解的新现象。要从实体上做到正确是极其困难的。因此，第二，较好的路径选择是把注意力投向认定违法行为所需证明的损害类型和程度。"［美］克里斯蒂娜·博翰楠、赫伯特·霍温坎普：《创造无羁限：促进创新中的自由与竞争》，兰磊译，法律出版社 2016 年版，第 39 页。

② 参见［美］赫伯特·霍温坎普《联邦反托拉斯政策——竞争法律及其实践》，许光耀、江山、王晨译，法律出版社 2009 年版，第 659 页。

控 Brunswick 公司收购该经营困难的保龄球球道企业构成非法收购。原告主张在自己的市场上它原本面临一个濒临破产的软弱的竞争对手，现在却不得不面临一个从新的母公司手中获得巨额资金支持的、新生的竞争对手。①

　　该案事实似乎并不复杂。这起并购可能合法也可能非法，一切取决于合并双方的市场份额、市场进入壁垒的高低以及实体并购法规定的其他要件。但是，联邦最高法院并没有把考察对象锁定在并购是否在"技术上非法"。因为该案唯一重要的事实是，原告抱怨普布罗市保龄球市场由于该交易导致竞争加剧而非减少。显然，如果法院认可这一指控，将违背反垄断法促进竞争的目标。因此，在没有考虑任何并购实体法规则以及技术要件的情形下，法院指出："要以涉案行为违反第 7 条（克莱顿法）为由主张三倍损害赔偿，不能仅仅证明与市场上存在的非法行为有因果关系的损害。原告必须证明反垄断法损害，也就是说，反垄断法意图阻止的那类损害，并且该损害源自导致被告行为的非法因素。该损害应该要么反映了该违法行为的反竞争效果，要么反映了该违法行为所致反竞争行为的反竞争效果。简言之，它应该属于所指控的违法行为可能导致的损害类型。"②

　　（二）"反垄断法损害"概念的启示

　　美国最高法院的 Brunswick 案判决给私人反垄断执法带来了一场革命，此后，很多私人反垄断起诉因缺乏"反垄断法损害"遭到驳回。③事实上，"反垄断法损害"的概念不仅适用于私人反垄断执法，同样也可以适用于公共反垄断执法。这即是说，无论是私人原告还是反垄断执法机构，在发起反垄断案件时，都应当首先自问或询问涉案行为是否造成了反垄断法意义上的损害？造成了何种类型的损害？其具体的损害机

---

①　See *Brunswick Corp. v. Pueblo Bowl-O-Mat, Inc.*, 429 U. S. 477（1977）.

②　*Brunswick Corp. v. Pueblo Bowl-O-Mat, Inc.*, 429 U. S. 487－489（1977）. 转引自［美］克里斯蒂娜·博翰楠、赫伯特·霍温坎普《创造无羁限：促进创新中的自由与竞争》，兰磊译，法律出版社 2016 年版，第 58 页。

③　参见［美］克里斯蒂娜·博翰楠、赫伯特·霍温坎普《创造无羁限：促进创新中的自由与竞争》，兰磊译，法律出版社 2016 年版，第 58 页。

理是什么？只有自觉回答这一系列的"前提性问题"，所谓滥用行为及其法律规则或责任要素或技术要件才具有运用和展开的基础，而不至于陷入机械的"框架效应"或僵化的"概念分析"。因此，对滥用市场支配地位等反垄断案件的处理，其实是"损害（类型）思维约束之下，目光在规范之间不断穿梭的过程"。唯其如此，滥用行为类型化规则的型构、适用才能与案件事实相匹配。

上述分析表明，追问行为所造成的损害（损害类型）与追问行为所采取的形式具有同等重要性。因为二者协同构成完整的思维过程，也是更加彻底、更为可靠地看待问题和处理问题的方式。[①] 实际上，长期以来，欧盟竞争法的实践被某种单一的"形式为基的方法"（form-based approach）笼罩着。[②] 这种方法历来饱受诟病。但近年来，即使是欧盟竞争当局中资历最浅的执法人员也会询问："你的损害理论是什么（what is your theory of harm）？"在解释他们的损害理论时，无论是在合并控制、反竞争协议还是滥用市场支配地位方面，执法人员都需要能够连贯地讲述可能对消费者而不仅仅是对竞争对手造成损害的故事。这意味着竞争法的执行不再全然依凭于商业行为所采取的形式。如果执法人员发动的反垄断案件要成功，他们将不得不识别并阐明反垄断法意义上的损害。[③]

（三）以损害类型为基础的规范建构

反垄断法意义上的损害，即由于竞争减少或被扭曲而导致的损害，从结果上看，它可以表现为前文述及的资源配置无效率（福利净损失）、消费者福利转移损失、企业内部效率损失、租金耗散、动态效率损失，等等。从导致损害的过程或机制上看，它可以表现为多个企业的共谋行

---

① 语言哲学家维特根斯坦认为："问题是与我们的表达方式相伴随的，一旦我们用一种新的形式来表达自己的观点，旧的问题就会连同旧的语言外套一起被抛弃。"转引自［法］布尔迪厄、［美］华康德《反思社会学导引》，商务印书馆2015年版，第1页。

② 参见吴韬、郑东元《经济分析如何融入法律过程：欧盟竞争法改革的得失及启示》，《财经法学》2021年第1期。

③ See Philip Marsden & Simon Bishop, "Article 82 Review: What is Your Theory of Harm", 2 *European Competition Journal*, 257–262 (2006).

为、单一企业的排他行为，等等。实际上，"共谋"（collusion）和"排他"（exclusion）历来是最基本的反垄断关注[1]，亦是各种经济性垄断行为受到规制所依凭的最基础的损害理论。[2]

"共谋"与"排他"作为"反垄断法损害"概念的基础范型，其实是由许多更为细化的损害理论集结而成的。例如，与"共谋"相关的明示共谋理论、默契共谋理论；再如，与"排他"相关的掠夺理论、杠杆理论、提升竞争对手成本的封锁理论等。实际上，掠夺理论尚可进一步细分出"财力雄厚"理论（"deep pocket"theory）或不对称财力限制理论、金融市场掠夺理论、信号策略理论、声誉效应理论、多重收益掠夺理论等。[3]

有必要明确，"排他和共谋既不是法定类别，也不是教义类别（doctrinal categories）；它们是经济学范畴"[4]。尽管"共谋"和"排他"具有诸多相似的经济特性——都关涉企业不正当地促进、获取、维持、加强市场力量[5]，但是与此相关的反竞争行为是通过不同的经济机制产生的。具体来说，相互共谋的多个企业必须找到某种方法来解决"共谋难题"——达成共识方面的协调、建立防作弊及惩罚机制、阻却新竞争对手的防御机制；而排他性企业也必须找到某种方法来解决"排他难题"——确立某种排他方案、排挤足够多的竞争对手进而阻碍竞争、确

---

① 波斯纳的名著《反托拉斯法》，实际上就是围绕"共谋"和"排他"这两大损害理论来建构对相关垄断行为的规制制度。参见［美］理查德·A. 波斯纳《反托拉斯法》（第二版），孙秋宁译，中国政法大学出版社 2003 年版，第二、三编。

② 但有必要指出的是，"芝加哥学派的某些评论人士长期以来对'排他'（exclusion）作为一种反垄断理论（反垄断法上的损害理论）深表怀疑，尤其是将这种理论应用到支配企业的行为。尽管后芝加哥学派的评论人士往往比大多数人更严肃地对待排他行为，但某些主流和进步的评论人士称'共谋'（collusion）才是核心的反垄断关注"。See Jonathan B. Baker, "Exclusion as a Core Competition Concern", 78 *Antitrust Law Journal*, 527–528 (2012).

③ See Patrick Bolton, Joseph F. Brodley, Michael H. Rioedan, "Predatory Pricing: Strategic Theory and Legal Policy", 88 *Georgetown Law Journal*, 2239–2330 (2000).

④ Jonathan B. Baker, "Exclusion as a Core Competition Concern", 78 *Antitrust Law Journal*, 532 (2012).

⑤ See Daniel A. Crane, *The Institutional Structure of Antitrust Enforcement*, Oxford University Press, 2011, Introduction, p. xiv.

保排他行为对实施企业是有利可图的。①

　　无论如何，通过共谋或排他都可以损害竞争。因此，那些被反垄断法规定或在实践中被加以区分的单边行为/多边行为、横向行为/纵向行为、事前行为/事后行为，其中每一项都可以基于共谋效应或排他效应而损害竞争，进而受到反垄断法的谴责。展开来说，企业并购行为（经营者集中行为）之所以受到禁止，可能是基于单边效应（排他效应），也可能是基于协同效应（共谋效应）②；类似地，纵向行为不一定是排他的，例如，制造商与分销商之间的协议可能损害竞争，因为它促进了制造商或分销商层面的共谋③，或者因为它排挤了制造商或分销商层面的竞争对手④；同理，横向行为并非总是或仅仅局限于共谋，例如，可能存在"排他性的集体联合抵制"（exclusionary group boycotts）。⑤

　　就滥用市场支配地位行为而言，在理论上，共谋效应（共谋性的竞争损害）当然也可以成为反垄断法据以谴责相关滥用行为的基础。譬如，支配企业的搭售行为可以促进有关企业在搭售品市场或被搭售品市场的共谋，支配企业的排他性交易协议可以促进有关企业在上游市场或下游市场的共谋，等等。⑥ 在此意义上，"共谋性滥用"（collusive abuse），或谓"基于共谋效应的滥用行为"，是滥用市场支配地位行为在反垄断法中的一种潜在规范类型。在这种情形下，"滥用行为"不仅仅是"消极防御"，即抵御现实或潜在的外部竞争威胁，防止协调良好的垄断协议被破坏，更重要的，还是为了"积极扩张"，即不断巩固和加强其共同的

---

① See Jonathan B. Baker, "Exclusion as a Core Competition Concern", 78 *Antitrust Law Journal*, 529 – 530 (2012).

② 参见［英］Daniel Gore 等《经济学分析方法在欧盟企业并购反垄断审查中的适用》，黄晋等译，法律出版社 2017 年版，第三、四章。

③ 参见郝俊淇《反垄断法上的交易相对人及其三重角色》，《中国价格监管与反垄断》2020 年第 7 期。

④ See Thomas A. Lambert, "Dr. Miles is Dead? Now What: Structuring a Rule of Reason for Evaluating Minimum Resale Price Maintenance", 50 *William & Marry Law Review*, 1937 – 2006 (2009).

⑤ 参见侯利阳《垄断行为类型化中的跨界行为——以联合抵制为视角》，《中外法学》2016 年第 4 期。

⑥ 参见［美］赫伯特·霍温坎普《联邦反托拉斯政策——竞争法律及其实践》，许光耀、江山、王晨译，法律出版社 2009 年版，第 464、479 页。

垄断性地位（共同市场优势地位），榨取更多的垄断性收益，进而为横向垄断协议的有效协调和持久稳定存续，注入强劲的利益动力。[①]

尽管任何一种行为都可能通过共谋或排他而损害竞争，但在很多时候，人们习惯性地将共谋效应（共谋性竞争损害）与横向垄断协议、纵向品牌内协议、横向合并联系在一起，而将排他效应（排他性竞争损害）与支配企业行为、纵向品牌间限制、纵向合并联系在一起。[②] 不可否认，排他效应历来是滥用市场支配地位禁止制度的核心关切[③]，因而"排他性滥用"（exclusionary abuse）是滥用市场支配地位行为在反垄断法中最重要也是最基本的规范类型。本书第四章将对此做详尽阐述。

在排他效应之外，滥用市场支配地位禁止制度实际上还可以依托于"剥削"（exploitation）的损害类型，而建立在"剥削性滥用"（exploitative abuse）的规范类型之上。剥削效应往往与不公平价格、不公平交易条件联系在一起。"逐渐兴起的剥削理论（emerging theories of exploitation）——不涉及任何先前的排他行为而依赖操纵价格结构或交易条件来榨取交易相对人或消费者的利益……先前的排他行为并不是剥削理论的必要组成部分，而剥削也不是排他策略的必然结果。"[④] 实际上，伴随着经济社会的数字化转型，有关剥削性滥用的反垄断法规范，其重要性更加凸显。本书第三章将对"剥削性滥用"做详尽阐述，此处不赘。

有必要追问的是，在"排他""剥削"的损害类型之外，滥用市场

[①] 参见时建中《共同市场支配地位拓展适用于算法默示共谋研究》，《中国法学》2020 年第 2 期；Robert C. Marshall, Leslie M. Marx, Lily Samkharadze, Dominant-Firm Conduct by Cartels (February 15, 2011), available at ResearchGate：https：//www.researchgate.net/publication/228987383, last visit on May 5, 2021.

[②] See Andrew I. Gavil, William E. Kovacic, Jonathan B. Baker, *Antitrust Law in Perspective：Cases, Concepts and Problems in Competition Policy* (Second Edition), West Academic Publishing, 2008, Introduction, p. vii.

[③] 美国《谢尔曼法》第 2 条所禁止的"垄断化行为"，其所指就是具有垄断力量的企业（支配企业）做出的排他行为。

[④] Daniel A. Crane & Graciela Miralles, "Toward a Unified Theory of Exclusionary Vertical Restraints", 84 *Southern California Law Review*, 611 (2011).

支配地位禁止制度是否可能依托于其他损害类型？有学者曾经提出所谓"报复性滥用"（reprisal abuses）[1] 以及"结构性滥用"（structural abuse）[2] 的规范类型，但它们其实并不具备在损害类型和规范类型上的独立性，而分属排他性滥用和企业并购控制的范畴。实际上，滥用市场支配地位禁止制度所依托的"第三种损害类型"，存在于差别待遇或价格歧视场合下的"二线损害"（secondary-line injury），或谓"扭曲效应"（distortionary effects）。由此，"扭曲性滥用"（扭曲性差别待遇）是滥用市场支配地位行为在反垄断法上的又一种规范类型。本书第二章将进一步对此做问题化的理论探讨。

第四节　本章小结

企业单方面做出的限制竞争行为及其他行为，即企业滥用市场支配地位的行为，是反垄断法的重点调整对象。事实上，支配企业对市场力量的不当行使，以及市场力量被维持或加强的过程，可能造成巨大的社会福利损失，譬如资源配置无效率、消费者福利的转移损失、企业内部效率损失、租金耗散以及动态效率损失等。尽管滥用市场支配地位禁止制度所依据的经济学理由是直截了当的，但在个案处理时，识别和平衡相关福利损失并不容易。

鉴于市场过程的随机性、企业的多重属性、经济学的认识论局限、反垄断在信息和管理方面的成本约束，滥用市场支配地位的反垄断法调整，首先应当确立具体目标，具体包括确保有效的竞争过程，提高经济效率，维护消费者利益等；其次应当明确基本原则，具体包括错误成本最小化原则，管理成本优化原则，法律确定性原则；最后，尽管"行为

---

[1] 在欧盟竞争法著述中，对于支配企业为惩罚与竞争对手交易的客户而拒绝供应的行为，有学者将其称为"报复性滥用"（reprisal abuses）。See John Temple Lang, "Some Aspects of Abuse of Dominant Position in European Community Antitrust Law", 3 *Fordham International Law Journal*, 17 (1979).

[2] 所谓结构性滥用，即企业通过合并或者收购的方式实施的排除竞争对手的行为。参见戴龙《滥用市场支配地位的规制研究》，中国人民大学出版社 2012 年版，第 42 页。

类型化"的规范建构路径具有重要价值，但尚需与"损害类型化"的规范建构方法形成互补、彼此观照。据此，有必要根据滥用市场支配地位行为可能导致的损害类型，划分出其在反垄断法上的不同规范类型，即"扭曲性滥用""剥削性滥用""排他性滥用"。

第二章

扭曲性滥用

歧视，或曰歧视待遇、差别待遇，即不同情况相同对待，或者相同情况不同对待。这是一种较为常见的经济现象和社会现象，并构成诸多法律部门共同关注和调整的对象。在许多国家（地区）的反垄断法中，禁止价格歧视或者差别待遇（以下统称"差别待遇"）的规定往往是其重要内容，且这些规定大多嵌套在规范企业单边行为的制度框架中，比如《欧盟运行条约》第 102 条第 2 款第（c）项，德国《反限制竞争法》第 20 条第 1 款，美国《克莱顿法》第 2 条以及整部《罗宾逊—帕特曼法》，等等。我国《反垄断法》第 22 条第 1 款规定，"禁止具有市场支配地位的经营者从事下列滥用市场支配地位的行为……（六）没有正当理由，对条件相同的交易相对人在交易价格等交易条件上实行差别待遇"。

差别待遇之所以被纳入反垄断法的调整范围，有其特殊的背景和成因。不过，这有可能造成滥用市场支配地位反垄断法体系的逻辑紊乱。就我国《反垄断法》的相关规定而言，这里最核心的问题在于《反垄断法》将差别待遇作为一种独立的滥用行为类型，并且设定了具体的违法性构成要件，即"条件相同的交易相对人""在交易价格等交易条件上实行差别待遇""没有正当理由"等。此际，如何解释该法第 22 条第 1 款第六项与其他诸项之间的关系？进一步讲，在剥削性滥用和排他性滥用的规范类型之外，是否存在"歧视性滥用"的特殊范畴？① 如

---

① 有欧盟竞争法学者曾在"剥削性滥用市场支配地位"和"排他性滥用市场支配地位"的二分法之外，提出"歧视性滥用市场支配地位"的类型。See Lorenzo Federico Pace, *European Antitrust Law*：*Prohibitions*，*Merger Control and Procedures*，Edward Elgar, 2007, pp. 152 – 153.

果答案是否定的，那么上述反垄断法规定的必要性和意义恐怕会大打折扣。毕竟，"如无必要，勿增实体。"① 草率地增设"歧视性滥用"的规定，有可能使反垄断法在规范同一滥用行为时陷入双重标准。但是，如果答案是肯定的，那么在传统的"剥削""排他"的损害类型之外，"歧视性滥用"赖以为凭的独立的损害类型是什么？本章拟对上述问题进行探究，借此为第三章"剥削性滥用"和第四章"排他性滥用"做适度引论。

第一节　差别待遇的双重语境

差别待遇往往与不公平的假设或者观念联系在一起。但是，差别待遇并非一概地不公平，况且，这涉及如何定义公平的问题。换言之，讨论差别待遇不能脱离特定的语境。服务于本章研究主旨，这里首先考察差别待遇的两种不同语境，即作为经济学范畴的差别待遇——价格歧视，以及作为反垄断法调整对象的差别待遇。

一　作为经济学范畴的差别待遇

当代反垄断法的解释和适用，与经济学存在紧密联系。② 经济学的知识能为反垄断案件的处理提供认识论基础和方法论依据。对差别待遇这一滥用行为的探究，显然不能孤立于经济学中的价格歧视理论。因为，交易上的差别待遇，最主要的一种表现就是价格歧视。并且，价格歧视是一个包容性很强的经济学概念，包含了任何可以转化为价格优势或劣势的不同交易条件，比如产品的等级和质量差异、购买数量和购买时间的差异、运输成本和适销条件的差异，等等。因而可以说，差异性价格是任何不同交易条件的表征。

---

① 公元14世纪前，唯名论者奥卡姆（Ockham）曾说过这样一句名言："如无必要，勿增实体。"这句话被后世称作"奥卡姆剃刀"，反映"简单有效原理"，意指切勿浪费较多资源去做用较少的资源同样可以做好的事情。
② 参见金善明《反垄断法解释中经济学分析的限度》，《环球法律评论》2018年第6期。

（一）价格歧视：现象、定义和实现条件

在市场经济条件下，价格歧视是一种普遍的经济现象。比如，在传统的线下经济中，旅游景点对学生和老年人收取半票，而对其他人收取全票；航空公司采用复杂的收益管理系统，试图根据出行类型、出行路线、机票的灵活性、购买时间等来区分票价。又如，在新兴的线上经济中，数据驱动型的平台企业通过收集消费者的移动设备的位置、家庭地址、使用的设备类型、键入的搜索词、浏览记录、购买的物品、虚拟购物车中的商品以及来自物联网的数据等信息，通过建立并优化算法分析模型来预测消费者的不同支付意愿，从而对其消费的商品或者服务收取不同的价格。[①]

从经济学的视角看，价格歧视是指企业以不同的价格出售两种具有相同边际成本的相似产品或者服务。[②] 用斯蒂格勒的话来说，当价格比率与企业提供的两种产品（服务）的边际成本比率不同时，企业就在进行价格歧视。[③] 从边际成本的角度对价格歧视作出的上述定义，从技术上讲是正确的，但是对于政策制定者来说却并不总是有用。因为在某些市场上，成本几乎是固定成本，边际成本几近于零。[④] 因此，可以对价格歧视作如下更一般性的经济学定义：价格歧视是对实质性相同的产品或者服务向不同的买方收取不同的价格。[⑤]

经济学研究表明，要有效实施价格歧视，需满足三项条件：（1）企业具有一定程度的市场力量。如果企业在一个完全竞争的市场上运作，

---

① 参见［英］阿里尔·扎拉奇、［美］莫里斯·E. 斯图克《算法的陷阱：超级平台、算法垄断与场景欺骗》，余潇译，中信出版社 2018 年版，第 119—133 页。

② See OECD, Executive Summary of the Roundtable on Price Discrimination, 2016, p. 2, available at https：//one. oecd. org/document/DAF/COMP/M（2016）2/ANN5/FINAL/en/pdf, last visit on Oct. 5, 2018.

③ See George J. Stigler, *A Theory of Price* (Fourth Edition), Macmillan, 1987. Quoted from R. O'Donoghue & J. Padilla, *The Law and Economics of Article 82 EC*, Hart Publishing, 2006, p. 556.

④ 参见［美］赫伯特·霍温坎普《联邦反托拉斯政策——竞争法律及其实践》，许光耀、江山、王晨译，法律出版社 2009 年版，第 624 页。

⑤ 参见［美］欧内斯特·盖尔霍恩、威廉姆·科瓦西奇、斯蒂芬·卡尔金斯《反垄断法与经济学》（第 5 版），任勇、邓志松、尹建平译，法律出版社 2009 年版，第 506 页。

那么它是竞争性价格的接受者，因而不能设置不同的价格。因此，市场力量因素对于价格歧视来讲是必要的。① （2）通过一定的方法来知悉或估算购买者的支付意愿（保留价格），以及相应的细分市场和对购买者进行分类的能力。该条件的满足可能是基于可观察的购买者的特征或可用的信息，或者可能涉及购买者披露或暴露的关于其支付意愿的数据和信息。如果购买者在购买过程中是完全匿名和同质化的，那么企业将无法对其设定不同的价格。（3）有限的套利空间。套利空间，即那些支付较低价格购买产品的买家将产品转售给那些原本支付意愿较高的买家，从而破坏企业为任何买家设定较高价格的获利能力。一般来讲，服务是难以转售和套利的；就产品而言，可以通过很多方式防止套利，比如提供定制化产品、取消产品转售后的质保、抬高二手产品的服务档次与费用、对产品的转售施加限制、采取不兼容的产品设计，等等。

（二）价格歧视的经济学类型

价格歧视在经济学上大致有三种不同分类，分别是：一级价格歧视、二级价格歧视、三级价格歧视；静态价格歧视、动态价格歧视；中间客户价格歧视、终端消费者价格歧视。

1. 一级价格歧视、二级价格歧视和三级价格歧视

传统上，经济学理论按照经济学家庇古的分类来区分三种类型的价格歧视：一级价格歧视（first-degree price discrimination）、二级价格歧视（second-degree price discrimination）、三级价格歧视（third-degree price discrimination）。② 价格歧视的"级别"反映的是歧视的精准程度。而实施这些不同类型的价格歧视的能力取决于企业识别购买者特征和支付意

---

① 然而，这并不一定是重大的市场力量（significant market power）。事实上，对于市场力量是否构成价格歧视的必要条件，在经济学家中不无争议。例如，有经济学家认为，价格歧视的程度与市场力量的程度没有必然联系，价格歧视可以发生在竞争激烈的市场中。See Michael E. Levine, "Price Discrimination Without Market Power", 19 *Yale Journal of Regulation*, 1 - 36 (2002). 但是，也有学者认为，虽然价格歧视与反竞争效应之间没有必然联系，但它与市场力量之间存在必然的联系。See Jonathan B. Baker, "Competitive Price Discrimination: The Exercise of Market Power Without Anticompetitive Effects", 70 *Antitrust Law Journal* 643 (2003).

② See Arthur C. Pigou, *The Economics of Welfare* (Second Edition), Macmillan, 1920, chapter 17.

愿的能力，以及企业可以使用的定价工具。

一级价格歧视，即所谓的完全价格歧视，是指企业为每一产品或服务设定的价格，与每位买家购买该产品或服务的支付意愿（保留价格）恰好吻合。完全价格歧视在传统上被认为是一个理论概念。[①] 但是，在现今数字化时代，完全价格歧视可能是一个可以通过利用大数据和算法分析模型而更好地近似的概念。事实上，近乎完全的价格歧视或个性化定价已经可以观察到。[②] 完全价格歧视带来了两个重要结果：第一，从配置效率角度看，这种情况是最优的。因为它鼓励生产者最大化产出，直到边际收入等于边际成本。换言之，完全价格歧视与完全竞争是同等有效率的。第二，从购买者（客户或最终消费者）角度看，以上结果虽然有效率，但并不"公平"。因为竞争性条件下的消费者剩余，在完全价格歧视的情况下全都成为垄断利润。要言之，买者变得穷多了，而卖者变得富多了。[③]

二级价格歧视，即企业提供一系列不同的可选"交易"，进而诱导买家进行自我分类（自排序）并选择其中特定的某个"交易"。二级价格歧视通常是根据买家购买的产品数量来设定不同的价格，比如数量折扣、捆绑折扣、两部定价等，因而体现了非线性定价的特征。但二级价格歧视也可以通过创建产品的不同版本来实现，即所谓的版本控制（versioning），比如区分商务舱和经济舱、片剂药物和溶剂药物、Iphone 8 和 Iphone 8 Plus，等等。

三级价格歧视，即根据可观察的不同顾客群体的特征及需求弹性差

---

① 例如，有学者指出，完美的价格歧视是一个理想化的概念，在现实生活中很少有这样的例子，尤其是因为它在信息方面成本高昂（包括细分客户、识别需求弹性），而且需要防止转售和套利。See Damien Gerard, Price Discrimination under Article 82（2）（C）EC: Clearing up the Ambiguities, July 6, 2005. Available at https://ssrn.com/abstract = 1113354, last visit on Oct. 5, 2018.

② 大数据的崛起为互联网企业攀上完全价格歧视之巅创造了便利，从而可能让购买者情愿奉上自己的保留价格。事实上，很多数据驱动型企业正在尝试各种策略以更好地实现价格歧视。回溯企业在数据追踪与收集进程中取得的种种进展，完全价格歧视似乎已然可期。参见〔英〕阿里尔·扎拉奇、〔美〕莫里斯·E.斯图克《算法的陷阱：超级平台、算法垄断与场景欺骗》，余潇等译，中信出版社2018年版，第119页。

③ 参见〔美〕赫伯特·霍温坎普《联邦反托拉斯政策——竞争法律及其实践》，许光耀、江山、王晨译，法律出版社2009年版，第627页。

异来对其收取不同的价格。在这种情况下，利润最大化的企业有动力实施针对这些群体的"反向弹性规则"，即对弹性较低的顾客收取较高的价格，对弹性较高的顾客收取较低的价格，也即所谓的"拉姆齐定价"（Ramsey pricing）。[①]

2. 静态价格歧视和动态价格歧视

价格歧视在经济学上的另一种分类是静态价格歧视和动态价格歧视。[②]静态价格歧视，即在有限的、短暂的时间段内发生的价格歧视。它包括对具有不同可观察特征及需求弹性的顾客群体的价格歧视，即传统上的三级价格歧视；还包括数量折扣、捆绑折扣等传统上的二级价格歧视。

动态价格歧视包括时间歧视和行为歧视。时间歧视，即价格随时间而调整。从理论上讲，这种歧视性的动态定价并非是对市场供需变化的自然反应，尽管二者的界限较为模糊且难于识别。[③] 行为歧视，即价格因顾客在一段时间内的行为而异。这种价格歧视可能是企业对顾客既有行为进行追踪、挖掘的结果，比如顾客在该企业购买商品的历史记录；也可能是企业采取特定手段，故意利用顾客的认知偏差和行为偏差，从而夸大顾客的实际需求和支付意愿，进而扭曲其消费决策的结果。此际，被利用、被"欺骗"的顾客为企业贡献了更为可观的利润。[④]

3. 中间客户价格歧视和终端消费者价格歧视

根据供应企业的交易方是中间客户还是终端消费者，价格歧视也可

[①] 关于拉姆齐定价的最初论述，See Frank P. Ramsey, A Contribution to the Theory of Taxation, 37 *The Economic Journal*, 47 – 61 (1927).

[②] See Chris Pike, Price Discrimination, Background Note by the Secretariat, OECD, 2016, pp. 7 – 8. Available at https：//one. oecd. org/document/DAF/COMP（2016）15/en/pdf, last visit on Oct. 5, 2018.

[③] 例如，一个企业可能会为一本书设定一个最初的高价，将其卖给那些最热心的、支付意愿最高的购买者，从而获取较高的利润。此后随着时间的推移，企业可能会降低这一价格，使那些对图书支付意愿不那么高的人获得该书，从而增加企业的额外利润。

[④] 在互联网和数字化的世界里，当大数据分析与行为经济学相遇时，我们正在见证一类新兴的价格歧视——行为歧视。企业正在广泛收集顾客个人信息以判断何种情绪或者说偏见会促使其在某一特定价位做出购买决定。企业通过个性化的定制广告、诱饵产品、价格引导、复杂化选项、水滴定价等手段来征服不同类型的顾客并扭曲其消费决策，促使其自动缴械、乖乖掏钱。参见［英］阿里尔·扎拉奇、［美］莫里斯·E. 斯图克《算法的陷阱：超级平台、算法垄断与场景欺骗》，余潇译，中信出版社2018年版，第134—153页。

以分为中间客户歧视（intermediary-customer discrimination）和终端消费者歧视（end-consumer discrimination）。中间客户歧视是上游供应企业对下游企业在投入品价格上的歧视。例如，在许多中间产品市场，价格的达成往往是双边谈判的结果，这可能导致不同的下游企业面临不同的投入品价格，即不同的生产成本。从反垄断法的角度看，这种分类是极为重要的。因为中间客户歧视和终端消费者歧视所造成损害类型或所依据的损害理论可能不同，从而对其展开规制的路径和方法也会有所不同。对此，下文将着重分析。

（三）价格歧视的经济效应

在很多学者的心目中，价格歧视是一种再正常不过的商业行为，它既可以发生在竞争激烈的市场上，也可以发生在寡头或垄断市场上，且往往是由利润最大化的企业相互竞争所驱动，因而其经济效应在很多情况下是正面的，或者至少是模棱两可的。[1]

1. 价格歧视的正面经济效应

价格歧视可能带来的正面经济效应主要包括：（1）改进整体福利。企业针对不同消费者的支付意愿和购买能力打造多层次的产品线，让更多的消费者获得产品或服务，促进了交易、扩大了细分市场、繁荣了经济。（2）促进产出和回收成本。价格歧视优化了企业的定价结构，有利于提升产出，进而有助于企业回收高昂的固定成本，保障其获取利润并长期经营。[2]（3）增进创新激励和动态效率。如果价格歧视能够可观地增加利润，那么这将激励企业从事那些有助于进一步提升其利润的活动，比如投资更多的经费用于研发工作、改善质量、降低成本等，从而带来动态效率。[3]（4）加剧市场竞争。在统一定价策略下，企业只能就边际

---

[1] See R. O' Donoghue & J. Padilla, *The Law and Economics of Article 82 EC*, Hart Publishing, 2006, pp. 558 – 561.

[2] 如果某个行业不具备一定的固定成本回收的特征，那么在这个行业几乎不可能发生有价值的投资。See Derek Ridyard, "Exclusionary Pricing and Price Discrimination Abuses under Article 82—An Economic Analysis", 23 *European Competition Law Review*, 287 (2002).

[3] 但是，这种激励也可能是负面的，比如激励企业投资于寻租活动或对消费者进行行为歧视的能力等。

消费者（marginal consumers）展开争夺，但是通过价格歧视，企业可以争夺市场中的所有客户，包括那些对竞争对手有着强烈忠诚度的顾客。①（5）瓦解卡特尔和寡头相互协调。卡特尔和寡头相互协调的条件之一是价格较为透明且定价机制简单，即不存在复杂的定价结构。② 因此，如果某个卡特尔成员或寡头企业进行秘密的价格减让（价格歧视），那么成员间相互协调将难以为继。因此，在集中度较高的市场上，不加鉴别地一概禁止价格歧视，不仅对经济有害，而且与反垄断法保护竞争的目的相冲突。③

2. 价格歧视的负面经济效应

价格歧视可能带来的负面经济效应主要包括：（1）减损消费者福利，以及利用和剥削消费者。任何形式的持久的价格歧视，都致力于获取更多的消费者剩余，使福利从消费者向卖方转移。如果防止市场力量的倒退性财富分配，保护消费者利益，使消费者获得公平分配和合理对待是反垄断政策的重要关注，那么价格歧视就很可能引起反垄断法上的问题。④ 此外，价格歧视依赖于企业对消费者及潜在市场做出细分的能力。如果企业无节制地、不当地对消费者的个人数据进行追踪、收集和处理，甚至故意利用消费者的认知偏差和行为偏差，通过行为定向手段"欺骗"消费者进行消费，那么相较于福利转移所造成的利益减损，这些服务于利润攫取的不当数据收集和处理、行为歧视、分化策略等手段，则具有更加明显的剥削效应（exploitative effects）。⑤ （2）造成一线损害

---

① See Penelope Papandropoulos, How Should Price Discrimination Be Dealt with by Competition Authorities? Revue des droits de la concurrence（No. 3 2007），p. 36. Available at http：//ec. europa. eu/dgs/competition/economist/concurrences_ 03_ 2007. pdf, last vist on Oct. 7, 2018.

② 参见［德］乌尔里希·施瓦尔贝、丹尼尔·齐默尔《卡特尔法与经济学》，顾一泉、刘旭译，法律出版社2014年版，第377页。

③ 参见［美］欧内斯特·盖尔霍恩、威廉姆·科瓦西奇、斯蒂芬·卡尔金斯《反垄断法与经济学》（第5版），任勇、邓志松、尹建平译，法律出版社2009年版，第417页。

④ See Sean F. Ennis, Pedro Gonzaga, Chris Pike, "The Effects of Market Power on Inequality", CPI Journal Fall 2017.

⑤ 参见郝俊淇《平台经济领域差别待遇行为的反垄断法分析》，《法治研究》2021年第4期。

(primary-line injure)，即实行价格歧视的企业打压其同级竞争对手，损害其所处市场的有效竞争。由于损害发生在企业及其竞争对手之间，因而一线损害也被称作横向竞争损害。[①] 这种损害往往表现为排挤竞争对手或妨碍潜在竞争对手进入市场，因而可以将其等同于排他效应（exclusionary effects）。实际上，诸如掠夺性定价、拒绝交易、独家交易、搭售等典型的排他行为，都可能涉及价格歧视的因素。在此意义上，价格歧视作为一种笼统的手段，可能有助于支配企业维持或加强其市场支配地位。（3）造成二线损害（secondary-line injure），即在某一层级市场（比如上游市场）开展业务的企业，其本身不出现在其他层级市场（比如下游市场），或者说其业务没有进行一体化整合，但它却对其他层级与之非关联的不同客户实行价格歧视，使某些客户处于不利的竞争地位，进而扭曲该市场的有效竞争。由于二线损害是对非关联客户所在跨级市场的竞争损害，因而也被称为纵向竞争损害——有学者将之概称为扭曲效应（distortionary effects），以区别于排他效应。[②]

二 作为反垄断法调整对象的差别待遇

鉴于价格歧视（差别待遇）在很多情况下所具有的正面经济效应以及在某些情况下可能带来的负面经济效应，许多经济学家建议反垄断法不应将价格歧视（差别待遇）一概地视作非法，相反，可以首先推定其合法。[③] 然而，从一些主要国家（地区）反垄断法的规定和实践上看，其对差别待遇行为的调整往往是由与上述经济学原理相去甚远的考量因

[①] 横向竞争损害的案例在很多时候也涉及"纵向"因素。比如，一个纵向整合的企业，优待自身下游关联产品或服务，而劣待、排挤下游与其竞争的产品或服务。此时，由于损害发生在下游的同一层级，因而仍属于横向竞争损害。

[②] See OECD, Price Discrimination, Background Note by the Secretariat, 2016, pp. 18 – 19, available at https：//one. oecd. org/document/DAF/COMP（2016）15/en/pdf, last visit on January 11, 2021.

[③] 明智的做法是，执法机构最好从"不执行"（defaut）有关价格歧视的规定开始，但这种不执行的假定是可以被推翻的。See OECD, Price Discrimination, Background Note by the Secretariat, 2016, p. 5, available at https：//one. oecd. org/document/DAF/COMP（2016）15/en/pdf, last visit on January 11, 2021.

素推动的，这在很大程度上给反垄断法的逻辑制造了混乱。

（一）《罗宾逊—帕特曼法》的反竞争倾向

在美国，应对差别待遇（价格歧视）问题的反垄断立法及执法历史几乎是一个失败的历程。[①] 1914 年颁布的《克莱顿法》，其中第 2 条作为差别待遇行为的法律基础，之后在 1936 年被《罗宾逊—帕特曼法》予以修订并扩展。《罗宾逊—帕特曼法》第 2 条第（a）款规定，"从事商业的人在其商业过程中，直接或间接地对同一等级和质量商品的买者实行价格歧视，如果价格歧视的结果在实质上减少竞争或旨在形成对商业的垄断，或妨害、破坏、阻止同那些准许或故意接受该歧视利益的人之间的竞争，或者是同他们的顾客间的竞争，是非法的"[②]。从构成要件上看，如果差别待遇行为满足以下要件，则会受到该款的禁止：一是行为人对不同交易对象采用"不同价格"；二是"不同价格"针对的是"同一等级和质量的商品"；三是对竞争造成损害，包括对卖方所在市场造成的损害，也包括对买方所在市场造成的损害；四是不存在正当化事由，比如成本理由、应对竞争等。[③] 整体而言，《罗宾逊—帕特曼法》的执法存在着与其他反垄断法律保护竞争的目标相冲突的倾向，这主要体现在：

第一，该法的立法史料表明，国会在 1936 年制定该法时，没有想过差别待遇（价格歧视）所产生的福利损失。国会所担心的是大型连锁商店的发展、独立贸易商的衰落以及小型零售商四面楚歌的命运。国会希望通过立法对大型连锁商店的价格减让予以限制，从而保护小企业的竞争力和福利。[④] 显然，这种做法有悖于"反垄断法保护竞争而非竞争者"的宗旨。

---

① 参见［美］欧内斯特·盖尔霍恩、威廉姆·科瓦西奇、斯蒂芬·卡尔金斯《反垄断法与经济学》（第 5 版），任勇、邓志松、尹建平译，法律出版社 2009 年版，第 417 页。

② 中华人民共和国商务部反垄断局编：《世界主要国家和地区反垄断法律汇编（上册）》，中国商务出版社 2013 年版，第 182 页。

③ 参见许光耀《价格歧视行为的反垄断法分析》，《法学杂志》2011 年第 11 期。

④ 国会的意图是使《罗宾逊—帕特曼法》防止对于歧视牺牲品的竞争者的损害，而非防止对竞争的损害。See Hugh C. Hansen, "Robinson-Patman Law: A Review and Analysis", 51 *Fordham Law Review*, 1113 – 1123 (1983).

第二，该法所反对的不是严格意义上的"价格歧视"，而是"价格差异"和"低价"。① 根据该法，仅仅存在价格差异就可以构成"具备初步证据的案件"，尽管依据该法和相关判例法，被告可以提出以下四种抗辩：成本理由抗辩、应对竞争抗辩、情势变化抗辩、切实可得性抗辩（functioning availability defence）。② 但不难看出，这样的规范措置严重地偏袒原告，很可能错误地谴责合理的定价行为，因而其威慑效应太过度了。

第三，企业要实施持久的价格歧视，需要具有较高程度的市场力量，但该法并不要求证明被告具有这种市场力量，因而很多受到谴责的被告根本不是从事真正的价格歧视行为的垄断者。它们的价格差异要么是非歧视的，要么是竞争性市场过程中正常的平等交换。或者，这是寡头在对寡头垄断价格进行欺骗，从而进行竞争。该法谴责这些行为，实际上是在支持寡头垄断和寡头之间的共谋。③

概言之，尽管《罗宾逊—帕特曼法》装扮成反托拉斯法的样子，但它在很大程度上是阻碍价格竞争的。废除该法看起来是很多美国人的共同期待。④ 事实上，美国司法部自1997年后就不再执行该法，而联邦贸

---

① 从经济学原理上讲，两笔交易的价格相同，如果其边际成本不同，则可以构成价格歧视。但是，如果两笔交易的价格相同，无论其成本差异如何，则不会违反《罗宾逊—帕特曼法》。

② 参见兰磊《非法价格歧视行为的判断标准研究》，《竞争政策研究》2015年第5期。

③ 参见［美］赫伯特·霍温坎普《联邦反托拉斯政策——竞争法律及其实践》，许光耀、江山、王晨译，法律出版社2009年版，第632页。

④ 美国反垄断现代化委员会（Antitrust Modernisation Committee，AMC）在其2007年发布的报告中，建议完全废除《罗宾逊—帕特曼法》，理由是该法案从根本上违背了反垄断法，并损害了消费者的福利。在此之前，美国白宫特别工作组（White House Task Force）在1969年发布了一份报告，以及美国司法部（Department of Justice）在1977年发布了一份报告，都建议废除或大幅修改该法，原因是该法实施的成本高昂、效益有限或根本不存在效益，而且与其他反垄断制定法不一致。See Chris Pike, Price Discrimination, Background Note by the Secretariat, OECD, 2016, p. 19. Available at https://one.oecd.org/document/DAF/COMP (2016) 15/en/pdf, last visit on Oct. 5, 2018. "《罗宾逊—帕特曼法》应被废除；即使不能废除，法院也应要求原告提供竞争损害的证据。"［美］赫伯特·霍温坎普：《反垄断事业：原理与执行》，吴绪亮等译，东北财经大学出版社2011年版，第312页。

易委员会也基本上把它忽略不计了。①

（二）《欧盟运行条约》第 102 条第 2 款第（c）项的解释争议

《欧盟运行条约》第 102 条是关于滥用市场支配地位的规定。其中虽然没有直接出现"差别待遇"或"价格歧视"的立法用语，但差别待遇的法律规范涵盖于该条第 2 款第（c）项的规定中。根据这一规定，"一个或多个企业，滥用其在共同市场上，或在其重大部分中的支配地位，如果有可能影响成员国间贸易，则被视为与共同市场不相容而被禁止。这些滥用行为主要有……（c）对同等交易的其他交易方适用不同的条件，从而使其处于竞争劣势。"② 显然，这一规定比较贴合经济学对价格歧视的理解。

从法律解释上看，尽管以上规定已包含了涉及价格歧视这一滥用行为的构成要件：一是"（下游）交易方之间存在竞争关系"；二是"同等交易"；三是"适用不同的条件"；四是"其他交易方处于竞争劣势"。但是，囿于该规定所处的法律体系及解释倾向，以上构成要件对涉案行为的违法性认定来讲，可能既非充分也非必要。对此，可以从以下两方面加以说明。

一方面，根据 1979 年 Hoffmann-La Roche 案欧盟法院对"滥用"的经典定义，滥用是"一个客观的概念，与一个处于支配地位的企业的行为有关，例如影响一个市场的结构"，特别是通过"妨碍维持市场上仍然存在的竞争程度，或阻碍竞争的增长"③。从这一定义出发，"滥用"这一概念所包含的两种损害类型不断被形塑和强化：一种是通过剥削消费者而直接损害其利益的行为，即剥削性滥用；另一种是通过排除、限制市场竞争，对有效竞争的市场结构造成影响而间接损害消费者利益的

---

① 尽管联邦执法机构对该法的执行并不积极，但该法仍旧影响着企业的定价决定。因为该法对三倍赔偿的私人诉讼仍有吸引力。同时小型商业组织也求助于政治权力来防止该法被废除。参见［美］欧内斯特·盖尔霍恩、威廉姆·科瓦西奇、斯蒂芬·卡尔金斯《反垄断法与经济学》（第 5 版），任勇、邓志松、尹建平译，法律出版社 2009 年版，第 419 页。

② 该项的英文原文如下：（C）applying dissimilar conditions to equivalent transactions with other trading parties，thereby placing them at a competitive disadvantage.

③ Case 85/76，Hoffmann-La Roche & Co AG v Commission［1979］ECR 461，para. 91.

行为，即排他性滥用（妨碍性滥用）。① 而欧盟学界的通说认为，《欧盟运行条约》第 102 条第 2 款第（a）项的规定——"直接或间接强加不公平的购买或销售价格，或其他不公平的贸易条件"，构成剥削性滥用的法律基础；第（b）项的规定——"限制生产、销售或技术开发，从而使消费者蒙受损害"，则构成排他性滥用的法律基础。② 在这种情况下，有学者对第（c）项的规定提出质疑，认为其不具备赖以为凭的独立的损害类型，对其项下行为的分析仍需结合到对"剥削"或"排他"的认定。从避免双重判断标准的角度考虑，对涉及差别待遇或歧视因素的滥用行为的分析，理应援用第（a）项或第（b）项关于剥削性滥用或排他性滥用的更具针对性的规范框架。③

另一方面，也许是为了"激活"第（c）项的规定，在实践中，该项规定更多地被用来谴责国有垄断企业或受政府管制的企业在提供产品或服务时，直接或间接依凭客户国籍或住所地施以价格等交易条件上的差别待遇，即所谓的"国籍歧视"或"分割市场的歧视"。④ 这样解释和应用的理由在于：第（c）项的规定镶嵌于《欧盟运行条约》更加宏大的规范体系和目标追求之中。其中，非歧视原则是《欧盟运行条约》的一项基石原则，并构成"市场一体化"条款的核心。而"国籍歧视"或"分割市场的歧视"显然有悖于非歧视的一般要求，同时会妨害市场一体化目标的实现。即便如此，有学者批评指出：将国有垄断企业或受政府管制企业基于客户国籍或住所地而进行的价格歧视作为滥用行为予以禁止，这是考虑不周的，因为这不是独立企业做出的滥用行为；相反，为该等歧视行为承担责任的应当是控制这些企业的成员国（政府），因

---

① 参见［美］戴维·格伯尔《二十世纪欧洲的法律与竞争——捍卫普罗米修斯》，冯克利、魏志梅译，中国社会科学出版社 2004 年版，第 385 页。

② See R. O'Donoghue & J. Padilla, *The Law and Economics of Article 82 EC*, Hart Publishing, 2006, pp. 195 – 201.

③ See Damien Gerard, Price Discrimination under Article 82 (2) (C) EC: Clearing up the Ambiguities, July 6, 2005. Available at https://ssrn.com/abstract = 1113354, last visit on Oct. 5, 2018.

④ See R. O'Donoghue & J. Padilla, *The Law and Economics of Article 82 EC*, Hart Publishing, 2006, pp. 578 – 584.

而运用《欧盟运行条约》第 106 条关于公共企业（public undertakings）的规定来解决这类问题更加妥当。①

（三）德国《反限制竞争法》第 20 条对差别待遇的扩张关注

德国《反限制竞争法》第 19 条第 4 款在对系列滥用行为进行列举后，于该法第 20 条专门做出"禁止歧视、禁止不公平阻碍"的规定。其中，第 20 条第 1 款规定，占市场支配地位的企业或者企业联合组织"不得在同类企业均可参与的商业交易中，直接或间接地不公平地阻碍另一企业，或者无实质性正当理由直接或间接地对同类企业给予不同的待遇"。显然，"同类企业"和"不同的待遇"是差别待遇构成滥用行为的关键要件。这与我国《反垄断法》第 22 条第 1 款第六项"条件相同的交易行对人"和"在价格等交易条件上实行差别待遇"，以及欧盟法上的"同等交易"和"不同条件"，具有构成要件上的近似性。但是，相较而言，德国《反限制竞争法》对差别待遇行为的调整却展露出额外的重视，这体现在以下两方面。

一方面，与《欧盟运行条约》和我国《反垄断法》的相关体例不同，德国《反限制竞争法》独立出与第 19 条第 4 款（针对剥削性、排他性滥用行为的法律规定）相并列的第 20 条，以此对差别待遇行为设立法律规范。这样的立法体例与美国反托拉斯法在《谢尔曼法》和《克莱顿法》之外，另设《罗宾逊—帕特曼法》来调整差别待遇行为的做法十分贴近。然而，有关《罗宾逊—帕特曼法》的执法经验几乎都是负面的——保护小企业的愿望掏空了差别待遇（价格歧视）的真实内涵，保护竞争之名掩饰着保护竞争者之实。

另一方面，"禁止歧视、禁止不公平阻碍"的规定不仅适用于占市场支配地位的企业，而且也适用于占"相对市场优势地位"的企业。德国《反限制竞争法》第 20 条第 2 款规定，"第 1 款的规定也适用于中小

---

① See Damien Gerard, Price Discrimination under Article 82 (2) (C) EC: Clearing up the Ambiguities, July 6, 2005. Available at https://ssrn.com/abstract = 1113354, last visit on Oct. 5, 2018. 对《欧盟运行条约》第 106 条所涉制度更详细的论述，参见翟巍《欧盟公共企业领域的反垄断法律制度》，《法学》2014 年第 6 期。

企业所依赖的企业或企业联合组织，如果作为某类商品或工业服务的供应者或需求者的中小企业如此依赖该企业或企业联合组织，没有充分的、可期待的可能性转向其他企业"。与此同时，该法第 20 条第 4 款强调，"相对于中小企业具有市场优势的企业，不得利用其市场优势，直接或间接地不公平地阻碍这些中小竞争者"。此际，德国《反限制竞争法》对中小企业参与竞争的利益加以保护的意图昭然若揭。事实上，相对市场优势地位的证明要求低于市场支配地位[①]，贴近于《罗宾逊—帕特曼法》不要求显著市场力量的证明。毫无疑问，这些"方便之门"有利于对中小企业利益的宽泛保护，也便利了反垄断法对差别待遇行为的扩张关注。

　　发源于德国的相对市场优势地位禁止制度，尚可见于法国、日本等国家的反垄断法中。我国《反垄断法》虽然没有纳入该制度，但有学者建议在价格歧视的反垄断法调整中拓宽主体资格，引入相对市场优势地位的概念及相应制度。[②] 但事实上，任何对美国《罗宾逊—帕特曼法》的批评都可以加诸于滥用相对市场优势地位禁止制度。对该制度最根本的否定理由在于：它突破了严格的结构性要件（市场支配地位或重大市场力量之要件）在反垄断法适用中的基础性地位，与反垄断法的内在逻辑不符，不当地扩展了反垄断法的调整范围，将保护竞争泛化为保护竞争者。[③]

　　（四）我国《反垄断法》第 22 条第 1 款第六项取向何处

　　我国《反垄断法》第 22 条第 1 款对系列滥用行为做出禁止性列举。该款规定，"禁止具有市场支配地位的经营者从事下列滥用市场支配地位的行为：（一）以不公平的高价销售商品或者以不公平的低价购买商品；（二）没有正当理由，以低于成本的价格销售商品；（三）没有正当理由，拒绝与交易相对人进行交易；（四）没有正当理由，限定交易相对

---

① 参见袁嘉《德国滥用相对优势地位行为规制研究——相对交易优势地位与相对市场优势地位的区分》，《法治研究》2016 年第 5 期。

② 参见叶高芬《认定违法价格歧视行为的既定框架及其思考》，《法商研究》2013 年第 6 期。

③ 参见李剑《论结构性要素在我国〈反垄断法〉中的基础性地位——相对优势地位滥用理论之否定》，《政治与法律》2009 年第 10 期。

人只能与其进行交易或者只能与其指定的交易相对人进行交易；（五）没有正当理由搭售商品，或者在交易时附加其他不合理的交易条件；（六）没有正当理由，对条件相同的交易相对人在交易价格等交易条件上实行差别待遇；（七）国务院反垄断执法机构认定的其他滥用市场支配地位的行为"。

从上述规定可见，第六项将差别待遇作为一种典型的滥用行为类型，并且设定了具体的违法性构成要件，即"条件相同的交易相对人""在交易价格等交易条件上实行差别待遇""没有正当理由"等。由此产生的疑问是：如何解释第六项与其他诸项之间的关系？第六项的规定与前五项的规定是彼此独立的，还是相互竞合的？进一步讲，在剥削性滥用和排他性滥用的规范类型之外，是否存在"歧视性滥用"的特殊范畴？[①]

要想厘清以上问题，应当首先确立的基本思路是：反垄断法的核心目标是保护竞争而非保护竞争者。[②] 反映到我国《反垄断法》第 1 条的立法目的条款中，即体现为该法对"保护市场公平竞争，提高经济运行效率，维护消费者利益"的根本关注；反映到我国《反垄断法》总则第 7 条关于滥用市场支配地位的原则规定，即体现为该条对"排除、限制竞争"的强调。[③] 申言之，就差别待遇行为的反垄断法调整而言，反垄断执法机构或法院不应越过"市场支配地位"这一结构性要件以及特定的反垄断法意义上的损害，径直对竞争者所受到的损害或竞争劣势加以救济（对中小企业利益的保护）。这并不是说竞争者的个体性利益不值得法律关注和保护，毋宁说，反垄断法不是一个普遍适合的载体。将差别待遇贴上"滥用"的标签，以图突破市场支配地位或重大市场力量的

---

① 至少有欧盟学者明确提出并承认"歧视性滥用市场支配地位"的类型。See Lorenzo Federico Pace, *European Antitrust Law: Prohibitions, Merger Control and Procedures*, Edward Elgar, 2007, pp. 152 - 153. 另外，由于我国《反垄断法》与《欧盟运行条约》在滥用市场支配地位规范构造上的近似，因而从上文述及的《欧盟运行条约》第 102 条第 2 款第（c）项的解释争议中，实际上就可以预见到我国《反垄断法》第 22 条第 1 款第六项所面临的解释困境。

② 参见时建中主编《反垄断法——法典释评与学理探源》，中国人民大学出版社 2008 年版，第 6 页；孔祥俊《反垄断法原理》，中国法制出版社 2001 年版，第 176 页。

③ 我国《反垄断法》第 7 条规定：具有市场支配地位的经营者，不得滥用市场支配地位，排除、限制竞争。

严格要件来保护中小企业竞争者的利益，无疑会歪曲反垄断法的内在逻辑。事实上，《罗宾逊—帕特曼法》只是装扮成了反垄断法的样子，相对市场优势地位的反垄断法概念也长期受到人们的诟病。[①] 概言之，"歧视性滥用"要成为一种独立的规范类型，尚且需要找到其赖以为凭的独立的损害类型。

第二节　差别待遇可能涉及的不同规范类型

正如前文所述，差别待遇（价格歧视）具有正反两方面的经济效应，其可能导致的负面经济效应主要包括：（1）利用和剥削消费者；（2）排挤竞争对手和妨碍市场进入（一线损害）；（3）扭曲下游客户之间的竞争（二线损害）。以此为据，反垄断法所调整的差别待遇或者所谓的"歧视性滥用"，可依剥削损害（剥削效应）、一线损害（排他效应）、二线损害（扭曲效应）而触及不同的规范类型，即剥削性差别待遇、排他性差别待遇和扭曲性差别待遇。事实上，我国《反垄断法》第22条第1款第六项具备独立的规范意义，它是扭曲性差别待遇即扭曲性滥用的法律依据。

一　剥削损害和剥削性差别待遇

剥削（exploitation）作为反垄断法意义上的一种损害类型，不涉及任何先前的限制竞争行为，而依赖操纵价格结构或交易条件来榨取消费者的利益。针对消费者的价格歧视以及促进这种价格歧视的做法，可能涉及剥削性滥用，因而可以构成剥削性差别待遇。

（一）榨取消费者和剥削效应

传统上，支配企业利用市场力量，以不公平定价、不合理的交易条

---

① 参见李剑《相对优势地位理论质疑》，《现代法学》2005年第3期。鉴于反不正当竞争法可以更直接地对竞争者予以保护，因而将滥用相对市场优势地位制度植入反不正当竞争法似乎是可行之举。但即便如此，也有很多学者提出了反对意见。参见朱理《滥用相对优势地位问题的法律规制——虚幻的敌人与真实的危险》，《电子知识产权》2016年第6期。

件来直接减损消费者利益的行为，是剥削性滥用的典型形式。① 例如《欧盟运行条约》第 102 条第 2 款第（a）项禁止支配企业直接或间接强加不公平的购买或销售价格，或其他不公平的贸易条件；再如我国《反垄断法》第 22 条第 1 款第一项禁止支配企业滥用市场支配地位以不公平的高价销售商品或者以不公平的低价购买商品，等等。事实上，具有市场支配地位的企业，其一个明显的特征是占据着无可比拟的、大量的交易机会，并且作为交易相对人的客户或者消费者在交易价格等交易条件上可与之协商的余地非常有限，因而支配企业才得以榨取客户或消费者——消费者成为直接受害者或者客户转嫁损失的终端，并最终造成反垄断法意义上的剥削损害。②

事实上，许多限制竞争行为，比如共谋行为、排他行为，其目的归根结底是提高价格，获得超竞争性水平的利润，而这对消费者来说实质上也是一种"剥削"。③ 在此意义上，有学者指出：所有滥用市场支配地位的行为都是对消费者福利造成实质性不利影响的行为，其形式是对市场力量的不当运用，因而可以说，只存在一种反竞争的单边行为，即剥削性的滥用行为。④ 从整体层面看，这种说法或许是中肯的，但它对于反垄断法具体规则的运用和分析可能助益不大。然而，这至少折射出消费者福利作为反垄断法禁止剥削性滥用行为的根本关切。⑤ 事实上，促进公平分配和维护消费者利益是反垄断法禁止剥削性滥用行为的核心价值基础。尽管有一些学者反对反垄断法考虑福利转移和公平性的问题，

---

① See R. O'Donoghue & J. Padilla, *The Law and Economics of Article 82 EC*, Hart Publishing, 2006, pp. 195 – 196.

② 用经济学术语来讲，消费者利益就是消费者福利，其主要体现为消费者在获取产品或服务上的价格福利——用消费者剩余来衡量，同时也包括消费者所获取的产品或服务在选择、质量、成本、功能、创新等方面的改进所带来的非价格福利。

③ 参见许光耀《欧共体竞争法通论》，武汉大学出版社 2006 年版，第 418 页。

④ 该观点最初由 Fox 教授提出。See Eleanor Fox, "We Protect Competition, You Protect Competitors", 26 *World Competition*, 149 (2003).

⑤ 国内有学者提出，消费者福利标准可以作为滥用市场支配地位认定的独立标准。参见张永忠《反垄断法中的消费者福利标准：理论确证与法律适用》，《政法论坛》2013 年第 3 期；陈兵《论反垄断法对消费者的保护——以滥用市场支配地位案件为中心》，《湖南师范大学社会科学学报》2013 年第 4 期。

并且确实有一些国家的反垄断法不关注剥削性滥用，比如美国反托拉斯法，但是，反垄断法禁止剥削性滥用行为并非毫无理据。[①] 况且，在大数据分析、定价算法、区隔策略、行为歧视盛行的新兴数字经济领域，剥削性价格歧视行为——个性化性价或算法价格歧视，或许是反垄断法无法回避的重要关切。[②]

（二）剥削性差别待遇的两个关联环节

从价格歧视的视角来看，歧视性因素对于剥削性滥用而言实际上既非充分也非必要。因为支配企业可以对所有消费者收取统一的不公平高价，而不必对其进行价格歧视。另外，即便支配企业实行了价格歧视，如果这种歧视过于"粗放"难以榨取消费者，那么它也不必然构成剥削性滥用。然而，这并非是否定"剥削性差别待遇（价格歧视）"这一细化滥用行为类型的意义。相反，对其加以深入探究是必要的。因为在很多情况下，价格歧视是便利支配企业实施剥削性滥用行为的有效手段，这尤其体现在大数据分析和定价算法驱动的数字经济领域。在该领域中，反垄断法对剥削性滥用的潜在关注，不仅包括支配企业依靠价格歧视设定利润最大化的"不公平高价"——经济学用语叫"完全价格歧视"或"近乎完全的价格歧视"，同时更不应忽视便利剥削性价格歧视的一系列区隔策略（partitioning strategies）和行为歧视（behavioral discrimination）。[③] 此际，福利转移、公平性、正当性的问题变得异常突出和棘手。

对上述问题的认识不能脱离当前经济结构普遍转型的趋势。事实上，伴随着当代社会深刻的数字化革命，大数据、物联网、区块链、人工智能等科技的运用越发普遍，线上经济、平台经济也越加壮大——甚至成

---

① 对具体理据的分析，参见本书第三章第一节"剥削性滥用的法理基础"。

② 参见周围《人工智能时代个性化定价算法的反垄断法规制》，《武汉大学学报》（哲学社会科学版）2021 年第 1 期。

③ See Chris Pike, Price Discrimination, Background Note by the Secretariat, OECD, 2016, pp. 13－14. Available at https：//one. oecd. org/document/DAF/COMP（2016）15/en/pdf, last visit on Oct. 5，2018.

为经济的主导性力量。[①] 诸如苹果、谷歌、微软、亚马逊、脸书、阿里巴巴、腾讯、百度、京东、滴滴出行、携程旅行等互联网平台企业，利用科技连接起生态系统中互动的个人、企业、机构和资源，开发出价值创造的各种新来源，匹配、促进了不同价值之间的密集交换。毫无疑问，这些互联网平台企业在方方面面都改变着人类的生活生产方式。[②] 与此同时，这些线上平台企业相互竞争的方式也呈现出新样态。其中，"数据军备竞赛""算法军备竞赛"成为竞争的重要维度。[③] 然而，这种看似激烈的竞争，在很多时候可能是"虚假竞争"（virtual competition），甚至是不正当的竞争。因为其竞争的矛头从根本上指向对消费者的"宰制"。对此，可以从两个关联环节加以说明。

一方面，平台企业可能通过收集消费者的移动设备的位置、家庭地址、使用的设备类型、键入的搜索词、浏览记录、购买的物品、虚拟购物车中的商品以及来自物联网的数据等信息，通过建立和优化定价算法模型来分析消费者的不同支付意愿（保留价格），从而提升其歧视性定价的能力，并能够对不同消费者收取利润最大化或近乎利润最大化的"不公平高价"。[④] 在我国，滴滴出行、携程旅行等平台企业利用大数据"杀熟"的现象早已抬头。[⑤]

另一方面，即便在不少线上市场，受制于数据的不充分性、样本规

[①]　在2018年全球市值最高的公司中，前10名的公司有7家是互联网平台公司，它们分别是苹果（第1名）、亚马逊（第2名）、谷歌（第3名）、微软（第4名）、Facebook（第6名）、阿里巴巴（第7名）、腾讯控股（第8名）。参见《2018全球最新市值排行榜》，https：//www.sohu.com/a/251725735_772337，最后访问时间：2018年11月6日。

[②]　参见［美］杰奥夫雷·G.帕克、马歇尔·W.范埃尔斯泰恩、桑基特·保罗·邱达利《平台革命：改变世界的商业模式》，志鹏译，机械工业出版社2018年版，第4—14页。

[③]　"数据—算法竞争"不仅体现在各产业层面，甚至已经上升到国家竞争的层面，并成为国家竞争的重要形式。参见封帅、周亦奇《人工智能时代国家战略行为的模式变迁——走向数据与算法的竞争》，《国际展望》2018年第4期。

[④]　有了数据规模的扩大、分析能力的优化与消费者细分水平的升级，具备自主学习能力的定价算法将越发逼近完全价格歧视。

[⑤]　参见高富平、王苑《大数据何以"杀熟"？——关于差异化定价法律规制的思考》，《上海法治报》2018年5月16日第B06版；何鼎鼎《数据权力如何尊重用户权利》，《人民日报》2018年3月23日第8版。

模的有限性、消费者性情倾向的不稳定性，平台企业可能尚不能完全做到有效识别消费者的保留价格。但对此，平台企业不仅可以通过加大对区隔策略的投资来完善定价算法模型，比如强化对消费者行为、偏好数据的收集，打造消费者个人的数据信息库，采取更强健的措施防止套利，等等；与此同时，着力于一种新兴的价格歧视，即消费者的行为歧视——利用消费者的认知偏差和行为偏差，企业完全可以利用个性化的定制广告、诱饵产品、价格引导、复杂化选项、水滴定价等手段来操纵、夸大消费者的支付意愿，扭曲其消费决策，促使其自动缴械、乖乖掏钱，最终"优化"企业的财富攫取。①

就剥削性价格歧视的反垄断规制而言，区分支配企业设定利润最大化的"不公平高价"和支配企业致力于区隔策略及行为歧视以强化歧视性定价的能力——控制商品价格的能力，② 这是有意义的。后者与前者实际上是原因与结果、手段与目的、动态歧视与静态歧视的关系。从我国《反垄断法》第 1 条"预防垄断行为"和"制止垄断行为"并重的立法目的上讲，剥削性价格歧视的以上两个关联环节都暗含着相应的反垄断法关切。事实上，支配企业实行区隔策略和行为歧视的"负外部性"更大：它们不仅可能侵犯消费者隐私、挫伤消费者的公平感、腐蚀社会的正义价值，而且"它们可以帮助占支配地位的企业不实现利润最大化，但改变利润最大化的价格"③。这即是说，涉及区隔策略和行为歧视的剥削性行为，可以充当企业加强、维持其市场支配地位或实质性市场力量的手段，从而创造一个更

---

① "人们对互联网平台的依赖已在无形中改变了市场竞争的业态，这也促成了近乎完美的行为歧视的出现。在这个由假象构筑的竞争市场中，我们买得更多，买得更贵。"［英］阿里尔·扎拉奇、［美］莫里斯·E. 斯图克：《算法的陷阱：超级平台、算法垄断与场景欺骗》，余潇译，中信出版社 2018 年版，第 134—154 页。

② 我国《反垄断法》第 22 条第 3 款将市场支配地位定义为："经营者在相关市场内具有能够控制商品价格、数量或者其他交易条件，或者能够阻碍、影响其他经营者进入相关市场能力的市场地位。"很多学者认为，市场支配地位的本质是经营者控制价格的能力。

③ Chris Pike, Price Discrimination, Background Note by the Secretariat, OECD, 2016, p. 13. Available at https：//one. oecd. org/document/DAF/COMP（2016）15/en/pdf, last visit on Oct. 5, 2018.

强大的垄断。① 自此而言，涉及区隔策略和行为歧视的剥削性价格歧视行为理应成为反垄断执法机构更大的关切所在。本书下一章"剥削性滥用"将对该问题作进一步分析。

二 一线损害和排他性差别待遇

传统上，反垄断经济学将价格歧视（差别待遇）的竞争损害归纳为一线损害（primary-line injury）和二线损害（secondary-line injury）。② 这里首先关注一线损害以及排他性差别待遇的相关问题。

（一）一线损害和排他效应

一线损害，即实行价格歧视的企业直接损害其同级竞争对手，进而损害其所处市场的竞争机制。由于损害发生在企业与其竞争对手之间，因而一线损害也被称作横向竞争损害。这种损害往往表现为排挤竞争对手或妨碍潜在竞争对手进入市场，因而可以将其等同于排他效应（exclusionary effects）。一如前文所述，价格歧视虽然通常是由企业利润最大化的动机所驱动，但也可以是基于企业排除、限制竞争的目的而催生。实际上，诸如掠夺性定价、利润挤压、拒绝交易、忠诚折扣、排他性交易、搭售、捆绑等排他性行为在很多情况下都涉及价格歧视的因素。在此意义上，价格歧视作为一种概括手段，可能有助于支配企业加强和维持其市场支配地位。

（二）排他性差别待遇的多样表现

与剥削性差别待遇的情况类似，对于排他性差别待遇来讲，歧视或差别待遇因素可能是其中的一个相关因素或重要因素，但它既不是充分因素也不是必要因素。"排他性差别待遇"的称谓更多是描述性的，而不是规范性的。事实上，许多旨在加强和维持市场支配地位的排他性滥

---

① 有学者指出：如果反垄断法关心的是市场力量的变化而不仅仅是市场力量的水平，那么就不应脱离据称的反竞争行为而孤立地对市场力量进行考察。See Louis Kaplow, "On the Relevance of Market Power", 130 *Harvard Law Review*, 1304 – 1311 (2017).

② 参见［美］欧内斯特·盖尔霍恩、威廉姆·科瓦西奇、斯蒂芬·卡尔金斯《反垄断法与经济学》（第5版），任勇、邓志松、尹建平译，法律出版社2009年版，第423—428页。

用行为，都或多或少涉及差别待遇或歧视因素。① 在这种情况下，问题不在于差别待遇或歧视本身，决定性的问题是行为是否真正导致反竞争的排他效应。这是本书第四章的核心内容，此处不赘述。不过，这里不妨对那些可能包含歧视或差别待遇因素的排他性滥用行为（排他性差别待遇行为）进行简要考察，权作对第四章的引论。

1. 掠夺性定价

排他性差别待遇的一个主要例子是支配企业的选择性降价——一种掠夺性定价。这样的降价具有歧视性，因为它区分支配企业自己的客户和竞争对手的实际或潜在客户，并向后者提供更优惠的价格。即便如此，仅仅观察到支配企业实行差异性价格，并不能提供具有决定性意义的信息。因为根本问题在于，较低的价格是否具有掠夺性（排他性），即价格是否低于某种成本标准，进而对竞争对手形成排挤或驱逐。从一定意义上说，如果不考虑削价行为排挤、消除竞争的倾向，它就是没有经济意义的。实际上，差别待遇或歧视因素在这当中也并非毫无相关性。最明显的是，运用价格歧视，支配企业在掠夺期间所承受的损失就不会像全面降价时那么大，即有助于分摊损失。此外，在掠夺完毕后的补偿（recoupment）期间，价格歧视也有助于支配企业扩大产出、获取利润、弥补损失。

2. 利润挤压和拒绝交易

利润挤压和拒绝交易也可能表现出差别待遇因素。所谓利润挤压（margin squeeze）是指一个纵向整合的企业在某种投入品的批发价和它自己的下游零售价之间设置一个狭窄的利润来排挤竞争对手。② 利润挤压是否涉及价格歧视取决于纵向整合的企业如何组织该计划。③ 其中，

---

① 正如有学者所言，很难想象反垄断法所禁止的滥用市场支配地位行为不带有任何歧视性因素或歧视性质。See Damien Gerard, Price Discrimination under Article 82（2）（C）EC: Clearing up the Ambiguities, July 6, 2005. Available at https://ssrn.com/abstract=1113354, last visit on Oct. 5, 2018.

② 参见刘继峰《竞争法学》（第二版），北京大学出版社 2016 年版，第 166 页。

③ 例如，纵向整合的企业可能选择在批发价格上不进行价格歧视，而仅仅是设置高批发价，从而同时挤压下游关联子公司和下游竞争对手的利润。在这种情况下，纵向整合的企业可以用其上游业务的收入来弥补下游子公司的损失，但竞争对手可能因投入品成本过高而被排挤出市场。

当纵向整合的企业对自己的下游关联业务和下游竞争对手区分定价时，这种歧视提高了竞争对手的成本，可能迫使其退出市场，从而损害下游市场的竞争。事实上，将这种形式的利润挤压策略推向极致就变成了拒绝交易，即某种"实质性的拒绝交易"（a constructive refusal to deal），并且也可能表现出差别待遇因素。譬如，掌握某项"必需设施"（essential facility）的上游支配企业同意与其下游的关联企业和某些竞争对手进行交易，但却拒绝同另外一些下游竞争对手进行交易，或者虽未明确拒绝交易，但获得必需设施的价格如此之高，以至于构成事实上的拒绝交易。此际，这些不能获得必需设施的下游竞争对手将被排挤出市场，从而导致下游产品或服务市场的竞争遭到扭曲。

3. 忠诚折扣和排他性交易

忠诚折扣（loyalty discounts）、排他性交易（exclusive dealing）与差别待遇或歧视因素的联系也是较为紧密的。所谓忠诚折扣，是指卖家"提供较低价格的定价结构，以换取买家同意或事实上承诺向折扣商索要大量需求份额或增加它的需求份额"①。这样的定价结构或折扣计划既包括对忠诚客户的歧视性低价，也包括对不忠诚客户的歧视性高价。② 忠诚折扣实际上是一种较为常见的二级价格歧视方案。然而，当一个支配企业实行忠诚折扣计划时，即市场上大多数客户承诺向其购买全部或大部分需求份额时，这可能构成事实上的排他性交易（de facto exclusive dealing），从而导致主要竞争对手不能获取足够的客户而无法达到最低效率规模（minimum efficient scale）或临界规模，并造成市场封锁效应。③

4. 搭售和捆绑

搭售（tying）、捆绑（bundling）与差别待遇或歧视因素具有更密切的相关性，因为二者本就是二级价格歧视的典型方式。所谓搭售，也称

---

① OECD, Policy Roundtables, Loyalty and Fidelity Discounts and Rebates, 2002, p. 7. Available at http：//www. oecd. org/daf/competition/abuse/2493106. pdf, last visit on Oct. 11, 2018.

② 参见叶高芬《欧美忠实折扣比较研究及其对中国的启示》，《比较法研究》2010 年第5 期。

③ See ICN, Report on Single Branding/Exclusive Dealing, 2008, pp. 7 – 9. Available at http：//www. internationalcompetitionnetwork. org/uploads/library/doc355. pdf, last visit on Oct. 11, 2018.

附条件交易，或纯捆绑销售，是指经营者利用其市场力量，要求交易相对人在希望获得一个产品的同时，必须接受另一个产品或者其他不合理的条件。[①] 在波斯纳看来，搭售仅仅是识别购买者的需求弹性和支付意愿的手段，其目的是实施价格歧视从而实现厂商利润最大化。[②] 搭售的排他效应不仅可以用"杠杆理论"来解释，即支配企业通过搭售将搭售品市场的垄断力量传导至被搭售品市场，从而排除、限制被搭售品市场的竞争；也可以通过提高竞争对手成本理论来解释，即支配企业通过搭售阻碍竞争对手在搭售品市场或被搭售品市场的进入或扩张，从而造成类似于排他性交易的市场封锁效应。[③] 所谓捆绑，即混合捆绑，通常是指一种多产品折扣，这些产品可以单独销售，但单独销售的价格总额高于捆绑销售的价格。捆绑销售实际上是企业在分别购买和一揽子购买两种或两种以上不同产品的客户之间实行的价格歧视。[④] 如果支配企业捆绑销售的折扣量很大，以至于具有同等效率的仅供应部分产品的竞争对手无法与打折的捆绑销售竞争，那么这种多产品折扣可能在支配企业所在市场或竞争性产品市场上产生排他效应。[⑤]

三 二线损害和扭曲性差别待遇

二线损害和一线损害虽然都是对竞争过程或竞争机制的损害，但是它们引发竞争损害所作用的对象不同、发生的层级也不同，因而最终导致的竞争关切就具有差异。

---

① 李剑：《搭售的经济效果与法律规制》，中国检察出版社2007年版，第29页。

② 波斯纳指出，"基于大量的被搭售品能够将购买者划分为或多或少对搭售品有弹性需求的需求者的事实，搭售仅仅作为价格歧视的方法有意义"。[美] 理查德·A. 波斯纳：《反托拉斯法》（第二版），孙秋宁译，中国政法大学出版社2003年版，第234页。

③ 参见李剑《反垄断法中的杠杆作用——以美国法理论和实务为中心》，《环球法律评论》2007年第1期。

④ 参见叶高芬《美欧捆绑折扣的比较研究及其对中国的启示》，《环球法律评论》2010年第5期。

⑤ See EU Commission, Guidance on the Commission's enforcement priorities in applying Article 82 of the EC Treaty to abusive exclusionary conduct by dominant undertakings, [2009] OJ C 45/7, para. 59.

（一）二线损害和扭曲效应

二线损害，是指某个在上游开展业务的企业，其本身不出现在下游市场，或者说其业务没有整合到下游市场，但其对与之非关联的不同下游客户实行价格歧视，使得某些客户处于不利的竞争地位，进而扭曲下游市场的竞争机制。由于二线损害是对客户或交易对手所处市场的竞争的损害，因而也被称为纵向竞争损害。有学者将这种损害概括为"扭曲效应"（distortionary effects），以区别于剥削效应和排他效应。[①] 扭曲效应的发生机制可以从以下三方面加以解释。

第一，在上游投入品市场中占据市场支配地位的企业针对与其非关联的不同下游客户的价格歧视，在某些情况下可能导致对效率更高的客户收取更高的价格，而效率较低的客户收取更低的价格。这是因为，与效率较低的客户相比，效率较高的客户可能对投入品的需求弹性较低——高效率是建立在高产能运营的基础上，在不降低效率的情况下无法减少产量。[②] 此际，根据"反向弹性规则"或"拉姆齐定价原则"，支配企业具有对高效率客户收取更高价格而对低效率客户收取更低价格的激励。最终这意味着：低效率客户生产的产品比它们应该生产的多；高效率客户支付较高的价格，生产的产品减少了，其生产效率受损；整体上看，竞争过程被扭曲，下游价格高出应有水平，消费者将支付更高的价格。此外，如果下游客户预期到自己将变得更有效率但上游存在着强势支配企业的事实，为了避免自己在投入品需求上变得缺乏弹性从而被支配企业收取高价，那么这些下游客户在变得更有效率方面的投资就会减少。减少投资可能会损害动态效率，从而损害消费者。

第二，下游企业可能在试图与上游支配企业谈判以获取较低的投入

---

① See Chris Pike, Price Discrimination, Background Note by the Secretariat, OECD, 2016, pp. 18 – 19. Available at https：//one. oecd. org/document/DAF/COMP（2016）15/en/pdf, last visit on Oct. 5, 2018.

② See Ariel Ezrachi & David Gilo, "Are Excessive Price Really Self-correcting", 5 *Journal of Law and Economics*, 249 – 268（2009）.

品价格时，做出低效的决策（inefficient decisions）。[1] 例如，如果上游支配企业根据下游客户的外部选择进行歧视，那么它可能会向下游具有一定市场力量和经济实力的客户收取较低的价格，因为这样的客户可能会威胁做出如下选择，即向支配企业所在的上游市场进行纵向整合。[2] 但是，如果这种整合是冒进的、低效的，那么随之而来的可能是上游支配企业对投入品价格更高程度的上调。因此，外部选择的可信度和可行性意味着，上游支配企业设定价格的策略是，继续对下游具有一定市场力量和经济实力的客户收取较高价格，同时允许其获得足以使纵向整合成为不具吸引力之策略的利润。在这种情况下，可以预期最终消费者依然会付出更高的价格。

第三，与剥削性差别待遇类似，在数字化商业环境中，上游支配企业出于逐利动机，如果采用区隔策略、行为歧视等手段来压榨某些下游客户，进而给其带来竞争劣势，那么这也可能扭曲下游市场的竞争机制。因为与上游支配企业相比，下游小客户缺乏足够的技术手段和数据资源去与之抗衡。也就是说，在上游支配企业具有显著大数据优势、算法优势、行为定向优势的情形下，下游小客户就像是弱势的消费者，它们的认知偏差和行为偏差同样会被支配企业所利用。[3]

以上分析表明，差别待遇行为造成的二线损害，即扭曲效应，不同于剥削效应和排他效应，它是一种独立的损害类型，因而构成滥用市场支配地位反垄断规制的"第三种损害关注"。由此，所谓的"歧视性滥用"，具有被界定为独立的规范类型的基础；与扭曲效应相对应，本书将其称作"扭曲性滥用"。

---

[1] See Chris Pike, Price Discrimination, Background Note by the Secretariat, OECD, 2016, p. 19. Available at https：//one. oecd. org/document/DAF/COMP（2016）15/en/pdf, last visit on Oct. 5, 2018.

[2] 这实际上是买方抗衡力量的运用。这方面更多的阐述，参见本书第五章第三节"买方抗衡力量"。

[3] See "David Currie speaks about the CMA experience of behavioral economics", April 20, 2015. Available at https：//www. gov. uk/government/speeches/david-currie-speaks-about-the-cma-experience-of-behavioural-economics, last visit on Oct. 13, 2018.

（二）扭曲性滥用的归位及《反垄断法》相关条款的界定

一如前文所述，尽管包括美国《罗宾逊—帕特曼法》、德国《反限制竞争法》以及《欧盟运行条约》等国家（地区）的反垄断法都有针对差别待遇行为的规定，但是由于以下两方面的缘由，这些规定的实际解释和运用并不尽如人意：一是定位偏差，即对"竞争者"的关注遮蔽了对"竞争"的关注，从而表现出强烈的中小企业保护色彩，甚至反竞争的倾向；二是功能扩张或规范越位，即有关差别待遇的法律条款叠加在了有关掠夺性定价、搭售、排他性交易等典型滥用行为的法律条款之上，仿佛充当着滥用行为的"一般条款"，由此不仅打乱了规范体系的逻辑，而且给反垄断法的适用制造了混乱。

鉴于此，为求反垄断法逻辑的一致性和规范体系的协调性，有观点认为，关于差别待遇的反垄断法规定应当限缩于发生二线损害的情形，即以扭曲效应的关注为中心。比如，美国最高法院在 Brooke Group 案中曾明确，涉及一线损害的案件，即便有歧视或差别待遇因素或效果，也应当在《谢尔曼法》第 2 条有关排他行为的规定下进行评估，而非根据《罗宾逊—帕特曼法》有关非歧视的原则进行评估。① 换言之，《罗宾逊—帕特曼法》仅适宜于关注二线损害或扭曲效应的情形。在欧盟，尽管官方未曾就《欧盟运行条约》第 102 条第 2 款第（c）项作出明确界定和指引②，但是学界逐渐达成了如下共识，即第（c）项规定主要是用于应对导致二线损害的差别待遇（价格歧视）行为。③ 在德国，尽管《反限制竞争法》第 20 条将价格歧视与禁止滥用相对市场优势地位的规定紧密关联在一起，但在该法于 1973 年引入该规定到 2008 年期间，联邦卡特尔局总共审理过 39 起这样的案件，但作出决定的只有三个。并

---

① See Brooke Group Ltd. v. Brown & Williamson Tobacco Corp. , 509 U. S. 209（1993）.

② 欧盟委员会至今只发布过一个关于禁止滥用市场支配地位的指南，即 2009 年的《适用欧共体条约第 82 条查处市场支配地位企业排他性滥用行为的执法重点指南》。EU Commission, Guidance on the Commission's enforcement priorities in applying Article 82 of the EC Treaty to abusive exclusionary conduct by dominant undertakings,［2009］OJ C 45/7.

③ See R. O'Donoghue & J. Padilla, *The Law and Economics of Article 82 EC*, Hart Publishing, 2006, p. 202.

且，联邦卡特尔局适用第 20 条的前提条件是滥用相对市场优势地位的行为损害了市场竞争。[①]

具体到我国《反垄断法》第 22 条第 1 款第六项关于差别待遇的规定，如何界定其适用范围？其违法性判断标准是什么？对此，官方并没有提供有价值的指引。国家市场监督管理总局颁布的《禁止滥用市场支配地位行为暂行规定》（国家市场监督管理总局令第 11 号）第 19 条仅对"差别待遇"作了例证性列举，包括：（1）实行不同的交易价格、数量、品种、品质等级；（2）实行不同的数量折扣等优惠条件；（3）实行不同的付款条件、交付方式；（4）实行不同的保修内容和期限、维修内容和时间、零配件供应、技术指导等售后服务条件。而从国内学者的著述看，似乎普遍存在着对上述《反垄断法》规定扩张解释的倾向，即认为该规定概括适用于剥削性滥用、排他性滥用，以及造成二线损害（即扭曲性滥用）的各种情形。[②] 但是，本书认为，我国《反垄断法》第 22 条关于禁止差别待遇行为的规定，是调整剥削性差别待遇行为和扭曲性差别待遇行为的适当依据，但却不是调整排他性差别待遇行为的恰当基础。这主要是基于以下两方面的考虑。

一方面，泛化《反垄断法》第 22 条第 1 款第六项的规定，对其采取扩张解释，可能会使《反垄断法》列举的掠夺性定价、拒绝交易、限定交易、搭售等滥用行为，仅仅根据其是否涉及歧视性因素，而在违法认定上陷入双重标准。并且，如果第六项的规定相较于其他诸项规定在解释和判断标准上更为宽松，那么，这难免会诱致本应适用其他诸项规定予以处理的行为向第六项规定"逃逸"，从而导致"规则操纵"或"选择性执法"。对此，可用一个具体例子加以说明：尽管《反垄断法》第 22 条第 1 款第一项有关掠夺性定价的规定，包含了以低于成本的价格销售商品的要求，但是，如果按照不同的标准对待所谓的歧视性掠夺定价

---

① 参见王晓晔《论滥用"相对优势地位"的法律规制》，《现代法学》2016 年第 5 期。

② 参见王晓晔《反垄断法》，法律出版社 2011 年版，第 218—222 页；兰磊《非法价格歧视行为的判断标准研究》，《竞争政策研究》2015 年第 5 期；叶高芬《认定违法价格歧视行为的既定框架及其思考》，《法商研究》2013 年第 6 期；许光耀《价格歧视行为的反垄断法分析》，《法学杂志》2011 年第 11 期。

行为，就可能存在任意性的风险，即可能导致对某些行为的不合理禁止——比如"歧视性的高于成本定价"（discriminatory above costs pricing）。① 从根本上讲，没有理由根据歧视性做法和非歧视性做法的人为区别，来对掠夺性定价等排他性滥用行为采取双重标准。②

另一方面，差别待遇作为反垄断法禁止的滥用行为，虽然其可以基于不同的损害理论而分属于不同的规范类型，但是从法律解释的角度讲，我们不应忽略《反垄断法》第 22 条第 1 款第六项所处的规范体系以及在解释该项时须注重的体系协调。考虑到《反垄断法》第 22 条第 1 款第七项已经设置了兜底条款③，并且《反垄断法》第 22 条第 1 款将价格歧视作为与不公平定价、掠夺性定价、拒绝交易、限定交易、搭售等行为相并列的子项，因此，"第六项关于差别待遇的规定概括适用于剥削性滥用、排他性滥用、扭曲性滥用的行为"，这种解释就不是一种恰当的法律解释。如果这种解释行得通，那么第七项的兜底条款实际上就沦为摆设；与此同时，第六项事实上成为禁止经营者滥用市场支配地位的"一般条款"，但却具有架空任何滥用行为之具体反垄断法规定的危险。④

---

① See Damien Gerard, Price Discrimination under Article 82（2）（C）EC: Clearing up the Ambiguities, July 6, 2005. Available at https: //ssrn. com/abstract = 1113354, last visit on Oct. 5, 2018.

② 正如美国第七巡回法院所指出的："如果在《谢尔曼法》第 2 条案件中，法官采用了对掠夺性定价最适合的标准，而在适用《罗宾逊—帕特曼法》时又采取另一种（也必然是更差的）标准，这属于搞恶作剧。"［美］赫伯特·霍温坎普：《联邦反托拉斯政策——竞争法律及其实践》，许光耀、江山、王晨译，法律出版社 2009 年版，第 402 页。

③ 《反垄断法》第 22 条第 1 款第七项规定：国务院反垄断执法机构认定的其他滥用市场支配地位的行为。

④ 有必要说明的是，这里强调《反垄断法》第 22 条第 1 款的各项具体规定"各司其职"，并非否定个案中滥用行为累积性存在的可能。事实上，同一价格歧视行为可以导致不同的损害类型。例如，一个歧视性的忠诚折扣方案可能会给支配企业的竞争对手造成排他效应，同时可能扭曲与支配企业非关联的下游不同客户所在市场的竞争。再如，在 2011 年国家发展和改革委员会调查的中国电信、中国联通涉嫌滥用市场支配地位案中，中国电信与中国联通利用宽带入网的市场支配地位对与其具有直接竞争关系的运营商和没有竞争关系的经营者、终端用户实行不同的接入价格，其行为不仅可能构成排他性的利润挤压，也可能构成扭曲性的价格歧视。对该案的评述，参见王晓晔《中国电信、中国联通涉嫌垄断案的再思考》，《交大法学》2013 年第 2 期；干潇露：《价格歧视抑或价格挤压——辨析中国电信、联通滥用市场支配地位行为之认定》，《长安大学学报》（社会科学版）2012 年第 2 期。

综上所述，《反垄断法》第 22 条第 1 款第六项关于差别待遇的规定不是调整排他性滥用行为的恰当基础。事实上，截至目前，我国反垄断执法机构依据《反垄断法》第 22 条第 1 款第六项的规定所认定和处理的为数不多的案件，基本上是聚焦在扭曲性滥用的竞争关切上。例如，湖北银杏沱港埠股份有限公司差别待遇案、内蒙古赤峰市盐业公司差别待遇案、江苏徐州市烟草公司邳州分公司差别待遇案，等等。[①] 扭曲性滥用有了明确的法律依据后，下文将对其分析框架作进一步探讨。

第三节 扭曲性滥用的法律分析框架

我国《反垄断法》第 22 条第 1 款第六项禁止具有市场支配地位的经营者没有正当理由，对条件相同的交易相对人在交易价格等交易条件上实行差别待遇。该规定为反垄断法调整扭曲性滥用行为即扭曲性的差别待遇行为，提供了坚实的法律分析框架。具体来说，扭曲性差别待遇行为的违法性评估分为两部分：一是对违法性构成要件的分析，具体包括"支配地位""歧视对象""歧视行为""扭曲效应"；二是正当化事由的考察，即对"没有正当理由"的认定。

一 差别待遇行为的违法性构成

差别待遇作为扭曲性滥用行为，需具备四个方面的违法性要件，即主体、对象、行为和扭曲效应。从主体要件上看，实施差别待遇的经营者必须具有市场支配地位，否则交易相对人可以选择与其他经营者进行交易。换言之，只有经营者是一个不可避免的交易对象，扭曲效应才有

---

① 参见时建中、焦海涛、戴龙主编《反垄断行政执法：典型案件分析与解读（2008—2018）》，中国政法大学出版社 2018 年版，第 324—328 页。相较于行政执法，我国法院审理的涉及《反垄断法》第 22 条第 1 款第六项规定的案件，其诉因多样，"价格歧视"之违法主张所暗含的竞争关切（竞争损害类别）更驳杂。参见时建中、戴龙、焦海涛主编《反垄断诉讼：典型案件分析与解读（2008—2018）》，中国政法大学出版社 2018 年版，第 325—331 页。

发生的可能。事实上，持久的差别待遇或价格歧视，本身就是经营者具有市场支配地位的有力证据。① 鉴于对市场支配地位的探讨是本书第五章的核心任务，此处仅就后三个要件进行阐述。

（一）歧视对象

从《反垄断法》第 22 条第 1 款第六项的文义上看，差别待遇行为的对象是"交易相对人"。如何理解这里的"交易相对人"？从开放的理论层面讲，"交易相对人"不仅可以是经营者——包括下游客户或者上游供应商，也可以是终端消费者。事实上，诸如区域性掠夺性定价、搭售等滥用行为都可以把终端消费者作为歧视对象而产生排他效应。不公平高价这一滥用行为也可以面向终端消费者进行歧视，从而产生剥削效应。但是，在扭曲性滥用的场合，由于消费者不具有反垄断法意义上的竞争关系，因而这里的"交易相对人"就只能是经营者，即从事商品生产、经营或者提供服务的自然人、法人和其他组织。从卖方垄断或者卖方支配地位的角度看，作为经营者的下游客户须具备以下两个方面的关系特征。②

一方面，下游客户与上游支配企业不存在关联关系。譬如，不存在母子公司关系、股权关系、投票表决权关系、人事连锁关系等，否则相应的竞争关切可能主要是排他效应。在实践中，专利主张实体（Patent Assertion Entity，简称 PAE）③ 与设备制造商之间的许可关系典型地体现了这方面的特征，因而是扭曲性滥用的高发领域。例如，中国华为技术有限公司诉美国交互数字公司（IDC 公司）一案，以及国家发展和改革

---

① 参见［美］赫伯特·霍温坎普《联邦反托拉斯政策——竞争法律及其实践》，许光耀、江山、王晨译，法律出版社 2009 年版，第 146—147 页。

② 从买方垄断或者买方支配地位的角度来讲，这些关系特征以及下文所述构成要件都可同理转化适用。为论述方便，这里仅从卖方支配地位的角度探讨相关问题。

③ 专利主张实体（PAE），是指以购买专利并且对实际使用专利技术者主张专利权利为运营模式的公司。专利主张实体的存在可能会带来双面的经济效应：一方面，专利主张实体有可能通过各种方式促进创新与效率，例如，专利主张实体可能会为发明者的专利提供资金以奖励该创新，可能有助于为专利交易形成更广阔的市场，提高专利商业化的概率；另一方面，专利主张实体在某种情况下也有损害消费者利益的可能性，例如，专利主张实体或许会通过诉讼威胁，或直接诉讼的方式，达到收取高于技术价值的许可费的目的，也可能利用专利所有权上的信息不透明来增加生产商的成本。参见 Andrew J. Heimert《美国的专利主张实体与标准必要专利》，《竞争政策研究》2016 年第 1 期。

委员会针对 IDC 公司的反垄断调查，实际上都暗含着扭曲性滥用的竞争关切。IDC 公司作为专利主张实体，并不进行任何实质性生产，仅以专利许可作为其经营模式，IDC 公司对华为公司就涉案标准必要专利许可费前后多次报价均明显高于其对苹果公司、三星公司、RIM 公司、HTC 公司的专利许可费。我国法院认为，IDC 公司的差异性许可费，"将导致华为公司要么放弃相关终端市场的竞争，要么不得不接受不公平的定价条件，从而使华为公司在相关终端市场竞争中成本增加、利润减少，直接制约其竞争能力"[①]。这清楚地表露了对造成扭曲效应的差别待遇行为的反垄断法关注。

另一方面，下游客户之间应存在竞争关系，能够彼此施加有效的竞争约束，即处于同一相关市场。否则，差别待遇就不具有扭曲下游客户之间竞争，进而扭曲下游市场的竞争过程或竞争机制的基础。换言之，如果下游客户之间不存在竞争，那么从反垄断法的角度看，它们被"区别对待"的事实是无关紧要的。

（二）歧视行为

从《反垄断法》第 22 条第 1 款第六项的文义上看，歧视行为的构成包括两项具体要素：一是"条件相同的交易相对人"；二是"在交易价格等交易条件上实行差别待遇"，简称"不同交易条件"。

1. 条件相同的交易相对人

正如前文所述，在经济学上，价格歧视是指企业以不同的价格出售两种具有相同边际成本的相似产品或者服务。[②]用不那么技术性的话来说，即对实质性相同的产品或者服务向不同的买方收取不同的价格。[③]因此，从法律适用的角度上看，对"条件相同的交易相对人"的判断，不仅要分析相关成本情况，也要对产品或者服务的性质进行考察。进一

---

① 广东省高级人民法院（2013）粤高法民三终字第 306 号民事判决书。

② See OECD, Executive Summary of the Roundtable on Price Discrimination, 2016, p. 2, available at https：//one. oecd. org/document/DAF/COMP/M（2016）2/ANN5/FINAL/en/pdf, last visit on Oct. 5, 2018.

③ 参见［美］欧内斯特·盖尔霍恩、威廉姆·科瓦西奇、斯蒂芬·卡尔金斯《反垄断法与经济学》（第 5 版），任勇、邓志松、尹建平译，法律出版社 2009 年版，第 506 页。

步而言，交易相对人的"条件"是否相同，切不可片面地从"买方"的自身特点进行臆断——比如买方是新客户还是老客户以及买方的财务状况有何差异等，而应当综合考虑卖方交易所承担的成本、产品或者服务的性质、交易时间等因素。总之，核心在于检验各种情况的对等性，列要如下：

（1）卖方承担的成本近似。严格按照经济学的理解，价格歧视实际上是指任何没有成本依据的价格差异。因此，在跟不同买方交易时，如果卖方在销售数量、销售地域、运输路程、交易地点、交货方式、付款方式、信用方式等适销条件上不存在明显差异，那么其所承担的交易成本就是相同的或近似的，因而不能据此实行价格歧视或差别待遇。换言之，对任何一项非法差别待遇的指控，都应当首先考虑该歧视行为给卖方带来了何种成本节省或回报率差异。

（2）产品或者服务的性质相似。作为交易标的的产品或者服务，其在性质上的相同或者近似是判断歧视行为的客观基础。这涉及对有关产品或者服务的物理性能或功能、化学成分、原材料、外观、可替代性等因素的评价，即这些产品或者服务是否具有相似的等级和质量。

（3）交易时间相同或接近。对交易对等性进行判断的另一项重要内容是，这些交易必须同时发生，或者在合理的时间上接近。否则，一个支配企业将无限期地面临基于过去交易的"歧视"索赔。"合理的时间上接近"涉及在何种程度上可以将支配企业与前期客户的交易与后期客户的交易进行比较的问题。对此不能一概而论，而应当结合个案，考察市场供需变化、技术改进、产品升级、前后客户的风险分担等因素进行判断。

2. 不同交易条件

在市场经济中，效率首先是由竞争驱动的，包括对最佳销售条件的竞争。因此，不同客户面临不同交易条件实属常态。我国《反垄断法》第22条第1款第六项对歧视发生方式的表述相当广泛——任何交易价格或交易条件的差别。如果纯粹从事实层面看，"不同交易条件"不仅包括名义价格的差异，也包括以折扣、返点、津贴等可以直接以金额计算的减让，同时还包括不直接体现为一定金额但实际代表一定好处的交易条件的差异，比如一次性付款还是分期付款，是否提供某些服务或配套设备等。① 但是，从歧视行为的法律构成上看，对"不同交易条件"的恰当界定必须以"条件相同的交易相对人"（即"对等交易"）作为参照，否则任何价格上的差别或交易条件的差异都会成为反垄断法谴责的对象。这显然是反竞争的。因此，歧视行为的判定可分解为以下两种情况：

（1）相似情况不同对待。如果支配企业与不同客户进行交易所承担的成本相似、交易的产品或服务的性质近似并且交易时间相同或接近，却对不同客户收取不同的价格、采取不同的减让标准或者附加其他任何不对等的好处，此时"不同交易条件"的构成要件才得到满足，歧视行为才能得以认定。

（2）不相似情况相同对待。从经济学上讲，价格歧视的本质是两种不同的回报率。它既包括成本相同但价格不同的情形，也包括成本不同但价格相同的情形。因此，《反垄断法》第 22 条第 1 款第六项的规定也可以被解释为：对条件不同的交易相对人在交易价格等交易条件上实行相同待遇。这即是说，如果支配企业与不同客户进行交易所承担的成本不同、交易的产品或服务在性质上不同，却对不同客户在价格、减让标准、附加好处等方面采取相同的对待，那么也构成歧视行为。

（三）扭曲效应

反垄断法是保护竞争而非保护竞争者的法律，或者说，反垄断法不会脱离特定的竞争关切而纯粹地关注个别竞争者受到的损害。② 这意味着，歧视行为导致某一客户相较于其他客户处于不利的竞争地位或者竞争劣势，这一事实本身并不等同于竞争损害，同时也不能由此推定竞争

---

① 参见兰磊《非法价格歧视行为的判断标准研究》，《竞争政策研究》2015 年第 5 期。
② 我国《反垄断法》第 7 条的规定实际上暗含了该原则，即"具有市场支配地位的经营者，不得滥用市场支配地位，排除、限制竞争"。

损害的存在。① 因而，单纯依据"竞争劣势"的事实不能证明差别待遇行为造成扭曲效应并构成滥用行为。换言之，扭曲性滥用的证立，还必须表明差别待遇行为导致了扭曲效应（二线损害）。

具体来讲，执法机构或原告对扭曲效应的证明，首先要对其在涉案情形下的发生机制建立一种可信的解说。上文从一般层面介绍了扭曲效应的三种发生机制，即基于效率差异的扭曲效应、基于外部选择可行性的扭曲效应以及基于区隔策略和行为歧视的扭曲效应。以基于效率差异的扭曲效应为例，执法机构可以主张某些客户因为效率较高而被收取更高的价格，某些客户则因为效率较低而被收取更低的价格，由此导致了扭曲效应：一方面，这是因为与效率较低的客户相比，效率较高的客户对投入品的需求弹性较低——高效率是建立在高产能运营的基础上，在不降低效率的情况下无法减少产量；另一方面，低效率客户生产的产品比它们应该生产的多，高效率客户支付较高的价格，生产的产品减少了，其生产效率受损——整体上看，竞争过程被扭曲，下游价格高出应有水平，最终产品的产量减少，消费者付出了更高的价格，其福利受到损害。

与此同时，仅仅建立扭曲效应的某种发生机制并不充分，尚且需要揭示扭曲效应的严重程度。为此，（1）支配企业应当是或几近于是下游客户不可避免的交易对象。在某种意义上，支配企业应处于事实上的垄断地位，因而客户只能与其进行交易以满足它们的全部需求或绝大部分需求；（2）这种歧视必须是显著的，即不受优待的客户所支付的费用必须远远超过受优待客户所支付的费用；（3）这种歧视必须是持久的，即不仅对不同客户的生产经营造成重大影响，而且对竞争过程造成深度扭曲；（4）支配企业所提供的产品或者服务应当占据客户总成本的很大比例。否则，很难看出差别待遇会如何对客户的下游活动和竞争过程产生

---

① 在美国反托拉斯法上，针对二线损害的价格歧视案件，有所谓"莫顿损害推论"（Morton injury inference），即认为《罗宾逊—帕特曼法》中"竞争损害"的法定要求可以从个别竞争者受损的事实中推断出来。See Chris Pike, Price Discrimination, Background Note by the Secretariat, OECD, 2016, p. 20. Available at https：//one. oecd. org/document/DAF/COMP（2016）15/en/pdf, last visit on Oct. 5, 2018.

实质性影响。[①]

二　正当理由

我国《反垄断法》第 22 条第 1 款第六项禁止支配企业"没有正当理由，对条件相同的交易相对人在交易价格等交易条件上实行差别待遇"。由此可见，受到指控的价格歧视行为有无"正当理由"，是其最终能否被认定为非法的关键所在。实际上，我国《反垄断法》第 22 条第 1 款第二至第五项有关掠夺性定价、拒绝交易、限定交易、搭售等行为的规定，无一例外地强调行为"没有正当理由"。在笔者看来，以上规定之所以突出"没有正当理由"，至少有两层隐含意义。第一，它表明滥用市场支配地位的反垄断法调整，不应采取所谓"本身违法"（illegal per se）[②]的调整方法或分析方法，即不应对支配企业的行为作简单的形式化判断而径直对其加以谴责；相反，应当考虑支配企业的行为在造成有关损害的同时，是否带来了任何补偿性价值或抵消性利益，即行为是否具有"正当理由"。第二，"正当理由"的相关制度实际上为被控诉的支配企业提供了作出抗辩的渠道，即对原告或执法机构"初步确认违法"的案件提供了某种反思性的检验、平衡机制。其实，"正当理由"是"结构化合理原则"（a structured rule of reason）这一具有普遍适用性的反垄断法分析方法的关键构造。[③]

回到扭曲性滥用行为，从举证责任分配上看，执法机构或原告对差

---

① See R. O'Donoghue & J. Padilla, *The Law and Economics of Article 82 EC*, Hart Publishing, 2006, p. 577.

② "本身违法规则"用于禁止本质上不合理的限制竞争行为，即针对具有反竞争效果并且缺乏可补偿价值的限制行为，行为一旦确认，就直接被认定为非法，不允许行为人对行为的合理性进行辩解。参见叶卫平《反垄断法分析模式的中国选择》，《中国社会科学》2017 年第 3 期。

③ "结构化合理原则"是一种重要的反垄断法分析方法，它是"纯粹规则"和"纯粹标准"的交叉融合，其主体结构包含形式化规则（类型化的责任要素或违法性构成要素）和实质性标准（正当理由）。形式化规则旨在建立"具备初步证据的案件"，而实质性标准旨在提供反思性的对正当理由的检验机制，亦即反思性的利益平衡机制。对"结构化合理原则"和"正当理由"的详细阐述，参见本书第四章第三节的相关内容。

别待遇的事实构成以及扭曲效应的证明，旨在建立一个"具备初步证据的案件"（a prima facie case）。① 此后，举证责任转移给被控诉的支配企业，由其提出相关的正当理由，并对之进行证明。如果其证明失败，那么具备初步证据的扭曲性滥用将转变为具备最终证据的扭曲性滥用。

（一）正当理由在扭曲性滥用案件中的重要性

事实上，认定差别待遇行为须对"正当理由"或"客观理由"加以考察，并非是理所当然的。其所受到的主要质疑在于，差别待遇的违法性构成判定环节，经由"条件相同的交易相对人"或者"同类企业"（德国法用语）、"同等交易"（欧盟法用语）的分析，实际上已经考虑了诸如成本差异、交易环境差异、切实可得性等"合理因素"。因此，若再增设正当理由的考察环节，难免会造成以上构成要件的分析顺序变得模糊。② 该质疑具有一定的合理性，但基于以下两方面的原因，哪怕是"重复"考量相关因素，似乎也是必要的。

一方面，在大多数经济学家心目中，价格歧视（差别待遇）是有益于经济、有利于竞争的，或者其福利效应至少是模棱两可的。实际上，前文介绍了价格歧视（差别待遇）的诸多正面经济效应，包括改进整体福利，促进产出和回收成本，增进创新激励和动态效率，加剧市场竞争，瓦解卡特尔和寡头相互协调，等等。鉴于此，允许被调查企业或被告就其施行的差别待遇行为提出正当理由，能够为扭曲性滥用的反垄断规制提供某种反思性论证机制，从而起到"双保险"的作用。

另一方面，之所以格外重视正当理由，其原因还在于，在禁止差别待遇行为历史悠久的其他司法管辖区，比如美国，他们的经验表明，严

---

① "具备初步证据的案件"（a prima facie case）最为常用的含义是，一方当事人举出的证据足以使事实推理者推断出系争事实并做出对其有利的裁决。See Georg Nils Herlitz, "The Meaning of the Term 'Prima Facie case'", 55 *Louisiana Law Review*, 391 (1994).

② 欧盟检查总长 Jacobs 就曾质疑：对于那些已经被认作是滥用的行为，允许对其提供客观理由的做法是错误的。如果可以提出客观理由来为某一特定的单边行为辩护，那么更确切地说，支配企业的行为根本不属于滥用。See Damien Gerard, Price Discrimination under Article 82 (2) (C) EC: Clearing up the Ambiguities, July 6, 2005. Available at https://ssrn.com/abstract = 1113354, last visit on Oct. 5, 2018.

格执行《罗宾逊—帕特曼法》反而会导致一系列反竞争的结果，譬如促进卖方之间的勾结，以及造成消费者为产品支付更高的价格，等等。因此，允许被调查企业或被告就其实行的差别待遇行为提出正当理由，能够在客观上起到缓和相关规则严厉性的作用，同时有助于避免反垄断法实施中的"积极错误"（false positive）。

（二）正当理由的一般考察

哪些情形属于《反垄断法》第 22 条第 1 款第六项提及的"正当理由"？对此，国家市场监督管理总局颁布的《禁止滥用市场支配地位行为暂行规定》（国家市场监督管理总局令第 11 号）于第 19 条规定了两种情形，即"根据交易相对人实际需求且符合正当的交易习惯和行业惯例，实行不同交易条件"和"针对新用户的首次交易在合理期限内开展的优惠活动"。除此之外，我国法院对差别待遇行为的"正当理由"没有作出过明确阐释。

从域外法制和实践看，美国《罗宾逊—帕特曼法》除明确规定成本理由、应对竞争、情势变化这三种肯定性抗辩（affirmative defence）外，其在司法实践中还承认了另一个非法定抗辩，即切实可得性抗辩（functioning availability defence）。① 然而，就应对竞争的抗辩理由而言，从美国判例法实践看，其几乎都是出现在涉及一线损害的掠夺性定价案件中，即善意地应对某个竞争对手而采取同样低的价格。② 并且从逻辑上看，应对竞争是行为者对竞争对手的反制，其体现的竞争关切是"排他"（exclusion）。但是，在差别待遇导致二线损害（扭曲效应）的情形下，受损害的竞争限于下游客户之间，因而不存在反制竞争对手的问题，也就不存在"应对竞争"的话语空间。因此，就扭曲性滥用而言，应对

---

① 前三个抗辩在《罗宾逊—帕特曼法》上被视为绝对抗辩，一旦抗辩成立，即不再考虑是否造成竞争损害的问题。参见兰磊《非法价格歧视行为的判断标准研究》，《竞争政策研究》2015 年第 5 期；也请参见［美］欧内斯特·盖尔霍恩、威廉姆·科瓦西奇、斯蒂芬·卡尔金斯《反垄断法与经济学》（第 5 版），任勇、邓志松、尹建平译，法律出版社 2009 年版，第 429—432 页。

② 参见［美］赫伯特·霍温坎普《联邦反托拉斯政策——竞争法律及其实践》，许光耀、江山、王晨译，法律出版社 2009 年版，第 641—643 页。

竞争并非是其正当化事由。此外，尽管欧盟委员会尚未对排他性滥用之外的其他单边行为发布过指南，但欧盟的判例法实践表明，涉及《欧盟运行条约》第102条第2款第（c）项的客观理由（objective justification）主要有两项：一是成本差异，二是降低价格以回报客户的服务。[①] 结合我国相关规定和上述域外经验，涉及我国《反垄断法》第22条第1款第六项所谓"正当理由"，其情形主要包括：

1. 成本差异。如果支配企业就同一商品或服务与不同的客户进行交易，其成本不同——这可能因为客户的采购数量存在差异以及运输成本、交付成本等方面的差异，那么这就为价格歧视提供了绝对的理由。成本差异实际上也说明交易相对人的"条件"不同。

2. 切实可得性。如果受指控的歧视性低价事实上也能为未受优待的买方所享有，那么这种价格差异就不构成价格歧视（差别待遇）。例如，在冯某明诉福建高速公路有限公司滥用市场支配地位案中，原告冯某明主张福建高速公路公司在收取闽通卡及电子标签工本费时，仅对中国银行用户给予五折优惠的做法构成违反《反垄断法》的价格歧视。对此，该案二审法院正确地指出，"如果消费者想要享受这种优惠，其完全可以选择成为相应银行的客户来实现"[②]。虽然该理由不是由被告提出，但不妨将其看作是法院对切实可得性这一正当理由的"释明"。

3. 情势变化。如果针对不同客户的价格差异是因为所涉产品的市场交易条件在客观上发生变化所导致的，那么这种价格差异就不构成价格歧视。基于这一正当理由，相较于那些正常产品，支配企业可以就即将腐烂的产品、即将淘汰的产品进行低价甩卖。

4. 降价以回报客户的服务。如果客户提供的服务（比如促销服务）在某种程度上与交易的产品相关，那么就产品的销售而言，支配企业可以给予该客户更优惠的价格，比如采取更低的名义价格或者采取折扣、

---

① See Vijver, Tjarda Desiderius Oscar van der, *Objective Justification and Prima Facie Anti-competitive Unilateral Conduct: an Exploration of EU Law and Beyond*, Doctoral Dissertation of Leiden University, 2014, pp. 106–109.

② 福建省高级人民法院（2012）闽民终字第884号民事判决书。

返点、津贴等方式予以减让。

5. 交易惯例。交易惯例，即商业惯例，是指在一些商品交换领域，由于长期交易活动而成为习惯，并逐渐形成的为所有参与交易者公认并普遍得到遵行的习惯做法。在现实世界中，有许多约定俗成的交易惯例已经内化为社会规范甚至社会文化，其承认某些为实现实质公平的差别定价或差异性交易条件的正当合理性。例如，针对小孩、老人、残疾人等社会弱势群体的价格折扣；再如，针对新客户（用户）的首次交易在合理期限内开展的优惠活动。实际上，这些差异性交易待遇之所以是正当的，其所依据的基础是人们的普遍期望及社会规范，即"大家凭直觉就能了解的规范"①。

第四节　本章小结

扭曲性滥用，即上游支配企业对与其并无关联但相互竞争的下游企业（客户）所实施的差别待遇行为，这种行为使某些下游企业处于竞争劣势，并由此扭曲下游市场的有效竞争机制。

实际上，差别待遇或价格歧视是一种普遍的经济现象。在很多经济学家看来，这是一种再正常不过的商业行为。然而，对差别待遇或价格歧视行为的反垄断法调整，往往是由与经济学原理相去甚远的考量因素推动的。我国《反垄断法》第22条第1款第六项将差别待遇作为一种典型滥用行为，并且设定了具体的违法性构成要件。由此产生的疑问是：如何解释第六项与其他诸项之间的关系？在剥削性滥用和排他性滥用的规范类型之外，是否存在"歧视性滥用"的特殊范畴？"歧视性滥用"的成立，须找到其所依据的独立的损害类型。差别待遇可能导致的负面效果包括：利用和剥削消费者；排挤竞争对手和妨碍市场进入；扭曲下游客户之间的竞争。据此，价格歧视可依剥削效应、排他效应（一线损

---

① 参见［美］莎拉·马克斯韦尔《如何正确定价》，陈汝燕等译，电子工业出版社2009年版，序言。

害）、扭曲效应（二线损害）而触及不同的规范类型，即剥削性价格歧视、排他性价格歧视和扭曲性价格歧视。

　　为避免反垄断法在规范同一滥用行为时，仅仅根据该行为是否涉及差别待遇或歧视因素而在认定上陷入双重标准，同时为了防范选择性执法，《反垄断法》第22条第1款第六项的规定不应当成为调整排他性滥用行为的基础。实际上，该项规定为扭曲性滥用的反垄断法调整，提供了坚实的法律分析框架。扭曲性滥用的违法性构成包含"支配地位""歧视对象""歧视行为""扭曲效应"等要件。"正当理由"在扭曲性滥用案件中具有重要性，其具体例证包括交易惯例、成本差异、切实可得性、情势变化、降价回报客户的服务等。

第三章

剥削性滥用

"滥用市场支配地位"虽然是一个抽象的、难于把握的概念，但无论"滥用"的表现形式如何，对消费者利益的损害都是其共通方面。在此意义上，可以说任何滥用市场支配地位的行为都属于宽泛意义上的"剥削性滥用"。① 但是，从规范类型上看，不同于扭曲性滥用和排他性滥用通过损害竞争过程而间接损害消费者利益，纯粹的剥削性滥用不涉及先前的限制竞争行为而是对消费者利益的直接损害，② 即企业利用支配地位带给它的商业机会，采取不公平高价、附加不合理的交易条件等方式来榨取其在正常和充分有效竞争情形下无法获取的商业利益，亦即对消费者进行直接的"财富攫取"或者把消费者置于"转嫁损失的终端"。③

事实上，对财富公平分配和消费者利益保护的关注是剥削性滥用反垄断规制的核心。然而，将不公平高价、附加不合理的交易条件等单边行为纳入反垄断法的禁止范围却不乏争议。最明显的，是在域外反垄断

---

① Eleanor Fox 教授就曾指出：所有滥用市场支配地位的行为都是对消费者福利造成实质性不利影响的行为，其形式是对市场力量的不当运用，因而可以说，只存在一种反竞争的单边行为，即剥削性的滥用行为。See Eleanor Fox, "We Protect Competition, You Protect Competitors", 26 *World Competition*, 149（2003）.

② "逐渐兴起的剥削理论（emerging theories of exploitation）——不涉及任何先前的排他行为而依赖操纵价格结构或交易条件来榨取消费者的利益……先前的排他行为并不是剥削理论的必要组成部分，而剥削也不是排他策略的必然结果。因此，在传统意义上，剥削不是反竞争的，因为它不会消除竞争。" Daniel A. Crane & Graciela Miralles, "Toward a Unified Theory of Exclusionary Vertical Restraints", 84 *Southern California Law Review*, 611（2011）.

③ 如无特别说明，下文所称剥削性滥用，皆指纯粹的剥削性滥用。

法理论和实践中，对于不公平高价行为就存在着以美国为代表的"放任派"和以欧盟为代表的"规制派"两大对立阵营。① 在国内，尽管多数学者承认剥削性滥用的概念及相应制度②，但也有个别学者采取"唯美"立场，否定剥削性滥用的规范类型，并把《反垄断法》总则第 7 条所强调的"排除、限制竞争"作为滥用市场支配地位违法性判定的单一标准③，甚至指出，"各地法院所受理的数起滥用市场支配地位案件中并不存在《反垄断法》上的案由或诉因，属于反垄断'伪案'"④。此外，我国反垄断执法机构虽然相对年轻，但至今已查办了数起涉及不公平高价的滥用案件，例如高通公司垄断案，异烟肼原料药垄断案，等等。⑤ 应当说，这些案件的查办获得了良好的社会反响，但其中对不公平高价的分析思路和认定方法却难称精细，且有避重就轻之嫌，因而招致了某些批评。⑥ 事实上，涉及剥削性滥用的法律问题还很多，比如在创新行业或数字经济领域，如何对标准必要专利"过高"的许可费进行认定？如何对上一章述及的剥削性价格歧视（算法价格歧视或个性化定价行为）

---

① See Michael S. Gal, "Monopoly Pricing as an Antitrust Offense in U. S. and the EC: Two Systems about Monopoly", 49 *Antitrust Bulletin*, 343 – 384 (2004).

② 参见时建中主编《反垄断法——法典释评与学理探源》，中国人民大学出版社 2008 年版，第 209 页；王晓晔《反垄断法》，法律出版社 2011 年版，第 204 页；刘继峰《竞争法学》（第二版），北京大学出版社 2016 年版，第 155 页。

③ 《反垄断法》总则第 7 条规定：具有市场支配地位的经营者，不得滥用市场支配地位，排除、限制竞争。

④ 参见郑文通《我国反垄断诉讼对"滥用市场支配地位"规定的误读》，《法学》2010 年第 5 期。但是，有学者对"伪案"的说法提出了批评：首先，主张"伪案"会引起一种对《反垄断法》立法目的的误识，即反垄断法仅仅是保护自由竞争环境和过程，只有排除或限制竞争的行为才受规制。其次，主张"伪案"会缩小《反垄断法》的调控范围。主张"伪案"实际上忽略了对"剥削性滥用"类型的考虑。最后，主张"伪案"不利于营建我国的私人反垄断机制和尽快树立《反垄断法》的权威。参见陈兵《我国〈反垄断法〉"滥用市场支配地位"条款适用问题辨识》，《法学》2011 年第 1 期。

⑤ 参见时建中、焦海涛、戴龙主编《反垄断行政执法：典型案件分析与解读（2008—2018）》，中国政法大学出版社 2018 年版，第 275—285 页。

⑥ See Douglas H. Ginsburg, Bruce H. Kobayashi, Koren W. Wong-Ervin, Joshua D. Wright, "Excessive Royalty" Prohibitions and the Dangers of Punishing Vigorous Competition and Harming Incentives to Innovate, George Mason University Law and Economics Research Paper Series, 2016, No. 10. Available at https://papers.ssrn.com/sol3/papers.cfm? abstract_ id = 2748252, last visit on Oct. 29, 2018.

加以防范和制止？凡此种种。

以上问题既给剥削性滥用禁止制度的规范功能带来了挑战，也给剥削性滥用这一规范类型的进一步发展提供了契机。本章聚焦于剥削性滥用，着重对其规范原理，以及不公平高价、不公平低价、附加不合理的交易条件、剥削性价格歧视等具体滥用行为的反垄断规制展开探讨。

第一节　剥削性滥用的法理基础

在滥用市场支配地位禁止制度中，剥削性滥用之所以能够成为一种独立的规范类型，有其特定的法理基础。对此，可以从禁止剥削性滥用的经济理由、价值依托、法律依据等方面加以解析。

一　剥削性滥用的经济理论演变

尽管剥削性滥用涵盖了不公平高价、不公平低价、附加不合理的交易条件等具体行为，但其中不公平高价（也称超高定价、垄断高价）无疑是剥削性滥用的核心表现形式，以至于人们对剥削性滥用的讨论或关注往往聚焦于不公平高价。[①] 不公平高价之所以成为滥用市场支配地位禁止制度的一大关切，这不仅与"公平价格"的经济思想有关，也与"过高定价"导致的负面经济效果有关。

（一）关于"公平价格"的经济思想

讨论剥削性滥用的问题，更具体地说是不公平高价的问题，不能忽略其特定的经济思想渊源。事实上，在经济思想史中，有关商品的"公平价格"或"自然价格"及其经济价值的观念可以追溯到古希腊，当时人们已经开始关注通过不公平价格进行剥削的问题。亚里士多德是第一个讨论并谴责垄断以及垄断定价的思想家。他在《尼各马可伦理学》中指出：在正常情况下自由市场上出现的竞争性的价格，不在

---

① 参见王晓晔《剥削性滥用行为的反垄断管制》，《价格理论与实践》2008 年第 10 期。

禁止范围之内。换言之，亚里士多德可能是将正常的竞争性市场价格视为公平交换的基准。此外，托马斯·阿奎那在《神学总论》中直接讨论了"公平价格"的问题。他认为：公正或公平的价格应该以能够支付生产成本，并保证劳动者及其家庭生活得以为继为限。事实上，对以上问题所展开的探讨占据了政治哲学家和经济学家两千多年的时间。而现代经济学中的价格理论，正是几个世纪以来人们努力解决以上问题的结晶。①

在经济思想中，商品的"公平价格"与其经济价值密切相关。然而，对于商品经济价值的构成，人们往往莫衷一是。在原始观念中，经济价值被认为是客观的，是商品本身固有的。例如，在马克思的劳动价值论看来，一个商品的"公平价格"（价值实体）等于其生产过程中所涉及的劳动价值，即凝结在商品中的无差别的抽象人类劳动。② 事实上，更多的古典经济学家支持以成本（劳动、土地、资本等要素成本）为基础的价值理论，例如里卡多的客观生产成本价值论。③

但是，近代以来，伴随着新古典主义革命（边际主义革命）的兴起，客观价值理论受到了主观价值理论的强烈冲击。边际效用分析的出现至少意味着，商品的经济价值不仅可以由内在于商品的某种客观品质所决定，还可以通过商品相对于买者的主观效用来衡量。简言之，商品的交换也能创造经济价值。因此，对新古典经济学家而言，某个商品的"公平价格"（经济价值）将由其竞争性市场价格给出，即在竞争性市场中供需自由互动而产生的均衡价格。类似的认识也可见于德国秩序自由主义学派，该学派认为：当价格是自由和正当竞争的结果时，它就是公平的价格；并且，具有市场支配地位的企业应该设定竞争性的价格，即

---

① Generally see Frank Maier-Rigaud, Excessive Price, Background Note by the Secretariat, OECD, 2011, pp. 24 – 25. Available at http：//www. oecd. org/daf/competition/abuse/49604207. pdf, last visit on Oct. 30, 2018.

② 马克思的劳动价值论认为，生产实物形态的劳动是商品价值的唯一来源。参见［德］卡尔·马克思《资本论》（第一卷），郭大力、王亚南译，上海三联书店 2011 年版，第 3 页。

③ 对以成本为基础的价值理论的概括介绍，参见［美］约瑟夫·熊彼特《经济分析史》（第三卷），朱泱译，商务印书馆 2005 年版，第四章。

支配企业应当表现得好像是在竞争激烈的市场中运作一样。[①] 而根据现代产业组织理论,"过高价格"是指由于市场力量的行使而显著高于竞争性水平的价格。[②] 从经济福利的角度看,"过高价格"带来了某些令人不满意的结果。

(二)"过高价格"的负面经济效果

在企业通过掠夺性定价、利润挤压、拒绝交易、独家交易、忠诚折扣、搭售等限制竞争行为来维持或加强其市场支配地位的情形下,"过高价格"只是以上行为过程的附带结果。反垄断法之所以禁止这些行为,不仅是因为"过高价格"引起的资源配置不当造成的成本,更是着眼于"垄断化"(monopolization)的过程,或寻求垄断租金的过程所花费的成本。[③] 相较而言,"过高价格"也可以是市场支配地位或者垄断地位的自发表现或自然结果,因而反垄断法禁止纯粹的"过高价格"很可能异化为禁止市场支配地位或垄断地位本身。这意味着,禁止纯粹的"过高价格"的经济理由远不如禁止限制竞争行为的经济理由充分。实际上,从经济效果上看,纯粹的"过高价格"仅仅是导致了某种静态意义上的损失。具体来说,高于竞争性水平的价格上涨会带来两种负面效果:一是财富转移(福利转移),即消费者剩余转变成了生产者剩余,企业获得了更多的垄断利润。换言之,消费者变得更穷了,而企业却变得更富了。二是无谓损失,即一些支付意愿(保留价格)较低的消费者放弃购买该商品或服务,而不得不去寻找非效率的替代品,从而导致福利净损失和资源配置无效率。

事实上,在一些学者和政策制定者看来,财富转移或福利转移并非就是坏事。至少对于信奉总体福利标准的人来讲,除了福利净损失(无

---

① 这一原则直接反映到了德国《反限制竞争法》第 19 条第 4 款第 2 项禁止"不公平价格和不公平交易条件"的规定中。See R. O'Donoghue & J. Padilla, *The Law and Economics of Article 82 EC*, Hart Publishing, 2006, p. 604.

② 参见〔法〕泰勒尔《产业组织理论》,马捷等译,中国人民大学出版社 1997 年版,第 82 页。

③ 参见〔美〕赫伯特·霍温坎普《联邦反托拉斯政策——竞争法律及其实践》,许光耀、江山、王晨译,法律出版社 2009 年版,第 21 页。

谓损失）能被称作是负面的以外，消费者与生产者之间的福利转移被视为是中性的，因为等量的财富对于生产者和消费者的效用被假定为是一样的。[①] 诚如是，反垄断法禁止纯粹的"过高价格"的经济理由就变得更加脆弱了。这意味着，是否重视福利转移的问题，在很大程度上决定了纯粹的"过高价格"在反垄断法上的地位及其规范样态。事实上，福利转移的问题涉及一些更为根本的价值关注。在这当中，促进公平分配和维护消费者利益是反垄断法禁止不公平高价等剥削性滥用行为的核心价值基础。

二　禁止剥削性滥用的价值依托

在处理具体案件的视野范围内，剥削性滥用（纯粹的剥削性滥用）不涉及对竞争过程的损害。反垄断法对个案中剥削性滥用的禁止其实是跨越了竞争损害的关注而直接对支配企业的某些单边行为加以限制，并对消费者利益予以救济。[②] 做出这样的立法选择和制度安排无疑具有高风险性。因为它不仅使反垄断法作为"竞争保护法"的定位发生偏离，而且反垄断执法/司法实际上被置于错误谴责、不当管理企业定价决策、交易条件的危险境地。[③] 在这样的困境下，作为一个如何对实证法进行理解和运用的问题，我们可以认为：在价值追求上，反垄断法之所以禁止剥削性滥用行为是基于某种"强势价值"，即维护消费者利益和促进公平分配。此外，禁止剥削性滥用行为还暗含着某种合法性（legitimate）

---

① 总体经济福利论者往往从福利经济学的效用理论出发研究财富的转移：不同主体对一单位的福利具有相同的效用，每一福利将产生同样的效用，福利从消费者转移到垄断经营者并不会改变社会的总体福利状况。因此，福利经济学更倾向于关注社会总体福利的创造而不是经济福利如何在不同群体之间分配的问题，它们中立地对待消费者和经营者之间的财富分配。See Joseph Farrell & Michael L. Katz, The Economics of Welfare Standards in Antitrust, Competition Policy Center Paper, 2006, pp. 9 – 10. Available at https：//escholarship. org/uc/item/1tw2d426，last visit on Oct. 30，2018.

② "禁止独占者的超高定价是一种保护消费者的措施，而不是保护竞争的措施。"丁茂中：《论自然垄断行业超高定价行为的法律规制》，《安徽大学法律评论》2007 年第 2 期。

③ 不公平高价以及剥削性滥用的反垄断规制所面临的多重困境，下文将作更详细的分析，此处不赘述。

利益，即增进公众对反垄断法的认同。而从制度功能上看，反垄断法禁止剥削性滥用行为实际上有助于对某些"错漏案件"和"缺口案件"进行补充调整。

（一）维护消费者利益和促进公平分配

传统观点认为，反垄断法的目的重在保护竞争或者确保有效的竞争过程。① 但从近年来各国（地区）反垄断法的解释和实践动向上看，消费者利益导向获得了莫大的支持，并演变成一场蔓延性的趋势。② 反垄断法对竞争的保护被认为是维护消费者利益这一"终极目标"的工具或手段。③ 譬如，在美国，《谢尔曼法》第 2 条的目标被广泛认为是通过保护竞争过程来保护消费者利益。④ 在处理该条所禁止的排他行为时，法院和执法机构的做法被归结为"消费者福利的处方"（consumer welfare prescription）。⑤ 在欧盟，《适用欧共体条约第 82 条查处市场支配地位企业排他性滥用行为的执法重点指南》指出，"第 82 条作为法律根据，是竞争政策的重要组成部分，此条款的有效执行能让市场更好地为企业和消费者的利益服务"⑥。在我国，维护消费者利益则是《反垄断法》确定无疑的目标。《反垄断法》第 1 条规定，"为了预防和制止垄断行为，保护市场公平竞争，提高经济运行效率，维护消费者利益和社会公共利益，促进社会主义市场经济的健康发展，

① 例如，德国学者一贯的态度是反对限制竞争的目的是保护竞争，反对限制竞争法致力于建立和确保一个有效竞争的机制，其任务是保护市场主体的竞争自由，维护市场的竞争性。梅斯特梅克教授认为，"反对限制竞争法只是一个比赛规则，它只针对个别人的限制竞争行为，而不是必须规定人们所希望的结果。"参见［德］E. J. 梅斯特梅克《经济法》，王晓晔译，《比较法研究》1994 年第 1 期。

② 参见谢晓尧《论竞争法与消费者权益保护法的关系》，《广东社会科学》2002 年第 5 期。

③ 参见吴玉岭、陈潭《消费者福利——美国反垄断政策的终极目标》，《消费经济》2004 年第 6 期；颜运秋《反垄断法的终极目的及其司法保障》，《时代法学》2005 年第 6 期。

④ See Katharine Kemp, A Unifying Standard for Monopolization："Objective Anticompetitive Purpose", 39 *Houston Journal of International Law*, 122 (2017).

⑤ See Steven C. Salop, "Exclusionary Conduct, Effect on Consumers, and the Flawed Profit-Sacrifice Standard", 73 *Antitrust Law Journal*, 312 (2006).

⑥ EU Commission, Guidance on the Commission's enforcement priorities in applying Article 82 of the EC Treaty to abusive exclusionary conduct by dominant undertakings, [2009] OJ C 45/7, para. 1.

制定本法"。消费者利益之所以在反垄断法的价值目标中占据重要地位，并且成为剥削性滥用禁止制度的核心关切，其原因大致在于以下三方面。

第一，在一定意义上可以说，市场经济就是消费者主权经济，因为一切生产和经营活动最终都是为了满足消费需求。因此，经济活动应当体现以人为本、以消费者为本的宗旨。相反，消费者不应被作为直接压榨的对象，也不应是竞争者转嫁损失的终端。[①] 实际上，任何企业都应当将利己之心化作利他之行——切实为消费者谋福利。竞争虽然是企业间彼此对抗甚至彼此消灭的过程，但经由这一过程，留在市场上的企业应当为消费者创造更低的价格、更好的质量、更优的功能、更多的选择、更好的创新、更大的物质进步。[②] 实际上，任何人都可以是消费者，但并非任何人都是经营者，因而在宏观状态下，对消费者的保护，基本上等同于对全体社会成员的保护。[③]

第二，在市场经济条件下，一般来说，追求效率和利润本就是"企业"的固有目标，甚至是其"天职"。在这种情况下，作为注重价值平衡和公平正义的法律——包括反垄断法，不宜再过分地张扬经济效率的价值。[④] 在"正义即公平"的理论中，罗尔斯提出了正义的两个优先性原则：一是自由的优先性原则；二是正义对效率和福利的优先性原则。[⑤] 与这种认识相照应，有学者主张，"反垄断法的最基本目标不是效率问题，而是分配问题，是阻止财富不公平地从消费者转移给拥有市场力量

---

　　① 参见孙颖《论竞争法对消费者的保护》，《中国政法大学学报》2008 年第 4 期。
　　② 对此，有学者精辟地指出，"竞争是消费者福利不能通过法律判决加以改善的一种状态"。[英] 奥利弗·布莱克：《反垄断的哲学基础》，向国成等译，东北财经大学出版社 2010 年版，第 3 页。
　　③ 参见应品广《法治视角下的竞争政策》，法律出版社 2015 年版，第 104 页。
　　④ 有学者指出，"无论是效率优先、兼顾公平，还是公平优先、兼顾效率，或者是效率与公平并重，其实都存在一个公平与效率的有限相容性的问题。从社会管理的层面来看，应当首倡公平"。李平：《法学延伸的两个向度》，法律出版社 2010 年版，第 26 页。
　　⑤ 参见［美］约翰·罗尔斯《正义论》，何怀宏、何包钢、廖申白译，中国社会科学出版社 1988 年版，第 60—62 页。

的生产者，即防止通过垄断剥夺消费者应得的福利"[①]。事实上，施马兰西、费舍尔和兰德的实证研究都表明，"现实中的垄断主要表现在财富转移而非资源配置无效率，前者几乎是后者的 2 到 40 倍。因此，反垄断的首要目标是阻止财富转移而非提高效率"[②]。尤其是近年来，经济不平等已经成为许多发达国家公众辩论的中心话题。过去几十年，特别是过去 10 年，在欧洲、美国和世界各地的金融和经济危机之后，人们的不安和不满与日俱增。这对于负责维护"不受扭曲的竞争和消费者福利"的反垄断法来说，是一个特别的挑战。此际，加强反垄断法尤其是剥削性滥用禁止制度的实施将有助于减少社会中的不平等。[③] 质言之，由不公平高价等剥削性滥用行为所导致的福利转移或者消费者福利的减损，反垄断法亦具有对其进行谴责的价值基础——即便消费者福利的减损并非是某种先前限制竞争行为的附带结果。[④]

　　第三，将纯粹的不公平高价、不公平低价、附加不合理的交易条件等剥削性滥用行为定格为反垄断法中的违法类型，并且得以越过竞争损害的关注而直接对消费者福利加以救济，这在更根本的层面上可以用社会契约论的观点和分配正义的原则予以解释。借用罗尔斯论述正义的术

---

　　① Robert H. Lande, "Wealth Transfers as the Original and Primary Concern of Antitrust: The Efficiency Interpretation Challenged", 50 *Hastings Law Journal*, 871 – 958 (1999). 当然，在效率主义者眼中，福利转移并不是反垄断法所应当关注的问题。例如，霍温坎普教授认为：反垄断法无须考虑伦理因素，而且与财富转移无关。See Herbert Hovenkamp, "Antitrust Violations in Securities Markets", 28 *Journal of Corporation Law*, 607 (2003). 再如，莫塔教授认为：经济效率是竞争主管当局和法院应该追求的目标，但这并不意味着经济效率以外的目标或者公共政策考虑因素并不重要，而是更进一步说明，如果政府想实现这些目标，那么就不应该运用竞争政策，而应该动用那些对竞争造成尽可能小的扭曲的政策工具。参见［意］马西莫·莫塔《竞争政策——理论与实践》，沈国华译，上海财经大学出版社 2006 年版，第 20 页。

　　② 任剑新：《美国反垄断法思想的新发展——芝加哥学派与后芝加哥学派的比较》，《环球法律评论》2004 年第 2 期。

　　③ See OECD, How can competition contribute to fairer societies (2018). Available at https://one.oecd.org/document/DAF/COMP/GF (2018) 13/en/pdf, last visit on July 21, 2021.

　　④ 有学者认为，除非是在不公平定价与排他策略有关（不公平定价附着于排他性滥用行为），并产生反竞争效果的情形下，不公平定价的法律法规才具有应用的必要。参见大卫·埃文斯、张艳华、张昕竹《反垄断法规制不公平定价的国际经验与启示》，《中国物价》2014 年第 5 期。对该观点的批评，参见苏华《不公平定价反垄断规制的核心问题——以高通案为视角》，《中国价格监管与反垄断》2014 年第 8 期。

语来说，反垄断法禁止剥削性滥用之所以正当，是因为处于"原初状态"和"无知之幕"下的自由个体，面临着对市场竞争"游戏规则"的缔约；然而，由于他们不清楚自己将在什么时候和什么程度上处于生产者或者消费者的角色，因而出于对"游戏规则"的风险厌恶，缔约者将限制游戏的输家——那些无法负担高价商品或无法接受不合理交易条件的人——受到损害，这即是说，即便是一个成功的垄断者，在知道自己是否会成为生产者、是否会成功、是否会成为消费者之前，他也可能同意将不公平高价等行为定格为剥削性滥用。

以上分析表明，反垄断法禁止剥削性滥用行为，并非是单纯地基于经济上的理由，在很大程度上它是基于促进公平分配和维护消费者利益的价值取向。这种价值的重要性实际上衍生出了反垄断法适用中的消费者福利标准。[①] 消费者福利标准有利于实现公平分配的整体经济效率目标，是实践中矫正效率主张的基准。[②] 在滥用市场支配地位的认定中，消费者福利标准不仅可以充当排他性滥用、扭曲性滥用行为的竞争效果分析的标杆及其违法性判定的辅助标准，而且可以充当剥削性滥用违法性判定的独立标准。[③]

（二）增进反垄断法的公众认同

反垄断法对不公平高价等剥削性滥用行为的禁止，除了有助于促进公平分配和维护消费者利益，尚且蕴含着某种合法性（legitimate）利益，即增进公众对反垄断法以及竞争政策的认同和支持。[④] 对此，可以从以下两方面加以说明：

一方面，某些占据市场支配地位的企业利用其优势地位，将产品囿

① 参见刘继峰《竞争法中的消费者标准》，《政法论坛》2009 年第 5 期。

② 参见张永忠《反垄断法中的消费者福利标准：理论确证与法律适用》，《政法论坛》2013 年第 3 期。

③ "消费者权益在滥用市场支配地位案件中可以构成一个独立的适用标准，而并非是竞争利益受损后的一种反射利益损失。"陈兵：《论反垄断法对消费者的保护——以滥用市场支配地位案件为中心》，《湖南师范大学社会科学学报》2013 年第 4 期。

④ 对于任何法律来讲，公众对其普遍的承认与合意是其获致权威的关键，而权威是法律本体上的核心观念。参见［美］理查德·A. 波斯纳《法理学问题》，苏力译，中国政法大学出版社 2002 年版，第 66 页。

积居奇，并高价放出。这可能会加剧经济波动，造成宏观经济秩序的不稳定，影响国民经济良性运行。这种情况不仅给政府对经济的治理带来合法性危机，而且向国家法制系统的回应能力提出挑战。在此意义上，"反垄断法调整不公平高价是实施宏观经济政策的一种辅助方式，即预防性地将产生通货膨胀的危险控制在萌芽中"①。因此，不公平高价的反垄断规制有助于缓和经济治理的合法性危机，有利于反垄断法以及竞争政策获得更多的社会认同，同时也可能让竞争执法当局争得更大的政治权力。

另一方面，过高的价格和不合理的交易条件与人们的公平感和正义直觉相抵触。甚者，在数字经济领域，支配企业为了实现对消费者近乎完全的价格歧视，而不惜代价对消费者施以一系列的区隔策略（partitioning strategies）和行为歧视（behavioral discrimination）。② 毫无疑问，这些行径的"负外部性"更大：它们不仅可能侵犯消费者隐私、挫伤消费者的公平感、腐蚀社会的正义价值，而且"它们可以帮助占支配地位的企业不实现利润最大化，但改变利润最大化的价格"③。因此，对不公平高价、附加不合理的交易条件、剥削性价格歧视等滥用行为的规制，完全可能为反垄断法以及竞争政策赢得更广泛的社会认同和公众支持——甚至不论干预的实际价值或者其长期影响如何。④

（三）剥削性滥用禁止制度的补充调整功能

支持反垄断法禁止不公平高价等剥削性滥用行为的理由还在于，该

---

① 刘继峰：《竞争法学》（第二版），北京大学出版社2016年版，第156页。

② 参见［英］阿里尔·扎拉奇、［美］莫里斯·E. 斯图克《算法的陷阱：超级平台、算法垄断与场景欺骗》，余潇译，中信出版社2018年版，第134—153页。

③ 这即是说，涉及区隔策略和行为歧视的剥削性滥用行为，可以充当企业加强、维持其市场支配地位的手段，从而创造一个更强大的垄断。See Chris Pike, Price Discrimination, Background Note by the Secretariat, OECD, 2016, p. 13. Available at https://one.oecd.org/document/DAF/COMP（2016）15/en/pdf, last visit on Oct. 5, 2018.

④ "不管干预的实际价值或其长期影响如何，对过高价格的规制可能会加强执法当局的公众支持和政治权力。如果商品的价格大幅度下降，这种效应尤其显著……对过高价格的规制可以作为竞争当局的公关策略，或者有助于创造一种竞争文化。"Frank Maier-Rigaud, Excessive Price, Background Note by the Secretariat, OECD, 2011, p. 37. Available at http://www.oecd.org/daf/competition/abuse/49604207.pdf, last visit on Oct. 30, 2018.

制度有助于反垄断法对某些"错漏案件"和"缺口案件"进行补充调整。①

所谓"错漏案件"（mistake cases）是指那些执法机构在过去根本未察觉的反竞争的滥用案件或并购案件，或者是指经过执法调查（审查），但由于调查疏漏、行为定性的不确定以及低估行为影响等而错误开释（false acquittal）的反竞争的滥用案件或并购案件。在发生这种"错漏案件"的情况下，由于"过高价格"是其附随结果，因而通过剥削性滥用禁止制度对此间产生的不公平高价进行查处，有助于纠正早期执法的错误。这就好比执法机构在企业并购控制中发生的错误可以在晚些时候通过对相关的排他性滥用案件的查处来予以弥补。因此，由于排他性滥用案件、扭曲性滥用案件和反竞争的并购案件可能涉及的"错漏"情形，剥削性滥用禁止制度的存在对于它们来讲，就具有某种补充功能和附加价值。该制度是约束支配企业的"额外"的工具。简言之，多个工具总比一个或两个工具好。

所谓"缺口案件"（gap cases），即是指"违法获取市场支配地位"的案件。在美国反托拉斯法中，这种案件被定性为企图垄断（attempt to monopolize），它违反了《谢尔曼法》第 2 条的规定。② 然而，就美国以外的很多国家（地区）而言，其反垄断法并无"违法获取市场支配地位"的相关规定，反垄断法对单边行为的调整须以市场支配地位的存在为前提。事实上，反垄断法禁止"违法获取市场支配地位"或企图垄断，其正当性是有争议的。③ 但即便如此，在反垄断法不能追究某些实际具有可谴责性的获取市场支配地位的行为时，通过事后发起剥削性滥

---

① Generally see Frank Maier-Rigaud, Excessive Price, Background Note by the Secretariat, OECD, 2011, p. 44. Available at http：//www. oecd. org/daf/competition/abuse/49604207. pdf, last visit on Oct. 30, 2018.

② 参见［美］赫伯特·霍温坎普《联邦反托拉斯政策——竞争法律及其实践》，许光耀、江山、王晨译，法律出版社 2009 年版，第 308 页。

③ 对相关争议的论述，参见本书第五章第二节的论述。

用案件可能是填补"执法缺口"的一种方式。①

三 剥削性滥用在我国《反垄断法》中的依据

传统上，不公平定价（包括不公平高价和不公平低价）以及附加不合理的交易条件或者交易条款，是剥削性滥用的典型形式。② 在大数据分析、定价算法盛行的新兴数字经济领域，由区隔策略和行为歧视所驱动的剥削性价格歧视——算法价格歧视或个性化定价，亦不容忽视。③ 事实上，很多国家（地区）的反垄断法都涵盖了关于剥削性滥用的规定，尤其涵盖了关于不公平高价的规定。④ 经合组织（OECD）在2011年发布的报告《过高定价》显示，在受访的国家（地区）中，只有美国、澳大利亚、墨西哥、印尼4个国家不直接通过反垄断法规制过高定价行为。⑤ 就我国《反垄断法》第22条对系列滥用行为的规定来看，哪

---

① 参见郝俊淇《滥用市场支配地位与排除、限制竞争的可分性》，《中国价格监管与反垄断》2020年第6期。

② See Alison Jones & Brenda Sufrin, EU Competition Law: Text, Cases and Materials (Fifth Edition), Oxford University Press, 2014, pp. 575 – 583；陈兵：《论反垄断法对消费者的保护——以滥用市场支配地位案件为中心》，《湖南师范大学社会科学学报》2013年第4期。

③ See Chris Pike, Price Discrimination, Background Note by the Secretariat, OECD, 2016, pp. 13 – 18. Available at https://one.oecd.org/document/DAF/COMP (2016) 15/en/pdf, last visit on Oct. 5, 2018.

④ 例如，《欧盟运行条约》第102条第1款第（a）项禁止具有市场支配地位的企业直接或间接强加不公平的购买或销售价格，或其他不公平的贸易条件。德国《反限制竞争法》第19条第4款第2项规定，具有市场支配地位的企业作为商品或者服务的供应者或者购买者，如果提出有效竞争条件下不可能的报酬或者其他交易条件，就是滥用市场支配地位的行为。波兰《反垄断法》第7条规定的具有垄断地位的经营者不得从事的行为中第3项为"索取过高的价格"。韩国《限制垄断与公平交易法》第3条之2禁止的滥用市场支配地位行为的第（1）项，即为"不正当地确定、维持或者变更商品或者服务的价格"。俄罗斯《保护竞争法》第10条规定的禁止占支配地位的经营主体导致或可能导致禁止、限制、消除竞争和（或）损害他方利益的行为（不作为）中，第（1）项就是"制定、维持商品垄断高价或垄断低价"。南非《竞争法》第8条禁止具有支配地位的企业从事的5种滥用行为中，第（1）项就是"收取过高的价格损害消费者"。巴西《反垄断法》第21条规定的24种垄断行为中，也包括"制定价格或者不合理提高产品或服务价格"。参见王先林《超高定价反垄断规制的难点与经营者承诺制度的适用》，《价格理论与实践》2014年第1期。

⑤ See OECD, Policy Roundtables, Excessive Price, 2011, pp. 197 – 387. Available at http://www.oecd.org/daf/competition/abuse/49604207.pdf, last visit on Oct. 30, 2018.

些可以成为剥削性滥用的依据？再者，如何对《反垄断法》总则第 7 条言及的"排除、限制竞争"进行恰当解释？这些是有待厘清的问题。

（一）《反垄断法》禁止剥削性滥用的典型条款

我国《反垄断法》第 22 条第 1 款规定："禁止具有市场支配地位的经营者从事下列滥用市场支配地位的行为：（一）以不公平的高价销售商品或者以不公平的低价购买商品；（二）没有正当理由，以低于成本的价格销售商品；（三）没有正当理由，拒绝与交易相对人进行交易；（四）没有正当理由，限定交易相对人只能与其进行交易或者只能与其指定的交易相对人进行交易；（五）没有正当理由搭售商品，或者在交易时附加其他不合理的交易条件；（六）没有正当理由，对条件相同的交易相对人在交易价格等交易条件上实行差别待遇；（七）国务院反垄断执法机构认定的其他滥用市场支配地位的行为。"

其中，《反垄断法》第 22 条第 1 款第六项是关于扭曲性差别待遇（扭曲性滥用）和剥削性差别待遇的规定，对于扭曲性滥用前一章已有初步阐明。而对于数字经济领域易发的针对消费者的剥削性价格歧视行为，俗称"大数据杀熟"行为，《反垄断法》第 22 条第 1 款第六项的差别待遇条款亦是调整此种行为的适当依据。对此，下文将从构成要件符合性、实质违法性等层面，作进一步阐释。而对于《反垄断法》第 22 条第 1 款第二项所规定的掠夺性定价、第三项所规定的拒绝交易、第四项所规定的限定交易（也称独家交易、独占交易、排他性交易或强制交易），一般认为，它们构成反垄断禁止排他性滥用行为的主要依据。[①] 前一章对此已有引述，下一章将作更系统的探讨。除此以外，《反垄断法》第 22 条第 1 款第一项所规定的不公平高价和不公平低价即属于禁止剥削性滥用的典型条款。不公平高价是具有市场支配地位的卖方对客户或者消费者的榨取；不公平低价则是具有市场支配地位的买方对供应方的榨取。无论是不公平高价还是不公平低价，它们最终使消费者支付得更多，

---

① 参见时建中主编《〈中华人民共和国反垄断法〉专家修改建议稿及详细说明》，中国政法大学出版社 2020 年版，第 83 页。

从而损害消费者福利。

尚需推敲的是,《反垄断法》第 22 条第 1 款第五项的规定,"没有正当理由搭售商品,或者在交易时附加其他不合理的交易条件",该规定涉及"搭售"和"附加不合理的交易条件"两种情形,由此带来的问题是:第一,"搭售"与"附加不合理的交易条件"之间是什么关系?第二,该规定可能作为何种规范类型的法律依据?

对于第一个问题,本书认为,"搭售"与"附加不合理的交易条件"不是并列关系,相反,"搭售"属于"不合理的交易条件"的一种具体情形。换言之,第五项是概括调整"附加不合理的交易条件"的反垄断法规定。其理由在于:一方面,从逻辑上看,"搭售"与"不合理的交易条件"系于"或者""其他"的关联词,这说明"附加不合理的交易条件"是"搭售"的上位概念,即是更为一般性的概念;另一方面,从学理上讲,搭售通常也被称作附条件交易①,因而该项所谓"搭售"与"附加不合理的交易条件",其规范含义在本质上是相同的。

对于第二个问题,本书认为,该规定既可以是排他性滥用的法律依据,也可以是剥削性滥用的法律依据。受美国反托拉斯法理论和实践影响,人们通常将搭售视作排他性滥用的典型。杠杆理论、提高竞争对手成本理论经常被用来解释搭售的排他效应及其违法性。② 但是,搭售其实也可能与消费者的利益和公平的价值相背离,进而成为一种剥削性滥用行为。③ 因此,对个案中涉及的搭售行为,不能先入为主地将其预设为排他性滥用,而有必要首先判明其可能导致的损害类型或可能依据的

---

① "搭售,也被称为附条件交易,即供货商要求买方购买其产品或者服务的同时也购买其另外一种产品或者服务,并把买方购买其第二种产品或者服务作为允许其购买第一种产品或者服务的条件。此时,第一种产品或者服务就是搭售品,第二种产品或者服务就是被搭售品。"王晓晔:《反垄断法》,法律出版社 2011 年版,第 155 页。

② 李剑:《反垄断法中的杠杆作用——以美国法理论和实务为中心的分析》,《环球法律评论》2007 年第 1 期。

③ "有些滥用行为,如歧视、搭售,可能是剥削性滥用或排他性滥用,或者二者兼而有之。"R. O'Donoghue & J. Padilla, *The Law and Economics of Article 82 EC*, Hart Publishing, 2006, p. 194.

损害理论。① 对于剥削性滥用意义上的"附加不合理的交易条件",《反垄断法》未对其作进一步的界定。但它们通常与合同条款有关,并且合同条款是不公平的,因为企业利用其支配地位,强加了那些非支配企业无法强加的合同条款。

(二)《反垄断法》第 7 条"排除、限制竞争"的变通解释

一如前文所述,不同于排他性滥用和扭曲性滥用,剥削性滥用(纯粹的剥削性滥用)不涉及对竞争过程的损害。反垄断法对剥削性滥用的禁止其实是跨越了"排除、限制竞争"的关注而直接对支配企业的某些单边行为加以限制,并对消费者利益予以救济。然而,我国《反垄断法》总则第 7 条规定:"具有市场支配地位的经营者,不得滥用市场支配地位,排除、限制竞争。"② 据此,所有滥用市场支配地位的行为似乎都应当满足"排除、限制竞争"的要件。③ 但由此带来的悖论是:剥削性滥用何以排除、限制竞争?显然,《反垄断法》总则第 7 条的原则性规定与第 22 条的具体规定存在脱节。如何对其加以弥合,有两种潜在的方案:

第一种方案是对其采取修法措施。具体来说,要么将《反垄断法》总则第 7 条彻底删除,因为该条的设置原本是为了消除人们对国有企业做大做强和取得规模经济的担忧,而这种担忧现在已不复存在④;要么

---

① 事实上,尚且有学者指出:搭售可以是竞争者之间共谋的结果,但是反垄断法并未对搭售在这方面的竞争损害予以关注。See Christopher R. Leslie, "Tying Conspiracies", 48 *William and Mary Law Review*, 2247 – 2312 (2007). 此外,在我国《反不正当竞争法》于 2017 年修订之前,搭售被明确地作为一种不正当竞争行为。这些都说明,对某种行为采取"贴标签"的做法并不可取,违法行为类型化具有重要价值,但不能走向极端。在个案中,我们尚且有必要对相关行为可能导致的损害类别加以判断,即判断该行为是导致了共谋效应,还是排他效应,抑或是剥削效应、扭曲效应,等等。

② 就与滥用市场支配地位禁止制度的相关性而言,《反垄断法》对"排除、限制竞争"的强调还可见于附则第 68 条,该条规定:"经营者依照有关知识产权的法律、行政法规规定行使知识产权的行为,不适用本法;但是经营者滥用知识产权,排除、限制竞争的行为,适用本法。"

③ 有学者就秉持这种严格的、局于字面的解释。参见郑文通《我国反垄断诉讼对"滥用市场支配地位"规定的误读》,《法学》2010 年第 5 期。

④ 参见全国人大常委会法制工作委员会经济法室编《中华人民共和国反垄断法:条文说明、立法理由及相关规定》,北京大学出版社 2007 年版,第 22 页。

将该条修改为："具有市场支配地位的经营者，不得滥用市场支配地位，排除、限制竞争或者损害消费者利益"，即突出保护消费者的宗旨，进而为消费者利益标准作为独立的违法性判断标准奠定基础。

第二种方案是对其采取变通解释，即可以将《反垄断法》总则第7条的规定理解为：排除、限制竞争的滥用市场支配地位行为是《反垄断法》第22条的优先和重点禁止对象。换言之，《反垄断法》第22条以排他性滥用行为和扭曲性滥用行为的禁止为常态，而仅在"例外情形"下才对剥削性滥用行为做出禁止。这种解释不仅暗合美国反托拉斯法的做法——只禁止排他性的单边行为，而且与欧盟竞争法的实践相匹配——欧盟委员会对排他性滥用采取优先执法的态度，因为其认为，"如果市场不能发挥其应有的作用，预防比治疗更有效，重点解决破坏市场结构和市场功能的单边行为比处理一些表面的症状更有意义"[①]。

事实上，将剥削性滥用行为的反垄断规制限定在"例外情形"，与其说是保守不如说是稳健的选择，因为剥削性滥用行为的反垄断规制不仅潜藏着较大的不确定性和风险，而且面临着各种实际的困难。对此，下文将在不公平高价等具体剥削性滥用行为的分析中加以阐述。

第二节 不公平高价

上文阐述了反垄断法禁止不公平高价等剥削性滥用行为所具备的经济理由、价值基础和法律依据。然而，静态的规范转变成动态的秩序，端赖于法律的实施。自此而言，有关不公平高价的反垄断法规定，其规范功能的发挥、现实功效的取得，尚且需要从不公平高价的认定方法、规制风险和困难，以及法律实施的优化路径等方面加以整体性审视。

一 不公平高价的认定方法

《反垄断法》实施十余年来，我国反垄断执法机构和法院处理了数

---

① 韩伟：《欧盟滥用市场支配地位反垄断指南析评》，《中国价格监督检查》2013年第9期。

量不等的涉及不公平高价的案件，例如"高通公司垄断案"① "葡萄糖酸钙原料药垄断案"② "异烟肼原料药垄断案"③ "扑尔敏原料药垄断案"④ "广东河砂企业垄断案"⑤ "湖北燃气公司垄断案"⑥ "华为公司诉交互数字公司垄断案"⑦ 等。这些案件的查处和审理获得了较好的社会反响，一定程度上增进了公众对《反垄断法》的认同，但是，这些案件所呈现的对不公平高价的认定方法，却不无疑问，有的侧重于定量的成本价格比较，有的侧重于定性的产品、地域或历史价格比较，还有的则仅仅依靠关联行为推断（参见表3-1）。

表3-1 我国相关案例对不公平高价的认定方法

案件名称	认定理由和认定方法
高通公司垄断案	认定理由：①对过期无线标准必要专利收取许可费；②要求被许可人将专利进行免费反向许可；③坚持较高许可费率的同时，以超出当事人持有的无线标准必要专利覆盖范围的整机批发净售价作为计费基础。
	认定方法：关联行为推断
葡萄糖酸钙原料药垄断案	认定理由：①2017年当事人采购注射用葡萄糖酸钙原料药的价格多为80元/公斤左右，当事人销售价格多为760—2184元/公斤，提价达9.5倍至27.3倍。与购进成本相比，当事人的销售价格明显不公平；②与2014年的历史价格相比，2017年注射用葡萄糖酸钙原料药销售价格上涨达19倍至54.6倍；③当事人内部层层加价，价格上涨达7.6倍。
	认定方法：成本价格比较；历史价格比较；关联行为推断
异烟肼原料药垄断案	认定理由：①2015年8月汉德威公司销售给某公司个别批次的异烟肼价格为上一年度最高价格的19倍，为当年度除该个别批次外最高价格的17.27倍，销售价格大幅上涨。汉德威公司未能给出因生产成本上涨、市场供需变化进而导致原料药价格大幅上涨的充分依据；②2017年以来，新赛科公司销售异烟肼的价格为2016年平均价格的3.52倍，销售价格大幅上涨。新赛科公司未能给出因生产成本上涨、市场供需变化进而导致原料药价格大幅上涨的充分依据。
	认定方法：成本价格比较

---

① 参见国家发展和改革委员会行政处罚决定书〔2015〕第1号。
② 参见国家市场监督管理总局行政处罚决定书〔2020〕第8号。
③ 参见国家发展和改革委员会行政处罚决定书〔2017〕第1号、第2号。
④ 参见国家市场监督管理总局行政处罚决定书〔2018〕第21号。
⑤ 参见广东省发展和改革委员会行政处罚决定书粤发改价监处〔2018〕第5号。
⑥ 参见湖北省物价局行政处罚决定书鄂价检处〔2016〕第5号至第9号。
⑦ 参见广东省高级人民法院民事判决书〔2013〕粤高法民三终字第306号。

续表

案件名称	认定理由和认定方法
扑尔敏原料 药垄断案	认定理由：2018 年 7 月，湖南尔康医药公司以 2940 元/公斤的价格向下游经营者销售扑尔敏原料药。2940 元/公斤的销售价格为当事人采购扑尔敏原料药平均成本的 3—4 倍，价格增长明显超过正常幅度，且上述销售行为实施期间，扑尔敏原料药生产和采购成本并没有发生重大变化。
	认定方法：成本价格比较
广东河砂 企业垄断案	认定理由：①当事人连年提高河砂价格，提价幅度高达 54.4%，超过正常成本上涨幅度 20% 以上；②当事人的河砂价格比其他竞争相对充分的市场售价要高；③长期囤积河砂达 20.07 万立方米。
	认定方法：成本价格比较；地域价格比较；关联行为推断
湖北燃气 公司垄断案	认定理由：①剥夺交易相对人自行选择设计、施工、监理等单位以及自行购买建设安装材料的权利；②收取非居民管道燃气设施建设安装费用，明显大幅高于实际发生的经营成本；③非居民管道燃气设施建设安装费用和利润，明显高于其他相同经营者。
	认定方法：成本价格比较；产品价格比较；关联行为推断
华为公司诉 交互数字 公司垄断案	认定理由：①交互数字公司对华为公司就涉案必要专利许可费前后多次报价均明显高于交互数字公司对苹果公司、三星公司、RIM 公司、HTC 公司的专利许可费；②交互数字公司的差异化许可费，使华为公司处于竞争劣势，扭曲了终端产品市场的竞争；③交互数字公司要求华为公司将专利进行免费反向许可，同时在美国提起禁令救济诉讼，威胁逼迫华为公司接受过高的专利许可费。
	认定方法：产品价格比较；关联行为推断

实际上，反垄断法要禁止不公平高价，首先面临的难题是执法机构和法院如何确定某种产品的价格"过高"因而是"不公平"的。然而，不公平高价至今仍缺乏清晰的、公认的定义。在产业组织经济学中，"过高价格"被视作是由于市场力量的行使而显著高于竞争性水平的价格。[①]在禁止不公平高价的反垄断法传统较为悠久的欧盟，不公平高价被认为是那些与商品的经济价值没有合理关系的过高价格。[②] 然而，什么是"竞争性水平的价格"？商品的"经济价值"的构成状况又如何？这些定义要素在很大程度上是不确定的，甚至就是在循环定义。或许正是由于

[①] 参见［法］泰勒尔《产业组织理论》，马捷等译，中国人民大学出版社 1997 年版，第 82 页。

[②] " ［c］harging a price which is excessive because it has no reasonable relation to the economic value of the product…" Case 27/76, United Brands Company v Commission [1978] ECR 207, para. 250.

不公平高价在定义上的困难，各国（地区）反垄断法理论和实践在如何认定不公平高价的问题上，才呈现出了各种参差不齐的方法。概括起来，认定不公平高价的方法大致包括三类，即定量分析方法、定性分析方法和综合分析方法。

（一）定量分析方法

不公平高价的定量分析方法主要有两种：一是价格—成本比较法；二是资本收益率分析法。

1. 价格—成本比较法

价格—成本比较法，也称销售利润分析法或成本加合理利润分析法，这种方法的出发点是，产品的价格应当与其成本所反映的产品的经济价值合理相关。该方法最初在欧盟法院对 United Brands Company 案的判决中被确立。在该案中，委员会对联合商标公司的指控之一是，其在向比利时、卢森堡、丹麦和德国的客户出售 Chiquita 牌香蕉时，收取不公平高价。在该案的上诉中，为确定联合商标公司所销售品牌香蕉的价格是否偏离其经济价值因而构成不公平高价，法院指出：待定的问题是实际发生的成本与价格之间的差异是否过高，如果这个问题的答案是肯定的，那么就意味着价格与竞争性产品价格相比是不公平的。① 由于在该案中，委员会没有调查联合商标公司品牌香蕉的成本——法院认为是可调查、可管理的，并且联合商标公司销售的品牌香蕉与可比的竞争对手销售的香蕉的价差仅为 7%——法院认为这并不能自动表明价格过高，因而欧盟法院最终撤销了委员会的决定。

United Brands Company 案确立的上述方法被有的欧盟竞争法学者归结为不公平定价的"两阶段检测法"，即：（1）判断产品实际发生的成本与实际收取价格之间是否存在"过高"的差额；（2）判断与竞争对手所销售产品的价格相比，这种价格是否是"不公平"的。② 但有的学者认为，United Brands Company 案提出的两个认定步骤并不需要累积检测，它们互为替代，

① See Case 27/76, *United Brands Company v Commission* [1978] ECR 207, para. 252.

② See R. O' Donoghue & J. Padilla, *The Law and Economics of Article 82 EC*, Hart Publishing, 2006, p. 609.

且直接对成本进行核算具有优先性——执法当局应该设法获得成本数据，并将其与所谓的过高价格进行比较；只有当很难获得这些数据，或为了补充成本分析，执法当局才可以将竞争对手的价格作为比较。[①] 这种认识有一定道理，因为价格—成本比较法属于计量方法，相较于产品价格比较的定性方法，从理论上讲，它更为精确，可能导致的执法误差更小。

在我国，作为《反垄断法》的配套规范，国家市场监管总局颁布的《禁止滥用市场支配地位行为暂行规定》（国家市场监督管理总局令第 11 号）于第 14 条对不公平定价的认定方法提供了一些指引。该条第二款列举了认定不公平高价可以考虑的因素，其中第三项规定，在成本基本稳定的情况下，是否超过正常幅度提高销售价格；第四项规定，销售商品的提价幅度是否明显高于成本增长幅度。以上规定本质上都属于价格—成本比较法。但对于什么是"正常幅度"？何种情形属于"明显高于"？对此，《禁止滥用市场支配地位行为暂行规定》（国家市场监督管理总局令第 11 号）没有进一步明确，实践案例亦未作一般性指引。在广东韶关河砂企业价格垄断案中，广东省物价局认为涉案经营者连年提高砂价，提价幅度高达 54.5%，超过正常的成本上涨幅度 20% 以上，并且河砂价格比其他竞争相对充分的市场售价要高，因而其行为属于滥用市场支配地位，构成以不公平的高价销售河砂。[②]

2. 资本收益率分析法

资本收益率分析法，也称盈利能力分析法，是指将一个支配企业的资本成本与资本收益进行比较，如果其资本收益率畸高，那么通常意味着存在不公平高价。在充满活力、动态特征明显的行业中，投资和创新是竞争的关键驱动力，产品的固定成本很高，而边际成本微乎其微，因此基本上不可能根据简单的价格—成本比较法来判断该等行业中的竞争

---

① See Massimo Motta and Alexandre de Streel, "Exploitative and Exclusionary Excessive Prices in EU Law", in CD Ehlermann and I Atanasiu eds., *European Competition Law Annual* 2003: *What Is an Abuse of Dominant Position?*, Hart Publishing, 2006, p. 91.

② 参见时建中、焦海涛、戴龙主编《反垄断行政执法：典型案件分析与解读（2008—2018）》，中国政法大学出版社 2018 年版，第 275 页。

性价格以及企业对产品收取的价格是否过高。① 为了避免这种困难，一些国家的竞争执法机构提倡依赖资本收益率基准而不是价格来评估"过高"的价格。这种方法依赖于对投资资本回报的标准会计计量方法，经常被企业用于决定是否进行某项投资。② 简单来讲，如果企业的资本回报率大于其加权平均资本成本（weighted average cost of capital，WACC），那么支配企业的价格将被视为"过高"。展开来说，加权平均资本成本是权益成本和负债成本的加权平均值，二者的权重由支配企业的负债权益比率（也称杠杆比率）给出。而用来评估特定产品或服务盈利能力的指标是内部收益率（internal rate of return，IRR）。内部收益率等于所有负折现现金流和所有正折现现金流在整个产品生命周期中的总和，因而净现值为零（net present value，NPV）。如果内部收益率（IRP）大于加权平均资本成本（WACC），那么该产品的价格将被视为"过高"。③

（二）定性分析方法

不公平高价的定性分析方法主要有两种：一是价格比较法；二是关联条件推断法。

---

① 比如在创新密集型行业，尤其是涉及专利许可的场合，价格—成本比较法对于确定合理的专利许可费而言，无疑是一种糙钝的工具。事实上，如何确定合理的专利（包括标准必要专利）许可费是一个更广阔的题域。在某些情况下，比如发生专利劫持的场合，畸高的专利许可费可能引发不公平高价的反垄断法问题。但在更多时候，确定合理的专利许可费首先是运用合同法、专利法以及 FRAND 许可承诺来加以调整的问题。对此，理论和实践中发展出了许多直接评估合理许可费的方法，比如现金流折现法、盈利能力资本化法、蒙特卡洛模拟法、投资回报率法、25% 规则，等等。应当说，这些方法对于反垄断法中"过高"许可费的认定也具有借鉴意义。论旨和篇幅所限，本书不再对此详细展开。具体参见秦天雄《标准必要专利许可费率问题研究》，《电子知识产权》2015 年第 3 期；张吉豫《标准必要专利"合理无歧视"许可费计算的原则——美国 Microsoft Corp. v. Mortorola Inc. 案的歧视》，《知识产权》2013 年第 8 期；韩伟《标准必要专利许可费的反垄断规制——原则、方法与要素》，《中国社会科学院研究生院学报》2015 年第 3 期；焦海涛、戴欣欣《标准必要专利不公平许可费的认定》，《竞争政策研究》2016 年第 1 期。

② See OXERA, Assessing Profitability in Competition Policy Analysis, Office of Fair Trading, Economic Discussion Paper No. 6, 2003.

③ See R. O' Donoghue & J. Padilla, *The Law and Economics of Article 82 EC*, Hart Publishing, 2006, pp. 629 – 633; See also Frank Maier-Rigaud, Excessive Price, Background Note by the Secretariat, OECD, 2011, pp. 63 – 66. Available at http://www.oecd.org/daf/competition/abuse/49604207.pdf, last visit on Oct. 30, 2018.

1. 价格比较法

价格比较法可以在三个细分维度上进行，一是产品价格比较；二是地域价格比较；三是时间价格比较。

产品价格比较，即把有争议的产品或者服务的价格与其他具有可比性的产品或者服务的价格进行比较，如果它们之间的差距太大，即可说明这种产品的定价不合理。[①] 欧盟法院在 United Brands Company 案中确立的"两阶段测试法"，其中第二步就是对产品价格的比较。该案中，联合商标公司销售的品牌香蕉与可比的竞争对手销售的香蕉的价差仅为 7%，法院认为这种差距不能被认为是过高的，但法院也没有说明多大的差距才算过高。在我国，国家市场监管总局颁布的《禁止滥用市场支配地位行为暂行规定》（国家市场监督管理总局令第 11 号）于第十四条第二款第一项明确了产品价格比较的方法。根据该项规定，认定不公平高价可以考虑支配企业的销售价格是否明显高于其他经营者在相同或者相似市场条件下销售同种商品或者可比较商品的价格。[②] 事实上，产品价格比较不一定是在支配企业与其他经营者（竞争对手）之间进行，也可以就不同客户或者消费者从支配企业处获得的不同产品价格进行比较。换言之，支配企业没有正当理由，对不同客户或者消费者实行显著的价格歧视，其中非优待的价格可以被认定为不公平高价，从而成立剥削性滥用。在华为公司诉 IDC 公司滥用市场支配地位案中，IDC 公司作为专门从事专利许可的公司，它向原告华为公司索求的专利许可费大大高于它授权苹果和三星等公司的许可费。最终，法院通过对 IDC 公司与苹果公司类似交易的比较，确定 0.019% 作为 IDC 公司对华为公司的许可费率。[③]

[①] 参见王晓晔《反垄断法》，法律出版社 2011 年版，第 205 页。

[②] 在湖北五家天然气公司滥用市场支配地位案中，湖北省物价局对涉案不公平高价行为的认定，就运用了产品价格比较的方法。其指出，"非居民管道燃气设施建设安装费用和利润，明显高于其他相同经营者"。参见鄂价检处〔2016〕第 5 至第 9 号行政处罚决定书。

[③] 参见深圳市中级人民法院（2011）知民初字第 857、858 号民事判决书；广东省高价人民法院（2013）民三终字第 305、306 号民事判决书。（有学者对法院所确定的 0.019% 的许可费率的合理性提出了质疑，相关评论参见李剑《标准必要专利许可费确认与事后之明偏见——反思华为诉 IDC 案》，《中外法学》2017 年第 1 期。）

　　地域价格比较，是指在相关市场上找不到竞争性的产品或者服务时，可以通过地域比较的方法，把支配企业的产品或者服务的价格与其他地域市场上同类产品或者服务的价格进行比较，然后认定该企业的产品或者服务的价格是否合理。[①] 国家市场监管总局颁布的《禁止滥用市场支配地位行为暂行规定》（国家市场监督管理总局令第 11 号）于第十四条第二款第二项明确了产品价格比较的方法。根据该项规定，认定不公平高价可以考虑支配企业的销售价格是否明显高于同一经营者在其他相同或者相似市场条件区域销售的价格。在实际案例的处理中，欧盟委员会和欧盟法院较为倚重地域价格比较的方法。[②] 因为不同成员国市场上同类产品的价格存在过大差异，这本身就与欧盟市场一体化的目标不相容。就我国市场体系建设而言，"统一开放、竞争有序"是其应然追求，因而地域价格比较方法也同样适用。这意味着，支配企业在没有正当理由的情况下，实行地域价格歧视，这种行为有可能引发不公平高价的反垄断法关注。

　　时间价格比较，是指对于从"产品"和"地域"都不具有可比性的产品或者服务，比如垄断性国有企业、公用企业以及支配地位程度较高的企业所提供的产品或者服务，此时可以将该企业过去某一时刻的产品或者服务的价格作为参照，以此评估该企业此后的涨价行为。[③] 在异烟肼原料药垄断案中，国家发展和改革委员会实际上运用了时间价格比较的方法，其指出：新赛科公司 2017 年原料药销售价格是 2016 年的 3.52 倍，价格大幅上涨；新赛科公司未能给出因生产成本上涨、市场供需变化进而导致原料药价格大幅上涨的充分依据；在成本和下游制剂企业需求量基本稳定的情况下，新赛科公司的上述销售价格上涨明显超过正常幅度。据此，新赛科公司的行为属于滥用市场支配地

---

　　① 参见王晓晔《反垄断法》，法律出版社 2011 年版，第 205 页。
　　② 例如，在 United Brands Company 案中，联合商标公司在德国、丹麦等国销售品牌香蕉的价格，比该品牌香蕉在爱尔兰的销售价格高出 138%，欧盟委员会认为这是其价格"过高"的证据。
　　③ 参见王晓晔《反垄断法》，法律出版社 2011 年版，第 206 页。

位，构成以不公平的高价销售异烟肼原料药。①

2. 关联条件推断法

所谓关联条件推断法，其方法本质是通过旁证（circumstantial evidence，也称情境证据或间接证据）来推断支配企业所售产品或者服务的价格是否合理。一般来说，支配企业基于逐利动机，会尽可能地对产品或者服务收取利润最大化的"高价"。为了实现这一目的，支配企业既可以直接对产品或者服务设定"高价"，但同时也可以采用某些关联条件或辅助条件来间接助长和维系"高价"。这就好比许多排他性滥用行为实际上充当着不公平高价的原因和条件一样，它们背后的机制是相似的。在不公平高价作为一种纯粹的剥削性滥用的语境下，这些关联条件并非是支配企业排他性策略的一部分，而往往是支配企业所附加的不合理的交易条件的重要部分。例如，为了实现"高价"专利许可，支配企业可能在对一揽子许可设定较高许可费的同时，模糊许可标的、弱化许可的实际价值，在许可中加入无效、过期、被许可人非必需的专利；也可能作为许可的条件，要求被许可人就其持有的专利进行免费反向许可，或者要求被许可人接受其单方面设定的许可方式、许可费计费基础，等等。

在高通公司垄断案中，我国反垄断执法机构认定高通公司滥用市场支配地位，收取不公平的高价专利许可费，其所使用的认定方法就是关联条件推断法。具体来说，高通公司通过（1）对过期无线标准必要专利收取许可费，（2）要求被许可人将专利进行免费反向许可，以及（3）对于被迫接受一揽子专利许可的被许可人，高通公司在坚持较高许可费率的同时，以超出当事人持有的无线标准必要专利覆盖范围的整机批发净售价作为计费基础，显失公平，导致专利许可费过高。② 毫无疑问，这些关联条件，"在效果上起到了助推高通公司向被许可人以不公平的高价销售商品的作用"③。

---

① 参见国家发展和改革委员会〔2017〕第 1 号行政处罚决定书。该案中，因以不公平的高价销售异烟肼原料药受到处罚的还有汉德威公司（汉德威公司与新赛科公司构成共同市场支配地位），类似的分析参见国家发展和改革委员会〔2017〕第 2 号行政处罚决定书。

② 参见发改办价监处罚〔2015〕第 1 号行政处罚决定书。

③ 时建中：《高通公司垄断案评论》，载时建中、焦海涛、戴龙主编《反垄断行政执法：典型案件分析与解读（2008—2018）》，中国政法大学出版社 2018 年版，第 15 页。

（三）综合分析方法

综合分析方法，也被称为"优势证据"（predominance evidence）方法，这种方法隐含的理念是，对不公平高价的认定，任何单一的检验方法或者标准都无法得出可靠的结果，因而应当综合运用各种分析方法。在"优势证据"的要求下，只有当所有分析方法的检验都指向同一个结果，并且支配企业收取的价格显著高于这些基准时①，不公平高价才能得到可靠认定。该方法最初在英国的 Napp 案中被运用。该案中，Napp 公司涉嫌对其销售的缓释吗啡药品收取不公平高价，当时的英国公平交易办公室（OFT）综合运用了成本—价格比较法、盈利能力分析法、产品价格比较法、地域价格比较法、时间价格比较法等分析方法，最终验证了其定价策略的违法性。②

正如经合组织在其调研报告《过高定价》中所指出的，"基于（不公平高价）分析方法的固有缺陷，竞争执法机构需要审慎适用不同类型的检测，并且要有充分的证据基础……由于很难找到一种能够普遍适用的评估过高价格的方法，很多竞争执法机构倾向于整合多种方法对可获得的数据进行分析"③。事实上，相较于单一分析方法，综合分析方法的证明标准和证明要求无疑更高。这种更加严格的认定方式之所以可取，根本原因在于，不公平高价的反垄断规制面临着一系列困难和弊端，因而很容易发生"积极错误"。

二　不公平高价反垄断规制的潜在困难和弊端

尽管反垄断法禁止不公平高价具备相应的规范基础和方法支持，但这些基础和方法是有其限度的。一方面，禁止不公平高价面临着某些实

---

① 如果支配企业收取的价格只是稍微偏离了基准价格，这种差距不能被认定为是剥削性滥用的初步迹象。换言之，不公平高价的认定还应当遵循"显著性"标准。参见［韩］李奉仪《韩国禁止垄断法上对剥削性滥用的规制》，陈兵、赵青译，《经济法论丛》2017 年第 1 期。

② See R. O'Donoghue & J. Padilla, *The Law and Economics of Article 82 EC*, Hart Publishing, 2006，p. 622.

③ OECD, Policy Roundtables, Excessive Price, 2011, p. 12. Available at http：//www.oecd. rg/daf/competition/abuse/49604207. pdf, last visit on Oct. 30, 2018.

际运作中的困难；另一方面，草率地对所谓的"不公平高价"进行规制，反而可能会扭曲市场过程、抑制经济活力。换言之，不干预支配企业的高价策略具有诸方面的"正当理由"。在很大程度上，正是基于这些理由，美国反托拉斯法不规制纯粹的过高价格。

（一）不公平高价认定方法的固有缺陷

就上文阐述的各种认定不公平高价的方法来看，它们各自都存在某些固有的缺陷，因而即便采取"相对可靠"的综合分析方法，也不可能完全消解夹杂在其中的方法缺陷。这即是说，由于不公平高价概念的不确定以及相应的认定方法的局限，不公平高价的反垄断规制发生"积极错误"（false positive）的风险仍然较大。[①]

就价格—成本比较法来看，其主要存在两方面的操作困难。一方面，该方法运用的前提是存在一个适当的成本基准，因而全面的成本分析是决定价格是否过高的基础。但是，欧盟法院对很多实际案件处理的经验表明，企业的生产成本尤其难以确定，当涉及长期投资、风险考量、产品范围广泛、跨国生产设施、企业结构复杂、知识产权等因素时，如何对生产成本进行分摊则更加困难。[②] 另一方面，即便可以确定一个适当的成本基准，执法机构和法院还需要对价格与成本之间的差额设定上限，即规定企业的利润空间。这项任务无疑更具挑战性。因为任何对合理利润的定义都必须考虑到一系列因素，包括规模经济、沉没成本、风险，等等。不同行业的利润率存在差异，较高的利润率可能反映了与前期巨额投资成本或研发支出相关的风险所需的补偿。从长远来看，设定的利润率过低可能会阻碍企业的投资动机，最终损害消费者利益。

就资本收益率分析法来看，其主要存在三方面的操作困难：第一，会计收益率有别于经济收益率，因此如果用前者代替后者，就可能出现误导性的结论。第二，竞争执法机构一般只需要评估企业在某段期限内

---

① 关于"积极错误"和"消极错误"（false negative）的一般性比较分析，参见丁茂中《反垄断法实施中的"积极失误"与"消极失误"比较研究》，《法学评论》2017 年第 3 期。

② See Michael S. Gal, "Monopoly Pricing as an Antitrust Offense in U.S. and the EC: Two Systems about Monopoly", 49 *Antitrust Bulletin*, 369 (2004).

的收益率，而非整个生命周期的收益率，这使得该方法的操作更为复杂，且更容易出错。第三，确定资产的价值非常困难，特别对知识产权等无形资产进行估价更为困难。

就价格比较法来看，无论是产品比较、地域比较还是时间比较，都可能出现误导性的结论。在产品价格比较中，不同产品的价格差异可能反映了成本、质量等方面的差异，更高质量的产品需要溢价。此外，一个产品更高的价格可能并不意味着其价格是"过高"的，而是意味着另一产品较低的价格是掠夺性定价。在地域价格比较中，地方税收或当地劳动力市场的差异可能导致直接产品成本的差异，这意味着不同的价格是合理的。换言之，不同地域中类似产品的价格差异可能是对不同市场条件的合理反应。在时间价格比较中，支配企业当前产品价格的上涨可能是由于市场需求降低或者投入品成本上涨所导致的。当然也不排除作为参照的此前某一时刻的产品价格，本身是一种掠夺性定价或限制性定价（limit pricing），因而将其作为参照就具有误导性。

就关联条件推断法来看，关联条件可能充当助长和维系不公平高价的条件或者原因，但是，不能就此将关联条件与不公平高价的结果等同起来。实际上，当关联条件属于支配企业附加的不合理的交易条件时，它们本身就可以成立剥削性滥用。而从反垄断法规范上讲，附加不合理的交易条件并非是实施不公平高价行为的必要条件。由此反观高通公司垄断案，执法机构完全基于关联条件推断的定性方法来认定不公平高价，其逻辑是比较脆弱的。正如域外评论人士所质疑的那样，"一揽子许可中是否包含过期或无效的专利，不应被视为'过高定价'的代理"[1]。

---

[1] "Whether a portfolio includes expired or invalid patents should not be considered as proxies for 'excessive pricing'…" Douglas H. Ginsburg, Bruce H. Kobayashi, Koren W. Wong-Ervin, Joshua D. Wright, "Excessive Royalty" Prohibitions and the Dangers of Punishing Vigorous Competition and Harming Incentives to Innovate, George Mason University Law and Economics Research Paper Series, 2016, No. 10. Available at https://papers.ssrn.com/sol3/papers.cfm? abstract_id = 2748252, last visit on Oct. 29, 2018.

（二）救济不公平高价存在实质性困难

禁止不公平高价在实际运作中面临的另一个重大困难在于救济措施的恰当选取。在这类案件中，结构性救济措施，即对企业进行强制拆分、剥离①或降低行政性进入壁垒，虽然可能最为有用，但这种救济措施在反垄断法的事后实施领域的运用难度很大。一般来说，对市场结构的直接调整超越了反垄断执法机构的职权范围。此际，结构性救济依赖于反垄断执法机构的竞争倡导，但根本上取决于行业管制机构或当权者的态度。

在这种情况下，反垄断执法机构通常只能对不公平高价采取行为救济措施，即通过设置价格上限（价格范围）或利润上限（利润空间）来降低价格，并且反垄断执法机构需要对此后支配企业的价格体系和经济绩效进行持续监督并做出适时调整。此际，反垄断执法机构实质性地充当着价格管制机构（至少是准价格管制机构）的角色。②但是，反垄断执法机构恐怕没有足够的能力扮演价格管制者的角色。而从根本上层面看，这种救济措施和角色定位与"反垄断"的概念本质是矛盾的。事实上，反垄断与管制是两种截然不同的经济制度（参见表3-2）。因此，如果反垄断执法机构严格地执行反垄断法，对不公平高价予以禁止并展开救济，这难免会模糊反垄断与管制之间的界限。③

---

①　关于拆分企业等结构性救济措施的重大缺陷，参见［美］理查德·A. 波斯纳《反托拉斯法》（第二版），孙秋宁译，中国政法大学出版社2003年版，第四章。

②　正如美国学者特纳所言，"试图通过降低价格水平来阻止垄断定价的法院（反垄断执法机构），将被迫扮演公用事业委员会的角色"。Donald Turner, "The Scope of Antitrust and other Economic Regulatory Policies", 82 *Harvard Law Review*, 1207 (1969).

③　当然，作为一种非正式的执法机制，涉及不公平高价的案件，反垄断执法机构尚且可以通过执法和解或者以接受经营者承诺的方式中止调查。这实际上是对不公平高价进行严格反垄断执法的一种有效替代处理方式。从功能上看，这种非正式执法机制有助于那些具有政治、经济、社会重要性但法律上模糊的问题的妥善处理。参见王先林《超高定价反垄断规制的难点与经营者承诺制度的适用》，《价格理论与实践》2014年第1期；李剑《反垄断私人诉讼困境与反垄断执法的管制化发展》，《法学研究》2011年第5期；焦海涛《反垄断法实施中的承诺制度》，法律出版社2017年版，第91—94页。

表 3 – 2 反垄断与管制的若干差异①

差异事项	反垄断/反垄断执法机构	管制/管制机构
政策目标	有效的竞争过程、经济效率、消费者利益	经济效率、消费者利益、基础设施投资、普遍服务、环境保护……
干预门槛	具有市场支配地位（或具有实质性市场力量）	多样化
干预频率	间断的、特定的	持续的、普遍的
信息	没有系统的市场监控，执法机构更多地负担证明责任	具有系统的市场监控，企业更多地负担证明责任
行业知识	较低	较高
独立性	较高	较低
被俘获的风险	较低	较高
工具	主要是行为救济措施：停止违法行为、罚款等	价格管制措施：回报率管制、最高限价管制等
组织文化	市场组织经济是原则，干预市场是例外	干预经济是常态，市场有效组织经济是例外
职员规模	较小	较大
司法审查	较全面	通常有限

（三）过高价格可能具有自我纠正性

经济学中存在着一个根深蒂固的观点，即高价格本身作为一种市场信号，会吸引和鼓励市场进入。这是由市场供需机制所决定的。根据这一原理，很多人相信，过高价格可以被市场进入带来的竞争所缓解，因而依靠市场机制的自发力量，过高价格是自我纠正（self-correcting）的。即便是对于垄断者，允许其收取利润最大化价格，其实是鼓励新的竞争；相反，迫使垄断者在司法/执法管制的"竞争性"水平上定价，将阻碍市场进入，最终延长了这种垄断高价的持续时间。② 这实际上就是美国

---

① 该表对原表一些内容进行了修改，原表参见 Frank Maier-Rigaud, Excessive Price, Background Note by the Secretariat, OECD, 2011, p. 41. Available at http://www.oecd.org/daf/competition/abuse/49604207.pdf, last visit on Oct. 30, 2018。

② "的确，垄断者可能期望收取较之于竞争激烈情形下的更高的价格，但是要保证其支配地位受到挑战，恐怕没有什么方法比垄断者自己贪婪地榨取最高价格更有效。" *Berkey Photo, Inc. v. Eastman Kodak Co.*, 603 F. 2d 263, 294 (2d Cir. 1979).

反托拉斯法对过高价格所秉持的立场。这种立场是以其对自由竞争的信奉以及市场纠偏能力的信任为前提的。① 因而在美国反托拉斯法中，对过高价格的反垄断规制被认为是多余的；对"原始垄断者"（pristine monopolist）的过高定价进行谴责是不被接受的。②

事实上，即便在禁止不公平高价的反垄断法传统较为悠久的欧盟，也有学者认为，"如果正常的市场机制的力量发挥作用，垄断者能够赚取巨额利润的事实，在没有进入壁垒的情况下，必然会吸引新的进入者进入市场。在这种情况下，从长远来看，攫取垄断利润将是一种'自我威慑'（self-deterring），并可作为潜在进入者进入市场的重要经济指引（economic indicator）。如果一个人接受市场运作方式的这种观点，他就应该平静地接受一个企业在此期间赚取垄断利润：市场将在适当的时候自我纠正，而竞争当局的干预将产生不可取的扭曲这一过程的效果"③。

"过高价格是自我纠正的"，从长远来看，这一观点或许具有真理性的成分，但是作为一个反垄断政策问题，该观点并非绝对正确，也并非具有普适性。

首先，依靠市场机制对过高价格的纠正往往需要较长的时间。用经济学家凯恩斯的话来说：从长期来看，我们都将死去。这句话蕴含的哲理，反过来讲，即是：从短期来看，我们都将"疯掉"。诚如伊斯特布鲁克法官所言，"垄断是自我毁灭的（self-destructive）。垄断价格最终吸引了进入。诚然，长期来看，这可能是一段很长的时间，在这段时间内，社会将蒙受损失。反垄断的主要目的是加速'长期'的到来"④。

其次，过高价格的自我纠正，依赖于市场条件、市场机能的完善性。然而，在市场经济体系不完善的情况下，不能对市场自发的纠正功能寄

---

① See Michael S. Gal, "Monopoly Pricing as an Antitrust Offense in U.S. and the EC: Two Systems about Monopoly", 49 *Antitrust Bulletin*, 346 – 358 (2004).

② See OECD, Policy Roundtables, Excessive Price, 2011, pp. 10 – 11. Available at http://www.oecd.org/daf/competition/abuse/49604207.pdf, last visit on Oct. 30, 2018.

③ Richard Whish & David Bailey, *Competition Law* (Eighth Edition), Oxford University Press, 2015, pp. 688 – 689.

④ Frank H. Easterbrook, "The Limits of Antitrust", 63 *Texas Law Review*, 2 (1984).

予过高期望。①

最后，有研究表明，过高价格并非是自我纠正的。在大多数情况下，无论进入壁垒是高还是低，过高的价格都不会吸引有竞争力的竞争者进入。因为，市场进入并不取决于市场进入前的价格（不取决于过高价格的吸引），而取决于预期的进入后的价格。如果进入后，在位支配企业采取掠夺性定价、限制性定价等排他性策略行为，那么进入者实际上变得无利可图。因此，反垄断法有时候禁止过高定价反而可能会鼓励市场进入。②

（四）有关投资激励和动态效率的顾虑

在反对反垄断法干预过高价格的诸多理由中，最重要的理由或许是，干预可能会抑制投资激励、弱化创新竞争、减损动态效率，并最终恶化消费者福利。

现实中的竞争很少是静态的。在动态特征明显，或者说技术密集的行业中，创新是一个关键的竞争变量，由初始资金投入或研发支出导致的固定成本很高，而产品的边际成本（增量成本）很低，因而只有对产品收取的价格显著高于边际成本，才能收回固定成本并补偿相关风险。③此际，如果企业预期反垄断执法机构会在它们取得巨大成功并享受高额利润时，对其价格进行限制，那么它们投资和创新的动机就会大大减弱。因为经由投资、创新、竞争的盈利性回报，最终可能会被反垄断执法机构"剥夺"。

对上述危险的警惕，深深植根于美国反垄断司法传统中。早在美国Alcoa案中，汉德（Hnad）法官就指出："成功的竞争者，在被敦促去竞

---

① 参见李剑《反垄断法体系的隐含差异与意义》，《竞争法律与政策评论》2015 年卷，法律出版社 2015 年版，第 25—46 页。

② See Ariel Ezrachi & David Gilo, "Are Excessive Prices Really Self-correcting?", 5 *Journal of Competition Law and Economics*, 259–268 (2008).

③ See Christian Ahlborn, David S. Evans & Atilano Jorge Padilla, "Competition Policy in the New Economy: Is European Competition Law Up to the Challenge?", 5 *European Competition Law Review*, 161 (2001).

争后，不应该在它获胜时受到攻击。"① 因为，法律不应该谴责"垄断的自然行为"（natural behavior of the monopoly）。鉴于干预垄断定价可能抑制投资激励、损害经济增长，斯卡利亚（Scalia）法官在美国 Trinko 案中再次强调："仅仅拥有垄断力量，并同时收取垄断价格，不仅不违法，它反而是自由市场体系的一个重要组成部分。至少在短期内，收取垄断价格的机会是吸引'商业智慧'的首要因素；它催生出了促进创新和经济增长并勇于承担风险的企业。"②

尽管以上反对干预过高价格的理由听上去很顺耳，但归根结底，这是一个实证的问题。更高的投资是否一定会带来更多创新，这本身还存在很多争议。③ 而答案似乎取决于市场的性质。

鉴于不公平高价反垄断规制存在的上述诸多困难和弊端，以及由此带来的错误风险，从原则上讲，反垄断执法机构和法院应当谨慎地谴责不公平高价行为。一种务实和稳健的做法是，将这种谴责限定在"例外情形"或"特殊情形"（exceptional circumstance）。

三 不公平高价反垄断规制的限定条件

鉴于反垄断法规制不公平高价行为存在上述困难和弊端，启动不公平高价的反垄断规制应当符合以下几项累积性限定条件：一是存在高且非短暂的进入壁垒；二是对于支配企业的产品，消费者没有其他可靠的替代品；三是支配企业处于一个成熟的市场，投资和创新在其中所起的作用不明显；四是行业管制机构不作为，或者不存在行业管制机构。

---

① "［T］he successful competitor, having being urged to compete, must not be turned upon when he wins", *United States v. Aluminium Co. of Am* (*Alcoa*), 148 F. 2d 416, 430 (2d Cir. 1945).

② "The mere possession of monopoly power, and the concomitant charging of monopoly prices, is not only not unlawful; it is an important element of the free-market system. The opportunity to charge monopoly prices-at least for a short period-is what attracts 'business acumen' in the first place; it induces risk taking that produces innovation and economic growth", *Verizon Communications Inc. v. Law Offices of Curtis V. Trinko*, *LLP*, 540 U. S. 398 (2004).

③ See OECD, Policy Roundtables, Excessive Price, 2011, pp. 10 - 11. Available at http://www. oecd. org/daf/competition/abuse/49604207. pdf, last visit on Oct. 30, 2018.

（一）存在高且非短暂的进入壁垒

不公平高价反垄断规制的首要限定条件是存在高且非短暂的进入壁垒。这一要求是基于上文述及的原理，即不存在进入壁垒的情况下，过高价格会吸引竞争者进入市场，瓜分在位企业的超额利润，因而过高价格是自我纠正的。根据鲍莫尔提出的"进退无障碍市场"理论，即使是一个垄断的市场，只要进退自由，一个在位垄断企业最终也会像竞争性企业一样来定价。① 事实上，正如国内学者所言：区分垄断与竞争的标准只有一个，那就是准入自由。② 因此，如果一个市场长期存在较高程度的进入壁垒，那么不仅企业的支配地位易于维持，而且支配企业所实施的不公平高价行为也易于维持，此时消费者福利受到显著损害，因而不公平高价的反垄断规制就具有必要性。

在反垄断经济学中，进入壁垒的定义存在很大争议，但在分类上，一般可将其分为行政性进入壁垒、结构性进入壁垒和策略性进入壁垒。行政性进入壁垒即是法律或者政府管制措施，它们是某种垄断得以创设的依据，由此排除了其他企业进入该市场的可能。结构性进入壁垒包括规模经济、范围经济、庞大的资本支出、网络效应、消费者转换成本等。策略性进入壁垒即是企业为阻碍竞争者进入或扩张而采取的排他行为。③由于设置策略性进入壁垒的行为本身就是排他性滥用禁止制度的核心关注，因而与不公平高价反垄断规制密切相关的进入壁垒主要是前两种。其中，行政性进入壁垒的程度最高，也最持久，受其保护的企业往往是享有排他性经营特权的企业，比如垄断国有企业、公用企业等。

（二）消费者没有其他可靠的替代品

反垄断法禁止不公平高价的核心理由在于维护消费者福利。如果消费者能够在支配企业的产品以外，得到价格、质量等相差不大甚至更优

---

① 参见吴绪亮、初永《鲍莫尔〈进退无障碍市场与产业结构理论〉评介》，《产业组织评论》2012 年第 2 期。

② 参见张维迎《市场的逻辑》（增订版），上海人民出版社 2012 年版，第 103 页。

③ 参见唐要家《市场势力可维持性与反垄断》，经济管理出版社 2007 年版，第 23—26 页。

的替代品，那么禁止所谓的不公平高价就丧失了实质基础。反过来讲，只有在消费者陷于别无选择的境地，即没有其他可靠替代品的时候，对支配企业的不公平高价行为进行规制才具有合理性。

以上要求实际上具有两方面的指涉。一方面，这意味着涉案企业的支配地位的程度是很高的，以至于处于垄断地位或近乎垄断的地位，即类似于欧盟竞争法上所称的"超级支配地位"（super dominance）。[①] 另一方面，这意味着消费者对于涉案产品的需求弹性几乎为零，即属于日常生活中的必需品，比如自来水、天然气、市政交通、电信服务、药品医疗，等等。

（三）规制不会减损投资动机和创新活力

事实上，反对不公平高价反垄断规制的最核心的理由就是其可能抑制投资激励、损害创新竞争和动态效率。因此，反垄断法对不公平高价的禁止应以不影响企业的投资动机和创新活力为限。要做到这一点，尤其需要识别涉案市场的性质以及支配企业的性质。

就市场性质而言，在竞争激烈的成长性市场上，对于创新活动密集的企业的定价策略，反垄断执法机构和法院应尽量不给其贴上"不公平高价"的标签，即使要这样做，也必须极其谨慎且具备强健的理由。[②] 相反，那些业已成熟或处于衰退的市场，投资和创新在其中几乎不起作用，这对于不公平高价的反垄断规制是一个相对合理的基础。

就支配地位的性质而言，这里区分"效率"式支配地位（市场力量）和"非效率"式支配地位（市场力量）尤其必要。[③] "效率"式支配地位往往是企业通过研发创新、降低成本、提高质量、改善管理等凭本事竞争的手段获取的，其蕴含着显著的效率因素，因此反垄断执法机构和法院不宜对这类企业的过高定价进行规制。相反，"非效率"式支

[①]　关于"超级支配地位"的阐述，参见本书第五章第二节。

[②]　与此相关的一个研究，参见叶卫平《平台经营者超高定价的反垄断法规制》，《法律科学》2014 年第 3 期。

[③]　关于"效率"式市场力量与"非效率"式市场力量的概念，以及"非效率"式市场力量的来源，参见陈志广《反垄断：交易费用的视角》，博士学位论文，复旦大学，2005 年，第 53—58 页。

配地位是不公平高价反垄断规制的一个合理候选。事实上，那些在放松管制之后，尚且保有支配地位的企业，尤其值得关注。① 因为，这些支配企业有过政府强力保护的历史，其当前具有的市场支配地位与效率几乎没有任何联系，因而禁止其不公平高价行为，不太可能抑制创新活力、扭曲市场过程。②

（四）管制机构不作为或者不存在管制机构

鉴于反垄断执法机构在救济不公平高价上面临的实质性困难，当涉案企业所在的行业已经存在相应的管制机构时，对过高价格的干预应当优先落入管制机构的管辖。因为从根本上看，反垄断执法机构的主要职责和角色，是促进和维系市场竞争，而不是对微观的价格等交易条件直接下达命令。相反，行业管制机构在这方面具有明显的比较优势，它更适宜对企业的价格体系和经济绩效进行持续监督和管理。当然，这并非意味着存在行业管制机构的情况下，反垄断执法机构对不公平高价的关切就无足轻重。事实上，反垄断执法机构可以采取竞争倡导（competition advocacy）措施③，督促管制机构落实管制职责或改进管制措施，比如对过高价格问题采取切实有效的行为救济或者结构救济。换言之，反垄断执法机构可以参与到过高价格的管制过程中，与管制机构一道，以"合作治理"的方式应对相关问题。但是，如果管制机构在其位而不谋其职，比如由于被俘获，因而既不作为也不合作。此际，反垄断执法机构可以对支配企业的不公平高价行为行使"剩余监管权"（residual regulation）。

另外，如果涉案企业所在行业不存在管制机构，或者管制机构已经被撤销，此时反垄断执法机构必须切实担负起不公平高价反垄断规制的

---

① 参见郝俊淇《基于不同成因的市场支配地位及其反垄断法关注与应对》，《岭南学刊》2020 年第 4 期。

② See Vijver, Tjarda Desiderius Oscar van der, Objective Justification and Prima Facie Anti-competitive Unilateral Conduct: an Exploration of EU Law and Beyond, Doctoral Dissertation of Leiden University, 2014, pp. 27 - 28.

③ 竞争倡导，亦称竞争推进，是竞争主管机构实施的除执法以外所有改善竞争环境的行为。参见张占江《竞争倡导研究》，《法学研究》2010 年第 5 期；徐士英《竞争政策研究——国际比较与中国选择》，法律出版社 2013 年版，第 225 页。

职责。这尤其体现在放松管制的行业中。由于经过拆分和民营化的许多企业，其支配地位依然存在。此时反垄断执法如果不及时跟进，放松管制留下的制度空白就无法填补，因而实际上是一种形式的垄断转变为另一种形式的垄断。[1]

第三节 其他剥削性滥用行为

不公平高价是剥削性滥用的核心形式。人们言及剥削性滥用时，通常是在说不公平高价。然而，剥削性滥用尚且具有其他表现形式，并且确实具有相应的反垄断法依据。前文对此作了初步界定，并给出了这些行为的范围，它们包括不公平低价、附加不合理的交易条件，以及需要特别考察的数字经济领域的剥削性价格歧视——个性化定价。

一 不公平低价

我国《反垄断法》第 22 条第 1 款第一项，除了禁止支配企业以不公平的高价销售商品外，还禁止支配企业以不公平的低价购买商品。不公平高价属于卖方支配地位的滥用，不公平低价则属于买方支配地位的滥用。前者涉及对下游客户和终端消费者的剥削，后者则涉及对上游供应商的剥削。从剥削性滥用禁止制度保护消费者利益的宗旨上讲，反垄断法对不公平低价行为的禁止，有可能蜕变成为对上游供应商的保护，因而其运作具有更大的不确定性和疑虑。当然，这并不妨碍我们从更大的视角来看待买方支配地位及其滥用问题。

（一）买方市场支配地位及其滥用

从经济学原理上看，与垄断（monopoly）相对应的镜中像是买方垄断（monopsony）。[2] 垄断（卖方垄断）之所以成问题，是因为垄断者面

---

① 参见时建中主编《反垄断法——法典释评与学理探源》，中国人民大学出版社 2008 年版，第 61 页。

② 参见［美］赫伯特·霍温坎普《联邦反托拉斯政策——竞争法律及其实践》，许光耀、江山、王晨译，法律出版社 2009 年版，第 15—16 页。

对竞争性买家，通过减少产量、将价格提升到竞争性水平以上，导致终端消费者可获得的产品数量变少而价格变高，并且造成资源配置无效率。同理，买方垄断之所以成问题，是因为买方垄断者面对竞争性供应商，通过减少采购量，迫使供应商将价格降到竞争性水平以下，导致终端消费者可获得的产品数量变少而价格变高，并且造成资源配置无效率。因此，卖方垄断和买方垄断都可以成为反垄断法关注和调整的对象。

买方垄断是买方市场力量的极端形式，在现实中，买方市场力量是一个程度问题。从反垄断法的视角看，买方市场力量具有两方面的相关性。一方面，在市场支配地位（卖方市场支配地位）的认定中，买方市场力量可以作为抵消性抗衡力量来加以考虑。简言之，如果买方市场力量可以限制卖方市场力量的行使，那么卖方市场支配地位就不能得到认定。本书第五章将对此进行详细讨论。另一方面，具有实质性市场力量的买方，可以成立买方市场支配地位（dominant buyer），进而被纳入滥用市场支配地位的规范框架。

与卖方滥用市场支配地位类似，具有市场支配地位的买方也可以实施排他性、扭曲性、剥削性的滥用行为。就排他性滥用而言，比如，具有市场支配地位的买方所实施的"掠夺性过多/过贵购买"（predatory overbuying）行为，即具有支配地位的买方对投入品进行大量的圈占性购买或者支付过高价格，以提高竞争对手的成本，从而对竞争对手形成封锁以至将其驱逐出市场。① 这种行为类似于具有支配地位的卖方所实施的掠夺性定价行为，是以排挤竞争对手的方式损害竞争和消费者。再如，具有支配地位的买方所实施的限定供应行为，即独家供应或排他性供应（exclusive supply）行为，是指供应商被要求或被诱导仅仅或主要向一个据有支配地位的买方销售商品，通常表现为供应商的排他供应义务和数量强制，其竞争风险是反竞争地排斥其他购买商。② 这种行为类似于具有支配地位的卖方所实施的限定购买行为，即独家购买或排他性购买

---

① See Steven C. Salop, "Anticompetitive Overbuying by Power Buyers", 72 *Antitrust Law Journal*, 669 – 715 (2005).

② See EU Commission, Guidelines on Vertical Restraints [2010] OJ C 130/1, paras. 192, 194.

（exclusive purchase）行为①，它们都可能对竞争对手造成实质性封锁——前者对应于供应商封锁，后者对应于客户封锁——从而损害竞争和消费者。②

就扭曲性滥用（扭曲性差别待遇）而言，差别待遇的作用对象不仅可以是下游客户，也可以是上游供应商。具体来说，具有支配地位的买方对与其非关联的、条件相同的供应商，在交易价格等交易条件上实行差别待遇，可能会导致某些供应商处于不利竞争地位，进而扭曲上游市场的竞争机制。这与具有支配地位的卖方在客户群体中进行歧视，从而扭曲下游市场的竞争机制，其原理是相通的。

就剥削性滥用而言，具有支配地位的买方以不公平的低价购买商品，以及在交易时附加不合理的交易条件，都是其相关行为表现。这里主要考察不公平低价的相关问题，附加不合理的交易条件留待下文进行探讨。

（二）禁止不公平低价的疑虑

在卖方市场支配地位的认定时，需要考虑抵消性的买方抗衡力量，如果这种力量能够切实限制卖方市场力量的行使，那么卖方市场支配地位就不能得到认定。同理，言称"买方支配地位"，实际已表明卖方抗衡力量未能起到约束和抵消买方市场力量的作用。这通常意味着，下游市场结构比上游市场结构更集中。比如，零售层面相对集中的大型连锁超市和供应层面相对分散的供货商。在这种情况下，具有市场支配地位的买方可能将供应价格压低到竞争水平以下，这对于供应商来说可谓是一种"剥削"。

国家市场监管总局颁布的《禁止滥用市场支配地位行为暂行规定》（国家市场监督管理总局令第 11 号）于第十四条第二款规定了认定"不公平的低价"可以考虑的因素，其中包括：（1）购买价格是否明显低于其他

---

① 在欧盟委员会 2010 年发布的《纵向限制指南》中，独家购买或排他性购买行为也被称为"单一品牌协议"（single branding agreement），即购买商被要求或被诱导主要从一个供应商处购买特定类型的产品。单一品牌协议通常表现为购买商承担的不竞争义务和数量强制义务。See EU Commission, Guidelines on Vertical Restraints［2010］OJ C 130/1, para. 129.

② See Daniel A. Crane & Graciela Miralles, "Toward a Unified Theory of Exclusionary Vertical Restraints", 84 *Southern California Law Review*, 605 – 660（2011）.

经营者在相同或者相似市场条件下购买同种商品或者可比较商品的价格；（2）购买价格是否明显低于同一经营者在其他相同或者相似市场条件区域购买商品的价格；（3）在成本基本稳定的情况下，是否超过正常幅度降低购买价格；（4）购买商品的降价幅度是否明显高于交易相对人成本降低幅度。以上方法其实是不公平低价认定的产品价格比较法（第一项）、产品地域比较法（第二项）、价格成本比较法（第三项和第四项）。

　　然而，有疑问的是，这种导致供应商利润受损或者利润转移意义上的"剥削行为"，是否属于反垄断法旨在禁止的剥削性滥用行为？答案似乎是否定的，原因在于以下方面。

　　第一，剥削作为反垄断法中的一种损害理论，亦是一种损害类型，其根本关切是消费者利益。换言之，在反垄断法中，剥削是一个与消费者利益紧密联系、不可分割的概念。因此，具有支配地位的买方对供应商的榨取，如果该行为不能"嵌入"消费者利益受损的因果逻辑中，那么这种单纯的"零供冲突"或利润转移，虽然具有"剥削"的成分，但不能被作为严格意义上的剥削性滥用行为。

　　第二，正如前文多次强调的，反垄断法的核心目标是"保护竞争而非保护竞争者"[1]，而消费者利益是检验这种目标实现状况的重要参照和判断标准。[2] 在这种目标框架下，如果仅仅因为供应商利润受损，反垄断执法机构或法院就将具有支配地位的买方的行为认作不公平低价，那么其实质就蜕变为保护竞争者，而非保护竞争，也非保护消费者利益。事实上，反垄断法直接干预市场参与者之间的合同谈判，所体现的仅仅是一种令人生厌的"家长式作风"（paternalism）。[3]

　　第三，具有支配地位的买方的低价采购行为，在很多情况下可能是

---

① 这一反垄断法上的法谚最初由美国联邦最高法院大法官沃伦（Earl Warren）在1962年的 Brown shoe 案中提出。See *Brown Shoe Co. v. United States*, 370 U. S. 294（1962）。

② "竞争秩序的'应然性'需要'拟制的消费者'来协助实现竞争法调控的目标，这使得消费者在竞争法运行机制中具有特别'身份'并执行特殊功能。"刘继峰：《竞争法中的消费者标准》，《政法论坛》2009年第5期。

③ See Anthony T. Kronman, "Paternalism and the Law of Contracts", 92 *Yale Law Journal*, 763 – 798（1983）。

有利于消费者利益的，即具有支配地位的买方可能把采购成本的节省以降低价格的形式传递给消费者。① 反过来讲，具有支配地位的买方的低价采购行为如果要对消费者造成不利影响，那么它必须能够限制下游市场的竞争和总产出，从而使消费者面临更少的商品数量和更高的价格。然而，这种行为的本质不是采购侧市场力量的行使，而是销售侧市场力量的行使。换言之，考虑问题的视角已经切换成卖方垄断或者卖方滥用市场支配地位，相应的反垄断法关切其实是不公平高价。这意味着，对具有支配地位的买方低价采购行为的违法性评估，最终需要诉诸不公平高价的检验标准。综上所述，"不公平低价"似乎很难成为剥削性滥用这一规范类型项下的适格行为类型。

事实上，我国《反垄断法》实施十余年来，未曾有一起涉及"不公平低价"的案件。从欧盟的实践来看，即便《欧盟运行条约》第 102 条第 1 款第（a）项禁止具有市场支配地位的企业"直接或间接强加不公平的购买或销售价格"，但是，欧盟委员会一般不接受过低的采购价格的指控。② 当然，这并非是说过低的采购价格完全不可能构成滥用市场支配地位的行为。比如，当过低的采购价格扭曲了供应商之间的竞争，那么该行为就可能被认定为扭曲性的价格歧视（差别待遇）。再如，当过低的采购价格是排斥上游竞争对手而优待自身上游业务的策略，那么该行为就可能被认定为排他性的利润挤压。但无论如何，这些情形下的损害关注不是"剥削"，而是"扭曲"或"排他"，相应的反垄断法依据也有所不同。

二 附加不合理的交易条件

我国《反垄断法》第 22 条第 1 款第五项禁止支配企业"没有正当理

---

① "如果买方市场力量的提高降低了投入成本，同时买方又不限制下游的竞争或总产出，那么这些成本下降的一部分可能会以较低的价格传递给消费者。" See EU Commission, Guidelines on the assessment of horizontal mergers under the Council Regulation on the control of concentrations between undertakings, OJ 2004 C 31/5, para. 62.

② See R. O'Donoghue & J. Padilla, *The Law and Economics of Article 82 EC*, Hart Publishing, 2006, p. 642.

由搭售商品，或者在交易时附加其他不合理的交易条件"。一如前文所述，该项规定是关于"附加不合理交易条件"的概括性条款，它既可以充当排他性滥用的法律依据，也可以作为剥削性滥用的法律依据。[①]

（一）附加排他性的不合理交易条件

就排他性滥用而言，搭售作为一种附加条件交易（附加不合理条件的交易），其可能具有提升竞争对手成本、封锁搭售品市场或被搭售品市场的反竞争效应。因而人们习惯性地将搭售作为一种典型的排他性滥用行为。

此外，在知识产权或技术许可中，很多不合理的交易条件也具有反竞争的排他效应。比如，独占性回授，即作为原许可的条件，许可人要求被许可人授权许可人独占使用其在被许可技术的基础上的发明或者技术改进。此举实际上妨碍了被许可人与许可人之间的竞争，抑制了被许可人进行创新竞争的积极性。再如，不竞争义务，即作为原许可的条件，许可人（被许可人）要求被许可人（许可人）不得从事竞争性的技术研发，或者不得从事竞争性的生产和销售。不竞争义务直接否定了开发竞争性技术的可能，因而是对市场竞争的直接阻碍。又如，不质疑义务，即作为许可的条件，被许可人得直接或间接地承担不得对许可人知识产权的有效性提出质疑的义务。不质疑义务的反垄断法关切在于，如果"权利人"的支配地位是基于无效知识产权取得的，那么不允许被许可人提出质疑，实际上就是变相维护市场支配地位的行为。[②]

（二）附加剥削性的不合理交易条件

剥削性的不合理交易条件通常与合同条款有关，并且这些合同条款

---

① 虽然我国《反垄断法》没有对"附加其他不合理的交易条件"作进一步界定，但国家市场监管总局于 2020 年新修订的《关于禁止滥用知识产权排除、限制竞争行为的规定》，其中第十条对此作了细化列举，具体包括：（一）要求交易相对人将其改进的技术进行独占性的回授；（二）禁止交易相对人对其知识产权的有效性提出质疑；（三）限制交易相对人在许可协议期限届满后，在不侵犯知识产权的情况下利用竞争性的商品或者技术；（四）对保护期已经届满或者被认定无效的知识产权继续行使权利；（五）禁止交易相对人与第三方进行交易；（六）对交易相对人附加其他不合理的限制条件。

② 关于独占性回授、不竞争义务、不质疑义务等不合理交易条件（排他性限制）的详细论述，参见王晓晔《反垄断法》，法律出版社 2011 年版，第 180—184 页。

是不公平的，因为企业利用其支配地位，强加了那些非支配企业无法强加的合同条款。前文实际上已述及过此种不合理、不公平的交易条件。比如支配企业作为专利许可人，强制被许可人免费反向许可其专利。事实上，国家发展和改革委员会查办的高通公司垄断案就涉及以上剥削性交易条件。① 此外，从域外经验看，剥削性的不合理交易条件还包括：（1）合同条款禁止客户就具有市场支配地位的供应商处所购买的设备添加附件或移除部件；（2）合同条款规定，在转让设备时，需要事先获得具有市场支配地位的供应商的许可；（3）合同条款规定，具有市场支配地位的供应商享有在设备的生命周期内修理和维护设备的排他性权利；（4）具有市场支配地位的供应商对设备租赁合同设定过长的期间；（5）具有市场支配地位的供应商设定过长期间的租赁设备维修条款，且享有单方面决定维修价格的权利。事实上，欧盟委员会在 Tetra Pak II 案中对上述不合理交易条件提出了指控，并且得到了欧盟法院的认可。②

值得注意的是，以上不合理的交易条件虽然被认作是"剥削性"的，但是它们实际上与保护消费者利益的目的无甚关联，也与保护竞争过程的目的无关，而仅仅与被许可人或者购买方某些方面的财产权利所受到的剥夺相关。依此推演，反垄断法似乎具有作为合同法、侵权法、中小企业保护法、公平商业行为法的巨大潜力。但是，这显然是一种误读。事实上，上述不合理、不公平的交易条件或者合同条款都是"附加"在案件所认定的违法特征更明显的垄断行为之下的。譬如，高通公司垄断案涉及的"要求被许可人将专利进行免费反向许可"，该不合理的交易条件其实是"附加"在不公平高价许可费的认定框架之中，并作为推断不公平高价许可费的关联条件之一，其本身并未被独立认定——尽管可以被附带性地独立认定。而在 Tetra Pak II 案中，无论是欧盟委员会还是欧盟法院也没有孤立地将上述不公平的合同条款贴上"剥削"的标签，而对这些条款的谴责都是"附加"在对涉案企业所实施的掠夺性

---

① 参见发改办价监处罚〔2015〕第 1 号行政处罚决定书。

② See Case T－83/91, *Tetra Pak v Commission* [1994] ECR II－755.

定价、忠诚折扣等主要违法行为的认定之后的。

至此，笔者想要突出的观点是：虽然《反垄断法》第22条第1款第五项是关于不合理交易条件的独立法律依据，但在实践中，不应将这项法律规定孤立地用于谴责剥削性的交易条件或合同条款；要对其进行谴责须"附加"在不公平高价、掠夺性定价、限定交易、忠诚折扣等违法特征更明显的滥用行为得以认定的基础上。这是因为：（1）反垄断法不能脱离竞争关注或消费者利益关注而孤立地救济竞争者的损失；换言之，运用《反垄断法》"不合理的交易条件"条款对竞争者的保护应当是一种"附加保护"或"额外保护"；（2）关于交易条件是否合理、公平的认定往往是很困难的，且充满主观性，缺乏精确的判断标准；（3）即便是支配企业直接针对终端消费者所施加的不公平的合同条款，《反垄断法》"不合理的交易条件"条款亦不是一个优先的规范选择，因为这种情形直接构成《民法典》"可撤销合同"条款以及《消费者权益保护法》"公平交易权"条款等法律规定的核心关注。

当然，无论对剥削性交易条件的反垄断规制做何种限定，剥削性交易条件的认定是不容回避的问题。对此，可以考虑以下分析步骤：（1）所施加的交易条件或合同条款是否有"剥削"消费者或经营者以外的正当目的；（2）这些条件或条款是否"适合"实现该目的；（3）这些条件或条款是否"必要"，换言之，是否存在其他剥削效果更小的替代措施；（4）这些条件或条款所导致的剥削效果与其所追求的正当利益是否"相称"。[①]

三 剥削性价格歧视

传统上，典型的剥削性滥用行为包括不公平高价、不公平低价以及附加不合理的交易条件等。在平台经济领域，潜在的剥削性滥用行为尤其还包括针对消费者的算法价格歧视，即所谓的个性化定价——一种剥削性价格歧视（差别待遇）行为。

---

① See R. O'Donoghue & J. Padilla, *The Law and Economics of Article 82 EC*, Hart Publishing, 2006, p. 654.

（一）个性化定价的运作机理

以数字化、智能化、平台化、网络化为核心特征，人类步入了以大数据引擎为动力的数字经济时代。"在线生存"成了人们的真实写照。在线环境下，个人的身份数据、行为数据、关系数据、偏好数据等海量数据，可以在持续、动态、微粒的基础上被企业追踪、收集和处理，再加上机器学习算法的力量，催生了大规模的个性化定制，从个性化新闻、广告、能量测算、健身管理、约会配对，直至个性化定价，即企业基于大数据和算法，分析、预测不同消费者的支付意愿并为其提供差异性交易价格。企业实施个性化定价，一方面依赖于数据基础，其中包括消费者自愿提供的数据（自愿数据）、通过 Cookie 追踪获取的数据（追踪数据）、通过算法分析和机器学习推断得到的数据（推断数据）[1]；另一方面，需要不断对算法分析模型进行投资和改进，以此提升预测的精准性。消费者的数据信息大量聚集在企业，信息严重不对称，加之不断强化的算法，致使"大数据杀熟"的现象司空见惯，"完全价格歧视"的理论假设成为现实。[2]

个性化定价作为在线环境中针对消费者的价格歧视行为，不仅可能减损消费者利益，而且可能违背消费者对公平交易的实质性期待，因而会受到消费者保护法、个人数据或信息保护法、反歧视法、电子商务法乃至反不正当竞争法（不公平商业行为法）的关注。[3] 不过，对于同样注重维护消费者利益，关注消费者所获交易价格、交易条件公平合理的我国《反垄断法》，个性化定价行为不是其法外之地。[4] 实际上，《反垄断法》第 22 条第 1 款第六项有关"对条件相同的交易相对人在交易价格

---

[1] See OECD, Personalised Pricing in the Digital Era, Background Note by the Secretariat, 2018, pp. 10 – 11. Available at https://one.oecd.org/document/DAF/COMP（2018）13/en/pdf, last visited on January 12, 2021.

[2] 参见时建中《共同市场支配地位制度拓展适用于算法默示共谋研究》，《中国法学》2020 年第 2 期。

[3] 对这种"多对一"现象的理论分析，参见焦海涛《经济法法典化：从"综合法"走向"整合法"》，《学术界》2020 年第 6 期。

[4] 参见叶明、郭江兰《数字经济时代算法价格歧视行为的法律规制》，《价格月刊》2020年第 3 期。

等交易条件上实行差别待遇"的禁止性规定，构成调整个性化定价的基本依据。对此，可以从构成要件符合性和实质违法性两个方面加以解析。①

（二）构成要件符合性

从构成要件符合性上看，初步违反《反垄断法》第 22 条第 1 款第六项的滥用行为，有两个基本要件：一是条件相同的交易相对人；二是在交易价格等交易条件上实行差别待遇。个性化定价系对不同消费者采取差异性交易价格，符合第二个要件，自不待言。就第一个要件看，我国《反垄断法》区别了"经营者"和"消费者"概念，因而言及"交易相对人"，不仅包括"经营者"，也包括"消费者"，即为满足生活需要而购买、使用商品或接受服务的个人。② 难点在于如何理解和判断"条件相同"的消费者。宽泛而言，由于性别、年龄、身份、收入、性情、偏好等方面的差异，几乎不存在条件完全相同的消费者。对消费者条件相同与否的判断，显然不能采取毫无限定的做法。笔者认为，在线环境下，如果平台企业未在事前披露其基于算法定价的相关信息，比如收集、处理消费者数据的目的、种类、方式和期限，影响算法定价的变量等，那么就可以推定平台企业面向的所有消费者都是"条件相同"的。原因在于：其一，市场交易的道德合法性取决于交易各方的知情同意；其二，作为人们长期互动所形成的社会规范或惯例——除非是那些约定俗成的可被社会普遍接受的价格差异（比如针对弱势群体的价格折扣），消费者通常具有一种实质性期待，即自己和他人处于同等地位和条件，价格在同一时段是以统一、普遍、透明的方式提供的。③ 或许是基于同样的考虑，国务院反垄断委员会 2021 年 2 月 7 日发布的《关于平台经济领域的反垄断指南》第十七条更进一步明确指出："平台在交易中获取的交

---

① 参见郝俊淇《平台经济领域差别待遇行为的反垄断法分析》，《法治研究》2021 年第 4 期　　。

② 参见郝俊淇《反垄断法上的交易相对人及其三重角色》，《中国价格监管与反垄断》2020 年第 7 期。

③ 参见［美］莎拉·马克斯韦尔《如何正确定价》，陈汝燕等译，电子工业出版社 2009 年版，第 51—60 页。

易相对人的隐私信息、交易历史、个体偏好、消费习惯等方面存在的差异不影响认定交易相对人条件相同。"这实际上是对消费者"条件相同"的普遍推定，而不论消费者的"数字画像"有何差异，彰显了对消费者公平交易权的尊重与捍卫。

（三）实质违法性

从实质违法性上看，个性化定价可基于剥削效应而受到禁止。这种剥削效应既可以从宏观层面加以证立，即个性化定价减损了消费者整体福利；也可以从微观层面加以证立，即个性化定价违背了消费者个体对获得公平价格和合理交易条件的实质性期待。

就宏观层面的剥削效应而言，个性化定价是否一定会减损消费者整体福利，目前无法得出确切的结论。就像传统的价格歧视一样，平台经济领域的个性化定价也会产生福利转移效应（分配效应），可能对消费者有利，也可能对消费者有害，只不过影响的程度要大得多。经济学研究表明，除了单一企业作为垄断者实施的个性化定价会减少消费者整体福利外，其他情形下消费者整体福利所受影响是模糊的。因此，有必要采取个案分析的方式，对个性化定价的福利效应进行具体评估。大量研究还表明，在不完全竞争条件下，如果企业是利用消费者的品牌偏好或忠诚度进行个性化定价，即存在"最佳反应不对称"（best-response asymmetry），那么个性化定价趋向于加剧企业之间的竞争、使平均价格下降并增加消费者整体福利；相反，如果企业是利用消费者的搜索成本或比较成本（消费者对价格不敏感，或缺乏搜索、比较不同产品和服务的动力或能力）进行个性化定价，即存在"最佳反应对称"（best-response symmetry），那么个性化定价趋向于弱化企业之间的竞争、使平均价格上升并减损消费者整体福利。[1] 这意味着，个案分析的重点，是识别支撑个性化定价的信息类型，以及导致企业和消费者之间信息不对称的系列因素。

---

[1] See Christopher Townley, Eric Morrison, Karen Yeung, Big Data and Personalised Price Discrimination in EU Competition Law. Available at https：//ssrn. com/abstract = 3048688, last visited on January 13, 2021.

　　就微观层面的剥削效应而言，企业针对消费者个体或某个群体实施的个性化定价，要证立其违法性，关键在于评估相关行为是否违背了消费者对获得公平价格和合理交易条件的实质性期待。实际上，对于那些支付意愿较高的消费者来讲，他们是个性化定价最直接和主要的"受害者"，因为购买同样的商品，却因与成本完全无关的原因支付了更高的价格。当商品实际发生的成本与收取的价格存在过高差额，或者与其他类似交易相比价格明显不合理，就可以成立反垄断法禁止的不公平高价行为。① 这即是说，个性化定价还可能构成不公平的高价行为。回到差别待遇行为的角度，心理学研究表明，人们对公平的情绪反应是与生俱来的：如果消费者知道卖方在同一时段以较低的价格向他人出售完全相同的商品，就不会溢价购买此商品，其与卖方的交易合同赖以存在的双方同意基础也就被破坏了。② 换言之，市场交易的道德合法性取决于交易各方的知情同意。因此，企业是否在事前披露个性化定价的运作计划，使相关信息透明公开，确保消费者知情和自愿同意，构成了违法评估的关键所在。实际上，支付意愿较高的消费者，在受教育程度、个人素养、经济状况等方面通常更为良好，可能更加注重个人数据和信息保护，即属于"隐私敏感型"消费者③；企业在未经其知情和同意的情况下，追踪、收集、处理其个人数据，建立个性化定价赖以运行的个人"数字画像"，严重背离了消费者对获得合理交易条件和公平交易价格的实质性期待。这即是说，相较于"过高价格"和"差异性价格"的表面症状，这些服务于财富攫取的不当数据追踪、收集、处理行为，以及针对消费者的行为歧视和分化策略，具有更为显著的剥削效应。④ 基于类似的考虑，

---

　　① See R. O'Donoghue & J. Padilla, *The Law and Economics of Article 82 EC*, Hart Publishing, 2006, p. 609.

　　② 参见［美］莎拉·马克斯韦尔《如何正确定价》，陈汝燕等译，电子工业出版社2009年版，第10—11页。

　　③ 相反，那些支付意愿较低的消费者，在受教育程度、个人素养、经济状况等方面通常相对落后，可能不太注重个人数据和信息保护，也即对隐私不敏感，他们或许愿意以个人信息的泄露来换取更敏捷、更精确、更定制化的商品和服务。

　　④ 参见［英］阿里尔·扎拉奇、［美］莫里斯·E. 斯图克《算法的陷阱：超级平台、算法垄断与场景欺骗》，余潇译，中信出版社2018年版，第134—153页。

德国联邦卡特尔局和最高法院认定，Facebook 滥用其在德国社交网络市场的支配地位，未经用户"自愿同意"（违背用户的合理期待），从第三方网站和应用程序收集用户数据，并与用户 Facebook 账户中的其他数据关联融合，构成了剥削性滥用行为。[①] 不过，有必要说明的是，上述行为也可能违反个人数据（信息）保护法上的知情同意、公平透明、目的限制、数据最小化、数据完整性和保密性等原则，因而构成违法的数据处理行为。这就带来了个人数据保护法与反垄断法的关系问题，以及如何在反垄断执法机构与数据保护机构之间建立协调合作机制的问题。[②]

第四节　本章小结

剥削性滥用——纯粹的剥削性滥用，不涉及对竞争过程的损害，而是对消费者利益的直接侵害，即企业利用支配地位带给它的商业机会，采取不公平高价、附加不合理的交易条件等方式来榨取其在正常和充分有效竞争情形下无法获取的商业利益。

剥削性滥用禁止制度的合理性，不仅与"公平价格"的经济思想和"过高定价"导致的福利转移损失有关，也与维护消费者利益和促进公平分配的价值追求相关；此外，该制度有助于增进公众对反垄断法的认同，同时具有对"错漏案件"和"缺口案件"补充调整的功能。

我国《反垄断法》第 22 条第 1 款第一项有关"不公平定价"的规定、第四项有关"搭售及附加不合理交易条件"的规定，以及第六项有关"对条件相同的交易相对人在交易价格等交易条件上实行差别待遇"的规定，都可以是剥削性滥用的法律依据。虽然我国《反垄断法》总则第 7 条规定："具有市场支配地位的经营者，不得滥用市场支配地

[①]　See Thomas Höppner, Data Exploiting As an Abuse of Dominance: The German Facebook Decision. Available at https: //ssrn. com/abstract = 3345575, last visited on January 14, 2021.

[②]　对这些问题的初步研究，参见 ［比］保罗·尼豪尔、［比］彼得·范·克莱恩布吕格尔主编《创新在竞争法分析中的角色》，韩伟等译，法律出版社 2020 年版，第 71 页。

位，排除、限制竞争。"但这并不意味着所有滥用行为均须以"排除、限制竞争"为要件。对此，一种可行的变通解释是：《反垄断法》禁止经营者滥用市场支配地位，其基本关注在于经营者的行为是否排除、限制竞争，因而排他性滥用行为属于反垄断执法的优先和重点对象。但是，经营者滥用市场支配地位，存在未排除、限制竞争而直接损害消费者利益的情形。比如，具有市场支配地位的经营者从事不公平的高价、不公平的低价、价格歧视、行为歧视、附加不合理的交易条件等剥削性滥用行为，在必要和适当的情况下，该等行为也属于反垄断执法的对象。①

尽管对不公平高价行为的反垄断规制具有一定的方法支持，但其实际运作却面临诸多弊端和困难。因此，启动对不公平高价行为的反垄断规制应当符合以下累积性限定条件：一是存在高且非短暂的进入壁垒；二是消费者没有其他可靠的替代品；三是规制不会抑制创新活力和投资激励；四是行业管制机构不作为或者不存在行业管制机构。

此外，反垄断法禁止具有市场支配地位的买方做出的不公平低价行为，具有较大程度的虚幻性。对不合理的交易条件而言，反垄断法对其进行谴责，应"附加"在其他违法特征更明显的滥用行为得以认定的基础上。数字经济领域的剥削性价格歧视行为（个性化定价行为），可基于剥削效应而受到禁止。这种剥削效应既可以从宏观层面加以证立，即个性化定价减损了消费者整体福利；也可以从微观层面加以证立，即个性化定价违背了消费者个体对获得公平价格和合理交易条件的实质性期待。

---

① 参见郝俊淇《滥用市场支配地位与排除、限制竞争的可分性》，《中国市场监管研究》2020 年第 6 期。

第四章

排他性滥用

　　前两章区分"扭曲"和"剥削"的损害类型，依次阐述了扭曲性滥用和剥削性滥用的纯粹类型。这种规范上的分类有助于人们认识和分析问题，但现实中涉及滥用市场支配地位的案件，其案件事实上很少是与上述纯粹类型——对应的。相反，这些事实通常触及多种规范类型，导致规范复合。并且，尽管扭曲性滥用和剥削性滥用可以作为反垄断法上的独立"诉因"（cause of action），但从经验层面观察，扭曲性的差别待遇、剥削性的不公平高价等滥用行为的执法关切，往往附随于更大的竞争关注——排他性滥用，比如掠夺性定价、利润挤压、拒绝交易、排他性交易、忠诚折扣、搭售、捆绑等排他性滥用行为。[1]

　　事实上，"排他"或"反竞争的排他"是反垄断法的核心关注。[2] 排

---

　　[1]　以我国的经验为例，比如，在中国华为公司诉美国交互数字（IDC）公司案中，原告起诉的相关行为实际上包括排他性的搭售、拒绝交易，剥削性的不公平高价，以及扭曲性的价格歧视。（参见叶若思、祝建军、陈文全《标准必要专利权人滥用市场支配地位构成垄断的认定——评华为公司诉美国 IDC 公司垄断纠纷案》，《电子知识产权》2013 年第 3 期。）再如，在中国电信、中国联通涉嫌垄断案中，涉案经营者的行为不仅可能构成排他性的利润挤压，也可能构成扭曲性的价格歧视。（参见王晓晔《中国电信、中国联通涉嫌垄断案的再思考》，《交大法学》2013 年第 2 期。）又如，在高通公司垄断案中，高通公司的行为不仅构成剥削性的不公平高价，也构成排他性的搭售、附加不合理的交易条件（参见发改办价监处罚〔2015〕第 1 号行政处罚决定书）。

　　[2]　尽管有观点认为"共谋"（collusion）才是反垄断法上的"最大邪恶"（greatest evil），而"排他"则处于反垄断法的边缘，但"排他"与"共谋"实际上共享相同的经济学原理和竞争损害机制，并且二者也可以具备相似的分析结构，因而有学者指出，"排他"和"共谋"都应当是反垄断法的核心关注。See Jonathan B. Baker, "Exclusion as a Core Competition Concern", 78 *Antitrust Law Journal*, 527 – 589 (2012).

他性滥用是整个滥用市场支配地位禁止制度的调整重心。① 甚至在某些国家，支配企业的滥用行为就专指排他行为。② 然而，人们在事实上重视排他性滥用，未必就能在理性层面深入地理解它。关于排他性滥用的具体概念、确切含义、检验标准、违法构成等，长期以来都是颇具争议的问题，无论是立法或执法实践，还是理论研究，均未能对该等问题作出明确的回答。③ 鉴于此，本章拟对企业排他行为的不同经济学思想、排他性滥用反垄断法体系的差异及中国化的取向、定义，以及检验排他性滥用的不同法律方法进行探究。

第一节　企业排他行为的经济理论演变

"排他"以及"反竞争的排他"或"排他性滥用"不是法定类别，它们首先是经济学范畴，然后才成为反垄断法阐释中的损害类型或规范类型。在反垄断经济学中，"排他"一般是与单一厂商的策略行为联系

---

① 比如，在滥用市场支配地位的执法政策上，欧盟委员会明确将排他性滥用作为执法的优先关注并对其中的执法重点进行阐述。这体现在欧盟委员会 2009 年发布的《适用欧共体条约第 82 条查处市场支配地位企业排他性滥用行为的执法重点指南》（EU Commission, Guidance on the Commission's enforcement priorities in applying Article 82 of the EC Treaty to abusive exclusionary conduct by dominant undertakings,［2009］OJ C 45/7）中。该指南是欧盟委员会迄今发布的唯一一部关于滥用市场支配地位的指南。而对剥削性滥用和扭曲性滥用，欧盟委员会尚未作出清晰的、系统的执法政策阐述。

② 美国《谢尔曼法》第 2 条关于"垄断化"（monopolization）的规定是针对企业单边行为的基础性反垄断法规范，类似于《欧盟运行条约》第 102 条和我国《反垄断法》第 22 条所规定的滥用市场支配地位禁止制度。受到该规定调整的违法单边行为，也被称作排他行为（exclusionary conduct）。在 Grinnel 案中，美国最高法院确立了垄断化行为的法律分析框架，即"垄断力量 + 排他行为"，并把排他行为定义为：故意地（willful）获得或维持垄断力量，而不是由于产品优越、经营灵活或偶然的历史事件所导致的增长给它带来的这种力量。See *United States v. Grinnel Corp.* 384 U. S. 570 - 571,（1996）.

③ 诸如欧盟、德国、美国、法国等国家或地区的反垄断法都使用了"滥用市场支配地位"这一术语，并都以各自的方式解释了市场支配地位的含义和考察方法，但对于"滥用"一词都只使用"术语"，而不解释其含义。究竟滥用市场支配地位中的"滥用"行为所指什么内容，法律中却全然找不到方案。参见吕明瑜《竞争法教程》（第二版），中国人民大学出版社 2015 年版，第 116 页。

在一起的，① 这些行为往往具有复杂的经济效果。对于如何辨别促进竞争的有益行为和反竞争的排他行为，不同经济学流派所提供的认识论基础和方法论依据充满差异。

一 作为经济学范畴的"排他"及其辨别难题

在经典的产业组织经济学中，反垄断的相关理论主要是围绕"排他"（exclusion）和"共谋"（collusion）建立起来的。② 实际上，"排他"与"共谋"并无本质上的差异，二者是促进、获取、维持、加强市场力量的不同手段或互补形式。③ 而市场力量④的不当行使，在压制竞争对手的竞争能力和损害竞争过程的同时，最终会导致产品的数量减少、价格提升、质量下降、选择变少、创新不足等经济无效率，并造成消费者福利受损。因此，适应于治理市场力量的需要，对企业单方面的排他行为和企业之间的共谋行为进行反垄断干预具有必要性和正当性。⑤

然而，"排他行为"这一概念在反垄断经济学的理论源头上一开始就没有被明确定义——事实上也很难被明确定义。因为在"优胜劣汰"的市场法则下，竞争机制的有效运作本身就意味着，某些竞争者的商业机会会受到排斥，某些竞争者的竞争能力会受到压制。换言之，"排斥"竞争对

---

① 但从理论上讲，排他行为并不局限于单一企业行为，它也可能由多个企业实施，比如排他性的联合抵制交易，再如滥用共同市场支配地位的掠夺性定价、拒绝交易等行为。See C. Scott Hemphill & Tim Wu, "Parallel Exclusion", 122 *The Yale Law Journal*, 1182 – 1253 (2013)；侯利阳：《垄断行为中的跨界行为——以联合抵制为视角》，《中外法学》2016 年第 4 期；也请参见本书第六章第三节。

② 参见［法］泰勒尔《产业组织理论》，马捷等译，中国人民大学出版社 1997 年版，第 1、2 篇。

③ 有学者提出"自愿共谋"与"强制性共谋"的概念，并将单边排他行为等同于"强制性共谋"，以此说明"排他"与"共谋"的内在联系及其共通的经济机制。See Jonathan B. Baker, "Exclusion as a Core Competition Concern", 78 *Antitrust Law Journal*, 527 – 589 (2012).

④ 市场力量是反垄断经济学中的重要概念，是指厂商通过有利可图的方式在相当长的一段时间内把价格提高到竞争性水平（基准价格）以上的能力。参见［意］马西莫·莫塔《竞争政策——理论与实践》，沈国华译，上海财经大学出版社 2006 年版，第 33 页。

⑤ 波斯纳的经典著作《反托拉斯法》，其体例就是按照"共谋"和"排他"的逻辑主线进行建构的。参见［美］理查德·A. 波斯纳《反托拉斯法》（第二版），孙秋宁译，中国政法大学出版社 2003 年版，第二编、第三编。

手的某些做法可以帮助企业降低成本、改进产品或服务、增进效率，并帮助它们获得、维持"效率式"的市场力量。① 鉴于此，"排他"作为反垄断经济学范畴，往往被进一步限定为"反竞争的排他"，以区别于"凭本事竞争"（competition on the merits）而有利于竞争的"排他"。② 但即便如此，"反竞争的排他"这一概念的确切含义也并非一目了然。从反垄断政策的角度看，如何辨别反竞争的排他行为和凭本事竞争行为，依赖于反垄断经济学提供可靠的认识论基础和方法论依据。但是，这种辨别具有较大程度的不确定性，因为不同的经济学流派和不同法域的政策实践者或多或少受到以下基本问题的困扰，并且很难对这些问题形成一致认识。

第一个基本问题涉及"反竞争"本身的性质，或者说反垄断政策意欲保护的"竞争"的性质。该问题的要害在于，是否单边行为仅仅对竞争过程造成损害或仅仅减损激烈竞争的程度就足以被认作是反竞争的？抑或，这种对竞争过程造成损害的单边行为是否须与其所导致的具体损害联系起来，比如对消费者福利的损害或者经济效率的损害？③

第二个基本问题是第一个基本问题的延伸，涉及通过反竞争的排他行为所损害的具体利益形态。当经济效率被视作保护竞争所要实现的具体利益形态时，"反竞争"的界定标准是总福利标准（total welfare standard）。而当消费者福利被视作保护竞争所要实现的具体利益形态时，

---

① 市场力量不一定是负面的或有害于经济的，它可能是效率的体现。参见陈志广《非效率市场力量与效率市场力量——一个关于反垄断规制对象的基础框架》，《江苏社会科学》2007年第1期。

② "凭本事竞争"的概念是区分有害于竞争的单边行为与强化竞争的单边行为的有益参考点。See OECD, Executive Summary of the Roundtable on Competition on the Merits, 2005, p. 9. Available at http：//www. oecd. org/daf/competition/abuse/35911017. pdf, last visit on Dec. 6, 2018.

③ 事实上，反垄断旨在保护激烈对抗和强健的竞争水平之观点，可以追溯到德国秩序自由主义的传统经济思想，并体现在长期以来的欧盟竞争法制度中。（参见［美］戴维·格伯尔《二十世纪欧洲的法律与竞争——捍卫普罗米修斯》，冯克利、魏志梅译，中国社会科学出版社2004年版，第286—328页。）然而，这样的观点不被美国芝加哥学派以来的反垄断经济思想所接纳。近年来，美国反托拉斯政策被普遍认为采用了"消费者福利的良方"。因而尽管美国反托拉斯法将竞争视为社会理想结果的先驱，但反竞争的排他行为的证立，一般须表明消费者福利受损。［See Steven C. Salop, "Exclusionary Conduct, Effect on Consumers, and the Flawed Profit-Sacrifice Standard", 73 *Antitrust Law Journal*, 312（2006）.］

"反竞争"的界定标准是消费者福利标准（consumer welfare standard）。[1]

第三个基本问题涉及时间。企业的单边行为经常具有不对称的跨期效应（intertemporal effects），行为在当下（短期）的负面影响可能会被未来（长期）的潜在利益所抵消，反之亦然。因此，对于"反竞争"的界定，是否需要在所有情况下对行为的产出效应和价格效应进行复杂的跨时间的计量分析？事实上，如果这种跨时间的分析成为普遍要求，反垄断政策的施行恐怕会面临巨大的认知挑战。[2]

第四个基本问题与第三个基本问题是关联的，涉及静态效率与动态效率之间的紧张关系。简言之，如果注重短期的、静态的经济效率或者消费者福利，进而把某些行为认作是反竞争的排他行为，那么可能会抑制企业的投资激励和创新动力，并对长期的动态效率和创新收益造成负面影响。[3] 这意味着，"反竞争"的界定在深层次上涉及静态效率（短期竞争性收益）与动态效率（长期创新性收益）的艰难取舍和平衡。这种艰难性在涉及创新型产业时更加突出。[4]

二　排他行为的规范基础及不同反垄断经济学流派

事实上，有关排他行为的不同反垄断经济学流派未必自觉意识到

---

[1]　总体福利标准（效率主义）认为，反垄断只需关注垄断带来的福利纯粹损失，而无须考虑垄断导致的福利转移损失。相反，消费者福利标准注重福利转移损失，且只考虑经济效率的提高是否会增加消费者福利。参见应品广《法治视角下的竞争政策》，法律出版社2013年版，第96—106页。

[2]　在评估商业行为的跨期效应上，反垄断法受到严重的认识论限制（epistemological limitations）。See Richard D. Cudahy & Alan Devlin, "Anticompetitive Effect", 95 *Minnesota Law Review*, 63 – 64 (2010).

[3]　尽管垄断（高市场集中度）不是创新的必要条件，但在某些情况下，反竞争的条件可能会成为未来压倒性的促进竞争的有利结果之推动力。See J. Gregory Sidak & David J. Teece, "Dynamic Competition in Antitrust Law", 5 *Journal of Competition Law and Economics*, 581 – 632 (2009).

[4]　两种完全对立的观点，See Jonathan B. Baker, "Beyond Schumpeter v. Arrow: Antitrust Fosters Innovation", 74 *Antitrust Law Journal*, 575 – 577 (2007)（反垄断能够促进创新，因为创新前的产品竞争和创新竞争对促进创新和经济增长更加重要）；Geoffrey A. Manne & Jushua D. Wright, Innovation and the Limits of Antitrust, George Mason Law & Economics Research Paper No. 2009 – 54（创新行为/产品"本身合法"、创新与反垄断"有限兼容"）。

以上各方面问题，即便意识到这些问题，他们对排他行为所秉持的认识和主张也存在诸多差异。

（一）严苛的反垄断理论流派

从 19 世纪末开始，人们开始认识到，由于经济势力过度集中而形成的大企业，可能滥用绝对的自由市场所赋予的机会，故有必要对这些企业的行为进行某些限制。对于经济势力过于集中的质疑导致 1890 年美国《谢尔曼法》的诞生。① 因此，在《谢尔曼法》这一现代"反垄断母法"的早期观念成分中，蕴含着强烈的对大企业及其行为的"天然防范"。这些思想和观念经过理论化的提炼，逐渐形成了以哈佛学派为代表的严苛的反垄断理论流派。其对待企业单边行为的严苛性主要体现在以下方面。②

第一，该学派在对"反竞争"之性质的认识和界定上非常宽泛和模糊，以至于表现出某种民粹主义（populism）的倾向。具体来说，与国家利益、中小企业利益、劳动者利益、消费者利益或者公平价值等相冲突的企业行为都可能被贴上"反竞争"的标签。③

第二，该学派饱含"结构主义"色彩，即倾向于认为"大的就是坏的"。贝恩等哈佛学派学者提出的 SCP 范式认为，企业的"市场结构（structure）→市场行为（conduct）→市场绩效（performance）"之间存在单向因果的决定关系。④ 因此，企业行为的"坏"植根于其所处市场结构的"坏"。换言之，如果一个企业处于集中度较高的市场，那么它所做出的行为几乎不可能是有利于竞争的。

第三，该学派的认知方法是比较粗糙的，其对企业单边行为竞争效

---

① 参见［美］罗伯特·皮托夫斯基等《超越芝加哥学派——保守经济分析对美国反托拉斯的影响》，林平、臧旭恒等译，经济科学出版社 2013 年版，第 1 页。

② 这些对待企业单边行为严苛的主张，在 20 世纪五六十年代被美国法院广为接纳，尤其与沃伦最高法院（Warren Court）联系在一起。See Thomas E. Kauper, "Warren Court and the Antitrust laws: Of Economics, Populism, and Cynicism", 67 *Michigan Law Review*, 325 – 342 (1968).

③ 参见［美］马歇尔·霍华德《美国反托拉斯法与贸易法规》，孙南申译，中国社会科学出版社 1991 年版，第 19 页。

④ 参见李天舒《"结构—行为—绩效"范式的理论演进与现实应用》，《改革与战略》2008 年第 7 期。

果的判断，缺乏严格的经济学理论支撑，仅仅依凭于经验性的直觉，而这种直觉关乎人们是否在心理上反感某种行为。譬如，美国最高法院一度认为："搭售协议除了抑制竞争，几乎没有其他的目的。"① 这一语式也经常用在其他行为上。②

第四，该学派把很多在直觉上令人厌恶的行为，置入所谓的"杠杆理论"或"传导理论"（leverage theory），并予以谴责。传统的杠杆理论认为，在一个市场上拥有垄断力量的企业，可以将该力量传导或延伸至另一个市场，从而垄断两个市场，并获得双重垄断利润，最终对经济造成更大的损害。很容易理解，"既然一个垄断是不好的，那么两个垄断当然会更糟"。③ 在经验性直觉与传统杠杆理论的交互映照下，具有一定程度市场力量的企业所实施的搭售协议、排他性交易协议、纵向分销协议等行为被认作是"本身违法"（illegal per se）的。④

另外，在关于企业单边行为较为严苛的反垄断理论流派中，源于德国的秩序自由主义学派（也称奥尔多自由主义学派或弗赖堡学派），亦不容忽视。长期以来，该学派对欧盟竞争法的观念、制度的影响可谓根深蒂固。⑤ 该学派认为，一个具有竞争性的经济体制（强健的竞

① *Standard Oil Co. v. United States*, 337 U. S. 293, 305 – 306（1949）.

② 关于美国反托拉斯法对待企业行为无知而不友好的传统，See Frank H. Easterbrook, "The Limits of Antitrust", 63 *Texas Law Review*, 4 – 9（1984）。（在"垄断"的领域中，我们非常无知，无法理解的行为的数量往往相当大，而依赖于"垄断解释"却愈加频繁。）

③ "If one monopoly is bad, surely two monopolies are worse." Robin Cooper Feldman, "Defensive Leveraging in Antitrust", 87 *Georgetown Law Journal*, 2080（1999）. 对杠杆理论演变的介绍，也可以参见李剑《反垄断法中的杠杆作用——以美国法理论和实务为中心的分析》，《环球法律评论》2007 年第 1 期。

④ See David S. Evans, & A. Jorge Padilla, Designing Antitrust Rules for Assessing for Unilateral Practices: A Neo-Chicago Approach, CEMFI Working Paper No. 0417. Available at http://www.worldlii.org/int/journals/lsn/abstracts/617311.html, last visit on Dec. 8, 2018. 事实上，我国商务部反垄断局于 2009 年驳回可口可乐公司收购汇源公司的经营者集中审查案，其解释依据就是杠杆理论（参见商务部公告 2009 年第 22 号）。对该案的评论，参见邓峰《传导、杠杆与中国反垄断法的定位——以可口可乐并购汇源反垄断法审查案为例》，《中国法学》2011 年第 1 期。

⑤ 许多参与欧洲共同体建立的关键人物都与秩序自由主义学派有关。因此，有学者认为，《欧盟运行条约》第 102 条所包含的"滥用"概念源自一种明显的德国经济哲学学说。See David J. Gerber, "Law and Abuse of Economic Power in Europe", 62 *Tulane Law Review*, 85（1987）.

争水平）对于一个繁荣、自由和公平的社会是必要的；保护竞争过程可以带来各种在结果上开放的利益；为此，最重要的是建立一套法律制度，防止私人经济势力的产生和滥用。① 秩序自由主义学派提出了"经济宪法"的构建，即用以框定竞争性经济体制的法律制度或法律秩序。② 该学派同时主张，关于竞争法的目标应建立在"公平"的基础之上，具有市场力量的企业应表现得就像置身在"有效竞争"③ 的市场环境中一样。这反映了一种关切，即中小企业应享有参与竞争的机会，中小企业的存在对促进消费者福利具有重要性，因而它们应该得到必要的保护，以免受来自强势企业过度的影响。概言之，秩序自由主义学派认为，具有市场支配地位的企业负有不得扭曲市场竞争过程的特别义务，对其行为施加某些限制是必要和适当的。④ 事实上，尽管秩序自由主义学派没有主张具有市场支配地位的企业不被允许在商业上自由竞争，但受该学派的影响，欧盟竞争法的实践长期以来对支配企业的单边行为采取了非常敌意的态度和处理方式，诸如搭售、排他性交易、忠诚折扣、拒绝交易等行为通常在"形式为基的方法"（form-based approach）下迅速受到谴责。⑤

综上所述，针对排他行为的严苛的反垄断理论，至少分享了以下两个方面的特质：一是"竞争"与多元的经济、社会、政治利益联系在一起，因而反竞争的排他行为的范围变得非常宽泛；二是对反竞争的排他行为的认知，强烈依赖经验性直觉，缺乏严格的经济学理论

---

① "不能让市场过程参与者随意决定经济活动的形式。"冯兴元：《论奥尔多秩序与秩序政策——从秩序年鉴谈起》，《德国研究》2001 年第 4 期。

② 参见应品广《法治视角下的竞争政策》，法律出版社 2014 年版，第 34 页。

③ 有效竞争的目标模式主要是从规范竞争性市场结构出发的。按照德国康森巴赫的理论，有效竞争就是要建立优化的市场结构，即市场上竞争者的数量不能太少也不能太多，其具体数量取决于特定行业中规模经济和竞争活力相兼容的平衡状态。参见王俊豪《论有效竞争》，《中南财经大学学报》1995 年第 5 期；王晓晔《有效竞争——我国竞争政策和反垄断法的目标模式》，《法学家》1998 年第 2 期。

④ See R. O'Donoghue & J. Padilla, *The Law and Economics of Article 82 EC*, Hart Publishing, 2006, pp. 8 – 9.

⑤ See Anne C. Witt, *The More Economic Approach to EU Antitrust Law*, Hart Publishing, 2016, pp. 142 – 146.

支撑。这些弱点为革命性的"反反垄断"理论流派树立了诱人的攻击标靶。

（二）革命性的"反反垄断"理论流派

所谓革命性的"反反垄断"理论流派，是指 20 世纪 70 年代以来，以罗伯特·博克（Robert H. Bork）、理查德·A. 波斯纳（Richard A. Posner）、弗兰克·伊斯特布鲁克（Frank H. Easterbrook）等为代表而迅猛发展起来的芝加哥学派。整体上看，该学派大力鼓吹经济效率作为反垄断的唯一目标。[1] 他们倾向于从纯粹经济学的视角来考察商业行为，而抵触政治或社会价值的考量。比如，他们反对仅仅为了小企业的"小"所体现的社会价值而保护小企业。[2]

《反垄断悖论》一书，可能是体现芝加哥学派思想最全面和最具影响的著述。其作者罗伯特·博克声称反托拉斯法应当进行改革，并且只需要关注以下三类行为：（1）固定价格或划分市场的"赤裸裸"的横向协议；（2）导致双头垄断或独占的横向合并；（3）有限的排他行为，主要是滥用政府程序而实施的掠夺行为。[3] 博克认为，经过改革和重新聚焦的反托拉斯法，将"放弃其对小型横向合并、所有的纵向和混合合并、纵向的转售价格维持和地域划分、搭售安排、独家交易和需求合同（requirement contract）、掠夺性的价格削减、价格歧视等"的

---

① 例如，博克认为，"国会通过谢尔曼法的唯一目标就是经济效率"（Robert H. Bork, *The Antitrust Paradox: A Policy at War with Itself*, Basic Books, 1978, p. 90.）。再如，波斯纳指出，"今天所有从事反托拉斯职业的人——不管是诉讼当事人、法官、学者还是有见识的观察家——都不仅赞同反托拉斯法的唯一目标应当是促进经济福利，而且对判断具体商业活动是否与这一目标一致所运用的经济理论的基本原则也存在共识。"［［美］理查德·A. 波斯纳：《反托拉斯法》（第二版），孙秋宁译，中国政法大学出版社 2003 年版，第 4 页。]

② 对非经济价值的考虑被认为过于模糊而无关紧要。参见［美］罗伯特·皮托夫斯基等《超越芝加哥学派——保守经济分析对美国反托拉斯的影响》，林平、臧旭恒等译，经济科学出版社 2013 年版，第 2 页。

③ 有必要说明的是，在美国反托拉斯理论和实践中，对于《谢尔曼法》第 2 条所调整的企业单边行为（类似于支配地位滥用行为），到底是将其归纳为"掠夺性行为"还是"排他性行为"，一度存在争议。基于多种原因，人们现在一般使用涵括性更好的"排他行为"来指代违反反垄断法的企业单边行为。但有时候，"掠夺""排他""封锁"等概念也未加以严格区分，而在同种意义上使用。比如《适用欧共体条约第 82 条查处市场支配地位企业排他性滥用行为的执法重点指南》将"排他性行为"等同于"反竞争性封锁"。

关注。① 以上主张很大程度上就是对排他行为违法指控的放弃。事实上，芝加哥学派长期以来对"排他"作为一种反垄断理论深表怀疑，尤其是将这种理论应用到支配企业的行为。② 这种对支配企业排他行为的"反反垄断"主张（或者说非常宽松的主张），从更具体的层面看，是以下列信奉或认识为依托的。

第一，从前提假设上看，芝加哥学派相信市场具有强健的自我纠正（self-correcting）能力。③ 其认为，在企业行使市场力量的情形下，新企业的进入或在位企业的扩张通常会迅速、自动地恢复市场竞争。进一步来说，如果市场进入很容易，那么市场力量的行使将会促使新的竞争者出现。由此得出了一个经验性主张：由于反竞争的排他行为会导致价格上涨，因而"新的进入者会缓解甚或消除问题"；紧接着的结论是，"让罪恶都赦免于反垄断法，这是一个自我纠正的问题"④。

第二，芝加哥学派通常相信，垄断或寡占的市场结构有利于创新，因而大企业或支配企业是创新的重要驱动力。⑤ 换言之，在短期和长期、静态效率和动态效率的取舍、平衡上，芝加哥学派的学者通常偏爱于后者。他们相信，支配企业的大多数行为，即使在短期内导致竞争不足和福利损失，但长期来看，这些负面影响会被巨大的创新收益

---

① See Robert H. Bork, *The Antitrust Paradox: A Policy at War with Itself*, Basic Books, 1978, p. 406.

② See Jonathan B. Baker, "Exclusion as a Core Competition Concern", 78 *Antitrust Law Journal*, 528 (2012).

③ 伊斯特布鲁克法官的名作《反垄断的局限》，对"自我纠正"（self-correcting）一词起到了重要的推广作用。他认为："容忍有害行为的司法错误是［通过市场］自我纠正的（self-correcting），而错误的谴责则不是。"Frank H. Easterbrook, "The Limits of Antitrust", 63 *Texas Law Review*, 3 (1984).

④ Fred S. Mc Chesney, "Talking 'Bout My Antitrust Generation'", 27 *Regulation*, 48, 50 (2004).

⑤ 事实上，到底是竞争有利于创新还是垄断有利于创新，这在经济学上至今未有定论。有一种观点常与约瑟夫·熊彼特（Joseph Schumpeter）联系在一起，认为垄断有利于创新。相反的观点，常与肯尼斯·阿罗（Kenneth Arrow）联系在一起，认为竞争有利于创新。See Jonathan B. Baker, "Beyond Schumpeter v. Arrow: Antitrust Fosters Innovation", 74 *Antitrust Law Journal*, 575–577 (2007).

所压倒或抵消。①

　　第三，针对以往许多被视作"反竞争的排他行为"，芝加哥学派从正面对这些行为提出了许多效率解释。例如，搭售被认为有利于企业实现生产和销售中的规模经济和范围经济、减少寻找满足复杂需求的最合适的产品组合的成本、产生新的或改进的产品和服务、帮助制造商确保质量、避免双重边际化即双重加价（double marginalization）等②；再如，排他性交易被认为有助于改善销售体系效率、避免"搭便车"问题、促进风险分担并保护投资等③；又如，转售价格维持、地域划分等纵向分销限制④被认为能够鼓励促销服务、避免搭便车、推动新产品的市场进入、同时作为非完备经销合同的实施机制等。⑤

　　第四，针对以往许多被视作"反竞争的排他行为"，芝加哥学派不仅对其作出效率解释，而且通过价格理论的运用，对据以谴责这些行为的"杠杆理论"和"双重垄断利润理论"提出颠覆性批判，并建立了"单一垄断利润理论"。该理论认为，在纵向产业链中，只存在单一垄断利润。具体来说，一家在纵向产业链某个环节拥有垄断地位的企业，如果它对其产品收取垄断价格，而其他环节的企业对其产品收取竞争性的价格，那么

---

　　① 芝加哥学派的这一观点在我国也有市场。有学者表达了如下担忧："一年以后，反垄断法即将实施，但我不敢对它报以乐观的期望。反垄断法所指向和限制的企业行为，很多其实是市场创新和信誉机制的一部分，是市场竞争的本质……我很担心，一部以反垄断为目标的法律，最后变成反市场竞争的工具。"张维迎：《市场的逻辑》（增订版），上海人民出版社2012年版，第104页。

　　② See Ward S. Bowman, "Tying Arrangements and the Leverage Problem", 67 *Yale Law Journal*, 19-29 (1957)；［美］理查德·A. 波斯纳《反托拉斯法》（第二版），孙秋宁译，中国政法大学出版社2003年版，第230—242页。

　　③ See Robert H. Bork, *The Antitrust Paradox: A Policy at War with Itself*, Basic Books, 1978, Chapter 15；Howard P. Marvel, "Exclusive dealing", 25 *Journal of Law & Economics*, 1-26 (1982).

　　④ 转售价格维持、地域划分等纵向分销限制不仅可能便利制造商或经销商的共谋，而且可能是制造商或经销商设置的策略性进入壁垒，即作为排斥竞争对手进入或扩张的手段。See Thomas A. Lambert, "Dr. Miles is Dead? Now What: Structuring a Rule of Reason for Evaluating Minimum Resale Price Maintenance", 50 *William & Marry Law Review*, 1943-1950 (2009).

　　⑤ See Lester Telser, "Why should Manufacturers Want Fair Trade?" 3 *Journal of Law & Economics*, 86-105 (1960)；Benjamin Klein & Kevin M. Murphy, "Vertical Restraints as Contract Enforcement Mechanisms", 31 *Journal of Law & Economics*, 267-268 (1988)；David A. Buts, "Vertical Price Controls with Uncertain Demand", 40 *Journal of Law & Economics*, 433-436 (1997).

它可以获得垄断利润。这意味着，垄断企业更希望产业链的其他环节开展尽可能多的竞争，因为这将降低最终产品的价格，增加销售，从而使其获得的总利润最大化。简言之，垄断企业没有动机垄断纵向产业链上的竞争性环节，因为它永远无法从另一个层次的垄断中获得比目前更多的利润。①据此，搭售、排他性交易等纵向限制行为被认为是"本身合法"的。② 另外，"单一垄断利润理论"的变体也被广泛运用于证明涉及"必需设施"（essential facility）的拒绝交易、利润挤压（margin squeeze）等行为的合法性。③ 事实上，芝加哥学派对据称为反竞争的排他行为注入了广泛的"不可能原理"（impossibility theorems）。除以上行为外，掠夺性定价也赫然在列。在很多芝加哥学派学者看来，掠夺性定价是极不理性和十分昂贵的，"掠夺—补偿"的故事毫无意义，不足采信。④

　　第五，芝加哥学派在信奉市场自我纠正的能力、大力鼓吹经济效率的同时，对反垄断执法机构和法院的认知能力以及反垄断法实施中的"积极错误"（false positive）展露出格外的担忧。在伊斯特布鲁克看来，市场最好被理解为一个随机的过程：企业对其所采取的商业行为，往往很难作出令人信服的效率解释——因为解释的时机不成熟（相应的经济学理论来得太晚），缺乏经济学训练的法官在理解这些商业行为的意义方面受到更大的信息局限，但他们却习惯于对这些未能很好理解的东西加以"垄断"的解释。从决策错误成本的角度看，如果法院谴责一项有益的商业行为而犯错误（"积极错误"），那么这种商业行为所能带来的好处可能会永远消失；相反，错误地赦免垄断行为（"消极错误"，false negative），该行为最终会屈服于市场竞争，因为垄断者的高价会吸引竞争。概言之，"基于种种原

---

① 单一垄断利润理论的原型起始于 Bowman 对搭售杠杆理论的经典批判。See Ward S. Bowman, "Tying Arrangements and the Leverage Problem", 67 *Yale Law Journal*, 19-37 (1957).

② See Robert H. Bork, *The Antitrust Paradox: A Policy at War with Itself*, Basic Books, 1978, p. 372.

③ See R. O'Donoghue & J. Padilla, *The Law and Economics of Article 82 EC*, Hart Publishing, 2006, p. 180.

④ See Robert H. Bork, *The Antitrust Paradox: A Policy at War with Itself*, Basic Books, 1978, pp. 144-155; Frank H. Easterbrook, "Predatory Strategies and Counterstrategies", 48 *University of Chicago Law Review*, 263 (1981).

因，宽赦有问题的行为所犯的错误更易于被原谅"①。

整体上看，芝加哥学派的反垄断理论作为一种"批判性的力量"，无疑是可贵的。在该学派的影响下，有关支配企业排他行为的反垄断法实践，尽管没有完全采取该学派所主张的"本身合法"，但它迈向了更加严格、合理且更加倚重经济学分析的路径。不过，芝加哥学派的反垄断理论在很大程度上也可以说是"反应过头"了。它或许是一种具有视角或方法合理性的洞见，但却很难说是一种负责任的、建设性的实践方案。其内含的怀疑式的解构一切的倾向，无疑会威胁到整个反垄断体系的合法性和成功，从而威胁到社会通过培育和保护竞争性的市场所能获得的利益。②

（三）折中的反垄断理论流派

所谓折中的反垄断理论流派，是指介于严苛的反垄断理论流派和怀疑式的"反反垄断"理论流派之间的"中间道路"。从认识规律的角度讲，它蕴含了"否定之否定"后的吸纳、整合性智识。作为当前被广为接受的反垄断理论流派，从组成上看，它不仅包括对芝加哥学派作出修正的"后芝加哥学派"③，也包括对古典哈佛学派作出改进的"新产业组织理论"④。这种"双螺旋的结构"，在很大程度上塑造了当

---

① See Frank H. Easterbrook，"The Limits of Antitrust"，63 *Texas Law Review*，15（1984）．当然，也有学者质疑芝加哥学派学者在看待两类错误成本上的系统性偏见。See Alan Devlin & Michael Jacobs，"Antitrust Error"，52 *William & Marry Law Review*，75 – 132（2010）．

② See Jonathan B. Baker，"Taking the Error out of Error Cost Analysis：What's Wrong with Antitrust's Right"，80 *Antitrust Law Journal*，38（2015）．事实上，与芝加哥学派的"成功"伴随在一起的担忧日益凸显，即保守经济理论使反垄断原则的解释变得越来越狭窄，并使执法朝向一个根本性的错误方向发展。（参见［美］罗伯特·皮托夫斯基等《超越芝加哥学派——保守经济分析对美国反托拉斯的影响》，林平、臧旭恒等译，经济科学出版社2013年版，第1页。）

③ 据考证，"后芝加哥"（Post-Chicago）一词由赫伯特·霍温坎普和奥利弗·威廉姆森于1992年首次使用。［Herbert Hovenkamp & Oliver Williamson，"Post-Chicago Analysis After Kodak：Interview with Professor Steven C. Salop"．7 *Antitrust*，20（1992）．］迈克尔·温斯顿关于搭售的一篇文章对后芝加哥学派起到了开创性的贡献。［Michael D. Whinston，"Tying, Foreclosure, and Exclusion"，80 *American Economic Review*，837（1990）．］

④ "新产业组织理论"由哈佛学派的后期代表人物弗雷德里克·谢勒和大卫·罗斯奠基（Frederic F. Scherer & David Ross，*Industrial Market Structure and Economic Performance*，Houghton Mifflin Company，1990．），并且汇聚了菲利普·阿里达（Phillip Areeda）、唐纳德·特纳（Donald Turner）和斯蒂芬·布雷耶（Stephen Breyer）等学者的贡献。

前支配企业排他行为之反垄断的智识基因。① 因为它提供了以下多方面的关键见解。

第一，在界定"反竞争"的问题上，尽管经济效率是重要的考量因素，但消费者福利被赋予了更大的权重，它实际上充当着"守门人"的功能和角色。换言之，支配企业就其行为做出的效率主张，必须在消费者福利标准之下予以进一步的平衡、检视和矫正。② 如果"排他行为"对企业效率的提升不能使消费者分享任何效率利益，或者传递给消费者的效率利益与行为造成的损害不相称，那么行为最终会被认为是反竞争的。此外，作为一种现实主义的态度，反垄断不可能完全不顾及非竞争的价值考量，因而"反竞争"的界定尚且可能涉及竞争性利益与非竞争性的社会公共利益的平衡。③

第二，"新产业组织理论"的学者在策略性行为学说（博弈论）以及信息经济学的启示下，对传统 SCP 范式进行了改进，逐渐认识到了企业的市场结构、市场行为和市场绩效两两因素间的双向关系和反馈关系，由此形成新 SCP 范式。④ 在新 SCP 范式中，尽管市场结构的重要性被削弱了，即结构不再决定绩效，但结构仍被看作是出现反竞争绩效的先决条件——结构变成了必要但非充分的原因。与此同时，"行为"以及

---

① See William E. Kovacic，"The Intellectual DNA of Modern U. S. Competition Law for Dominant Firm Conduct：The Chicago/Harvard Double Helix"，2007 *Columbia Business Law Review*，1 – 82 (2007). 事实上，后芝加哥学派和新产业组织理论的思想不仅对美国反托拉斯法具有广泛影响，而且对 21 世纪以来的欧盟竞争法也具有重要影响。See R. O'Donoghue & J. Padilla，*The Law and Economics of Article 82 EC*，Hart Publishing，2006，pp. 181 – 182.

② See Steven C. Salop，"Exclusionary Conduct，Effect on Consumers，and the Flawed Profit-Sacrifice Standard"，73 *Antitrust Law Journal*，311 – 374 (2006)；张永忠：《反垄断法中的消费者福利标准：理论确证与法律适用》，《政法论坛》2013 年第 3 期；刘继峰：《竞争法中的消费者标准》，《政法论坛》2009 年第 5 期。

③ See Vijver，Tjarda Desiderius Oscar van der，"Objective Justification and Prima Facie Anti-competitive Unilateral Conduct：an Exploration of EU Law and Beyond"，Doctoral Dissertation of Leiden University，2014，pp. 132 – 141；兰磊：《论反垄断法多元价值的平衡》，法律出版社 2017 年版，第 196—199 页；焦海涛：《社会政策目标的反垄断法豁免标准》，《法学评论》2017 年第 4 期。

④ 参见李剑《论结构性要素在我国〈反垄断法〉中的基础性地位——相对优势地位滥用理论之否定》，《政治与法律》2009 年第 10 期。

"行为分析"获得了相当程度的独立重要性。①

第三，就芝加哥学派对掠夺性定价、搭售、排他性交易、拒绝交易等排他行为所注入的"不可能原理"（impossibility theorems），"后芝加哥学派"广泛质疑其假设，并通过博弈论的引入和消费者福利损害模型的建构，提出了针对上述排他行为的一系列"可能性原理"（possibility theorems）。② 例如，"财力雄厚"理论（"deep pocket" theory）或不对称财力限制理论、金融市场掠夺理论、信号策略理论、声誉效应理论、多重收益掠夺理论等，都说明了掠夺性定价可以是一种理性的、有利可图的策略。③ 此外，居于芝加哥学派内核的"单一垄断利润理论"备受质疑，而"杠杆理论"则重获生机。④ 要而言之，"单一垄断利润理论"的有效性仅存在于一个极端的例子中，并依赖如下假设：即如果垄断者不面临任何竞争者或潜在竞争者，亦即购买者对垄断者的产品不具有任何替代选择，那么垄断者确实无法通过排他行为增加垄断利润。但是，现实中的支配企业通常面临其他现实竞争者或潜在竞争者的威胁。在这种情况下，支配企业的排他行为至少是防止垄断利润消散的措施，即通过抑制实际竞争或潜在竞争的排他手段来维持其支配地位。⑤ 进一步来说，诸如搭售、捆绑、排他性交易、

---

① 参见［美］赫伯特·霍温坎普《联邦反托拉斯政策——竞争法律及其实践》，许光耀、江山、王晨译，法律出版社 2009 年版，第 49 页。

② See David S. Evans, & A. Jorge Padilla, Designing Antitrust Rules for Assessing for Unilateral Practices: A Neo-Chicago Approach, CEMFI Working Paper No. 0417. Available at http://www. worldlii. org/int/journals/lsn/abstracts/617311. html, last visit on Dec. 8, 2018.

③ See Patrick Bolton, Joseph F. Brodley, Michael H. Rioedan, "Predatory Pricing: Strategic Theory and Legal Policy", 88 *Georgetown Law Journal*, 2239 – 2330 (2000)；［美］赫伯特·霍温坎普：《反垄断事业：原理与执行》，吴绪亮等译，东北财经大学出版社 2011 年版，第 380—381 页。

④ 很多学者揭露了"单一垄断利润"的神话及其各种局限性。See Louis Kaplow, "Extension of Monopoly Power Through Leverage", 85 *Columbia Law Review*, 515 – 556 (1985)；Andrew I. Gavil, "Exclusionary Distribution Strategies by Dominant Firms: Striking a Better Balance", 72 *Antitrust Law Journal*, 3 – 82 (2004)；Einer Elhauge, "Tying, Bundled Discounts, and the Death of the Single Monopoly Profit Theory", 123 *Harvard Law Review*, 397 – 481 (2009).

⑤ See Steven C. Salop, "The Raising Rivals' Cost Foreclosure Paradigm, Conditional Pricing Practices, and the Flawed Incremental Price-Cost Test", 81 *Antitrust Law Journal*, 393 – 394 (2017).

忠诚折扣、拒绝交易、利润挤压等排他行为的"杠杆作用"——通过一个市场的垄断地位或支配地位影响另一个市场的竞争状况，并非一定是要将另一个市场的竞争对手完全排挤出去并垄断该市场，而可能是支配企业用以提高竞争对手成本（Raising Rivals' Cost，简称 RRC）并形成市场封锁的重要机制。[①] 在此意义上，"反竞争的市场封锁和杠杆作用这两个概念，并不是空洞的和反逻辑的"[②]。

第四，"后芝加哥学派"或"新产业组织理论"的学者大多承认："反垄断所面临的最基本的问题是通过那些能力有限的机构来处理复杂的市场信息"[③]；由于信息的局限性，反垄断具有内在的、系统性的易于错误的倾向（susceptible to error）。[④] 这种易于错误的倾向当然也体现在对支配企业排他行为的谴责上。不过，由于不同的排他行为损害竞争进而损害消费者的机制不尽相同，因此那种认为对所有排他行为进行谴责都易于发生"积极错误"的观点显然是不可取的。相反，谴责不同的排他行为在发生"积极错误"或"消极错误"的成本和频率方面，往往存在不同的分布。做出这种细致的区分是必要的，因为它是针对不同排他行为设计最优反垄断规则的基础，也是建构一套针对排他行为之合理原则系谱的前提。[⑤]

---

①　在 RRC 范式中，支配企业实施排他行为并造成反竞争的封锁效应，需满足以下三个条件：（1）增加竞争对手的成本，即确定一种切实可行的排他方法；（2）控制价格的势力（power over price），即排斥竞争对手并造成实质性的竞争损害；（3）盈利能力，即确保排他策略的可盈利性。See Thomas G. Krattenmaker & Steven C. Salop，"Anticompetitive Exclusion：Raising Rivals' Cost to Achieve Power over Price"，96 *Yale Law Journal*，209 – 294（1986）.

②　"RRC 理论的真正价值不是要建立一套非法排他行为的新体系，而是说明传统上受到反垄断法关注的某些行为可具有反竞争效果，即使这些行为在表面上并不涉及直接打击竞争对手。旧的反竞争排他性行为理论只关注完全封锁或摧毁竞争对手。因此，RRC 理论是对这种旧理论的一种替代。"［美］罗伯特·皮托夫斯基：《超越芝加哥学派——保守经济分析对美国反托拉斯的影响》，林平、臧旭恒等译，经济科学出版社 2013 年版，第 142、107 页。

③　［美］赫伯特·霍温坎普：《反垄断事业：原理与执行》，吴绪亮等译，东北财经大学出版社 2011 年版，第 11 页。

④　See Alan Devlin & Michael Jacobs，"Antitrust Error"，52 *William & Marry Law Review*，75 – 132（2010）.

⑤　See Mark S. Popofsky，"Defining Exclusionary Conduct：Section 2，The Rule of Reason，and the Unifying Principle Underlying Antitrust Rules"，73 *Antitrust Law Journal*，435 – 482（2006）.

整体上看，所谓"后芝加哥学派"和"新产业组织理论"，二者实际上不存在严格的界限，也不具有本质上的智识分歧。在经由对严苛的反垄断理论和怀疑式的"反反垄断"理论的"否定之否定"后，有理由相信，它们站在了一个较好的平衡点上，也应当是较为健全的反垄断的智识基础。当然，实践不止，理论认识不止，因而不排除反垄断范式变革的未来可能。① 实际上，尽管当前（以及可以预见的此后相当阶段）有人批判和质疑消费者福利在反垄断中的绝对重要性、反垄断过于关注"竞争结果"而非"竞争过程"、反垄断脱离民主、反垄断过度依赖经济学方法、反竞争的排他行为的验证条件过于复杂等②，但关键在于，"解构（批判）和创造必须是不分先后的同一过程，假如没有比较充分的创造性眼光，批判的眼光就是靠不住，如果没有开出一条新的道路，光把原来的道路给破坏了，那我们往哪里走？"③ 自此而言，当前的这些批判和质疑或许只是"茶杯里的风暴"。

第二节 排他性滥用反垄断法规则的体系性差异与中国化取向

据粗略统计，在四十年前，只有不到 30 个国家（地区）有反垄断法，并且反垄断法的实施也不活跃，但近年来，已经有差不多 110 个国家（地区）颁布了反垄断法。④ 在这些国家（地区）中，有的经济体长

---

① 人文社科领域广泛使用的"范式"（paradigm）概念源出自托马斯·库恩《科学革命的结构》。所谓范式，大概是指能够为某个领域提供比较稳定的解决问题的基本进路和共享规则的研究成果。参见苏力《也许正在发生——中国当代法学发展的一个概览》，《比较法研究》2001年第3期。

② 在宽泛的意义上，这些批评可以被归结为近年来发生在美国的"新布兰代斯运动。"See Lina M. Kahn, "The New Brandeis Movement: American's Antimonopoly Debate", 9 *Journal of European Competition Law & Practice*, 131 – 132 (2018); Lina M. Kahn, "Amazon's Antitrust Paradox", 126 *Yale Law Journal*, 710 – 805 (2017).

③ 赵汀阳:《智慧复兴的中国机会》，《学问中国》，江西教育出版社1998年版，第3页。

④ See Tomas K. Cheng, "Convergence and Its Discontents: A Reconsideration of the Merits of Convergence of Global Competition Law", 12 *Chicago Journal of International Law*, 456 (2012).

期以来受"自由放任"政策的驱动，而有的经济体则在经历了长期的计划经济后刚刚拥抱市场。尽管存在这些差异，但它们的反垄断法都植根于市场经济。① 这意味着，无论在华盛顿、布鲁塞尔或者北京，需求曲线都会向下倾斜。事实上，从经济学中提取的概念构成了不同反垄断司法辖区通用语言的重要组成部分。② 在市场经济构成要素的同质性和经济学方法的共享性的基础上，各国（地区）立法、执法、司法几乎无一例外地承诺反垄断法的实施旨在保护竞争、促进效率、维护消费者利益。③ 然而，即使所有的司法辖区都拥有以上相同的塑造反垄断法规则的"算法"——统一的经济原则和福利目标，但信息输入和假设输入的差异往往导致不同的反垄断法规则在另一端出现，这尤其体现在支配企业排他行为的反垄断法规则方面。④

一　反垄断法的"二元典范"

现代社会，全球化的趋势不可逆转。全球化不仅是经济全球化，还包括法律全球化在内的多重维度。⑤ 如果对反垄断法采取一种"全球化"的视角，那么可以发现，在反垄断法的全球性结构中，存在着明显的

---

① "社会经济生活对反垄断法的需求与市场的成熟程度成正比。"时建中主编：《反垄断法——法典释评与学理探源》，中国人民大学出版社 2008 年版，第 1 页。

② "反垄断法不管在哪里实施，都是基于学术共同体共同构建的分析框架：福利目标、被广泛接受的经济分析方法，还有在世界范围大体相同的基本分析结构等。"李剑：《中国反垄断法实施中的体系冲突与化解》，《中国法学》2014 年第 6 期。

③ "这些竞争主管机构虽然处于不同的政府框架，依附于不同的政治体制，面临着大相径庭的经济社会环境，但是它们往往默契地宣称竞争法的实施会带来好处，并承诺保护市场竞争、促进经济效率、维护消费者利益是它们的天职。"韩伟主编：《国际竞争网络（ICN）调研报告选介》，法律出版社 2018 年版，第 271 页。

④ "寻求（反垄断法规则）融合是不切实际的，而当另一个司法辖区拥有自己不同的规则时，这种蔑视是不必要的……本书所采用的一般方法适用于所有的反垄断法规则，包括那些涉及协调行为和合并的规则。本书强调单边行为（支配企业的排他行为），因为目前对此的分歧最大。"See David S. Evans, "Why Different Jurisdictions Do not (and should not) Adopt the Same Antitrust Rules", 10 *Chicago Journal of International Law*, 161 – 163 (2009).

⑤ "全球化至少包括以下五个方面：经济全球化、公共事务全球化、人权全球化、环境全球化、法律全球化。"张文显：《全球化时代的中国法治》，《吉林大学社会科学学报》2005 年第 2 期。

"中心—边缘"关系。其中,美国反托拉斯法和欧盟竞争法长期处于结构的"中心",并对其他"边缘"国家(地区)反垄断法的建立和发展起着示范性的引领和推动作用。实际上,美国反托拉斯法是现代反垄断法的鼻祖,其"历史最长,影响最大,任何国家在制定其反垄断法时都不能不考虑美国的法律"①。而欧盟竞争法虽然没有美国反托拉斯法的历史悠久,但却发展出了不同的反垄断法体系,并被成文法系国家广为借鉴和推广。② 整体上看,美国反托拉斯法和欧盟竞争法在很大程度上构成了推动世界反垄断法制发展的"二元典范"。③

事实上,"由于法律内生的迟缓性,法律移植成为当代国家充分利用其他国家文明成果,实现法律制度自我完善的一种有效手段。它缩短了摸索、徘徊或者是由于经验不足而走弯路的历程。尤其是对非现代化国家而言,法律移植更是其实现法治文明的捷径"④。中华民族的历史虽然悠久,但严格来讲,我国是一个没有反垄断法传统的国家,本土制度和观念结构中并无反垄断基因。《反垄断法》是伴随着我国迅猛发展的市场经济及其内在需要而被建构起来的。⑤ 此间,欧盟竞争法和美国反托拉斯法是我国反垄断法主要借鉴和移植的对象,垄断协议禁止制度、滥用市场支配地位禁止制度、经营者集中控制制度都吸纳整合了以上司法辖区的经验。⑥ 然而,反垄断法的借鉴和移植远非一蹴而就。如果不能

---

① 参见王晓晔《紧盯国际卡特尔——美国反托拉斯法及其新发展》,《国际贸易》2002 年第 3 期。

② "在过去 30 年间 80 个新制定了竞争法的国家中,大部分属于民法法系,因而其竞争执法体制更依赖类似于欧盟的行政执法体制." William E. Kovacic, "Competition Policy in the European Union and the United States: Convergence or Divergence in the Future Treatment of Dominant Firm", 4 *Competition Law International*, 8 – 9 (2008).

③ 参见 [美] 戴维·格伯尔《全球竞争:法律、市场和全球化》,陈若鸿译,中国法制出版社 2012 年版,第 128—235 页;李胜利《美国联邦反托拉斯法百年——历史经验与世界性影响》,法律出版社 2015 年版,第 187 页。

④ 参见汪海燕《除魅与重构:刑事诉讼法律移植与本土化》,《政法论坛》2007 年第 2 期。

⑤ 参见郝俊淇《反垄断法学的本土建构:"中国问题"抑或本土难题》,《财经法学》2018 年第 2 期。

⑥ 参见王晓晔《〈中华人民共和国反垄断法〉析评》,《法学研究》2008 年第 4 期。

对移植对象和本土制约性因素有较为通透的认识，那么所移植的反垄断法的本国实践难免误入歧途。①

实际上，尽管 21 世纪以来，美国反托拉斯法与欧盟竞争法在理论、制度等方面趋同、融合的程度显著增强，但其差异仍植根于二者不同的政治、经济、社会条件之中。② 这种差异不仅体现在经营者集中控制制度、垄断协议禁止制度上③，更加充斥在滥用市场支配地位禁止制度的方方面面。④ 此际，对于深受欧盟竞争法和美国反托拉斯法影响的我国反垄断法来讲，其滥用市场支配地位禁止制度的实施，恐怕更加容易受到"体系性冲突"⑤ "适法分野"⑥ "二元不一统的矛盾"⑦ "规范失序"⑧ 的困扰。在此意义上，对"二元典范"下排他性滥用禁止制度之差异的审视，蕴藏着理解和推进我国反垄断法相应制度的契机和路径。

二　排他性滥用反垄断法规则的体系性差异

美国反托拉斯法和欧盟竞争法作为全球反垄断法的两种典范，在排

---

① 参见侯利阳《大历史视角下的反垄断法与本土化移植》，《交大法学》2018 年第 4 期。

② 反垄断法的趋同是有限度的，统一国际竞争政策似乎是唐吉诃德式的幻想。See David S. Evans，"Why Different Jurisdictions Do not（and should not）Adopt the Same Antitrust Rules"，10 *Chicago Journal of International Law*，161（2009）.

③ See William E. Kovacic，Petros C. Mavroidis，Damien J. Neven，"Merger Control Procedures and Institutions：A Comparison of EU and U. S. Practice"，59 *Antitrust Bulletin*，55 – 110（2014）；Alison Jones & William E. Kovacic，"Identifying Anticompetitive Agreements in the United States and the European Union：Developing a Coherent Antitrust Analytical Framework"，62 *Antitrust Bulletin*，254 – 293（2017）.

④ See A. Neil Campbell & J. William Rowley，"The Internationalization of Unilateral Conduct Laws-Conflict，Comity，Cooperation and/or Convergence"，75 *Antitrust Law Journal*，267 – 352（2008）.

⑤ 参见李剑《中国反垄断法实施中的体系冲突与化解》，《中国法学》2014 年第 6 期。

⑥ 参见丁茂中《现行〈反垄断法〉框架下维持转售价格的违法认定困境与出路》，《当代法学》2015 年第 5 期。

⑦ 参见侯利阳《垄断行为中的跨界行为——以联合抵制为视角》，《中外法学》2016 年第 4 期。

⑧ 参见郝俊淇《反垄断法学的本土建构："中国问题"抑或主要难题》，《财经法学》2018 年第 2 期。

他性滥用的规范本质上，二者并不具有根本性差异。无论是《欧盟运行条约》第 102 条第 2 款第（b）、（d）项关于排他性滥用的规定①，还是美国《谢尔曼法》第 2 条关于垄断化的规定、《克莱顿法》第 3 条关于搭售、排他性交易的规定以及《联邦贸易委员会法》第 5 条关于"不公平竞争方式"（unfair methods of competition）的规定②，禁止支配企业（具有垄断力量或实质性市场力量的企业）通过反竞争的方式来维持或加强支配地位都是其共通主题。③ 而在这背后，保护市场竞争过程、促进经济效率、维护消费者利益都是以上排他性滥用法律规定的共享价值基础；并且，在确保这些价值得以实现的工具保障上，经济学方法的重要性日益在大西洋两岸获得共识并得到强调。④

尽管美国反托拉斯法和欧盟竞争法在排他性滥用的反垄断法规范上具备上述相似或趋同之处，但二者在具体制度或规则的构造上实际充满

---

① See R. O' Donoghue & J. Padilla, *The Law and Economics of Article 82 EC*, Hart Publishing, 2006, pp. 194 – 206.

② 参见［美］赫伯特·霍温坎普《联邦反托拉斯政策——竞争法律及其实践》，许光耀、江山、王晨译，法律出版社 2009 年版，第 432 页。

③ 在 Grinnel 案中，美国最高法院对非法垄断化的构成作出了经典概括：（1）企业在相关市场上拥有垄断力量；（2）企业故意地获得或维持这种力量，而不是由于其产品优越、经营灵活或偶然的历史事件所导致的增长给它带来的这种力量。See *United States v. Grinnel Corp.* 384 U. S. 570 – 571, (1996). 而欧盟委员会将排他性滥用（反竞争性封锁）定义为：由支配企业的行为导致的实际或潜在竞争对手的有效市场扩张或进入受阻或者被消除，从而使支配企业可以在损害消费者利益的基础上可盈利性地提升价格。See EU Commission, Guidance on the Commission's enforcement priorities in applying Article 82 of the EC Treaty to abusive exclusionary conduct by dominant undertakings, [2009] OJ C 45/7, para. 19.

④ 从现在的情况来看，美国和欧盟反垄断法有关排他性滥用的规范实践，其差异远比上世纪大多数时候要小得多。实际上，欧盟理事会 2003 年第 1 号条例颁布后，渐次展开的竞争法"现代化改革"逐渐缩小了这种差异。欧盟委员会在 2009 年颁布的关于排他性滥用的指南，在两个重大方面偏离或超越了以前的执法、判例实践：（1）它把防止消费者利益受到损害作为条约第 102 条的首要目标，即"重点关注那类对消费者损害最大的行为"，亦即"保证市场功能的正常发挥，且让消费者从企业之间的有效竞争所产生的高效率和高生产力中获益"；（2）它试图彻底贯彻经济学原则，拒绝关照那些效率低于支配企业的竞争对手，即"真正重要的是保护有效的竞争过程，而不是简单地保护竞争者"，亦即"任何竞争者只要在为消费者提供价格、选择、质量和创新方面做得更差，就将被市场淘汰"。See EU Commission, Guidance on the Commission's enforcement priorities in applying Article 82 of the EC Treaty to abusive exclusionary conduct by dominant undertakings, [2009] OJ C 45/7, paras. 5, 6.

差异。无论就历史经验或当前现实来看，欧盟竞争法针对支配企业排他行为所适用的反垄断法规则，在整体上较之于美国反托拉斯法中的相应规则要严厉得多。[①] 对此，不妨列举几种典型的排他性滥用行为的反垄断法规则来稍加说明（参见表4－1）。

表4－1　　美国和欧盟关于排他性滥用行为法律规则的体系性差异[②]

典型的排他性滥用行为	相对宽松的美国反托拉斯法规则	相对严厉的欧盟竞争法规则
掠夺性定价	①价格低于增量成本或平均可避免成本，且具有补偿利润损失的危险可能性，推定构成掠夺性定价 ②价格高于增量成本或平均可避免成本但低于平均总成本，推定不构成掠夺性定价。此时，是否可以借助反竞争的排他意图来帮助定性（对推定不构成掠夺性定价的反驳），存在很大争议 ③补偿利润损失是必备要件 ④高于平均总成本的"限制性定价"（limit pricing）属于本身合法	①价格低于平均可避免成本或平均长期增量成本，推定构成掠夺性定价 ②价格高于平均可避免成本或平均长期增量成本但低于平均总成本，且具有反竞争的排他意图，推定构成掠夺性定价 ③补偿利润损失不是必备要件 ④价格高于平均总成本的无条件的价格削减，在例外情形下也可能构成滥用市场支配地位（CEWAL案的裁判要旨）

---

①　超越排他性滥用的反垄断法规范来看，欧盟竞争法尚且禁止不公的价格、不公平的贸易条件等剥削性滥用行为，并且《欧盟运行条约》第102条第2款第（a）项为此提供了明确的法律依据。然而，收取垄断价格在美国不仅不违法，反而被认为是自由市场体系的一个重要组成部分。参见本书第三章第二节的相关论述。

②　这些差异概括参见［美］赫伯特·霍温坎普《联邦反托拉斯政策——竞争法律及其实践》，许光耀、江山、王晨译，法律出版社2009年版；U. S. Department of Justice, Competition and Monopoly: Single-firm Conduct under Section 2 of the Sherman Act, 2008; R. O' Donoghue & J. Padilla, *The Law and Economics of Article 82 EC*, Hart Publishing, 2006; EU Commission, Guidance on the Commission's enforcement priorities in applying Article 82 of the EC Treaty to abusive exclusionary conduct by dominant undertakings, ［2009］OJ C 45/7; EU Commission, Guidelines on Vertical Restraints ［2010］OJ C 130/1; Notice on the application of the competition rules to access agreements in the telecommunications sector framework, relevant markets and principles, OJ 1998 C 265/2; International Competition Network, "Report on Single Branding/Exclusive Dealing", April 2008; Daniel J. Gifford & Robert T. Kudrle, *The Atlantic Divide in Antitrust: An Examination of US and EU Competition Policy*, The University of Chicago Press, 2015。

典型的排他性滥用行为	相对宽松的美国反托拉斯法规则	相对严厉的欧盟竞争法规则
拒绝交易（无条件的拒绝交易）	①"必需设施原则"至今未得到最高法院的明确承认，即使在下级法院，根据该原则对支配企业施加强制性的交易义务也仅限于例外情形，且"必需设施"一般被限定在具有自然垄断属性的物理财产或作为管制制度的组成部分而被创设的物理财产 ②施加反垄断法上的强制交易义务的条件： a. 垄断者控制着某个关键的设施，并拒绝竞争对手使用该设施； b. 该设施对竞争对手是必不可少的，竞争对手不能对该设施进行复制，或者复制在经济上不合理； c. 该设施是被告已完全开发好的设施，并且实际上已经向其他人进行了销售或许可； d. 向竞争对手销售或许可是"合理的"，即对设施拥有人来说，向竞争对手销售或许可至少与向其他人销售或许可一样有利可图； e. 不存在管制制度上的强制交易义务	①"必需设施原则"显示出更大的活力，"必需设施"不仅包含具有自然垄断属性的物理财产以及作为管制制度的组成部分而被创设的物理财产，也包括特定情况下的知识产权 ②施加反垄断法上的强制交易义务的条件： a. 存在拒绝交易行为，不仅包括实际的拒绝，也包括不当延误、减少产品供应、设置过高价格等"实质性拒绝交易"； b. 被请求方在供应投入的上游市场中占支配地位，而拒绝交易的反竞争影响出现在下游市场； c. 投入品对于下游市场的竞争是客观必要的，因为它不能复制或只能以不经济的代价复制； d. 被拒绝供应的投入品不必是已经被供应过的产品，只要有一个可识别的投入品的潜在市场即可； e. 拒绝交易将消除下游市场的竞争； f. 拒绝交易阻碍了具有大量消费者需求的新产品或者服务的出现； g. 拒绝交易不具有客观理由
利润挤压	①利润挤压一般被作为拒绝交易的实例或变种，或者被纳入掠夺性定价的规范框架进行处理，而非作为类型化的垄断化行为，即不是作为一种独立的排他性滥用行为 ②由于不承认反垄断法上的一般性的交易义务，因此与利润挤压相关的导致下游非整合的竞争对手无利可图的交易条款，就更难具有被谴责的基础；相反，利润挤压被认为与纵向整合所带来的成本节省或效率相关	①《关于电信行业接入协议适用竞争法规则的通告》明确将利润挤压作为滥用行为的独立类型，并将其定义为：支配企业自己的下游业务无法根据支配企业的上游运营部门向其竞争对手收取的上游价格（批发价格）进行盈利的情况 ②利润挤压的违法构成要件： a. 投入品的供应商是纵向整合的，且在上游市场具有支配地位，在下游市场也应具有较大程度的市场力量； b. 投入品对下游竞争是不可或缺的，在某种意义上也构成"必需设施"； c. 纵向整合的支配企业的价格使有效率的竞争对手的经营变得不经济； d. 纵向整合的支配企业的价格缺乏客观理由

典型的排他性滥用行为	相对宽松的美国反托拉斯法规则	相对严厉的欧盟竞争法规则
搭售	①搭售虽然在名义还适用于"本身违法规则"的分析，但鉴于搭售如此普遍以及在大多数情况下会促进效率，其并不会轻易地受到谴责。例如，在针对微软公司的反垄断诉讼中，特区巡回法院拒绝将微软的"产品整合"行为谴责为排他性的搭售 ②搭售被归结为垄断化行为，除了需要满足市场力量、独立产品的要件外，在最终的效果平衡上须满足下列条件之一： a. 搭售完全不具有促进竞争的利益； b. 即便搭售具有促进竞争的利益，但这种利益与搭售所产生的损害严重不相称	①搭售被较为形式化的方法所调整，因而更接近于美国反托拉斯法早期对搭售所适用的"本身违法规则"。例如，微软、谷歌等科技巨头的"产品整合"行为都被欧盟委员会谴责为排他性的搭售 ②搭售的违法构成要件： a. 企业在搭售品市场中具有市场支配地位； b. 搭售品与被搭售品是不同的独立产品； c. 搭售可能产生反竞争的封锁效应，这种封锁效应可以出现在搭售品市场或被搭售品市场，或者同时出现在两个市场
捆绑（捆绑折扣/多产品折扣）	①在以下两个安全港内的捆绑折扣推定为合法： a. 在主要竞争对手提供类似捆绑销售的情况下，支配企业捆绑产品的整体价格高于整体成本，即符合"以掠夺为基础的整体捆绑安全港"（The Total-Bundle Predation-Based Safe Harbor）； b. 在主要竞争对手不能提供类似的多产品捆绑销售的情况下，支配企业的竞争性产品的实际价格（竞争性产品的名义价格减去整个捆绑产品的折扣）高于增量成本，即符合"折扣配置安全港"（The Discount-Allocation Safe Harbor） ②以上安全港之外的捆绑折扣要被归结为垄断化行为，须满足下列条件之一： a. 捆绑折扣完全不具有促进竞争的利益； b. 即便捆绑折扣具有促进竞争的利益，但这种利益与捆绑折扣所产生的损害严重不相称	①在折扣效应的分析中，如果某种产品的增量价格低于平均长期增量成本，进而阻碍一个具有同等效率的竞争对手的市场扩张或进入，那么这种捆绑折扣可能受到谴责 ②如果支配企业的竞争对手也进行相同的捆绑销售，即形成捆绑销售之间的竞争，此时相关的问题不再是捆绑销售中的各种产品的增量价格能否弥补平均长期增量成本，而是捆绑销售的价格作为一个整体是否是掠夺性定价

续表

典型的排他性滥用行为	相对宽松的美国反托拉斯法规则	相对严厉的欧盟竞争法规则
忠诚折扣（单一产品折扣）	①在美国，忠诚折扣也被称作市场份额折扣，且其定义比较狭窄，仅包括个性化的追溯折扣 ②截至目前，美国最高法院没有处理过任何一起关于忠诚折扣的案件；即使在下级法院，其对忠诚折扣的谴责也非常谨慎，且数量有限。例如，对于维珍公司起诉英国航空公司的一系列折扣计划，美国法院认为不存在消费者受损的证据，因而判决以上折扣计划未违反美国反托拉斯法 ③对于忠诚折扣主要采取基于"牺牲—补偿"的掠夺性定价分析。这种分析方法实际上赦免了所有高于特定成本衡量基准的忠诚折扣（包括可能具有反竞争效应的忠诚折扣）	①在欧盟，忠诚折扣的范围比较宽泛，不仅包括违法特征最明显的个性化的追溯折扣，也包括标准化的追溯折扣和增量折扣 ②在现代化改革引入"效果分析"的原则以前，欧盟委员会和欧盟法院基于非常形式化的方法频繁地谴责支配企业实施的"忠诚折扣"计划。例如，面对维珍公司针对英国航空公司的一系列折扣计划的指控，欧盟委员会及上诉法院对案件的裁判与美国法院的裁判截然相反，英航的折扣计划被认为是在提高"购买忠诚度"，因而违反《欧共体条约》第82条 ③对于忠诚折扣主要采取提高竞争对手成本的反竞争的封锁分析。这种分析方法能够捕获高于特定成本衡量基准的反竞争的忠诚折扣
排他性交易（独家交易/独占交易/限定交易/强制交易）	①反垄断实践中受到关注的排他性交易安排主要包括两类情形：一是需求合同（requirement contract），即排他性的购买协议；二是产出合同（output contract），即排他性的供应协议 ②即便是具有实质性市场力量的企业所实施的排他性交易安排，司法实践仍强调对下列技术性要件进行分析的必要性： a. 排他性交易导致的市场封锁率。仅仅根据30%甚或更低的市场封锁率不足以谴责行为；在大多数情况下，若要引起竞争关注，排他性交易的市场封锁率必须高于50%。如果市场封锁率没有达到40%，一般也要做出有利于被指控者的裁决； b. 排他性交易协议的期限以及是否可以提前终止。对于不到1年就可以被终止的排他性交易协议被"推定为合法"； c. 市场进入壁垒以及替代性的交易渠道； d. 其他分析要素包括排他性交易当事人的关系、排他性交易所处分销链的层次等	①反垄断实践中受到关注的排他性交易安排不仅包括排他性的购买协议——也称单一品牌协议（single branding agreement）、排他性供应协议，同时还涉及一系列具有排他特征的纵向限制行为，比如排他性分销（exclusive distribution）、多重排他分销（multiple exclusive dealership）、选择性分销（selective distribution）、互惠排他性交易（reciprocal exclusive dealing）等。此外，相关合同条款的"堆叠"也可以在事实上促成排他性交易，比如忠诚折扣条款、最惠国待遇条款（most favored nation clauses）、英国条款（English clauses）、常青条款（evergreen clauses）等 ②具有市场支配地位的企业在很大程度上作为一个不可避免的交易伙伴（unavoidable trading partner）——其品牌构成很多交易对方首选的"必备品"（must-stock item）。在这种情况下，"可竞争部分"的需求或供应已经很有限，因此即使是短期的排他性交易协议也可能导致反竞争的封锁效应

三 差异的必然性及其解释

事实上，伴随着 21 世纪初欧盟竞争法现代化改革的启动，欧盟竞争法已经在诸多方面缓和了 20 世纪那种极为"强硬"的姿态。对于排他性滥用的反垄断法调整，它试图放弃过往以"形式为基的方法"（form-based approach），而纳入"更加经济学"（more economic）的以"效果为基的方法"（effect-based approach），并宣称将保护竞争过程而非保护竞争者、维护消费者利益作为法律实施的根本原则。① 然而，正如上文的比较分析所揭示的，在若干排他性滥用行为的具体反垄断法规则上，欧盟竞争法与美国反托拉斯法仍然存在较大的差异。相对而言，欧盟竞争法的相关规则更加严厉和激进，而美国反托拉斯法的相关规则更加宽松和保守。这里有必要追问的是，这些差异是必然的还是偶然的？ 如何对此间差异进行解释？ 这样的追问之所以有意义，是因为对他者的审视，蕴藏着对我国反垄断法进行自洽理解和有效推进的路径。

（一）预先信念

面对大西洋两岸在排他性滥用反垄断法规则方面的体系性差异，美国反托拉斯法学者或实践者大多奉行某种"独白的普遍主义"。② 他们诟病欧盟以及其他司法辖区的相关规则不符合美国的"最佳实践"或"标准做法"，不仅给企业合理的商业行为造成"寒蝉效应"（chilling effects），而且给跨司法辖区经营的企业带来合规负担。基于此，他们主张一种主要遵循美国的规则，即以谴责排他行为可能发生重大错误为理由，主张缩小排他行为的违法范围。③ 但事实上，差异是不同国家（地

---

① See EU Commission, Guidance on the Commission's enforcement priorities in applying Article 82 of the EC Treaty to abusive exclusionary conduct by dominant undertakings, [2009] OJ C 45/7, paras. 5, 6; See Anne C Witt, *The More Economic Approach to EU Antitrust Law*, Hart Publishing, 2016, pp. 1 – 2.

② 这种"独白的普遍主义"与所谓美国的"全球主义"是密切相关的。其核心主要是在全球推行它认为具有普遍意义的"美国价值"。其看待问题的视角是一种将周围世界都客观化、以便将一切都置于控制之下的单一的主体视角。参见邓正来《根据中国的理想图景——自序〈中国法学向何处去〉》，《社会科学论坛》2005 年第 10 期。

③ See A. Neil Campbell & J. William Rowley, "The Internationalization of Unilateral Conduct Laws-Conflict, Comity, Cooperation and/or Convergence", 75 *Antitrust Law Journal*, 267 – 352 (2008).

区）反垄断法规则的永恒主题；差异不会完全消失，也不应完全消失。①
换言之，不同国家（地区）反垄断法规则的趋同是有限度的，而规则之
间在不同程度上的差异则具有必然性。其根本原因在于，这些规则赖以
为凭的预先信念（prior beliefs）可能是迥然有别的。而特定的预先信念
在实践中通常未加以言明。这意味着，对于普遍抽象的反垄断法条文而
言，任何在整体上或者在具体条文上对其趋于严厉或宽松的规范解释或
规则形塑，都是以（也应是以）特定的预先信念为支撑的。换言之，对
反垄断法条文的规范解释或规则形塑，应以必要的"前理解"为基础。②

　　具体到排他性滥用的反垄断法调整，欧盟竞争法的相关规则和美国
反托拉斯法的相关规则所依凭的预先信念是完全不同的。在欧盟竞争法
的预先信念中，排他性滥用是更为有害、更成问题的一类反竞争行为，
它对竞争过程、经济效率、消费者福利以及市场一体化的追求具有重大
威胁和阻碍。相反，在美国反托拉斯法的预先信念中，排他性滥用是更
为"良性"、更加"次要"的一类反竞争行为，它对竞争过程、经济效
率、消费者福利以及创新的动态激励具有不容忽视的"可补偿性价值"
（redeeming merits）。从微观经济学中决策理论的角度看，以上两套不同
的预先信念实际上可转换为两种不同的有关错误成本的综合判断。③ 这
种综合判断往往是基于既有经验和基础事实的预测。显然，在排他性滥
用行为的反垄断法调整上，欧盟竞争法的相关规则更加介意"消极错
误"（false negative）或"威慑不足"（under-deterrence）所导致的成本，
而美国反托拉斯法的相关规则更加警惕"积极错误"（false positive）或
"威慑过度"（over-deterrence）所带来的成本。

　　事实上，不同的预先信念或者关于错误成本的不同判断，其相互间
并无优劣之分，因而建立在此基础上的有关排他性滥用的反垄断法体系

---

　　① See David S. Evans, "Why Different Jurisdictions Do not（and should not）Adopt the Same
Antitrust Rules", 10 *Chicago Journal of International Law*, 161 – 188（2009）.
　　② 参见江山《论反垄断法解释的知识转型与方法重构》，《现代法学》2018 年第 6 期。
　　③ 关于决策理论、错误成本分析和最优反垄断法规则的一般性探讨，See C. Frederick III
Beckner & Steven C. Salop, "Decision Theory and Antitrust Rules", 67 *Antitrust Law Journal*, 41 – 76
（1999）.

也就没有绝对的优劣之分。① 这即是说，对于不同司法辖区排他性滥用反垄断法规则的差异，"独白的普遍主义"是不可取的，相反，"同情的理解"依赖于对构筑预先信念或错误成本之综合判断的既有经验和基础事实加以洞察。② 而这种洞察实际上就是探求反垄断法规范解释或规则形塑之逻辑前提的重要步骤。

（二）前提性差异

面对较为严厉的欧盟竞争法与较为宽松的美国反托拉斯法在若干排他性滥用行为具体规则上的差异，如果我们超越"独白的普遍主义"，实际上不难发现，这些差异并非偶然现象，而是由二者在目标追求、观念倾向、市场条件、制度沿革以及法律的实施制度结构等前提性差异所决定的。③

1. 目标追求

事实上，21 世纪以来欧盟竞争法与美国反托拉斯法的目标追求已展现出较大程度的趋同性，即都注重保护竞争而非保护竞争者，并最终致力于消费者福利的提升。④ 但即便如此，前者与后者仍然存在着根本性的目标差异，即欧盟竞争法是放置在《欧盟运行条约》之下，服务于成员国市场一体化（integration of national markets）这一宏大目标的手段之维。⑤ 因此，

---

① "建立在一定先验基础上的法律体系在一般意义上并无绝对优劣之分，但在确定的前提假设下保持法律体系的逻辑一致性则具有内在的巨大价值。"李剑：《中国反垄断法实施中的体系冲突与化解》，《中国法学》2014 年第 6 期。

② 支撑法律规则运作的基础事实（foundational facts）往往是不加言明的，不能深刻理解法律规则背后的基础事实，就无法理解法律规则的形塑和变迁。See Suzanna Sherry, "Foundational Facts and Doctrinal Change", *University of Illinois Law Review*, 145 – 186（2011）.

③ 这些前提性差异同样可用于解释垄断协议、经营者集中的反垄断法规则在不同国家（地区）的差异。

④ 在欧盟竞争法推行现代化改革之前，其往往被美国评论者诟病为保护竞争者而非保护竞争。See Eleanor Fox, "We Protect Competition, You Protect Competitors", 26 *World Competition*, 149（2003）.

⑤ 《欧盟运行条约》第 2 条清楚地阐述了成员国市场一体化的重要目标：欧盟应将其作为任务——通过建立共同市场，逐步拉近成员国的经济政策，从而促进整个欧盟经济活动协调发展、持续平稳扩展，增强稳定性，加速提高人民生活水平和加强成员国之间的密切联系。参见〔英〕西蒙·毕晓普、迈克·沃克《欧盟竞争法的经济学：概念、应用和测量》，董红霞译，人民出版社 2016 年版，第 5 页。

尽管保护竞争、促进效率、维护消费者利益等经济目标具有重要性，但它们永远不能独立于成员国市场一体化的政策蓝图。① 这意味着，那些助涨按国界分割市场的限制性行为（尤其是纵向限制行为），可能被当作排他性滥用而受到谴责。② 此外，除了市场一体化的目标，《欧盟运行条约》尚且包含诸多其他目标，比如保护环境、保障公共安全、尊重文化多样性等，③ 以及某些"管制的"目标。④ 这即是说，欧盟竞争法作为《欧盟运行条约》的一部分，其解释和实施不可能忽略这些目标的考量。⑤ 例如，支配企业的拒绝交易行为，可能基于经济福利以外的环境保护、公共安全、公共道德等理由而免于谴责。

2. 观念倾向

实际上，"思想的模式与结构，塑造和约束着系统内的行动者的决定。这包括各种观念、价值、偏好和它们的关系格局。它们在发挥作用时往往是作为不言明的假设，只有从其作用的背景中才能揭示它们"。⑥ 尽管 21 世纪以来，欧盟竞争法开启了"更加经济学"的变革，逐渐拥抱了后芝加哥学派、新产业组织理论等较为健全的

---

① 一体化的目标在未来岁月里将更加重要。这个目标同保护竞争有关，但两者不是一回事，往往会导致不同的结果。参见［美］戴维·格伯尔《二十世纪欧洲的法律与竞争——捍卫普罗米修斯》，冯克利、魏志梅译，中国社会科学出版社 2004 年版，第 6 页。

② 对于欧盟竞争法服膺于成员国市场一体化目标的批评，See Barry B. Hawk, "System Failure: Vertical Restraints and EC Competition Law", 32 *Common Market Law Review*, 973（1995）。

③ See Vijver, Tjarda Desiderius Oscar van der, "Objective Justification and Prima Facie Anti-competitive Unilateral Conduct: an Exploration of EU Law and Beyond", Doctoral Dissertation of Leiden University, 2014, pp. 58 - 60. 与此相关的研究，也请参见焦海涛《文化多样性保护与反垄断法文化豁免制度》，《法学》2017 年第 12 期；焦海涛《社会政策目标的反垄断法豁免标准》，《法学评论》2017 年第 4 期。

④ 格伯尔认为，在保护竞争和一体化的目标之外，欧洲的竞争法有时也追求第三种类型的目标，即"管制的"目标，因为他力求塑造经济活动的特点，或为政策设想获取信息。参见［美］戴维·格伯尔《二十世纪欧洲的法律与竞争——捍卫普罗米修斯》，冯克利、魏志梅译，中国社会科学出版社 2004 年版，第 6 页。

⑤ See R. O' Donoghue & J. Padilla, *The Law and Economics of Article 82 EC*, Hart Publishing, 2006, p. 6.

⑥ ［美］戴维·格伯尔：《二十世纪欧洲的法律与竞争——捍卫普罗米修斯》，冯克利、魏志梅译，中国社会科学出版社 2004 年版，第 4 页。

经济思想①，但这些新思想的植入并没有彻底置换欧盟竞争法赖以发端的经济宪政主义思想——尤其是德国的秩序自由主义思想。因此，即便欧盟竞争法的政策实践者近年来分外宣扬"保护竞争过程、最终保护消费者"的新思想②，但"保护激烈对抗和强健的竞争水平""保护中小企业参与竞争的公平机会"等观念恐怕仍保有不露声色的温度。质言之，"支配企业应表现得就像存在有效竞争一样"③，这样的观念或许才是欧盟竞争法更根本的信奉。

3. 市场条件的完善程度

市场条件的完善程度和市场机制的健全程度，关乎人们对市场力量或者市场支配地位的"可挑战性"（contestability）作出何种假设。在这方面，对市场体制的信念和对自由竞争的信奉历来是美国文化的核心。事实上，美国拥有世界上最发达的自由市场体制。据此，美国人一般确信，市场的内在机能可以纠正市场力量以及反竞争的行为方式，相反，政府干预被认为是"问题所在，而非解决方案"④。这种对市场的信任和对政府的不信任，或者说对"积极错误"的怵惕和对"消极错误"的包容，构成美国相对宽松的反垄断法规则得以塑造的重要基础。与美国的情况不同，欧盟作为一个超国家的区域组织，其市场一体化建设尚且面临诸多阻碍，国别间市场条件的完善程度和市场机制的健全程度仍具有很大差异，因而整体性市场的内在纠偏机能尚

---

① See David S. Evans, & A. Jorge Padilla, Designing Antitrust Rules for Assessing for Unilateral Practices: A Neo-Chicago Approach, CEMFI Working Paper No. 0417. Available at http://www. worldlii. org/int/journals/lsn/abstracts/617311. html, last visit on Dec. 8, 2018.

② 前欧盟委员会竞争专员尼克·克洛斯表示："首先，我们要保护的是竞争而非竞争者；其次，我们的最终目的是保护消费者利益不受损害。我喜欢激烈的竞争，包括大企业之间的竞争。只要最终能使消费者受益，我才不关心某些竞争者受到伤害，因为第 102 条主要及最终的目的是保护消费者，这当然需要保护非扭曲的市场竞争过程。"转引自［英］西蒙·毕晓普、迈克·沃克《欧盟竞争法的经济学：概念、应用和测量》，董红霞译，人民出版社 2016 年版，第 18 页。

③ "[F]irms with market power should behave 'as if' there was effective competition." R. O' Donoghue & J. Padilla, *The Law and Economics of Article 82 EC*, Hart Publishing, 2006, p. 9.

④ ［美］罗伯特·皮托夫斯基等：《超越芝加哥学派——保守经济分析对美国反托拉斯的影响》，林平、臧旭恒等译，经济科学出版社 2013 年版，第 2 页。

未充分。在这种情况下，其反垄断法规则的设计不可能建立在对市场自我调节的信任前提下。相反，采取相对严厉的反垄断干预措施能够避免"消极错误"，但又不至于导致系统性的、严重的"积极错误"。

4. 经济制度沿革

经济制度的沿革或历史与当前一国（地区）的市场条件状况密切相关，因而也是决定反垄断法规则不同样态的隐含前提之一。事实上，长期以来，美国很大程度上采取了某种"自由市场导向"的经济制度模式。在这样的经济体中，创业文化浓厚、风险投资发达，企业不仅是投入资源、输出产品的"生产单位"，更是竞相助推经济跨越式发展的"创新函数"。[①] 因此，过于严厉的反垄断法规则可能与美国整体性的经济制度结构相排异，以至于窒息驱动美国经济动态长远发展的创新活力。与美国的情况不同，欧盟成员国的经济制度沿革颇为驳杂。有的成员国在经历了长期的中央计划经济体制后，才拥抱市场体制不久，其市场经济的微观主体（企业）尚不健全。此外，更多的成员国曾经在政府的干预和管制下培植了一大批国有企业，某些成员国直到最近才完成私有化改革，并逐步在电力、电信、交通运输等领域引入竞争。在这样的经济体中，由于较多企业有过政府强力干预的历史，其当前"残存"的市场力量或市场支配地位与效率的关系并不十分明显。因此，对支配企业的排他性滥用行为采取较为严厉的反垄断法规则，不会与欧盟的整体性经济制度结构相抵触，也不易于妨碍市场机制、抑制竞争活力，反而可以助力整体经济制度的变革。

5. 反垄断法的实施制度及其结构

事实上，任何法律的实体规则和程序规则都不可能截然分离。[②] 实体性反垄断法规则如何措置，尚且受到相应的反垄断法实施规则的影响。从一定意义上讲，反垄断法的实体制度（规则）和程序制度（规则）具

---

① 关于企业的三种定义，参见张维迎《市场的逻辑》（增订版），上海人民出版社2012年版，第100页。

② 法是强调程序、规定程序和实行程序的规范，也可以说，法是一个程序制度化的体系或制度化解决问题的程序。参见舒国滢主编《法理学导论》，北京大学出版社2006年版，第35页。

有"反相关关系"。如果反垄断法的程序制度易于启动或获取，即有利于控诉方，那么对应的反垄断法实体制度就应比较宽松，即有利于被控诉的支配企业；相反，如果反垄断法的程序制度难于启动或接近，即有利于被控诉的支配企业，那么对应的反垄断法实体制度就应比较严厉，即有利于控诉方。如此一来，反垄断法的制度（institutions）才能达致整体性均衡。① 实际上，美国反托拉斯法的实施制度与欧盟等司法辖区反垄断法的实施制度迥然有别。前者最核心的特征是发达的私人诉讼。据统计，在美国大量的反垄断案件中，大约95%的案件是私人诉讼案件。② 此外，与私人诉讼相伴的三倍赔偿制度③和陪审团制度④，使得私人原告在挑战支配企业的排他行为上获得了更大的诱因和程序优势。⑤ 而在欧盟，其反垄断法实施主要依赖行政执法，私人诉讼非常有限，且缺少激励私人诉讼的多倍赔偿机制。⑥ 由此可见，美国反托拉斯法与欧盟竞争法不仅具有非对称

---

①　例如，美国最高法院在20世纪80年代到90年代实施了针对掠夺性定价行为的亲和被告的责任规范（pro-defendant liability norms），此际，传统智识都承认，原告几乎没有在掠夺性定价诉讼中获胜的可能。尽管亲和被告的判决广泛存在，但原告仍提起了很多针对掠夺性定价的诉讼案件，此间被告在和解中付出了数千万美元并对其价格行为做出调整。这即是说，如果责任规则（liability rules）倾斜性地有利于被告，那么实施制度的结构——尤其是陪审团案件（jury trial）的可获得性——或许就应亲和地向原告倾斜。掠夺性定价实体责任规则至多是有关掠夺性定价法律规定的一半的故事。See Daniel A. Crane, *The Institutional Structure of Antitrust Enforcement*, Oxford University Press, 2011, Introduction, p. i.

②　See David S. Evans, "Why Different Jurisdictions Do not（and should not）Adopt the Same Antitrust Rules", 10 *Chicago Journal of International Law*, 169（2009）.

③　美国《克莱顿法》第4条规定：任何人因反托拉斯法所禁止的事项而遭受财产或营业损害的人，可在被告居住的、被发现的或有代理机构的区向美国区法院提起诉讼，不论损害大小，一律给予其损害额的三倍赔偿、诉讼费和合理的律师费。

④　由于陪审团几乎不具有反垄断方面的专业知识，因而易于被原告就"反垄断损害"所作的经验性描述所"俘获"，或者易于被专家证词的技术性主张所"迷惑"。关于美国反托拉斯法中陪审团制度的弊端，参见［美］赫伯特·霍温坎普《反垄断事业：原理与执行》，吴绪亮等译，东北财经大学出版社2011年版，第309页。

⑤　在三倍赔偿的激励下，大量的私人诉讼给很多大企业带来了不必要的滋扰，这严重危及美国市场的创新活力。因此，"美国法院本身就有一种通过法院裁量适当抑制滥诉的动力和责任"。参见黄勇《价格转售维持协议的执法分析路径探讨》，《价格理论与实践》2012年第12期。

⑥　参见李剑《反垄断私人诉讼困境与反垄断执法的管制化发展》，《法学研究》2011年第5期。

的实施制度结构，而且前者的实施制度相对"膨胀"，更有利于私人原告，而后者的实施制度相对"紧缩"，更有利于被控诉的支配企业。因此，无论是美国反托拉斯法对支配企业的排他行为采取更加宽松和保守的实体规则，还是欧盟竞争法对支配企业的排他行为采取更加严厉和激进的实体规则，都是反垄断法整体性制度均衡的应然要求。①

四　排他性滥用反垄断法体系的中国化取向

对美国反托拉斯法和欧盟竞争法关于排他性滥用相关规则的差异作出比较，并对支撑这些差异的不同预先信念和系列前提性差别予以梳理后，我们实际上获得了对本土《反垄断法》相应条款进行规范解释或规则形塑的"前理解"基础和有效参照。事实上，我国《反垄断法》与《欧盟运行条约》不仅在"滥用市场支配地位"条款上具有相似结构，而且在预先信念及其所依赖的若干隐含前提上都具有趋同性。基于此，对我国《反垄断法》"排他性滥用"条款在整体上作出较为严厉的规范解释或规则形塑，具有合理性。

（一）我国《反垄断法》"排他性滥用"条款的界定

正如前文所述，无论是扭曲性滥用、剥削性滥用，抑或排他性滥用，它们都不是法定类别，而首先是经济学范畴，然后才成为反垄断法阐释中的损害类型或规范类型。

我国《反垄断法》总则第 7 条规定："具有市场支配地位的经营者，不得滥用市场支配地位，排除、限制竞争。"此外，《反垄断法》附则第 68 条规定："经营者依照有关知识产权的法律、行政法规规定行使知识产权的行为，不适用本法；但是经营者滥用知识产权，排除、限制竞争的行为，适用本法。"② 如果对这些条款作出严格的限于

---

① See William E. Kovacic, "The Institutions of Antitrust Law: How Structure Shapes Substance", 110 *Michigan Law Review*, 1019 – 1044 (2012).

② "滥用知识产权排除、限制竞争"并非是反垄断法中独立的违法行为类型，对其违法性认定，依然需要放置在垄断协议、滥用市场支配地位、经营者集中的规范框架中进行分析。参见王先林《知识产权与反垄断法——知识产权滥用的反垄断问题研究》（修订版），法律出版社2008 年版，第三、四、五章。

字面的解释，那么无论是否涉及知识产权，"排除、限制竞争"都应当是滥用市场支配地位行为的违法性判断标准，甚至就是唯一的违法性判断标准。[①] 但是，正如上一章所述，这种解释显然难以与我国《反垄断法》第22条存在的"剥削性滥用"条款相调和，因为不公平高价、附加不合理的交易条件等纯粹的剥削性滥用行为，并不涉及竞争损害（排除、限制竞争），而是对消费者利益的直接榨取。[②] 鉴于此，一种可取的做法是对上述条文作出变通解释：即排除、限制竞争的滥用市场支配地位行为是《反垄断法》的调整重点，这些行为不仅指向扭曲性滥用行为，更加指向排他性滥用行为。

　　具体到《反垄断法》的分则条文，该法第22条第1款对系列典型的滥用市场支配地位行为作了禁止性列举。结合前两章的阐述，这里可以将我国《反垄断法》有关"滥用市场支配地位"的禁止性条款作如下界定（参见表4-2）。

表4-2　《反垄断法》"滥用市场支配地位"禁止性条款的界定

总则条款 （第7条）	具有市场支配地位的经营者，不得滥用市场支配地位，排除、限制竞争
附则条款 （第68条）	经营者依照有关知识产权的法律、行政法规规定行使知识产权的行为，不适用本法；但是经营者滥用知识产权，排除、限制竞争的行为，适用本法

---

　　① 持这种认识的学者，参见郑文通《我国反垄断诉讼对"滥用市场支配地位"规定的误读》，《法学》2010年第5期。对上文所持观点的批评，参见陈兵《我国〈反垄断法〉"滥用市场支配地位"条款适用问题辨识》，《法学》2011年第1期。

　　② "消费者权益在滥用市场支配地位案件中可以构成一个独立的适用标准，而并非是竞争利益受损后的一种反射利益损失。"陈兵：《论反垄断法对消费者的保护——以滥用市场支配地位案件为中心》，《湖南师范大学社会科学学报》2013年第4期。"逐渐兴起的剥削理论（emerging theories of exploitation）——不涉及任何先前的排他行为而依赖操纵价格结构来榨取消费者的利益……先前的排他行为并不是剥削理论的必要组成部分，而剥削也不是排他策略的必然结果。因此，在传统意义上，剥削不是反竞争的，因为它不会消除竞争。"Daniel A. Crane & Graciela Miralles，"Toward a Unified Theory of Exclusionary Vertical Restraints"，84 *Southern California Law Review*，611（2011）.

分则条款 (第22条第1款 第一项至 第七项)	扭曲性 滥用	(六) 没有正当理由,对条件相同的交易相对人在交易价格等交易条件上实行差别待遇
	剥削性 滥用	(一) 以不公平的高价销售商品或者以不公平的低价购买商品
		(五) 没有正当理由搭售商品,或者在交易时附加其他不合理的交易条件
		(六) 没有正当理由,对条件相同的交易相对人在交易价格等交易条件上实行差别待遇
	排他性 滥用	(二) 没有正当理由,以低于成本的价格销售商品
		(三) 没有正当理由,拒绝与交易相对人进行交易
		(四) 没有正当理由,限定交易相对人只能与其进行交易或者只能与其指定的交易相对人进行交易
		(五) 没有正当理由搭售商品,或者在交易时附加其他不合理的交易条件
	兜底条款	(七) 国务院反垄断执法机构认定的其他滥用市场支配地位的行为

(二) "排他性滥用"条款的规范塑造及其基本取向

尽管上文对我国《反垄断法》第22条第1款中的"排他性滥用"条款作出了界定,但实际上,广泛的不确定性充斥在这些条款中,兹简要论述如下。

第一,《反垄断法》第22条第1款第二项关于掠夺性定价的规定提到了"低于成本的价格",由此带来的疑问是,应确立何种适当的成本衡量基准?这涉及经济学中一系列复杂的成本概念,例如:(1)可变成本(variable costs)、固定成本(fixed costs)、总成本(total costs);(2)边际成本(marginal costs)、增量成本(incremental costs);(3)可避免成本(avoidable costs)、沉没成本(sunk costs);(4)长期成本(long-run costs)、短期成本(short-run costs);(5)共同成本(common costs)、关联成本(joint costs),等等。[①] 国家市场监督管理总局颁布的《禁止滥用市场支配地位行为的暂行规定》第十五条规定:"认定低于成本的价格销售商品,应当重

---

① See R. O'Donoghue & J. Padilla, *The Law and Economics of Article 82 EC*, Hart Publishing, 2006, pp. 237 – 239.

点考虑价格是否低于平均可变成本。平均可变成本是指随着生产的商品数量变化而变动的每单位成本。涉及互联网等新经济业态中的免费模式，应当综合考虑经营者提供的免费商品以及相关收费商品等情况。"该条规定虽然确立了以"平均成本"为基准的考量，但在具体执法实践中，并非排除了其他成本衡量基准在个案中的适用可能性。另外，《反垄断法》第 22 条第 1 款第二项所禁止的掠夺性定价行为是否必须满足"补偿"（recoupment）的要求？事实上，《反垄断法》实施十余年来，我国反垄断执法机构和法院没有处理过任何一起涉及掠夺性定价的案件;[①] 国家市场监督管理总局颁布的《禁止滥用市场支配地位行为的暂行规定》第十五条的规定也未明确以上问题。

第二，如果说对于掠夺性定价的违法性判定，《反垄断法》尚且提供了以"成本"为基础的大致规范指引，那么对于《反垄断法》第 22 条第 1 款第三、四、五项所禁止的拒绝交易行为、限定交易行为、搭售行为以及附加不合理交易条件行为，这些条款似乎没有提供任何确切的规范指引。尽管国家市场监督管理总局颁布的《禁止滥用市场支配地位行为暂行规定》（国家市场监督管理总局令第 11 号），以及《关于平台经济领域的反垄断指南》（国务院反垄断委员会 2021 年 2 月 7 日印发）等配套规范在不同程度上对这些排他性滥用行为的表现形式、考量因素等作了进一步规定，但是，决定这些排他性滥用行为违法与否的判断标准和分析框架并未在这些配套规范中得到应有的呈现。[②]

第三，我国《反垄断法》第 22 条第 1 款中的"排他性滥用"条款，无一例外地言及"没有正当理由"。从字面上解读，这至少意味着，我国《反垄断法》并未对掠夺性定价、拒绝交易、限定交易、搭售等行为采取"本身违法"的做法，而是仅禁止那些没有正当理由的排他性滥用行为。然而，对于"正当理由"在规范上的确切意涵和范围，《反垄断法》并未

---

① 参见时建中、焦海涛、戴龙主编《反垄断行政执法：典型案件分析与解读（2008—2018）》，中国政法大学出版社 2018 年版，第 27 页；时建中、戴龙、焦海涛主编《反垄断诉讼：典型案件分析与解读（2008—2018）》，中国政法大学出版社 2018 年版，第 257 页。

② 参见《禁止滥用市场支配地位行为的暂行规定》第 15、16、17、18 条；《关于平台经济领域的反垄断指南》第 13、14、15、16 条。

明确。即便《禁止滥用市场支配地位行为的暂行规定》《关于平台经济领域的反垄断指南》等配套规范对"正当理由"作了某些例证性的列举，但这些正当理由如何嵌套进相关排他性滥用行为的规范结构和分析框架，配套规章并未言明。申言之，孤立地考虑各种排他性滥用行为可能具有的正当理由，对于法律分析或许助益不大；毋宁，这些正当理由须与其他规范要素形成结构化措施和功能性分工，因而就又不可避免地涉及排他性滥用行为的判断标准和分析框架问题。① 从本质上看，对排他性滥用行为设置何种判断标准和分析框架，不仅关系到定义"排他性滥用"的根本性难题，也关系到对"排他性滥用"条款作出规范解释或规则形塑的前提性辨识，即对我国反垄断法体系之隐含前提的理解或"前理解"。②

揭露我国《反垄断法》"排他性滥用"条款的上述不确定性，其实也暗含着某些富有价值的判断以及对排他性滥用反垄断法体系中国化建构的基本取向。

第一，《反垄断法》的"文本固定"，并不意味着有关排他性滥用行为的反垄断法标准或规则具备了某种"现成的规范"或"稳定的教义"。实际上，《反垄断法》第 22 条第 1 款的相关规定，充其量只是宣布了反对排他性滥用行为的某种"公共政策"③ 或者"基础规范"（basic norm）④，因而其具

---

① "正当理由规则彰显反垄断法价值并为其提供冲突协调机制。正当理由规则内容更多标准性，推理更具实质性，符合反垄断法实质理性特征，由此该规则的实施应以合理原则为框架。"杨文明：《滥用市场支配地位规制中的正当理由规则研究》，《河南财经政法大学学报》2015 年第 5 期。

② 参见李剑《反垄断法体系的隐含差异与意义》，《竞争法律与政策评论》2015 年卷；江山《论反垄断法解释的知识转型与方法重构》，《现代法学》2018 年第 6 期。

③ 反托拉斯法尽管说起来是制定法，但这个制定法其实只是宣告了一个反对垄断行为的公共政策，在这个领域内实际执行的法律其实主要是由法官制定的，参见〔美〕理查德·A. 波斯纳《反托拉斯法》（第二版），孙秋宁译，中国政法大学出版社 2003 年版，代译序，第 11 页。

④ 凯尔森在其纯粹法理论中，提出了"基础规范"（basic norm）的概念。他认为：法律规范之所以有效力是因为它是按照另一个法律规范决定的方式被创造的，一个规范的创造为另一个规范所决定，后者的创造又为一个更高的规范所决定，而这一回归以一个最高的规范即基础规范为终点。基础规范作为整个法律秩序的效力的最高理由，就构成了这一法律秩序的统一体。参见〔奥〕汉斯·凯尔森《法与国家的一般理论》，沈宗灵译，中国大百科全书出版社 126—127 页。在此意义上，高度抽象的、原则的《反垄断法》《谢尔曼法》《欧盟运行条约》等何尝不是现实的反垄断法规范体系的"基础规范"。

体规则、判断标准、分析框架都有待进一步的"规范塑造"（norms creation）。①

第二，"规范塑造"如果能够基于内源型的直接经验当然最为贴切，比如像美国反托拉斯法和欧盟竞争法漫长的生长历程那样，但是在执法或司法的时长约束、资源约束、能力约束之下，内源型的有效经验注定是比较有限的。② 同时，由于外源型的间接经验并不具有与本土反垄断事项构成要素的相反的异质性，并且这些间接经验可以是某种最基础、最充分、最经济的"质料"③，因此，在有关排他性滥用的法律实施或"规范塑造"的过程中，仍有必要再对欧盟竞争法和美国反托拉斯法的相关制度、经验进行反思性的比较、学习和借鉴。④

第三，尽管在一定意义上可以说，立基于市场经济和竞争机制的各国（地区）反垄断法及其制度、经验是可通约的"共享知识"（common knowledge），而非基尔兹在文化阐释学意义上所称的"地方性知识"（local knowledge）⑤，但是，排他性滥用反垄断法"规范塑造"的过程并非是不加鉴别的"自由选择"。事实上，我国《反垄断法》与《欧盟运行条约》不仅在"滥用市场支配地位"及"排他性滥用"条款上具有相

---

① 这种"规范塑造"的任务在很大程度上是由反垄断执法或司法承担的，即把"政策法"转录为"规范法"的表达机制。See Daniel A. Crane, *The Institutional Structure of Antitrust Enforcement*, Oxford University Press, 2011, p. 93.

② 参见郝俊淇《反垄断法学的本土建构："中国问题"抑或主要难题》，《财经法学》2018年第2期。

③ "缺乏比较的眼光限制了分析反托拉斯的概念工具，人为地缩小了它的经验基础。"［美］戴维·格伯尔：《二十世纪欧洲的法律与竞争——捍卫普罗米修斯》，冯克利、魏志梅译，中国社会科学出版社2004年版，第7页。

④ 与本书的这一观点不同，有学者认为："《反垄断法》文本固定后，研究进路就应当转型，即应以文本具体规范的自觉适用为重心，而不应纠缠于中国文本规范及其适用是否契合域外之'标准做法'，并以立法中心主义的思维强调对《反垄断法》文本的改造，忽视垄断规制及其问题的本土性。"金善明：《中国反垄断法研究进路的反思与转型》，《法商研究》2017年第4期。

⑤ 基尔兹在文化阐释学的意义上，提出了著名的论断，"法律是一种地方性知识"。参见［美］福德·基尔兹《地方性知识：事实与法律的比较透视》，载梁治平主编《法律的文化解释》，生活·读书·新知三联书店1994年版，第73页。

似结构，① 而且二者在预先信念及其所依赖的若干隐含前提或基础事实上都具有趋同性。基于此，对我国《反垄断法》"排他性滥用"条款在整体上作出类似于欧盟的、较为严厉的"规范塑造"，具有合理性。② 这即是说，具体到我国的情境中，作为一种预先信念，排他性滥用行为是对竞争过程、经济效率、消费者福利的重大威胁；对排他性滥用行为在整体上采取较严厉的反垄断法规则，不太可能妨碍市场机制、抑制竞争活力；相反，这样做能够较为有效地避免法律实施中的"消极错误"，却又不至于产生系统性的、严重的"积极错误"。具体来说，以上预先信念主要是以下列隐含前提或基础事实为支撑的。

（1）我国的市场条件不尽完善、市场机制不尽健全，因而不应对市场自身的纠偏能力有过高的期待。用国内著名经济学家厉以宁先生的话来说，我国目前还处于体制转型和发展转型的双重转型时期，市场化改革尚需分两步走，第一步是通过产权改革而使中国由第二类经济非均衡转向第一类非均衡（重构市场微观基础），第二步主要是通过市场完善化措施，使中国由第一类非均衡逐步向经济均衡靠拢（价格机制、竞争机制、供需机制趋于健全）。③ 中国的市场化改革还在进行中、市场化程度还较低，其对排他性滥用行为的纠正能力很有限。

（2）从经济制度的沿革上看，中华人民共和国成立以来，我国长期实行计划经济。经过40多年的改革开放，虽然中国经济不再是计划

---

① 无论是《欧盟运行条约》第102条，还是我国《反垄断法》第22条，都对支配企业的系列滥用行为作出了"原则性禁止"。其中，《欧盟运行条约》第102条第2款第（a）项是关于"剥削性滥用"的条款，大致对应于我国《反垄断法》第22条第1款第一项以及第五项；《欧盟运行条约》第102条第2款第（c）项是关于"扭曲性滥用"的条款，大致对应于我国《反垄断法》第22条第1款第六项；《欧盟运行条约》第102条第2款第（b）、（d）项大致对应于我国《反垄断法》第22条第1款第二、三、四、五项。

② "中国应该在目前所采纳的欧盟竞争法体系上，更好地梳理和确立自己的反垄断法体系，并在此基础上谨慎地进行制度变革。"李剑：《中国反垄断法实施中的体系冲突与化解》，《中国法学》2014年第6期。

③ 参见厉以宁《中国经济双重转型之路》，中国人民大学出版社2013年版，第39—41页。

经济，但它仍处在向市场经济的转轨阶段，或者说处于初级阶段的市场经济。在这样的背景下，尽管诸如电力、电信、铁路、能源、民航、金融等行业已经部分向市场开放，但这些行业仍普遍盘踞着"两三家独大"的寡头国有企业。① 显然，这些企业突出的市场地位并非源于商业智慧、积极创新、卓越效率，而依赖于国有资本和政府强力的扶持。此外，政企不分是我国经济生态长期以来的顽疾。在政府和企业盘根错节、相互依赖的利益驱动下，地方保护、区域封锁、行业壁垒、违法给与优惠政策、企业垄断等妨碍市场主体之间机会平等、公平竞争以及统一市场体系建设的措施或做法屡见不鲜。② 如何解决上述问题并实现经济制度变革，这或许首先不是反垄断法的问题③，而依赖于系统性的应对举措④，但是，反垄断法对支配企业的排他行为采取较严厉的规则和较积极的执法态势，无疑有助于暴露问题并推进经济制度改革。

（3）就我国反垄断法实施制度的结构来看，行政执法处于主导性地位，而反垄断民事诉讼（私人诉讼）则处于辅助性地位。这不仅体现在《反垄断法》对相关权力（利）的倾斜性配置上⑤，更体现在该法

---

① 中国放松管制的改革中，许多垄断性行业采取了民营化或部分民营化的政策，经过纵向拆分，市场形成了寡头垄断的结构。参见唐要家《市场势力可维持性与反垄断》，经济管理出版社 2007 年版，第 90 页。

② 参见国务院《关于在市场体系建设中建立公平竞争审查制度的意见》。

③ "垄断产生于国家（政府）的行为而不是市场竞争，因此垄断国企作为国家（政府）干预市场工具的同时，在运作过程中可能造成对社会公共利益的损害，由此产生的利益冲突具有特殊性，这导致反垄断法监管框架与垄断国企监管的不完全兼容，并对监管法律的构成框架产生重要影响。因此，突破反垄断法监管框架的局限，重新思考和构建包括《反垄断法》在内的垄断国企监管法律制度框架是目前研究面临的问题。"徐晓松：《论垄断国有企业监管法律制度框架的重构》，《政治与法律》2012 年第 1 期。

④ 在这些系统性举措中，公平竞争审查制度无疑是重要举措之一。"反垄断法还催生了公平竞争审查制度，这个制度有助于推进政企分开，实现各类市场主体的权利平等和机会平等。"王晓晔：《反垄断执法 10 年：成就与挑战》，《政法论丛》2018 年第 5 期。

⑤ 私人的反垄断民事诉权仅系于《反垄断法》的一个条文，即第 60 条第 1 款，其规定：经营者实施垄断行为，给他人造成损失的，依法承担民事责任。相反，《反垄断法》第 12、13 条作为"体制性条款"明确了反垄断行政执法机构的广泛权力。

实施 10 年来数量较有限的反垄断民事诉讼案件。① 事实上，在我国，通过诉讼来维护个体权利的意识并不发达，社会更加崇尚和合文化。② 再者，《反垄断法》并没有提供激励私人诉讼的多倍赔偿机制，也缺乏陪审团制度、集团诉讼制度等能够助力私人原告的程序性优势。因此，在我国，人们所担心的不是私人诉讼过多而给经济带来滋扰，相反是私人诉讼不足而阻碍反垄断法目标的实现。③ 这即是说，在既有反垄断法的实施制度结构不变，因而较有利于被控告支配企业的情况下，我国反垄断法应当对支配企业的排他行为采取较严厉的反垄断法规则，以实现反垄断法的制度性均衡。

综上所述，我国《反垄断法》"排他性滥用"条款具有很大程度的不确定性和模糊性，因而其规范性有待进一步塑造。对这些条款的规范解释、规则形塑或判断标准的确立，不能忽视对美国反托拉斯法和欧盟竞争法相关制度、经验的反思性比较、学习和借鉴。由于我国反垄断法与欧盟竞争法在预先信念及其所依赖的若干隐含前提或基础事实上的相似性，排他性滥用反垄断法规则的中国化建构，可以将欧盟竞争法针对掠夺性定价、拒绝交易、利润挤压、搭售、捆绑、忠诚折扣、排他性交易等滥用行为的对应规则作为一个相对有效的参照系，即对支配企业的排他行为采取较严厉的反垄断法规则。④ 在此基础上，美国反托拉斯法的相关制度、经验可以

① 截至 2007 年年底，我国法院受理反垄断民事诉讼一审案件大概 700 件，审结了 600 件。参见朱理《民事诉讼已成为中国反垄断工作的重要组成部分》，载 http://www.legaldaily.com.cn/zt/content/2018-08/03/content_7609951.htm? node=92192，最后访问日期：2018 年 12 月 20 日。与此作为对比，仅在 2006 年，美国地方法院共受理了 1004 起反垄断案件，其中 96% 是私人诉讼案件。Quoted from David S. Evans, "Why Different Jurisdictions Do not (and should not) Adopt the Same Antitrust Rules", 10 *Chicago Journal of International Law*, 183 (2009).

② 参见刘水林、王波《反垄断法实施的"结点"问题研究》，《上海财经大学学报》2010年第 5 期。

③ 参见时建中《私人诉讼与我国反垄断法目标的实现》，《中国发展观察》2006 年第 6期；王健《关于推进我国反垄断私人诉讼的思考》，《法商研究》2010 年第 3 期。

④ 事实上，欧盟竞争法的制度、经验作为我国反垄断法的有效参照系，不仅限于排他性滥用的规范领域，同时也适用于剥削性滥用、经营者集中控制、横向垄断协议、纵向垄断协议等规范领域。与此相关的一个研究，参见时建中、郝俊淇《原则性禁止转售价格维持的立法正确性及其实施改进》，《政治与法律》2017 年第 11 期。

充当某种"后现代"的知识资源①，以帮助我国在市场发展、情境变迁的过程中，从视域融合的角度谨慎地做出规则调适或制度变革。

第三节　排他性滥用的法律分析：类型化规则与概括性标准

对当前我国支配企业的排他性滥用行为采取类似于欧盟竞争法的、较严厉的反垄断法规则，应当说这在整体上是一个有效的观点。但这种有效性需要在两个层面上有所限定。一方面，我国经济的不同领域或行业在满足上文述及的隐含前提的程度上难免有所差异，因此排他性滥用反垄断法规则在整体上的严厉性，并不排斥因领域或行业有别而做出的微调或变通。② 换言之，不同的领域或行业在受到反垄断法规则严厉对待的程度上会有差异，而这种差异很大程度上依赖于行业调查（sector inquiries）、执法评估（enforcement evaluation）所形成的信息支撑。论旨所限，本书不对此展开阐述。③ 另一方面，"排他性滥用"是一个比较笼

---

① "后现代"主要不是一个时间概念，而是近代以来某些学者大致共享的一种批判性思维方式和对待世界的解构性态度。参见黄金荣《法的形式理性论——以法之确定性理论为中心》，《比较法研究》2000 年第 3 期。

② 例如，就我国互联网行业来看，它并不存在国家计划、政府染指的历史负重，而主要是 20 世纪 90 年代后期遵循市场机制逐渐发展起来的新兴行业，加之其动态竞争和创新竞争的特征明显，因而相关反垄断法规则在该行业的适用到底应趋于严厉，还是应趋于宽松，无疑是值得推敲的问题。在这一问题上，很多国内外学者似乎都支持较宽松的反垄断法规则。参见孙宝文、荆文君、何毅《互联网行业反垄断管制必要性的再判断》，《经济学动态》2017 年第 7 期；焦海涛《论互联网行业反垄断执法的歉抑性——以市场支配地位滥用行为规制为中心》，《交大法学》2013 年第 2 期；Geoffrey A. Manne & Jushua D. Wright, Innovation and the Limits of Antitrust, George Mason Law & Economics Research Paper No. 2009 – 54. 这些观点大致都是将市场机制的健全性、市场纠偏能力的有效性作为预先信念或隐含前提。但是，也有学者质疑这种"迷信"。例如，有美国学者指出，尽管微软公司幸免于世纪之初被司法判决拆分的厄运，但时至今日，哪怕是在动态竞争和创新竞争如此明显的互联网行业，微软公司从未面临过任何"有效"的挑战者，所谓的市场纠偏能力丝毫没有缓解微软公司在个人电脑操作系统市场的"垄断"地位以及人们对这种地位的担忧。See Alan Devlin & Michael Jacobs, "Antitrust Error", 52 *William & Marry law Review*, 99 – 100 (2010).

③ 关于行业调查、执法评估的详细论述，See R. O'Donoghue & J. Padilla, *The Law and Economics of Article 82 EC*, Hart Publishing, 2006, pp. 60 – 62; William E. Kovacic, "Evaluation Antitrust Experiments: Using Ex-post Assessment of Government Enforcement Decisions to Inform Competition Policy", 9 *George Mason Law Review*, 843 – 862 (2001)。

统的范畴，其项下有许多不同的行为表现形式，而反垄断法禁止这些行为可能导致的"积极错误"或"消极错误"在成本和频率的分布上肯定是不同的，因此排他性滥用反垄断法规则整体上的严厉性并不排斥对不同行为适用"宽严有别"的具体规则。①

当然，建立不同操作规则的必要性和合理性，并不能否认提炼排他性滥用行为之概括性判断标准的重大意义。② 这是因为：一方面，事物具有普遍联系，不同排他性滥用行为的损害机理肯定存在规律性联系。对排他性滥用的概括性判断标准的提炼，不仅有利于校准、改进具体行为的操作规则，而且在操作规则存在调整漏洞或空白的情形下，概括性判断标准能够起到填补规则空缺的作用。另一方面，强化排他性滥用在规范上的概括性建构，是增进法律确定性，促进规范体系自洽，保障企业合法预期的应然要求。基于此，下文从具体规则到抽象标准，着力阐述排他性滥用反垄断法分析的两重进境。而作为讨论的前提，有必要首先对反垄断法中的"规则"与"标准"作一般性辨析。

一　规则、标准以及反垄断法的分析方法

"规则"（rule）和"标准"（standard）是法律经济学中的一对范畴。③ 简单来说，规则即是在事前预先设定行为的确切责任决定要素，

---

① 有学者基于不同排他行为在受到谴责时发生错误的不同频率和成本，主张对不同的排他行为适用不同的反垄断法操作规则，从而形成一套关于排他行为之合理原则的系谱。See Mark S. Popofsky, "Defining Exclusionary Conduct: Section 2, The Rule of Reason, and the Unifying Principle Underlying Antitrust Rules", 73 *Antitrust Law Journal*, 435 – 482 (2006).

② 在美国，被称作"世纪诉讼"的微软公司垄断案很大程度上激发了各界对支配企业排他行为的检验标准的争论。尽管该问题目前仍具有很大争议，但有一些学者尝试提炼出某种概括性的判断标准。See Herbert Hovenkamp, "The Monopolization Offence", 61 *Ohio State Law Journal*, 1035 – 1050 (2000); Einer Elhauge, "Defining Better Monopolization Standards", 56 *Stanford Law Review*, 253 – 344 (2003); Katharine Kemp, "A Unifying Standard for Monopolization: Objective Anticompetitive Purpose", 39 *Houston Journal of International Law*, 113 – 196 (2017).

③ 关于这方面的经典文献，See Isaac Ehrlish and Richard A. Posner, "An Economic Analysis of Legal Rulemaking", 3 *Journal of Legal Studies*, 257 – 286 (1974); Douglas G. Baird & Robert Weisberg, "Rules, Standards and the Battle of Form: A Reassessment", 68 *Virginia Law Review*, 1217 – 1262 (1982); Louis Kaplow, "Rules Versus Standards: An Economic Analysis", 42 *Duke Law Journal*, 557 – 629 (1992).

一旦这些要素得到满足，行为就会受到谴责。而标准则不同，它依赖于裁判者在事后根据个案信息来考虑相关的责任决定要素，即在平衡各种事实后才决定是否谴责某项行为。① 尽管二者都是法律规范，但孰优孰劣并非一目了然。具体来说，在事前制定较精确的规则需要承担大量的信息成本，但它可以节省法律在事后实施过程中的执法成本、司法成本、守法成本。相反，事前制定较模糊的标准可以避免信息不充分条件下搜集信息的昂贵成本，但却可能增加法律在事后实施过程中的执法成本、司法成本、守法成本。在法律经济学"成本—收益"的分析框架中，法律确定性问题实际上就是成本约束之下的规则和标准的优选、组合问题。而从现实的角度看，规则与标准的区分只是程度问题，在"纯粹规则"（plain rule）和"纯粹标准"（plain standard）之间存在着宽阔的过渡地带，实践中的法律规范往往介于二者之间，既可以是"规则型的"（rule-like），也可以是"标准型的"（standard-like）。②

（一）"本身违法规则"与"合理原则"的融合

就反垄断法而言，其法律规范同样面临着在规则与标准之间的恰当措置问题。③ 从历史最为悠久的美国反托拉斯法的经验来看，其长期以来将各种限制竞争行为放置在"本身违法规则"（rule of per se illegal）和"合理原则"（rule of reason）的二元框架下进行分析。

"本身违法规则"用于禁止本质上不合理的限制竞争行为，即针对具有反竞争效果并且缺乏可补偿价值的限制行为，行为一旦确认，就直接被认定为非法，不允许行为人对行为的合理性进行辩解。④ 在此意义上，"本身违

---

① 由此可见，规则是相对明确的法律规范，留给裁判者的自由裁量空间较小，而标准则是相对模糊的法律规范，留给裁判者自由裁量的空间较大。

② 参见田源《行为法律经济学视野中的"法律确定性命题"——以规则和标准的分类为线索》，《法制与社会发展》2018年第2期。

③ See Daniel A. Crane, "Rules Versus Standards in Antitrust Adjudication", 64 *Washington and Lee Law Review*, 49–110 (2007).

④ 参见叶卫平《反垄断法分析模式的中国选择》，《中国社会科学》2017年第3期。事实上，在美国反托拉斯法的历史上，固定价格、产量或划分市场的横向垄断协议，以及搭售、限定转售价格、限定销售地域的纵向约束行为，都被视作是"本身违法"的。参见［美］基斯·希尔顿《反垄断法：经济学原理和普通法演进》，赵玲译，北京大学出版社2009年版，第91—106页。

法规则”是一种“纯粹规则”，亦是一种极端化的法律形式主义，它有助于保障反垄断法的确定性，但却难掩其僵化自闭、功能麻痹的隐痛。

相反，传统的“合理原则”，其实是一种“全面的合理原则”（plenary rule of reason）或“开放的合理原则”（full-blown rule of reason）①，它只禁止不合理的限制竞争行为，强调对个案相关因素的全面考虑，即只有在平衡涉案的各种事实之后才会决定是否谴责某项行为。在此意义上，传统的“合理原则”是一种“纯粹标准”。在传统的“合理原则”之下，加强个案事实性和经济性因素的分析，或许有助于促进案件处理的合理性，但它可能开放过度、功能亢进②，因而与法治原则（rule of law）相抵触。③

另外，“本身违法规则”与“合理原则”的二元分析框架在整体上也存在明显的局限性。一方面，这种非此即彼的分析框架依赖于对行为的分类，即对行为贴上“本身违法规则”或“合理原则”的标签，但现实中的限制竞争行为往往具有多样性和复合性，因此这种做法很可能是武断的。④另一方面，在先例约束的普通法原则下，法院和执法机构为了迁就二元对立的分析方式，在法律的具体阐释中扭曲了太多的概念和制度。⑤ 鉴于这

---

①　在 1918 年的芝加哥贸易公会案中，法院对这种“合理原则”作出了开创性阐释：“法院如何判断某种安排（限制）是否促进或抑制竞争？它必须考虑到这种限制所作用的业务（business）所特有的事实；这种业务在限制前后的情况；限制的性质及其影响，是实际的还是可能的。限制的历史、被认为存在的邪恶、采用特殊救济（即这种限制措施）的原因、目的或意图都是有关的事实。” *Chicago Board of Trade v. United States*，246 U. S. 231，238（1918）.

②　“当一切都是相关的时候，没有什么是决定性的。”（When everything is relevant, nothing is dispositive. ）Frank H. Easterbrook，"The Limits of Antitrust"，63 *Texas Law Review*，12（1984）.

③　See Maurice E. Stucke，"Does the Rule of Reason Violate the Rule of Law?"，22 *Loyola Consumer Law Review*，15–27（2009）. "强调合理原则，势必会使反垄断法减少语义逻辑性，加强经济性和事实性等因素，强调经济的合理性分析，减弱了反垄断法规则的体系性。"沈敏荣：《法律的不确定性——反垄断法规则分析》，法律出版社 2001 年版，第 83 页。

④　Alison Jones & William E. Kovacic，"Identifying Anticompetitive Agreements in the United States and the European Union：Developing a Coherent Antitrust Analytical Framework"，62 *Antitrust Bulletin*，254（2017）.

⑤　例如，为了避免转售价格维持适用本身违法规则可能导致的“积极错误”，法院刻意在转售价格维持的概念构成上做文章，并炮制出所谓的“高露洁权利”（Colgate Right）。参见〔美〕赫伯特·霍温坎普《联邦反托拉斯政策——竞争法律及其实践》，许光耀、江山、王晨译，法律出版社 2009 年版，第 508 页。再如，为了避免搭售案件全面受制于严苛的本身违法规则，法院又提出仅对满足一定条件的搭售案件适用“修正的本身违法规则”（modified rule of per se illegal）。参见李剑《搭售案件分析的困惑与解释——基于合理原则和当然违法原则的差异与融合的分析》，《北大法律评论》2007 年第 1 期。

些弊端，近年来，美国学者和政策实践者对传统二元分析框架的创造性转化投入了大量努力。一种富有创建的认识是：反垄断法的分析方法是一套关于"合理原则"的系谱（spectrum）。① 在系谱的一端是"本身违法规则"，即一种不允许抗辩而完全依赖于形式化责任决定要素的"纯粹规则"。② 在系谱的另一端是"全面的合理原则"，即一种允许对各种涉案事实进行平衡而未预先凝练任何责任决定要素的"纯粹标准"。此外，在系谱的中间过渡地带，则是一系列宽严程度有别的"结构化合理原则"（structured rule of reason）。

（二）"结构化合理原则"的具体结构

什么是"结构化合理原则"？在学术文献中很难发现其清晰的定义。在笔者看来，"结构化合理原则"是一种反垄断法的分析方法，它是"纯粹规则"和"纯粹标准"的交叉融合，或者说是对"法律规范性"和"事实认知性"的双重兼顾。正是由于这种互补性优势的存在，"结构化合理原则"在很大程度上能够克服"本身违法规则"（纯粹规则）和"全面的合理原则"（纯粹标准）的若干缺陷，即它不仅能够提供普遍的法律确定性③，同时又能增进个案处理的实质合理性④，进而使反垄断法规范在形式（form）与功能（function）上获得大致的均衡。当然，这种均衡离不开"结构化合理原则"在以下两个方面的具体构造。

一方面，作为对某种限制竞争行为作出违法认定的初始工作，"结构化合理原则"将那些具备理论和经验基础且有"决定性意义"的责任要素

---

① See Mark A. Lemley & Christopher R. Leslie，"Categorical Analysis in Antitrust Jurisprudence"，93 *Iowa Law Review*，1216 – 1219（2008）；Spencer Weber Waller，"Justice Stevens and the Rule of Reason"，62 *SMU Law Review*，700 – 701（2009）.

② "本身违法规则"被认为是对行为违反合理原则的绝对推定（conclusive presumption），其范围在当前一般限定于固定价格、产量或划分市场的"恶性卡特尔"行为。See Mark S. Popofsky，"Defining Exclusionary Conduct：Section 2，The Rule of Reason，and the Unifying Principle Underlying Antitrust Rules"，73 *Antitrust Law Journal*，435（2006）.

③ 法律之所以称之为"法律"，其之所以重要，在法社会学家卢曼看来，它是保障信任和成全安全预期的重要系统（社会）媒介。转引自翟小波《"软法"概念何以成立？——卢曼系统论视野内的软法》，《郑州大学学报》（哲学社会科学版）2007 年第 3 期。

④ 参见李剑《论反垄断法的实质理性》，《学习与探索》2013 年第 12 期。

（dispositive liability factors）预先提炼出来，进而围绕这些要素展开集约化的分析论证①，以建立一个"具备初步证据的案件"（a prima facie case，以下简称"初步案件"），即一旦控诉方完成对责任要素的证明，就足以使裁判者推断出系争事实并对控诉方作出有利的裁决。② 实际上，伊斯特布鲁克法官在其 1984 年的名篇《反垄断的局限》中，为限制竞争行为提供了五个一般性的"过滤设置"（filters）：（1）市场力量；（2）获利与减损竞争之间的逻辑关系，行为是否属于"赤裸裸的限制"（naked restraints）；（3）行业内企业广泛采取相同的限制行为；（4）产量效应和行为的存续可能性；（5）原告的身份是消费者还是竞争者。③ 这些"过滤设置"在本质上就是建立"初步案件"所需满足的系列责任要素。不过，伊斯特布鲁克法官提供的"过滤设置"是有争论的④，但这不是本书此处的关注重点。关注重点毋宁在于，按照伊斯特布鲁克法官的意思，通过了"过滤设置"的行为，才谈得上在"合理原则"下对各方面的效果进行平衡分析。这即是说，不是所有的反垄断案件都需要进行复杂的效果平衡分析，因为很多据称为限制竞争的行为根本通不过全部的"过滤设置"，即不满足预先提炼出的责任要素。进一步而言，反垄断法规范在首要性层次上体现为由这些责任要素所组成的规则——形式化规则。

　　另一方面，即便控诉方证明了所有预先设置的责任要素，并建立了

---

　　① "结构型合理原则分析中只需要考察最有助于识别某类行为之反竞争效果的某些因素，实现了竞争效果考察的轻巧化、间接化、程式化。因此，通过司法和市场经验的积累找出能够准确识别反竞争效果的具体指标（替代要素），就成为结构型合理原则发展过程中至关重要的课题。"兰磊：《转售价格维持违法推定之批判》，《清华法学》2016 年第 2 期。

　　② 关于"具备初步证据的案件"（a prima facie case）的含义，See Georg Nils Herlitz，"The Meaning of the Term 'Prima Facie case'"，55 *Louisiana Law Review*，391（1994）。

　　③ See Frank H. Easterbrook，"The Limits of Antitrust"，63 *Texas Law Review*，19 - 39（1984）.

　　④ 例如，近来一位学者就指出上述五个"过滤设置"适用于高科技行业或创新型行业的局限性，并对该等行业的限制竞争行为，提供了另一套"过滤设置"：（1）市场均衡。在创新产业，市场均衡是相较于市场力量是更好的"过滤设置"；（2）进行歧视的势力。歧视的势力与企业所拥有的知识产权的数量成正比，拥有数量越多，市场势力越大，更可能存在滥用的风险；（3）规制过度和创新激励。在创新产业，对试图获得垄断的行为可以更加宽容，但对试图维持垄断的行为应当提高警惕，因为后者阻碍了未来的创新，即阻碍了创新激励。See Thibault Schrepel，"A New Structured Rule of Reason for High-tech Markets"，50 *Suffolk University Law Review*，125 - 126（2017）.

"初步案件"，但这并不意味着案件彻底无可挽回，也不意味着涉案行为最终一定构成违法的限制竞争行为。如果被控诉企业能够证明限制竞争行为具有抵消性利益（counterbalancing benefits）、可补偿性价值（redeeming merits）或正当化事由（justifications），那么在未将这些积极因素与限制竞争行为所造成的负面因素作出衡量之前，行为不能得到结论性的违法认定。反过来讲，基于有限理性和不完全经验所预设的责任要素（规则），很可能存在规范与事实脱节的情形。在这种情况下，如果一个行为仅仅因为被证明满足了相关责任要素，就径直遭到反垄断法的禁止，那么"合法却不合理"的案件恐怕会时常发生。这样做的要害在于，它加剧了反垄断法造成"积极错误"的可能和成本。因此，给予被控诉方就"初步案件"进行抗辩的机会，[①] 是一种必要的规范举措。事实上，虽然反垄断法的诸多禁止性条款看似严厉，但都不绝对，其间一般存在着相应的"减让条款"（derogation clauses）。[②] 例如，初步构成限制竞争的协议，可以基于特定理由而被豁免。[③] 再如，初步构成减损竞争的企业合并，可以基于效率理由而获得允许。[④] 同样地，初步构成排他性滥用的行为，可以基于若干正当化事由而阻却违法。[⑤] 概言之，无论是垄断协议禁止制度、经营者集中控制制度，还是滥用市场支配地位禁止制度，其核心关注都是那些没有正当理由，却旨在压

---

① "抗辩"（defence）与"正当化事由"（justification）经常交替使用。但严格来说，抗辩应该是在违法行为得到认定之后，由被告加以证明的、用以免责的事由。但实际应用中，抗辩一词的含义经常被泛化，除了上述含义外，还指在行为违法性认定过程中用以否定或抵消不法要素的考虑因素，通常只需被告提出主张并承担举证责任，而由原告承担总的证明责任。"正当化事由"比较接近于这种广义的抗辩概念。参见兰磊《非法价格歧视行为的判断标准研究》，《竞争政策研究》2015 年第 5 期。

② See Vijver, Tjarda Desiderius Oscar van der, "Objective Justification and Prima Facie Anti-competitive Unilateral Conduct: an Exploration of EU Law and Beyond", Doctoral Dissertation of Leiden University, 2014, p. 1.

③ 参见《欧盟运行条约》第 101 条第（3）款；我国《反垄断法》第 20 条；美国反托拉斯法中的"合理原则"实际上就充当着类似的功能。

④ 参见《欧盟并购控制条例》第 2 条第 1 款第（b）项；我国《反垄断法》第 34 条；美国《克莱顿法》第 7 条。

⑤ 对此下文将进一步展开分析。

制竞争进而便利（facilitate）、获取（acquisition）、维持（maintenance）或加强（enhancement）市场力量的行为。① 进一步而言，如果说由责任要素所组成的规则，其作用主要在于建立一个属于压制竞争进而便利、获取、维持或加强市场力量的"初步案件"，那么对可能存在的抵消性利益进行考虑和衡量的标准，其作用就在于判别是否属于"没有正当理由"，进而决定撤销"初步案件"或支持"初步案件"并将其认定为"最终案件"。② 由此可见，反垄断法规范在延伸性层次上体现为对各种抵消性利益进行衡量的标准——实质性标准。

综上所述，"结构化合理原则"作为一种适用性较强的反垄断法分析方法，可以运用到我国《反垄断法》的诸多禁止性规范中。其主体结构包含形式化规则和实质性标准。形式化规则有助于保障法律确定性，其作用是建立"初步案件"。而实质性标准有助于保证法律决定的合理性，其作用是提供反思"初步案件"的利益平衡机制（参见表4－3）。

表4－3　　"结构化合理原则"在我国《反垄断法》中的应用基础

反垄断法禁止性规范	形式化规则	实质性标准
功能	保障法律确定性；建立"具备初步证据的案件"	促进法律决定的合理性；正当理由的平衡检验
垄断协议	《反垄断法》第17、18、19条	《反垄断法》第20条
经营者集中	《反垄断法》第25、27、34条	《反垄断法》第34条
滥用市场支配地位	《反垄断法》第22条	《反垄断法》第122条

---

① See Daniel A. Crane, *The Institutional Structure of Antitrust Enforcement*, Oxford University Press, 2011, Introduction, p. xiv.

② 对支配企业排他行为的定义总是需要对它添加"无正当理由的"这一定语，但这又总是需要进行某种平衡或权衡。参见［美］罗伯特·皮托夫斯基等《超越芝加哥学派——保守经济分析对美国反托拉斯的影响》，林平、臧旭恒等译，经济科学出版社2013年版，第108页。

二　排他性滥用行为的结构化合理分析

承前所述，"结构化合理原则"或"结构化合理分析"并非是一次次的个案检验，它首先是基于案件类型或行为类型展开相应的规则建构。因此，对我国反垄断法所禁止的排他性滥用行为的分析，也应从类型化规则的建构着手。当然，这里不能丢弃前文铺陈的两条线索：（1）由于我国反垄断法与欧盟竞争法在预先信念及其所依赖的若干隐含前提或基础事实上的相似性，排他性滥用反垄断法规则的中国化建构，可以将欧盟竞争法的对应规则作为一个有效的参照系，即对支配企业的排他行为采取较严厉的反垄断法规则；（2）排他性滥用有许多不同的行为表现形式，反垄断法禁止这些行为可能导致的"积极错误"或"消极错误"在成本和频率的分布上肯定不同，因此排他性滥用反垄断法规则整体上的严厉性并不排斥对不同行为适用宽严有别的具体规则。

（一）行为类别与反垄断法规则的宽严序列

我国《反垄断法》第22条第1款第二至第五项对典型的排他性滥用行为作了禁止性列举，即掠夺性定价行为、拒绝交易行为、限定交易行为、搭售以及附加不合理的交易条件行为。尽管该款第七项的兜底条款为其他排他性滥用行为的调整留有余地，但以上"典型性"列举（借鉴）显然是不完善的。从前文述及的美国和欧盟的法制实践经验看，典型的排他性滥用行为尚且包括利润挤压行为、捆绑（多产品折扣）行为、忠诚折扣（单一产品折扣）行为。① 当然，典型与否是相对而言的。事实上，在美国反托拉斯法和欧盟竞争法厚重的历史经验中，还有其他很多排他性滥用行为引起过执法机构和法院的关注，例如，蓄意破坏竞争对手的生产设施、策略性的产能结构或产能扩张、限制性定价（limit pricing）、售后市场"锁定"、掠夺性的产品或设计更新、掠夺性广告、掠夺性雇佣（招聘竞争对

---

① Generally see U. S. Department of Justice, Competition and Monopoly: Single-firm Conduct under Section 2 of the Sherman Act, 2008; EU Commission, Guidance on the Commission's enforcement priorities in applying Article 82 of the EC Treaty to abusive exclusionary conduct by dominant undertakings, [2009] OJ C 45/7.

手的关键雇员）、对新技术不予披露、以欺骗的手段"获得"专利并执行该专利、明知专利无效或不可执行而执行该专利、积聚竞争性专利而不使用、与标准制定相关的"专利伏击"或"专利劫持"、商业侵权、虚假诉讼、滥用政府程序操纵管制措施，等等。①

对于上述典型和非典型的众多排他性滥用行为，它们的违法性特征显然是不同的。换言之，它们限制竞争对手的商业机会或压制竞争对手的竞争性反应、进而损害竞争过程和消费者利益、以维持或加强自身支配地位的程度是有差异的。毫无疑问，识别出这些差异是对不同排他性滥用行为设置宽严有别的反垄断法规则的必要前提。鉴于此，本书将现实中纷繁复杂的排他性滥用行为归纳为三大类别：一是"廉价的"排他（cheap exclusion）；二是附条件的排他（conditional exclusion）；三是无条件的排他（unconditional exclusion）。② 这些类别从前往后，违法性特征依次减弱。

1. "廉价的"排他

"廉价的"排他（cheap exclusion），③ 又称"纯粹的"排他（plain exclusion）④ 或"赤裸裸的"排他（naked exclusion）⑤，这些术语一般在相同意义上使用，并指代某些排他性滥用行为所具有的以下特点：第一，实施这种行为的成本低廉；第二，这种行为并不创造财富，仅仅转移财富，因而在任何情况下几乎不具有可识别的效率、抵消性利益或可补偿

---

① 参见［美］赫伯特·霍温坎普《联邦反托拉斯政策——竞争法律及其实践》，许光耀、江山、王晨译，法律出版社 2009 年版，第 318—371 页；R. O' Donoghue & J. Padilla, *The Law and Economics of Article 82 EC*, Hart Publishing, 2006, pp. 639 – 658。

② 这种分类主要基于行为违法性特征的强弱。在这种分类之外，排他性滥用行为尚且有多种分类，比如：（1）横向排他（限制）；纵向排他（限制）；（2）价格型排他；非价格型排他；（3）"赤裸裸的"排他（naked exclusion）和"附属性的"排他（ancillary exclusion）；（4）单边排他；联合排他/平行排他。See Mark A. Lemley & Christopher R. Leslie, "Categorical Analysis in Antitrust Jurisprudence", 93 *Iowa Law Review*, 1219 – 1224 (2008).

③ See Susan A. Creighton, D. Bruce Hoffman, Tomas G. Krattenmaker, Ernest A. Nagata, "Cheap Exclusion", 72 *Antitrust Law Journal*, 975 (2005).

④ See Thomas G. Krattenmaker & Steven C. Salop, "Anticompetitive Exclusion: Raising Rivals' Cost to Achieve Power over Price", 96 *Yale Law Journal*, 227 (1986).

⑤ "赤裸裸的"排他（naked exclusion）这个术语最初出现在经济学文献中，并被用来描述一个特定的经济模型。但后来也有学者在反垄断法意义上使用该术语。See Jonathan M. Jacobson, "Exclusive Dealing, Foreclosure, and Consumer Harm", 70 *Antitrust Law Journal*, 311, 360 (2002).

性价值；第三，经由这种行为所获得的垄断性收益与实施这种行为的成本严重不相称。基于此，对于"廉价的"排他性滥用行为，行为一旦得到确认，在很大程度上就会被认定为非法，且行为人对行为的合理性辩解一般不被接受。换言之，"廉价的"排他性滥用行为适用某种近乎"本身违法规则"的分析。

一些经常被引用但比较极端的例子包括：炸毁竞争对手的工厂、损坏竞争对手的货架、盗窃竞争对手的商业秘密，或者恶意贬损竞争对手的产品。但是，在一些学者看来，"这些手段没有提出有意思的问题以供分析"。① 其理由在于，这些行为通常是刑法、侵权法、反不正当竞争法等法律的重点调整对象，换言之，对这些行为进行关注不符合反垄断法"剩余执法"的角色定位（residual role for competition law enforcement）。② 鉴于此，适宜于反垄断法关注的"廉价的"排他性滥用行为不应过分扩张，它们包括但不限于以下主要情形：

（1）与标准制定相关的机会主义行为。具体来说，行为人在参加标准制定时，违反标准制定组织的专利信息披露义务，故意隐瞒与标准所涉技术相关的专利权信息，并在标准的实施过程中主张专利权，从而导致"专利劫持"（patent hold-up）。美国的 Dell 案、Unocal 案和 Rambus 案是这方面的相关案件。③ 与这种情况相似，在标准制定过程中，虽然行为人履行了专利披露义务，并且承诺放弃专利权的事后行使，但在该专利权被纳入标准后，行为人却向标准实施者主张专利权，这同样会导致"专利劫持"。④

（2）具有欺诈性质的行为。这方面的典型行为很多与知识产权相

---

① ［美］理查德·A. 波斯纳：《反托拉斯法》（第二版），孙秋宁译，中国政法大学出版社 2003 年版，第 227 页。

② See R. O'Donoghue & J. Padilla, *The Law and Economics of Article 82 EC*, Hart Publishing, 2006, p. 521.

③ 参见张平主编《冲突与共赢：技术标准中的私权保护》，北京大学出版社 2011 年版，第 210—220 页。

④ 参见王先林《涉及专利的标准制定和实施中的反垄断问题》，《法学家》2015 年第 4 期。

关。例如，行为人以欺骗专利局的方式获得了某项专利，该专利本身是不可实施的，但如果行为人实施该专利或者向他人主张专利侵权，那么就应当承担反垄断法上的责任。类似的情况包括行为人明知专利无效因而不可实施，却依然实施该项专利或提起诉讼主张权利（虚假诉讼）。①美国的 Walker Process 案是这方面的代表性案件。② 另外，在 Microsoft 案中，美国法院发现微软试图通过欺骗手段来限制 Java 对其操作系统垄断的威胁，从而损害 Java 在不同平台上运行的能力。微软欺骗 Java 开发人员，声称微软提供的 Java 编程工具将允许程序员开发与多个平台兼容的 Java 程序，而实际上这些工具是 Windows 专用的，不能创建这种跨平台兼容的程序。③ 此外，有学者认为，支配企业作出的虚假广告、"雾件"行为（新产品发布的欺诈）也在此列。④

（3）滥用政府程序。一个支配企业维持或加强市场力量的最有效的方法之一是利用政府的规则来对付它的竞争对手。⑤ 虽然任何企业都有向政府请愿的权利，但如果市场力量是通过滥用政府规则而得到维持或加强的，则这种行为是非法的。典型的例子之一是上文述及的通过欺骗专利局的方式获取某项专利。此外，行为人误导政府启动对外国产品的反倾销程序，如果仅仅是为了排除竞争对手，那么反垄断也具有谴责这种行为的基础。与此相关的案件是欧盟的 Industrie des Poudres Sphériques 案。⑥ 另外，生产专利药的支配企业如果操纵药品监管审批程序，阻碍竞争性仿制药（generic drug）的市场进入，也可能

---

①　参见［美］赫伯特·霍温坎普《联邦反托拉斯政策——竞争法律及其实践》，许光耀、江山、王晨译，法律出版社 2009 年版，第 359—360 页。

②　See *Walker Process Equipment*, *Inc. v. Food Machinery & Chemical Corp.*, 382 U. S. 172, (1965).

③　See United States v. Microsoft Corp., 253 F. 3d 34, 76 – 77 (D. C. Cir. 2001).

④　参见刘进《反垄断法视野中的欺诈行为》，《南京大学学报》（哲学·人文科学·社会科学）2018 年第 1 期。

⑤　"滥用法庭或政府机构程序是最有效的阻碍和窒息竞争的方式。"See Robert H. Bork, *The Antitrust Paradox*: *A Policy at War with Itself*, Basic Books, 1978, p. 159.

⑥　See Case T – 5/97, Industrie des Poudres Sphériques SA v Commission［2000］ECR II – 3755. 国内学者对该问题的关注，参见王伟、王先林《反垄断法视野中的反倾销问题》，《法学家》2007 年第 2 期。

涉及这方面的反垄断法关切。①

（4）滥用诉讼权利。支配企业加强市场力量的诸多方法与提升竞争对手的成本有关，因为当竞争对手的成本更高时，市场价格就会上涨。因此，尽管企业提起诉讼并维护自身合法利益是法治的关键所在，但是当诉讼双方的成本极不对称时，提起诉讼可以成为支配企业提高竞争对手经营成本、耗尽竞争对手的生产资源、拖延或阻止竞争对手进入市场的有效手段。例如，与知识产权相关的某些禁令救济诉讼，可能是支配企业排他性策略的重要组成部分。②

（5）掠夺性的产品设计或更新。反垄断法一般不反对企业对产品作出改进或升级的创新行为，但如果产品的变更设计或开发，其本身没有任何可识别的创新或改进，而仅仅是让竞争对手提供的互补性产品无法兼容，那么这种行为将受到反垄断法的谴责。有时候，掠夺性的产品设计或更新与技术型搭售可能是相同反垄断法关切的两个侧面。这方面的典型案件包括美国的 Bard 案③、欧盟的 Decca Navigator 案。④ 在我国，2004 年的德先诉索尼案也涉及这方面的反垄断问题。⑤

（6）积聚并闲置关键的竞争性资源。市场竞争的活力在一定程度上依赖于关键性生产资源的可获得性。对于竞争至关重要的资源要素如果被支配企业收购、囤积且自身不予使用（或另作无增值性的他用），同时也拒绝他人使用，那么这样的行为会限制竞争对手的竞争能力，甚至还会抑制市场创新的活力。一些被提到的例子包括：彻底收购他人的竞争性专利而抑制其使用；高新"偷猎"竞争对手的关键雇

---

① See R. O' Donoghue & J. Padilla, *The Law and Economics of Article 82 EC*, Hart Publishing, 2006, p. 531.

② See Michael J. Meurer, "Controlling Opportunistic and Anti-competitive Intellectual Property Litigation", 44 *Boston College Law Review*, 509 – 544 (2003).

③ See *C. R. Bard, Inc. v. M3 System, Inc.*, 526 U. S. 1130, (1999).

④ See Decca Navigator System, OJ 1989 L 43/27.

⑤ 参见李剑《从搭售构成到市场的关联性——对德先诉索尼案的思考》,《河北法学》2008 年第 6 期。

员而闲置该雇员或让其从事非专业工作。① 但是，这些情况很可能是罕见的，因为一个支配企业应该理性地倾向于将宝贵的竞争性资源用在好的方面，而不是什么都不做。②

2. 附条件的排他

附条件的排他行为，即附加交易限制的排他行为，通常存在于纵向交易关系中，其反竞争的排他效应的产生需要交易相对人——上游供应商或下游客户——的"助攻"，因而这类行为也被称作排他性的纵向限制（exclusionary vertical restraints）。③ 典型的排他性纵向限制包括排他性交易（排他性购买和排他性供应）、忠诚折扣（单一产品折扣）、捆绑（多产品折扣）、搭售。④ 这些行为在前文已多次述及，它们的反竞争机理可以被概括为提升竞争对手成本的实质性封锁，即支配企业通过正式

---

① 参见［美］赫伯特·霍温坎普《联邦反托拉斯政策——竞争法律及其实践》，许光耀、江山、王晨译，法律出版社2009年版，第49页。

② 例如，美国司法部和联邦贸易委员会于2016年联合发布的《对人力资源专业人士反垄断指南》，其中主要的竞争关切是不同企业的人力资源人士（HR）达成的"固定工资协议"与"禁止偷猎协议"。在这里，"偷猎"竞争对手的关键雇员没有被视为违法的企业单边排他行为，相反，企业之间缔结的"禁止偷猎协议"被视为"本身违法"。参见仲春、邵小龙《美国司法部与联邦贸易委员会之〈针对人力资源专业人士的反垄断指南〉介评》，《竞争政策研究》2017年第3期。

③ 有必要说明的是，纵向垄断协议有时候也被等同于纵向限制（vertical restraints），例如转售价格维持协议、纵向地域划分协议、纵向客户划分协议，等等。但是，与排他性交易、忠诚折扣、捆绑、搭售等有所不同的是：第一，前者是品牌内的纵向限制（intra-brand vertical restraints），后者是品牌间的纵向限制（inter-brand vertical restraints）；第二，前者的违法性基础主要是"共谋"（collusion），即转售价格维持、纵向地域划分、纵向客户划分等行为的主要反垄断法关切在于，这些行为促进、便利了经销商或供应商层面的卡特尔的建立和实施，进一步言，这些行为更符合"共谋性的纵向限制"。另外，还有必要说明的是，当排他性交易、忠诚折扣、捆绑、搭售等行为存在明确的协议的情况下，如果行为主体具有一定程度的市场力量（通常表现为至少拥有30%的市场份额）但没有达到市场支配地位的程度，此时，该等排他性纵向限制行为尚且可以被纳入纵向垄断协议的调整范围，只不过相应的法律分析需要依赖更多的技术性要件和更高的证明标准。对此，可以参见欧盟委员会发布的《纵向限制指南》（EU Commission, Guidelines on Vertical Restraints［2010］OJ C 130/1），也请参见［美］赫伯特·霍温坎普《联邦反托拉斯政策——竞争法律及其实践》，许光耀、江山、王晨译，法律出版社2009年版，第334—335页。（如果面对的是垄断者，而不是市场份额为30%—40%的企业，则有必要放松对于搭售和排他性交易进行考察的技术要件。）

④ Daniel A. Crane & Graciela Miralles, "Toward a Unified Theory of Exclusionary Vertical Restraints", 84 *Southern California Law Review*, 611（2011）.

的合同或非正式的商业关系来购买或建构"排他权"（exclusivity），并分别或同时造成上游竞争的"原料封锁"和下游竞争的"客户封锁"，进而使得有效的竞争对手不能获得足够的供应份额或分销份额来实现最小可行规模（minimum viable scale）或最小有效规模（minimum efficient scale），① 从而导致有效的竞争对手处于成本劣势直至退出市场或者阻碍潜在竞争对手进入市场，与此同时，支配企业的市场力量得以维持或加强。

　　尽管上述排他性纵向限制行为分享相同的反竞争机制，但它们的违法性特征却不完全相同。其中，违法性特征最明显的行为是排他性交易，因为它直接用合同的方式"收买"交易相对人，并向交易相对人施加排他性条件或排他性义务。这即是说，排他性交易协议是一种直接"指涉竞争对手的合同"（contracts referencing rivals）。② 这种合同之所以危害较大，用我国反垄断法配套规章的话来说，根本上是因为支配企业限定交易相对人不得与竞争对手进行交易。③ 换言之，对交易相对人来讲，这种合同是一种"全然排他性"（outright exclusivity）的约束。

　　相比之下，忠诚折扣、捆绑、搭售等行为并未通过正式合同向交易对方施加"全然排他性"的约束。相较于排他性交易义务，这些行为是建立在附条件的定价结构上的较弱的激励形式。尽管这些行为有可能造成事实上的排他性交易（de facto exclusive dealing），但一般来说，它们

---

① 美国反托拉斯法中一般使用最小可行规模（MVS），欧盟竞争法中一般使用最小有效规模（MES），二者不具有本质上的差异。See Joshua D. Wright, "Moving Beyond Naïve Foreclosure Analysis", 19 *George Mason Law Review*, 1167 (2012).

② See Douglas Bernheim & Randal Heeb, "A Framework for the Economic Analysis of Exclusionary Conduct", in Roger D. Blair & D. Daniel Sokol ed., *International Antitrust Economics* (Volume 1), Oxford University Press, 2015, pp. 4 – 5.

③ 《禁止滥用市场支配地位行为暂行规定》（国家市场监督管理总局令第11号）第17条规定："禁止具有市场支配地位的经营者没有正当理由，从事下列限定交易行为：（一）限定交易相对人只能与其进行交易；（二）限定交易相对人只能与其指定的经营者进行交易；（三）限定交易相对人不得与特定经营者进行交易。"事实上，限定交易相对人只能与其进行交易或者只能与其指定的经营者进行交易，在本质上就是限定交易相对人不得与其竞争对手进行交易。

是"缺乏完全排他性"（short of outright exclusivity）的约束。① 因此，相较于排他性交易协议，忠诚折扣、捆绑、搭售等行为不值得反垄断法那么严格的对待。②

3. 无条件的排他

无条件的排他行为，即不附加任何交易限制的纯粹的单方面排他行为，比如拒绝交易——无条件的拒绝交易（unconditional refusal to deal）、③ 利润挤压、掠夺性定价等行为。整体上看，这三种行为的违法性特征在所有排他性滥用行为中是最弱的。其原因在于：一方面，反垄断法中不存在一般性的交易义务。事实上，产权保护与合同自由是市场经济有序运转的根本要求，而强制支配企业就其物理财产或知识产权与他人进行分享，或者强制支配企业提供能让竞争对手有利可图的交易条款（供应价格），都与以上根本要求存在冲突。另一方面，鼓励企业在价格上展开激烈竞争，进而为消费者带来更低的价格和更多的数量，这无疑是反垄断法所追求的"美德"，而贸然谴责支配企业的降价行为，很可能与这种"美德"相背离。

当然，以上分析不是说拒绝交易、利润挤压、掠夺性定价不会产

---

① See R. O' Donoghue & J. Padilla, *The Law and Economics of Article 82 EC*, Hart Publishing, 2006, pp. 351 – 352.

② "总之，搭售针对的是结卖品（被搭售品），而排他性交易针对的则是企业。搭售所产生的排斥要小一些，因为企业还可以使用或销售其他品牌的结卖品。由于这一事实，法兰克福特大法官在 Standard Stations 案中的结论就很成疑问。他在该案中的结论是，对排他性交易应当比对搭售更宽大一些。他认为，搭售安排除了压制竞争外，不大可能有其他目的。"参见［美］赫伯特·霍温坎普《联邦反托拉斯政策——竞争法律及其实践》，许光耀、江山、王晨译，法律出版社 2009 年版，第 480 页。

③ 与"无条件的拒绝交易"相对的概念是"附条件的拒绝交易"（conditional refusal to deal），后者是指以采购者接受对其行为进行限制的条件才予以供应。例如，为了惩罚违反与竞争对手交易（违反排他性交易义务）的客户而停止供应，或者为了惩罚不接受搭售协议、捆绑协议、忠诚折扣计划、转售价格维持协定的客户而拒绝供应。对于此类附条件的拒绝交易行为，由于"拒绝交易"是逼迫交易对方接受限制性条件的手段，"拒绝交易"在很大程度上不具有独立性，因此原则上应将其放置在针对排他性交易、搭售、捆绑、忠诚折扣、转售价格维持等行为的反垄断法规则下进行分析。值得注意的是，在欧盟竞争法著述中，对于支配企业为惩罚与竞争对手交易的客户而拒绝供应的行为，有学者将其称为"报复性滥用"（reprisal abuses）。See John Temple Lang, "Some Aspects of Abuse of Dominant Position in European Community Antitrust Law", 3 *Fordham International Law Journal*, 17 (1979).

生反竞争的排他效应。诸如"财力雄厚"理论或不对称财力限制理论、金融市场掠夺理论、信号策略理论、声誉效应理论、多重收益掠夺理论等，都说明了掠夺性定价可以是一种理性的、有利可图的排他性策略。① 事实上，相较于掠夺性定价，拒绝交易和利润挤压（可将其看作一种实质性的拒绝交易）的违法性特征又要稍强一些。因为从经验上看，引起反垄断法关注的大多数拒绝交易行为或利润挤压行为，其所涉及的"必需设施"一般是具有自然垄断属性的物理财产或作为管制制度的组成部分而被创设的物理财产。② 自然垄断因素、管制因素的存在，至少在很大程度上说明涉案行业的效率特征和动态特征不甚明显。因此，当支配企业通过拒绝交易或利润挤压来优待自身下游业务、歧视竞争对手，进而造成反竞争的封锁时，反垄断法对其采取相对积极的救济措施是有必要的。

最后有必要说明的是，尽管诸如扩大产出、策略性的产能结构、限制性定价（成本以上的无条件降价）、不予披露新技术等行为，在域外反垄断法实践中曾经受到质疑并被认作排他性滥用行为，但从当前折中的经济学理论以及反垄断法保护竞争而非竞争者的宗旨来看，这些行为在很大程度上属于"凭本事竞争"，因而近乎可以说是"本身合法"的。③

---

① See Patrick Bolton, Joseph F. Brodley, Michael H. Rioedan, "Predatory Pricing: Strategic Theory and Legal Policy", 88 *Georgetown Law Journal*, 2239 – 2330（2000）.

② 在美国的 Otter Tail Power 案中，最高法院根据《谢尔曼法》第 2 条对一家电力公用企业予以谴责，因为这家电力公用企业拒绝向一些想从其他地方购电的市政公司销售电力。See *Otter Tail Power Co. v. United States*, 410 U. S. 366（1973）. 在欧盟的 Deutsche Telekom 案中，欧盟委员会依据《欧盟运行条约》第 102 条谴责德国电信（Deutsche Telekom）对接入其网络基础设施的下游竞争对手实施利润挤压行为。See Case Comp/C – 1/37. 451, 37. 451, 37. 579-Deutsche Telekom. 在我国云南盈鼎公司诉云南中石化公司拒绝交易案中，原告主张云南中石化公司拒绝将原告生产的生物柴油纳入其销售体系，构成滥用市场支配地位的拒绝交易，理由之一是我国《可再生能源法》要求"石油销售企业应当按照国务院能源主管部门或者省级人民政府的规定，将符合国家标准的生物液体燃料纳入其燃料销售体系"。参见云南省高级人民法院（2017）云终字 122 号民事判决书。

③ 参见［美］赫伯特·霍温坎普《联邦反托拉斯政策——竞争法律及其实践》，许光耀、江山、王晨译，法律出版社 2009 年版，第 320、346—347、377—779 页。

行文至此，我们可以基于不同排他性滥用行为违法性特征的强弱差异，大致描绘出反垄断法规则适用于这些行为的宽严序列（参见图4-1）。①

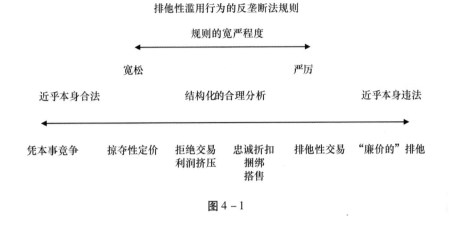

图4-1

（二）类型化规则与"具备初步证据的排他性滥用"

一如前文所述，由于我国反垄断法与欧盟竞争法在预先信念及其所依赖的若干隐含前提或基础事实上的相似性，排他性滥用行为反垄断法规则的中国化建构，可以将欧盟竞争法的对应规则作为一个有效的参照基础，即对支配企业的排他行为在整体上采取类似于欧盟竞争法的、较严厉的反垄断法规则。当然，坚持整体上的严厉性，并不排斥对不同的排他性滥用行为采用宽严有别的反垄断法规则。换言之，对于不同的行为来讲，建立"具备初步证据的排他性滥用"（a prima facie exclusionary abuse）所依赖的责任要素是不同的。根本上，这是平衡反垄断法实施的"积极错误"和"消极错误"的必要举措。不过，宽松的反垄断法规则或严厉的反垄断法规则不可能做到毫无误差，它们仅是大致接近"最优反垄断法规则"。用伊斯特布鲁克法官的话来说，建立和发展规则（rules），就应当承认和接受"规则之治"（decision by rule）的一个代价是某些情况下的"过度"

---

① 本书对原图有所改造，原图参见 Mark S. Popofsky，"Defining Exclusionary Conduct：Section 2，The Rule of Reason，and the Unifying Principle Underlying Antitrust Rules"，73 *Antitrust Law Journal*，441（2006）。

（over-breadth）或"不及"（under-breadth）。[①]

在所有的排他性滥用行为中，"廉价的"排他性滥用行为的违法性特征最明显，它们适用某种近乎"本身违法规则"的分析，行为一经确认，在很大程度上就被认定为非法，且行为人对行为作出的合理性辩解一般不被接受。对此，本书不再赘述。这里主要就若干附条件、无条件的排他性滥用行为的类型化规则作进一步的论述。以欧盟竞争法中的相应规则为参照，我国反垄断法对若干排他性滥用行为的类型化规则的建构，可做如下初步措置（参见表4－4）。在此基础上，我们可以在美国反托拉斯法的某种"后现代"视角的观照下，谨慎地作出规则改进或制度变革。

表4－4　　　　　　　　　　　排他性滥用行为的类型化规则

排他性滥用行为		类型化规则：建立"具备初步证据的排他性滥用"所需的责任要素
附条件的排他性滥用行为	排他性交易	①被控诉企业具有市场支配地位（具有市场支配地位的企业在很大程度上作为一个不可避免的交易伙伴——其品牌构成很多交易对方首选的"必备品"。在这种情况下，"可竞争部分"的需求或供应已经很有限，因而如果支配企业再通过排他性协议来封锁"可竞争部分"的需求或供应，那么有效率的原告或竞争者将不能获得足够的供应份额或分销份额来实现最小可行规模）；②存在排他性交易协议；③协议不能提前终止或非短期（6个月以内）
	忠诚折扣（单一产品折扣）	①被控诉企业具有市场支配地位（具有市场支配地位的企业在很大程度上作为一个不可避免的交易伙伴——其品牌构成很多交易对方首选的"必备品"。在这种情况下，"可竞争部分"的需求或供应已经很有限，因而如果支配企业再通过忠诚折扣计划来封锁"可竞争部分"的需求或供应，那么有效率的原告或竞争者将不能获得足够的供应份额或分销份额来实现最小可行规模）；②存在忠诚折扣计划，尤其是个性化的追溯折扣；③折扣适用的门槛（阈值）接近客户的实际总需求；④折扣的幅度相对较大；且适用折扣的参考周期相对较长，比如6个月以上（在较短的参考期内，客户的转换成本较低，竞争对手可以频繁出价）

[①]　当然，宽松的反垄断法规则或严厉的反垄断法规则不可能做到毫无误差，因而仅是在大致程度上接近"最优反垄断法规则"。在伊斯特布鲁克法官看来，建立和发展规则（rules），就应当承认和接受"规则之治"（rule by decison）的一个代价是某些情况下的"过度"（over-breadth）或"不及"（under-breadth）。See Frank H. Easterbrook, "The Limits of Antitrust", 63 *Texas Law Review*, 40 (1984).

排他性滥用行为		类型化规则：建立"具备初步证据的 排他性滥用"所需的责任要素
附条件的 排他性 滥用行为	捆绑销售 （多产品 折扣）	①被控诉企业具有市场支配地位； ②存在捆绑销售行为； ③某个产品的增量价格低于平均长期增量成本，阻碍了有效率的 原告或竞争者的市场扩张或进入；或者，在支配企业的竞争对手 也进行相同的捆绑销售，即形成捆绑销售之间的竞争的情况下， 各种产品的增量价格不能弥补平均长期增量成本
	搭售	①被控诉企业在搭售品市场具有市场支配地位； ②存在搭售行为，比如协议型搭售或技术型搭售； ③搭售品与被搭售品是不同的独立产品； ④搭售导致反竞争的封锁效应，这种封锁效应可以出现在搭售品 市场，也可以出现在被搭售品市场，或者同时出现在两个市场
无条件的 排他性 滥用行为	拒绝交易	①被控诉企业在供应投入品的上游市场具有市场支配地位； ②存在拒绝交易行为，不仅包括实际的拒绝，也包括不当延误、 减少产品供应、设置过高价格等"实质性拒绝交易"；被拒绝供应 的投入品不仅包括物理财产，也包括知识产权，它们对于下游市 场的竞争是客观必要的，且它们不能复制或只能以极不经济的代 价复制（被拒绝供应的投入品不必是已经被供应过的产品，只要 有一个可识别的投入品的潜在市场即可）； ③拒绝交易将消除下游市场的竞争； ④拒绝交易阻碍了具有大量消费者需求的新产品或者服务的出现 （该要件旨在缓和施加交易义务对创新和投资激励的不利影响）
	利润挤压	①投入品的供应商是纵向整合的，在上游市场具有市场支配地位， 且在下游市场也具有较大程度的市场力量（因为利润挤压行为的 反竞争效应不仅依赖于纵向整合的企业"控制"供应价格的能力， 也取决于纵向整合的企业"控制"零售价格的能力。唯其如此， 它才能设定狭窄的利润来有效歧视未整合的下游竞争对手）； ②存在利润挤压行为，具体包括：a. 支配企业将供应价格提高到 下游竞争对手无法维持利润的水平；或b. 支配企业在下游市场进 行低于成本的销售，同时通过上游供应收入保持整体盈利；或c. 支配企业提高上游投入品的供应价格，同时降低下游零售产品的 价格，即把两者之间的利润降低到竞争对手无利可图的水平； ③投入品对下游竞争是客观必要的，且该投入品在很大程度上不 能复制或只能以不经济的代价复制； ④纵向整合的支配企业的供应价格使有效率的原告或竞争对手的 经营变得不经济；换言之，支配企业自己的下游业务无法根据支 配企业的上游运营部门向其竞争对手收取的供应价格进行盈利

排他性滥用行为		类型化规则：建立"具备初步证据的 排他性滥用"所需的责任要素
无条件的 排他性 滥用行为	掠夺性定价	①被控诉的企业具有市场支配地位（这在很大程度上意味着，掠夺之后可以补偿损失，因而不需要证明"补偿"要件）； ②存在掠夺性定价行为，具体包括：a. 价格低于平均可避免成本（AAC），即表明支配企业正在遭受本来可避免的损失；或 b. 价格低于平均长期增量成本（LRAIC），即在涉及固定成本高而可变成本低的情况（比如网络产业），这表明支配企业在排斥同等有效率的竞争者；或 c. 价格高于平均可避免成本（AAC）或平均长期增量成本（LRAIC）但低于平均总成本（ATC），且具有反竞争的排他意图（比如表明掠夺性策略的文件，以此帮助模糊行为的定性）

（三）正当理由及其衡量标准

符合形式化规则（责任要素）而得以建立的"具备初步证据的排他性滥用"，尽管可以使裁判者据此推断出系争事实并对控诉方作出有利的裁决，但它并非是对排他性滥用行为的最终认定。在此之外，对排他性滥用行为进行完整的结构化合理分析，尚且有待于对被控告的支配企业可能提出的与行为相关的抵消性利益进行衡量，以最终确认行为是否属于缺乏实质合理性的排他行为。事实上，我国《反垄断法》第 22 条第 1 款对掠夺性定价、拒绝交易、限定交易、搭售以及附加不合理的交易条件等排他性滥用行为的禁止，都前置了"没有正当理由"的限定条件。① 另外，尽管《禁止滥用市场支配地位行为暂行规定》（国家市场监督管理总局令第 11 号）对正当理由的具体例证作了一些列举（参见表 4－5），但这些列举在很大程度上是不完整的；并且更要紧的是，它们完全没有提供对正当理由进行衡量的一般标准。鉴于

---

① 有学者认为，《反垄断法》第 22 条言及的"正当理由"至少可以从主体、主观方面、行为后果等方面进行考察。这种认识实际上把"正当理由"当成了对"经营者滥用市场支配地位"所涉违法性构成要素（责任要素或不法因素）的否认。参见肖江平《滥用市场支配地位行为认定中的"正当理由"》，《法商研究》2009 年第 5 期。但是，本书所要探讨的"正当理由"，其功能并非是对责任要素的否认，而是对"具备初步证据的排他性滥用行为"的合理性进行证成。进一步而言，本书所讨论的"正当理由"是在利益平衡的意义上进行的。用赫伯特·霍温坎普教授的话来说，判断有无正当理由，总是需要某种平衡或权衡。参见［美］罗伯特·皮托夫斯基等《超越芝加哥学派——保守经济分析对美国反托拉斯的影响》，林平、臧旭恒等译，经济科学出版社 2013 年版，第 108 页。

上述不足，下文将对支配企业的排他行为可能具有的正当理由进行体系性梳理，并对这些正当理由的衡量标准作一般性阐述。

表4－5 排他性滥用行为的正当理由

行为类型	正当理由
掠夺性定价	①降价处理鲜活商品、季节性商品、有效期限即将到期的商品和积压商品的；②因清偿债务、转产、歇业降价销售商品的；③在合理期限内为推广新商品进行促销的；④能够证明行为具有正当性的其他理由
拒绝交易	①因不可抗力等客观原因无法进行交易；②交易相对人有不良信用记录或者出现经营状况恶化等情况，影响交易安全；③与交易相对人进行交易将使经营者利益发生不当减损；④能够证明行为具有正当性的其他理由
限定交易	①为满足产品安全要求所必须；②为保护知识产权所必须；③为保护针对交易进行的特定投资所必须；④能够证明行为具有正当性的其他理由
搭售及附加不合理的交易条件	①符合正当的行业惯例和交易习惯；②为满足产品安全要求所必须；③为实现特定技术所必须；④能够证明行为具有正当性的其他理由

1. 正当理由的基本类型及其若干例证

"具备表面证据的排他性滥用"意味着支配企业所实施的排他行为与竞争损害之间具有高度盖然性。因此，诉诸正当理由对"具备表面证据的排他性滥用"进行合理性证成（justification），一方面可以表明行为具有促进竞争的效率利益，另一方面也可以表明行为具有竞争关切以外的非效率利益。换言之，正当理由可分为效率型正当理由和非效率型正当理由。

效率型正当理由主要包括下列例证：

（1）节约成本和促进效率。诸如排他性交易协议、忠诚折扣计划、搭售安排、捆绑销售等行为，虽然是典型的排他性纵向限制，但在一定程度上它们也可以被看作是企业实现纵向一体化的替代措施，而纵向一体化在大多数情况下能为企业节约成本，不仅包括技术成本的节约，也包括交易成本的节约。[①] 能够带来上述成本节约的纵向交易安排，通常

---

① 参见［美］赫伯特·霍温坎普《联邦反托拉斯政策——竞争法律及其实践》，许光耀、江山、王晨译，法律出版社2009年版，第413—414页。

也意味着，它有助于企业获得某些效率优势或解决某些经营问题：（a）解决"搭便车"（free-rider）问题，并为产品营销提供最佳激励；（b）解决纵向交易环节中的双重边际化（double marginalization）问题；（c）解决关系特定化投资（relationship-specific）中的套牢问题；（d）使需求不确定的产品获得市场检验的机会，促进风险分担，推动新产品的市场进入；（e）应对资本市场不完善的问题；（f）控制产品质量，维护品牌形象；（g）获得生产和销售中的规模经济、范围经济。①

（2）动态效率的跨期实现。一般认为，动态效率是跨时期发生的，它会导致生产成本的降低、新产品的出现或产品升级，这对社会总福利的提升有更重要的意义。② 因此，在那些效率只能随着时间的推移才能逐步实现的市场领域，比如动态特征明显的互联网行业或者技术密集的创新行业，承认某些情况下的暂时性低价（包括价格低于平均可变成本或平均长期增量成本）的经济合理性，或许非常重要。因为具有这些特征的市场通常需要进行大规模的预先风险投资，并往往涉及启动亏损（start-loss），以便增加消费者的认知度并扩大用户基础，从而获得随时间推移、不断减少成本所需的规模经济、范围经济或学习经验。这即是说，在动态效率明显的市场中，启动亏损在很大程度上是一种普遍的"商业模式"，而这种"商业模式"的盈利前景依赖于规模经济、范围经济、网络效应、市场教育、学习经验等跨期性效率因素的实现。③

（3）短期促销活动。在某些情况下，支配企业在推出新产品或进入新市场时给予的短期降价，目的是吸引更多的顾客，使其熟悉新产品。因为只有顾客对产品比较熟悉，他们才能在将来感受到支配企业对产品所作出的质量提升，并愿意为产品支付更高的价格。在这种情况下，低价是为了让顾客试用产品，而更高的未来价格并非由于竞争对手受到排

---

① See EU Commission, Guidelines on Vertical Restraints [2010] OJ C 130/1, para. 107.

② 参见刘志成《中国反垄断：经济理论与政策实践》，经济科学出版社 2015 年版，第182 页。

③ "……免费定价已成为互联网领域独特商业模式，实乃互联网平台企业经营所需。因此，将互联网平台企业免费定价视为掠夺性定价的观点是伪命题。"杨文明：《互联网平台企业免费定价反垄断规制批判》，《广东财经大学学报》2015 年第 1 期。

斥，而是由于产品具备了更强的质量特性。不过，短期促销活动作为一项正当理由，需要在以下两方面加以限定：一方面，促销价格应是临时性的，而不是长期的、系统性的低价销售；另一方面，促销活动的次数应当是有限的，重复的促销活动可能等同于掠夺性的定价活动。

（4）产能过剩和减小损失。一些市场具有显著的规模经济效应，因而只能容纳一个或两个企业，如果一个新进入者错误地认为该市场存在着有利可图的进入机会，它的进入可能会导致市场上的产能过剩。此时，在位企业以低于成本的价格出售产品不应被认作是掠夺性定价，因为迫使竞争对手尽快退出市场，有助于消除过剩产能、减小各方企业的损失，并可以让市场更接近最优规模，这有利于竞争。

（5）亏损领头、跟进收益。“亏损领头、跟进收益”（loss-leading and follow on revenues）是指企业把经营范围内的某些主要产品或知名产品的价格定得很低，以吸引足够多的顾客，而顾客在购买这些低价产品的同时也将购买大量其他具有互补性需求的产品，以提供利润大于“亏损领头”的产品损失。这样的例子非常多，比如出售耐用品设备的企业不惜“贱卖”设备，而试图从后续配件、耗材、维修服务的销售中弥补损失并获得整体利润。再如，企业为了搭建互联网多边平台，通常先在平台一端，采用某种免费产品或服务来吸引注意力、积聚用户基础，并在此后在平台另一端通过出售“注意力资源”来开展广告业务和增值业务，以此实现整体盈利。在这种情况下，一家支配企业可以主张，尽管它将某种产品的价格定至低于平均可避免成本或平均长期增量成本的水平，但降价导致互补产品的销量明显增加，且这种做法在整体上仍带来递增的利润，因此低于成本的定价不属于掠夺性定价。实际上，“亏损领头、跟进收益”作为一项潜在的正当理由，有时也被称作“净收益抗辩”（net revenue defence）。[①]

（6）应对竞争。应对竞争（meeting competition）主要适用于支配企

---

① See R. O'Donoghue & J. Padilla, *The Law and Economics of Article 82 EC*, Hart Publishing, 2006, p. 296.

业对自身产品的削价（或较低定价结构）行为的合理性证成。① 它暗含着这样一种核心观点，即哪怕是支配企业所在的市场，在一段时间内也可能变得具有竞争性，因而为了应对竞争对手给出的较低的产品价格，支配企业不应袖手旁观，坐视其自身业务、市场地位或商业利益受到侵蚀。换言之，支配企业就竞争对手的价格所作出的匹配性降价，至少从短期来看，可能是保留或扩大自身业务并实现利润最大化的合理行为。② 然而，需要指出的是，低于平均可避免成本（AAC）或平均长期增量成本（LRAIC）的掠夺性定价一般不能以应对竞争为由进行辩解。因为低于平均可避免成本（AAC）或平均长期增量成本（LRAIC）的价格意味着，无论从短期还是长期来看，每次销售都是亏损的。③ 相较而言，对于高于平均可避免成本（AAC）或平均长期增量成本（LRAIC）但低于平均总成本（ATC）的掠夺性定价，应对竞争的正当理由具有适用性，因为这种情况下的定价涵盖短期可变成本，且对回收固定成本有贡献，因而在一段时间内可实现利润最大化或损失最小化。

非效率型的正当理由，是指以竞争以外的利益来证成限制竞争行为的合理性，这些利益大多与所谓的"社会公共利益"相关，并且尤其适用于"拒绝交易"的情形。④ 它们包括但不限于以下例证：

---

① 在美国反托拉斯法实践中，应对竞争作为一项正当理由，要求具备两个条件：一是"善意"（in good faith），二是"应对"（meet）。前者主要从主、客观两方面来判断；后者一般要求企业是被动地应对竞争，而非主动地发起竞争。参见［美］欧内斯特·盖尔霍恩、威廉姆·科瓦西奇、斯蒂芬·卡尔金斯《反垄断法与经济学》（第 5 版），任勇、邓志松、尹建平译，法律出版社 2009 年版，第 429—431 页。

② See Patrick Bolton, Joseph F. Brodley, Michael H. Rioedan, "Predatory Pricing: Strategic Theory and Legal Policy", 88 *Georgetown Law Journal*, 2239 – 2330 (2000).

③ See Phillip E. Areeda & Donald F. Turner, "Predatory Pricing and Related Practices under Section 2 of the Sherman Act", 88 *Harvard Law Review*, 713 (1975).

④ 虽然反垄断法的实施旨在实现保护竞争、促进效率、维护消费者利益等经济性目标，但并不意味着反垄断法的实施可以完全不顾其他非经济性的社会公共目标。其原因在于：（1）经济性目标与非经济性目标发生冲突是常见的法律现象，在解决冲突时，很难说哪种目标是当然可以牺牲的；（2）反垄断法不是孤立的法律领域，经济性目标在反垄断法看来固然重要，但这些目标亦不能脱离现实社会中的种种非经济性利益关切；（3）经济性目标与非经济性目标在很多时候很难截然分开，比如旨在促进节能减排的绿色环保政策，反过来可能有助于提升经济效率。参见焦海涛《社会政策目标的反垄断法豁免标准》，《法学评论》2017 年第 4 期。

（1）公共道德与文化。道德具有普遍性，文化具有多样性。公共道德和文化可以是支配企业拒绝交易行为的潜在正当理由。在某些情况下，支配企业之所以拒绝交易，是因为交易相对人没有遵守最低标准的企业社会责任（corporate social responsibility）。① 例如，一个具有支配地位的买方拒绝采购某个上游供应商的产品，是因为该上游供应商在未经认证的森林中砍伐并供应木材。再如，一个支配企业拒绝向交易相对人供应原材料，是因为该交易相对人长期雇佣童工。

（2）公共安全与健康。在一些情况下，支配企业拒绝交易或采取某种不兼容的排他性措施，可能是基于公共安全、公共卫生或健康的考虑。例如，在英国 DuPont Holographic System 案中，DuPont 公司拒绝为图形艺术的目的而供应受保护的全像摄像系统技术，这被认为是合理的，因为 DuPont 公司基于安全目的希望保留其技术，即担心一旦他人获得图形许可，自身系统会失去安全性。② 另外，欧盟的 Hilti 案和 Tetra Pak II 案也是诉诸上述理由的两例典型案件，尽管法院基于个案事实否认了上述理由，但这并不妨碍它们作为法律上的正当理由的可能。在 Hilti 案中，法院审查了被告 Hilti 公司的一项抗辩理由，即为了保护公共卫生和安全，它不允许自己的产品与其他公司生产的产品兼容。欧盟普通法院驳回了这一抗辩主张，因为该地区的公共卫生和安全已经受到政府机构和各种法规的保护，换言之，法院认为 Hilti 公司没有对公共卫生和安全予以自行判断的权利。③ 类似地，在 Tetra Pak II 案中，欧盟普通法院不同意支配企业所认为的，允许产品间的互操作性将带来健康和安全风险，因此违反公共利益。④

---

① See Vijver, Tjarda Desiderius Oscar van der, "Objective Justification and Prima Facie Anti-competitive Unilateral Conduct: an Exploration of EU Law and Beyond", Doctoral Dissertation of Leiden University, 2014, p. 135.

② Quoted from R. O' Donoghue & J. Padilla, *The Law and Economics of Article 82 EC*, Hart Publishing, 2006, p. 451.

③ See Case T – 30/89, *Hilti v. Commission* [1990] ECR II – 163, para. 118.

④ See Case T – 83/91, *Tetra Pak International v. Commission* [1994] ECR II – 755, para. 83, 84, 138.

（3）环境保护。生态环境的状况关系着人类福祉，也决定着人类能否可持续发展，因而环境保护日益成为各国（地区）的重要社会目标。反垄断法的实施当然不能忽略环境保护的重要性。事实上，我国《反垄断法》第 20 条就把"为实现节约能源、保护环境、救灾救助等社会公共利益"作为了豁免垄断协议的一项独立事由。① 类似地，一些可能造成排他效应的滥用行为，也可以基于环境保护的理由而得到合理性证成。例如，一家支配企业拒绝将某个柴油生产商所生产的柴油纳入其销售网络，可能是基于该柴油未取得环评报告或者环评不合格。②

（4）信用欠佳和风险规避。在一些情况下，支配企业之所以拒绝交易，可能是由于支配企业对交易相对人的信赖利益减弱或丧失。一方面，这可能是因为交易相对人的商业信誉不高，比如有过不良信用记录，因而使得交易变得不可靠或不适合。另一方面，这也可能是因为交易相对人出现了经营状况持续恶化的情况，因而会给交易带来很大的风险。

（5）特殊情势。支配企业排他行为的合理性还可能建立在某些特殊情势之上。比如，降价处理鲜活商品、季节性商品、有效期限即将到期的商品和积压商品；再如，在产能有限或供应有限的情况下，优先满足长期客户、老客户而不是短期客户、新客户；又如，企业面临破产、重整的困境，因而不得不采取某些销售上的非常规手段，等等。③

2. 正当理由的衡量标准

支配企业要对"具备表面证据的排他性滥用行为"进行合理性证成，不仅应当提出上述一个或多个正当理由，而且须对其所主张的正当

---

① 欧盟竞争法实践针对基于环保的限制竞争协议，建立了较为完善的"绿色豁免制度"。参见张江莉《论反垄断法中的绿色豁免——欧盟环境协议豁免实践对我国的启示》，《中国地质大学学报》（社会科学版）2012 年第 5 期。

② 在我国云南盈鼎公司诉云南中石化公司拒绝交易案中，原告主张云南中石化公司拒绝将原告生产的地沟油制生物柴油纳入其销售体系，构成滥用市场支配地位的拒绝交易。被告对此作出的辩解之一是，原告的生物柴油产品送检后不达标。换言之，在被告看来，原告的生物柴油存在着环保、安全等质量不达标的隐患。参见云南省高级人民法院（2017）云终字 122 号民事判决书。

③ 参见杨文明《滥用市场支配地位规制中的正当理由规则研究》，《河南财经政法大学学报》2015 年第 5 期。

理由承担相应的证明责任。因此，这就涉及正当理由的衡量标准问题。

整体上看，对于支配企业所主张的任何正当理由，"比例原则"都是一个较为有效的衡量基准。[①]概括来讲，支配企业至少应当证明其行为符合以下原则：（1）行为符合适当性原则，即支配企业为实现某一正当的效率目标或非效率目标而采取的行为，应当能够实现该目标；（2）行为符合必要性原则，即支配企业所采取的行为应以必要为限度，在可以实现效率目标或非效率目标的各种行为手段中，应当选择对竞争过程、消费者损害最小的手段；（3）行为符合相称性原则，即行为对竞争过程、消费者造成的损害与行为所带来的利益不能显失均衡。

根据正当理由的不同类型，上述衡量基准实际上可以衍生出两种具体的衡量标准：一是"效率抗辩"标准；二是"客观必要性"标准。一般来说，对效率型正当理由的衡量主要适用"效率抗辩"标准，而对非效率型正当理由的衡量主要适用"客观必要性"标准（参见表4-6）。

表4-6　　　　　　　　衡量正当理由的一般基准和具体标准

正当理由的 衡量基准	比例原则 分析	①行为符合适当性原则； ②行为符合必要性原则； ③行为符合相称性原则
效率型正当理由的 衡量标准	效率抗辩 分析	①行为产生某种效率； ②行为不可或缺； ③效率大于竞争者和消费者所遭受的损害； ④行为没有消除有效竞争
非效率型正当 理由的衡量标准	客观必要性 分析	①行为旨在实现某种公共利益； ②行为不可或缺； ③不存在相关法规或政府机构对所涉公共利益的规范设定； ④公共利益与竞争者、消费者所遭受的损害并未严重不相称； ⑤行为没有消除有效竞争

[①]　参见兰磊《论反垄断法多元价值的平衡》，法律出版社2017年版，第73—75页。

在运用"效率抗辩"标准对支配企业所主张的效率型正当理由进行衡量时，支配企业须证明以下诸项条件：（1）其行为已经或可能实现某种效率，如产品质量方面的技术进步，或者降低生产或分销的成本；（2）为实现这些效率，其行为是不可或缺的，即不存在其他能够产生同样效率且没有反竞争效应的可替代行为；（3）其行为可能产生的效率应大于受其影响的竞争者和消费者所遭受的损害；（4）其行为没有以消除所有或大部分现有的实际或潜在竞争来源的方式排除有效竞争。①

在运用"客观必要性"标准对支配企业所主张的非效率型正当理由进行衡量时，支配企业须证明以下诸项条件：（1）其行为旨在实现竞争关切以外的某种公共利益（非效率利益），比如公共安全、健康等。（2）为实现这些利益，其行为是不可或缺的，即不存在其他能够实现同样利益且没有反竞争效应的可替代行为。（3）从客观上看，对行为旨在确保的公共安全、健康等利益，不存在相关法规或政府机构对此作出的规范设定；否则，支配企业没有这样的"公共职能"，比如主动采取措施，排除其认为存在"危险"或"劣质"的竞争对手的产品。（4）行为旨在实现的公共安全、健康等利益，并未与竞争者和消费者所遭受的损害严重不相称。（5）其行为没有以消除所有或大部分现有的实际或潜在竞争来源的方式排除有效竞争。②

---

①　第四项条件之所以具有相关性，是因为：企业之间的竞争是经济效率的重要动力，包括以创新为形式的动态效率。如果没有竞争对手，支配企业将缺乏充足的动力进行持续创新和提高效率。当没有剩余竞争和可预见的进入威胁时，保护竞争对手和竞争过程比获得可能的效率更重要。这意味着，维持或者加强市场支配地位的排他行为，如果使支配企业成为"垄断者"（比如75%以上的市场份额），那么该支配企业通常不能以行为创造效率收益为理由进行辩护。See EU Commission, Guidance on the Commission's enforcement priorities in applying Article 82 of the EC Treaty to abusive exclusionary conduct by dominant undertakings, [2009] OJ C 45/7, para. 30. 与上述类似的观点，See Jonathan B. Baker, "Beyond Schumpeter v. Arrow: Antitrust Fosters Innovation", 74 *Antitrust Law Journal*, 575 – 577 (2007)。反垄断能够促进创新，因为创新前的产品竞争和创新竞争对促进创新和经济增长更加重要。

②　See EU Commission, Guidance on the Commission's enforcement priorities in applying Article 82 of the EC Treaty to abusive exclusionary conduct by dominant undertakings, [2009] OJ C 45/7, para. 29.

三 排他性滥用的概括性判断标准和一般性定义

承前所述，针对不同的排他性滥用行为发展出宽严有别的类型化规则，具有合理性和必要性。这在根本上是由谴责不同行为在发生"积极错误"或"消极错误"的可能性差异及成本差异所决定的。[1] 因此，尽管反垄断法具有探求行为实质合理性的面向，但它终究不能做到"绝对探知"[2]；毋宁，发展出具有可管理性的法律规则以及结构化的合理分析方法，才是反垄断法自身作为法律并取得合法性（legitimacy）的关键所在。

当然，强调"规则之治"以及结构化合理分析的重要性，并不否认提炼排他性滥用行为的概括性判断标准或一般性定义的必要性。这是因为：第一，事物具有普遍联系，不同的排他性滥用行为在对竞争过程和消费者的损害机理上，肯定存在一般性联系；第二，概括性判断标准的提炼，不仅有利于校准、改进具体行为的类型化规则，而且在规则存在调整漏洞或空白的情形下，概括性判断标准能够起到填补规则空缺的作用；第三，强化排他性滥用行为在规范上的概括性建构，是增进法律确定性，促进规范体系融贯、自洽，保障企业合法预期的应然要求。[3]

（一）排他性滥用的可能定义及其局限

一如前文所述，排他性滥用行为具有多种表现形式，不仅包括系列"廉价的"排他行为，也包括诸多附条件的排他行为和无条件的排他行

---

① See Mark S. Popofsky, "Defining Exclusionary Conduct: Section 2, The Rule of Reason, and the Unifying Principle Underlying Antitrust Rules", 73 *Antitrust Law Journal*, 435–482 (2006).

② "正是由于经济分析的认识论局限性（epistemological limitations），反垄断通常特别容易受到错误的影响。"Alan Devlin & Michael Jacobs, "Antitrust Error", 52 *William & Marry law Review*, 75 (2010).

③ 实际上，有国内学者明确否认这种提炼、整合的可能性，其指出："'滥用'这个概念在反垄断法中是无法定义的……对于滥用市场支配地位的行为，不可能有一个一般性的定义，对于企业的某项具体竞争行为是否属于滥用市场支配地位行为，只能根据个案的具体情形，并考察一切其他相关因素，结合反垄断法规范市场支配地位的立法宗旨，予以综合认定。"参见邵建东《论市场支配地位及其滥用》，《南京大学法律评论》1999年第1期。基于正文所述理由，笔者不赞同此种观点。

为。从域外反垄断实践来看，在处理这些纷繁复杂的排他性滥用行为时，执法机构和法院实际上深陷于修辞的紊乱和逻辑的矛盾之中：一方面，"积极竞争"（aggressive competition）、"凭本事竞争"（competition on the merits）、"正常竞争"（normal competition）、"真正不被扭曲的竞争"（genuine undistorted competition）等含义模糊的语词充斥在"排他性滥用"的释义之中①；另一方面，为了改变以上话语实践的混沌局面②，很多学者致力于构建某种排他性滥用的一致性判断标准，因而诸如"利润牺牲"（profit sacrifice）、"无经济意义"（no economic sense）、"同等效率竞争者"（equally efficient competitor）、"消费者损害"（consumer harm）等检验方案竞相充当排他性滥用行为的最优判断标准或一般定义。③ 整体上看，尽管上述判断标准或一般定义都洞悉到了排他性滥用行为的某些特质，但它们实际上都存在着某些局限。

1. "利润牺牲"标准

在美国反垄断实践中，有关《谢尔曼法》第 2 条所禁止的排他行为的定义，尽管长期以来被诟病为是空洞的、模糊的、混乱的，但掠夺性定价理论的相对成功④，促使法院和评论人士试图将其归纳为一种普遍

---

① See R. O' Donoghue & J. Padilla, *The Law and Economics of Article 82 EC*, Hart Publishing, 2006, pp. 176 - 178. 另外，《谢尔曼法》第 2 条关于"垄断化"的规定所需的两项要素——垄断力量和排他行为，其中适用于排他行为的标准被批评为是"空洞的"（vacuous）、"不确定的"（uncertain）、"难以捉摸的"（elusive）、"不清晰的"（unclear）、"未决的"（unsettled）、"矛盾的"（oxymoronic）、"异常混乱的"（in substantial disarray）、"亟待修正的"（in dire need of correction）、"充斥着定义上的缺陷"（plagued by serious definitional inadequacies）。Quoted from Katharine Kemp, " A Unifying Standard for Monopolization：Objective Anticompetitive Purpose", 39 *Houston Journal of International Law*, 115 (2107).

② "法律的本质就是话语、叙事以及议论，就是沟通行为，就是象征性符号的互动关系。"季卫东：《法律议论的社会科学研究新范式》，《中国法学》2015 年第 6 期。

③ 参见［美］罗伯特·皮托夫斯基等《超越芝加哥学派——保守经济分析对美国反托拉斯的影响》，林平、臧旭恒等译，经济科学出版社 2013 年版，第 100—112 页。

④ 阿里达教授和特纳教授最先提出了一种基于成本的掠夺性定价检验标准。See Phillip E. Areeda & Donald F. Turner, " Predatory Pricing and Related Practices under Section 2 of the Sherman Act", 88 *Harvard Law Review*, 697 (1975)；对于掠夺性定价的法律检验，Brooke Group 案在成本标准的基础上，强调了损失补偿标准的重要性。See *Brooke Group Ltd. v. Brown & Williamson Tobacco Corp.*, 509 U. S. 209, 222 (1993).

标准，以确定哪些行为符合《谢尔曼法》第 2 条所禁止的排他行为的因素。许多法庭和学者倾向于使用"掠夺"（predation）一词来描述这个因素，并将其定义为这样一种行为：一家企业牺牲短期利润，如果不是为了排斥或束缚竞争对手而使自己在长期获得垄断回报，那么这种行为将无法盈利。[①] 换言之，"利润牺牲"标准谴责那些"除了排他和由此产生的市场力量之外，没有其他任何意义的行为"[②]。

"利润牺牲"标准虽然在表面上具有吸引力，[③] 但它实际上具有下列几点重大缺陷：（1）该标准事实上不是对掠夺性定价理论的概括，它甚至不能解释其试图推广的掠夺性定价原则。关键原因在于，掠夺性定价是以特定的成本为判断基准，而利润牺牲是以利润最大化的价格为判断基准。换言之，在利润最大化的价格（垄断价格）与特定成本之间设定的价格，必然涉及利润牺牲，但这不会违反掠夺性定价原则。（2）"利润牺牲"标准可能捕捉到某些对经济增长和社会发展高度可欲的市场活动。例如，对知识产权、技术、创新的研发投入，最初通常是无利可图的，但具有获得垄断回报的前景，因此这些行为可能被不当地描述成"利润牺牲"。（3）"利润牺牲"标准同时也可能捕捉不到某些具有真正危害的排他行为。例如，与标准制定有关的机会主义行为、欺诈性地获取专利的行为、操纵政府监管措施的行为等等，这些"廉价的"排他行

[①] 博克法官是将这种检验标准加以推广的最大功臣。在其广受赞誉的著作《反托拉斯悖论》中，博克法官引入了这种检验标准：掠夺行为包括通过使用不被认为是利润最大化的商业行为来攻击竞争对手，而这种行为除了基于以下目的，别无其他目的：（1）真正的竞争对手将被赶出市场，或者潜在的竞争对手将被阻止或拖延进入市场，这样，"掠夺者"将获得或保留足以获得垄断利润的市场份额；或（2）竞争对手将受到足够的惩罚，从而放弃威胁垄断者实现垄断利润的竞争性行为。See Robert H. Bork, *The Antitrust Paradox: A Policy at War with Itself*, Basic Books, 1978, p. 144. 另外，在 Aspen 案中，美国最高法院使用了"掠夺"一词，并认为被告终止与原告之间的滑雪场联营，"不是出于效率的考虑，而是愿意以牺牲短期收益和消费者的善意来换取可能实现的对较小竞争对手的长期影响。"See *Aspen Skiing Co. v. Aspen Highlands Skiing Corp.*, 472 U. S. 585, 602 (1985).

[②] A. Douglas Melamed, "Exclusionary Conduct Under Antitrust Laws: Balancing, Sacrifice, and Refusal to Deal", 20 *Berkeley Technology Law Journal*, 1255 (2005).

[③] "利润牺牲"检验标准的好处之一是它的客观性。See Mark R. Patterson, "The Sacrifice of Profits in Non-Price Predation", 18 *Antitrust* 37 (2003).

为根本就不涉及利润牺牲。此外，诸如排他性交易、搭售、捆绑等排他性滥用行为，可能使支配企业一开始就获利，因而短期的利润牺牲和随后的补偿都是不必要的。①（4）"利润牺牲"标准不具有易于适用性和可预测性。该标准实际上存在很多未决的疑问。例如，是否任何在事后看来低于利润最大化的定价都是"利润牺牲"？换言之，企业是否必须在事前完全清楚自身利润最大化的行动方案？再如，多大程度的利润牺牲才能成立排他性滥用？又如，"利润牺牲"是否自动等同于排他性滥用？②

综上，就排他性滥用的一般性定义而言，企业牺牲短期利润既不是充分因素，也不是必要因素。换言之，"利润牺牲"标准并不能很好地区分出排他性滥用行为（反竞争的"牺牲"）和值得鼓励的竞争性行为（有利于竞争的"投资"）。

2. "无经济意义"标准

鉴于"利润牺牲"标准存在的缺陷，有学者提出了这一标准的变体——"无经济意义"标准，即"如果不考虑通过消除竞争可能带来的任何收益，被质疑的行为是否会被认为是有利可图的"③。在美国最高法院审理的 Trinko 案的法庭之友意见中，美国司法部（DOJ）也指出，"无经济意义"标准拒绝谴责单一企业的排他行为，"除非这种行为除了企图消除或减少竞争以外，没有其他经济意义"④。"无经济意义"标准没有把每一次偏离短期利润最大化的行为都定性为非法，而这种行为在"利润牺牲"标准下被认为是非常可疑的。

事实上，"无经济意义"标准的检验重点在于对两种相反情况的比

① See Einer Elhauge, "Defining Better Monopolization Standards", 56 *Stanford Law Review*, 271 (2003).

② See R. O'Donoghue & J. Padilla, *The Law and Economics of Article 82 EC*, Hart Publishing, 2006, p. 187.

③ Gregory J. Werden, "Identifying Exclusionary Conduct Under Section 2: The 'No Economic Sense' Test", 73 *Antitrust Law Journal*, 414 (2006).

④ See Brief for the United States and Federal Trade Commission as Amici Curiae Supporting Petitioner, Verizon Communications, Inc. v. Law Office of Curtis V. Trinko LLP, 540 U. S. 398 (2004).

较分析，即存在被质疑行为——竞争受到束缚——的情况与不存在被质疑行为——竞争未受束缚——的情况（the "but-for" scenario）的比较分析，亦即某种"反事实分析"（counterfactual analysis）。① 具体来说，如果忽略被质疑行为消除竞争所带来的收益，行为仍然能够带来其他收益，那么这种行为就具有经济意义（economic sense），因而不属于反竞争的排他行为；相反，如果忽略被质疑行为消除竞争所带来的收益，行为未能带来其他收益，那么这种行为就是无经济意义（no economic sense），因而属于反竞争的排他行为。概言之，根据"无经济意义"标准，反垄断法只谴责那些无经济意义的排他行为。② 这里"无经济意义"的意思是，某种行为之所以有利可图，唯一原因是通过损害、惩罚竞争对手并妨碍竞争过程。③

　　尽管"无经济意义"标准在理论上非常清晰，也更具客观性，但它仍存在两方面的重大缺陷：（1）即使是该标准的支持者也承认，在任何情况下应用"无经济意义"标准都面临操作困难的问题。④ 因为评估某个行为预期利润（收益）的哪一部分源于行为排除、限制竞争的影响，哪一部分不是源于行为排除、限制竞争的影响，这是很困难的。换言之，"无经济意义"标准依赖于两种相反情况的比较，但在很多情况下，竞争未受束缚的情况（the "but-for" scenario）要么不清楚，要么需要花费大量精力和资源才能建立。（2）"无经济意义"标准对支配企业太过于

---

　　① 关于"反事实分析"在反垄断法中的运用，参见林平《反事实状态与反垄断执法误差》，《竞争政策研究》2016 年第 3 期。

　　② "无经济意义"标准，其实就是"唯一目的和效果"标准（sole purpose and effect standard），即只有当排他行为的唯一目的和效果是增加竞争壁垒时，才会受到谴责。根据该标准，如果行为有任何有益的影响，比如降低成本或创造更好的产品，那么该行为将被允许——只要行为的目的和可能的效果是实现这些效率利益。这项测试根本没有关注消费者福利的影响。See Steven C. Salop & R. Craig Romaine, "Preserving Monopoly: Economic Analysis, Legal Standards, and Microsoft", 7 *George Mason Law Review*, 656 (1999).

　　③ 参见［美］罗伯特·皮托夫斯基等《超越芝加哥学派——保守经济分析对美国反托拉斯的影响》，林平、臧旭恒等译，经济科学出版社 2013 年版，第 106 页。

　　④ "在行为既能带来合法利润，也能由于消除竞争带来利润的情况下，'无经济意义'检验可能不可行。"Gregory J. Werden, "Identifying Exclusionary Conduct Under Section 2: The 'No Economic Sense' Test", 73 *Antitrust Law Journal*, 414 (2006).

宽容，因为即便排他行为对竞争过程和消费者造成巨大损害，但只要行为贡献了其他收益——哪怕是很小的、极不相称的利润（比如 1 美元），那么这种行为仍会被允许。[①]

综上所述，就排他性滥用的一般性定义或概括性判断标准而言，行为"无经济意义"是一项充分因素或充分责任条件，但却不是一项必要因素或必要责任条件。

3."同等效率竞争者"标准

支配企业的排他行为可以被定义为排除同等效率竞争对手的行为。这一定义最初由波斯纳法官提出。根据他的说法，在指控排他行为的每一个案件中，"原告都必须首先证明被告有垄断力，然后证明所指控的行为在这种情况下可能会把同样有效率或更有效率的竞争者排挤出被告的市场。被告可以证明，虽然它是一个垄断者，被指控的行为也是排他性的，但总的来看，该行为是有效率的，以此进行反驳"[②]。

不可否认，"同等效率竞争者"标准具备健全的经济学基础，即厂商不应该因为成本比竞争对手低并相应地定价而受到惩罚。[③] 换言之，"只有最高效的企业才有资格为消费者服务"[④]。事实上，该标准可以广泛运用到各种以价格为基础的排他行为中，比如掠夺性定价、利润挤压、忠诚折扣、数量折扣、捆绑折扣，等等。此外，"同等效率竞争者"标准具有显著的可预见性的优点，因为它方便支配企业在一开始就依据自

---

① See U. S. Department of Justice, Competition and Monopoly: Single-firm Conduct under Section 2 of the Sherman Act, Chapter 3, 2008.

② ［美］理查德·A. 波斯纳：《反托拉斯法》（第二版），孙秋宁译，中国政法大学出版社 2003 年版，第 227 页。

③ "要求厂商为效率不高的进入者提供价格保护伞是荒谬的，因为要鼓励效率提升，那些只排除效率较低厂商的定价行为，如垄断者将其价格降至成本，是无法被起诉的。"［美］罗伯特·皮托夫斯基等：《超越芝加哥学派——保守经济分析对美国反托拉斯的影响》，林平、臧旭恒等译，经济科学出版社 2013 年版，第 107 页。

④ 在一些学者看来，"同等效率竞争者测试为排他性行为提供了最有前途的基本经济测试"。See R. O'Donoghue & J. Padilla, *The Law and Economics of Article 82 EC*, Hart Publishing, 2006, p. 190.

身成本对即将作出行为的合法性进行评估。[①]

　　然而，"同等效率竞争者"标准也受到了某些诟病：（1）效率较低的竞争者在理论上有可能提高消费者福利，因为他们与支配企业展开竞争所增进的消费者利益超过了其自身相对低效的成本。事实上，《欧盟运行条约》第 102 条对支配企业所施加的责任不仅限于排斥同等效率的竞争对手，而且例外地可能包括排斥效率较低的竞争对手。例如，在 CEWAL II 案中，欧盟法院承认，成本以上的无条件的价格削减在某些情况下可能构成滥用市场支配地位。[②]（2）在新兴的、增长型的市场中，"同等效率竞争者"标准可能导致"消极错误"和严重的威慑不足，因为在这种情况下，将新竞争对手的效率与支配企业的效率进行比较是不恰当的。换言之，新进入者的效率即便在当前较低，但他们可以伴随着规模效应、网络效应、学习效应的积累而变得富有效率。（3）"同等效率竞争者"标准并不易于管理，因为一个同等效率的竞争对手并不总是显而易见的。例如，一家企业只生产单一产品（目标产品），而不生产与捆绑案件相关的其他产品，那么它能否像被控告的支配企业那样高效地生产目标产品，这是很难判断的。这即是说，在存在共同成本的多产品情况下，很难衡量和比较效率。此外，"同等效率竞争者"标准也难以应用于排他性交易案件，因为企业的效率可能取决于其产品的分销方式。[③]（4）对于某些类型的排他性滥用行为，

---

①　See U. S. Department of Justice, Competition and Monopoly: Single-firm Conduct under Section 2 of the Sherman Act, Chapter 3, 2008.

②　See Cewal, Cowac and Ukwal, OJ 1993 L 34/20, upheld on appeal in Joined Cases T – 24/93, T – 25/93, T – 26/93, and T – 28/93, Compagnie Maritime Belge Transports SA and Others v Commission [1996] ECR II – 1201, and in Joined Cases C – 395/96 P and C – 396/96 P, Compagnie Maritime Belge Transports SA and Others v Commission [2000] ECR I – 1365. 此外，欧盟委员会的相关指南也指出：在某些情况下，一个效率更低的竞争对手也可能施加竞争约束，因此当考虑基于价格的特定行为是否导致反竞争的封锁效应时，同时应考虑此效率更低的竞争对手的作用。如果没有滥用行为，这样的竞争对手可能从与需求有关的优势中获益，如网络效应和学习效应，这往往可以提高效率，因此委员会将以动态的观点来看待效率更低的竞争对手所施加的竞争约束。See EU Commission, Guidance on the Commission's enforcement priorities in applying Article 82 of the EC Treaty to abusive exclusionary conduct by dominant undertakings, [2009] OJ C 45/7, para. 24.

③　See U. S. Department of Justice, Competition and Monopoly: Single-firm Conduct under Section 2 of the Sherman Act, Chapter 3, 2008.

"同等效率竞争者"标准存在着更大的缺陷。例如，支配企业操纵政府监管方案，或者在标准制定过程中隐瞒重要专利，如果这些行为实质性地限制了竞争对手进入市场，那么竞争对手的相对效率几乎不具有相关性。[1]

综上，就排他性滥用的一般性定义或概括性判断标准而言，行为排除、限制同等效率竞争对手的竞争能力，这至多是一项充分因素或充分责任条件，但并非是一项必要因素或必要责任条件。换言之，"同等效率竞争者"标准并不总是相关；同时，效率较低的竞争对手也可能给支配企业施加一定的竞争约束。

4. "消费者损害"标准

"消费者损害"标准，也称"效果平衡"标准，它直接聚焦于排他行为对价格和消费者福利的反竞争效应，侧重于量化和评估每个案例中排他行为的促进竞争效应和反竞争效应以及对消费者福利的净影响（net effects）。[2] 根据该标准，如果支配企业的行为减损竞争而不创造充分的绩效改善，以充分抵消这些潜在的负面价格效应从而防止消费者受到损害，那么这种行为将受到反垄断法的谴责。从操作方法上看，"消费者损害"标准需要对相关市场上存在排他行为时的效果或可能效果，与不存在排他行为时的可能竞争状况进行反事实的比较分析。检验的重点是识别在没有所谓排他行为的情况下会出现的"反事实市场价格"（counterfactual market price）。[3]

相较聚焦于企业自身收益原因的"利润牺牲"标准、"无经济意义"标准，以及聚焦于竞争对手相对效率的"同等效率竞争者"标准，"消费者损害"标准无疑为评估支配企业的排他行为提出了更根本的理论问题：行为是否对消费者造成净损害？事实上，维护消费者利益是各国（地区）反垄断法的共同目标，而任何排他性滥用行为都是损害竞争过

---

[1]　See R. O'Donoghue & J. Padilla, *The Law and Economics of Article 82 EC*, Hart Publishing, 2006, p. 190.

[2]　See Steven C. Salop, "Exclusionary Conduct, Effect on Consumers, and the Flawed Profit-Sacrifice Standard", 73 *Antitrust Law Journal*, 313 – 331 (2006).

[3]　See Steven C. Salop, "Exclusionary Conduct, Effect on Consumers, and the Flawed Profit-Sacrifice Standard", 73 *Antitrust Law Journal*, 301, 331 (2006).

程进而损害消费者利益的行为。① 因此，排他性滥用行为的一般性定义或概括性判断标准，显然不能忽略"消费者利益"要素。在"消费者损害"标准中，消费者利益无疑获得了极大的权重。如果支配企业维持或加强市场力量的行为对消费者造成净损害，那么这种行为是非法的。

尽管"消费者损害"标准提出了正确的问题，但它在检验问题所依赖的方法上仍然存在着下列不足：（1）该标准并不易于管理和实施。"消费者损害"标准的运用需要对支配企业排他行为的促进竞争效应和反竞争效应展开全面调查，不仅包括对当前状况和反事实状况进行比较，也包括对短期负面影响和长期潜在利益进行比较。而这种"无所不包"的分析、反事实的比较分析、跨时间的计量分析，无疑是极为困难的。这即是说，"消费者损害"标准或"效果平衡"标准的有效性，依赖于执法资源、认知能力无限性的假设。但遗憾的是，这些假设统统落入了反垄断面临的局限条件之中。②（2）该标准不能为企业提供充分的可预见性。由于经验、信息、认知能力的局限，企业几乎不可能在一开始就对行为的促进竞争效应和反竞争效应以及二者之间的恰当平衡作出评估。此外，由于市场在很大程度上是一个随机的过程，因此，企业对行为效果的事前预期完全可能与事后结果大相径庭。（3）从根本上看，"消费者损害"标准所采取的无限制的事实调查和平衡分析，与反垄断法作为法律的定位具有内在冲突。正如布雷耶法官所言，"尽管技术性的经济讨论有助于启示反垄断法，但反垄断法不能精确地复制经济学家（有时是相互矛盾的）的观点。因为与经济学不同，法律是一种管理体制……试

① 所有滥用市场支配地位的行为都是对消费者福利造成实质性不利影响的行为，其形式是对市场力量的不当运用，因而可以说，只存在一种反竞争的单边行为，即剥削性的滥用行为。See Eleanor Fox, "We Protect Competition, You Protect Competitors", 26 *World Competition*, 149 (2003).

② "反垄断是昂贵的。法官们对涉案行为进行裁判并不具有完善的信息。诉讼成本和信息的成本构成反垄断的局限。""传统的合理原则（全面的合理原则）落入了所有反垄断法面临的局限条件中。它假定法官可资利用的不存在的经济知识的源泉，并且忽视了司法决策的成本。"Frank H. Easterbrook, "The Limits of Antitrust", 63 *Texas Law Review*, 4, 39 (1984). "反垄断所面临的最基本的问题是通过那些能力有限的机构来处理复杂的市场信息。"［美］赫伯特·霍温坎普：《反垄断事业：原理与执行》，吴绪亮等译，东北财经大学出版社 2011 年版，第 11 页。

图体现每一种经济复杂性和规格的法律，很可能由于管理的反复无常而适得其反，甚至削弱它所追求的经济目的"。①

综上所述，"消费者损害"标准的运用成本高昂，且具有很大的开放性和不确定性，企业很难据此建立起行为的合法预期。因此，它不太可能成为排他性滥用行为的概括性判断标准。即便如此，维护消费者利益是反垄断法的根本目标，因而排他性滥用行为的一般性定义或概括性判断标准不能舍弃"消费者利益"要素，并应当兼顾易于适用、易于预见等可管理性因素。

（二）排他性滥用的初步定义

什么是排他性滥用行为？尽管上述四种定义分别从不同的侧面揭示了排他性滥用行为的某些特质，但它们都各自存在局限。从一定意义上讲，这些局限可以被统归为"以偏概全"。套用博登海默对"什么是法"的经典比喻句式，那么可以说："排他性滥用行为"仿佛是一座有许多厅、室、角落的大厦，用一盏灯很难同时照到每个厅室和角落，从不同的角度去观察"排他性滥用行为"会有不同的结论。

"利润牺牲"标准和"无经济意义"标准分享一个共通的主题，即突出了排他性滥用行为有利可图的特征或可盈利性的特征——无论是盈利的前景还是盈利的能力。在此意义上，排他性滥用行为是一种维持或加强市场力量（市场支配地位）的行为。②

"同等效率竞争者"标准突出了排他性滥用行为损害同等效率（或更高效率）竞争对手进而损害竞争过程的特征。当然，正如前文所述，效率较低的竞争对手也可以给支配企业施加竞争约束，因而更切合实际的认识似乎是，只要支配企业的行为所排挤的对象不是一个"盆景竞争对手"（bonsai competitor），而是一个相对有效率的竞争对手，那么就足以损害竞争过程。在此意义上，排他性滥用行为是一种限制竞

---

① *Wright Corp. v. ITT Grinnell Corp.*, 724 F. 2d 227, 234 (1st Cir. 1983).

② 根据定义，市场力量是企业通过有利可图的方式在相当长的一段时间内把价格提高到竞争性水平以上的能力，或者说企业持续性地获得超额利润的能力。参见［意］马西莫·莫塔《竞争政策——理论与实践》，沈国华译，上海财经大学出版社2006年版，第33页。

争对手的商业机会或者打压竞争对手的竞争性反应，进而损害竞争过
程的行为。

"消费者损害"标准则突出了排他性滥用行为对消费者利益造成损
害的特征，同时也突出了认定排他性滥用行为可能涉及的对各种相互冲
突的目的、效果、利益进行平衡的需要。在此意义上，排他性滥用行为
是一种在实质上不合理的行为，即没有正当理由的行为，亦即损害竞争
却未合乎比例地带来补偿性利益及消费者利益的行为。

综上所述，本书试图给出关于"排他性滥用"的如下一般性定义：
排他性滥用，是具有市场支配地位的企业所采取的行为策略，其旨在限
制竞争对手的商业机会或者打压竞争对手的竞争性反应，进而损害竞争
过程，以此维持或加强其市场力量（市场支配地位），却未合乎比例地
带来补偿性利益特别是消费者利益。

将上述一般性定义转化成概括性判断标准，那么认定一个排他性滥
用行为需要证明以下事项：（1）支配企业的行为限制了相对有效率的竞
争对手的商业机会或者打压了其竞争性反应，因而支配企业能够有利可
图地维持或加强其市场力量；（2）支配企业的行为 a. 根本不带来补偿性
利益及消费者利益；或者 b. 对于所带来的补偿性利益及消费者利益并非
合理必要；或者 c. 产生的危害与带来的补偿性利益及消费者利益不成比
例。[①] 实际上，从结构化合理分析的角度看，上述事项（1）大致对应于
建立一个"具备初步证据的排他性滥用行为"，其证明责任属于控诉方；
事项（2）大致对应于正当理由的衡量，其证明责任属于被控诉的支配
企业。

第四节　本章小节

排他性滥用，即支配企业采取的排他性行为策略，其旨在限制竞争

---

① 这一概括性判断标准的原型，参考自霍温坎普教授最先提出的"相称性"标准。See
Herbert Hovenkamp, "The Monopolization Offence", 61 *Ohio State Law Journal*, 1035 – 1050 (2000).

对手的商业机会或者打压竞争对手的竞争性反应，进而损害竞争过程，以此维持或加强其市场支配地位，却未合乎比例地带来补偿性利益特别是消费者利益。

实际上，"排他"或者"反竞争的排他"的概念在反垄断经济学中并不清晰。识别反竞争的排他行为存在很大的不确定性。这种不确定性很大程度上源于以下前提性认识的开放性或差异性：一是"反竞争"本身的性质；二是与"反竞争"相联系的具体利益形态；三是"反竞争"的界定是否需要考虑行为的跨期效应；四是静态效率与动态效率的取舍或平衡。基于对待排他行为的不同友好程度，相关的反垄断经济学流派可归纳为严苛的反垄断理论流派、革命性的"反反垄断"理论流派、折中的反垄断理论流派。

美国反托拉斯法和欧盟竞争法有关排他性滥用行为的反垄断法规则存在诸多差异。由于我国反垄断法与欧盟竞争法在预先信念及其所依赖的若干隐含前提或基础事实上的相似性，对系列排他性滥用行为反垄断法规则的中国化建构，可以将欧盟竞争法的对应规则作为一个相对有效的参照系。在此基础上，美国反托拉斯法的相关制度、经验可以充当某种"后现代"的知识资源，以帮助我国在市场发展、情境变迁的过程中，从视域融合的角度谨慎地作出规则调适或制度变革。

"结构化合理原则"是一种重要的反垄断法分析方法，它是"纯粹规则"和"纯粹标准"的交叉融合，其主体结构包含形式化规则和实质性标准。形式化规则旨在建立"具备初步证据的排他性滥用行为"，而实质性标准旨在提供反思性的利益平衡机制。从形式化规则或类型化规则的角度看，繁复多样的排他性滥用行为可被归为三类："廉价的"排他、附条件的排他、无条件的排他；它们的违法特征依次减弱，相应的反垄断法规则也依次变得宽松。从利益平衡或正当理由衡量的角度看，"正当理由"可基于效率类型和非效率类型，分别适用"效率抗辩"的衡量标准和"客观必要性"的衡量标准。

当然，强调"规则之治"以及结构化合理分析的重要性，并不否认提炼排他性滥用行为的概括性判断标准或一般性定义的必要性。实际上，

"利润牺牲"标准和"无经济意义"标准、"同等效率竞争者"标准、"消费者损害"标准，分别突出了排他性滥用行为有利可图、损害竞争过程、实质不合理的重要特征。排他性滥用的一般性定义应对这些特征加以综合。

第五章

单独市场支配地位

从整体上看，滥用市场支配地位的规范结构包括"滥用"和"市场支配地位"两大部分。前文依循反垄断法中的不同损害类型，优先聚焦于"滥用"的规范环节，区分了"扭曲性滥用""剥削性滥用""排他性滥用"这三重规范类型，对其类型化规则、判断标准和分析框架作了阐述。之所以采取这样的论证步骤，既是受限于本书研究主题所"框定"的逻辑，或者说服务于问题的顺畅展开，也是着眼于"滥用"在规范探索方面相对于"市场支配地位"的薄弱和不足。实际上，无论对"滥用"采取何种不同的界定，"市场支配地位"都是其不可或缺的前提性规范要素。尽管人们对市场支配地位业已形成了诸多规范共识，但这并不意味着对其做进一步问题化的理论探究丧失了必要性。最明显地，市场支配地位与市场力量的概念有无区别？市场支配地位在企业单边行为违法判定中的相关性何在？何为市场支配地位的一般性分析框架？如何应对新经济领域中市场支配地位的认定难题？本章聚焦于市场支配地位——更准确地说是单一企业的市场支配地位，即单独市场支配地位①，并对上述问题进行探究。

第一节　市场支配地位与市场力量的混同

市场支配地位不仅是一个法律概念，同时也是对一类经济现象的指

---

① 市场支配地位不仅可以由一个企业所具有，也可以由多个企业作为整体而具有。因此，市场支配地位可以划分为单一企业的市场支配地位（单独市场支配地位）和共同市场支配地位。第七章将对共同市场支配地位进行详细考察。

代。事实上，不同国家（地区）用以涵括这类经济现象的概念术语并不相同。考察这些不同的术语，有助于我们洞悉不同"语言外套"背后的深层次问题，进而有助于我们对市场支配地位这一法律概念形成更自觉的理解。

一 不同概念术语的初步考察

反垄断法对经营者行为的限制或禁止，一般需要满足特定的结构性前提条件。然而，用以概括此类条件的概念术语并不统一。就历史悠久、积淀深厚的两大反垄断法域来看，美国采用了市场力量的概念，欧盟则采用了市场支配地位的概念。

（一）市场力量：美国反托拉斯法的基石范畴

市场力量是与经济垄断相伴生的现象。如何看待市场力量的性质、范围及其结果，在经济学历史上一直存在很大的分歧。[①] 市场力量是反垄断经济学中的重要概念，它是指厂商通过有利可图的方式在相当长的一段时间内把价格提高到竞争性水平（基准价格）以上的能力。由于厂商能够盈利的最低价格等于边际生产成本的价格，因此市场力量也被定义为厂商所制定的价格与其边际生产成本之差。[②] 企业的市场力量反映在它所面临的需求曲线的坡度上，需求曲线的右斜坡度越大或者说需求弹性越小，就意味着企业的市场力量越大。现实中，由于产品差异化等原因，任何企业都面临着一条向右倾斜的需求曲线，因而可以说每个企业都具有一定程度的市场力量。[③]

美国反托拉斯法援用了经济学上市场力量的概念，但其关注的重点并不是一般性的市场力量，而是垄断力量——高度的市场力量（a high

---

① 参见［美］威廉·谢佩德《市场势力与经济福利导论》，易家详译，商务印书馆 1980年版，第 12—32 页。

② 参见［意］马西莫·莫塔《竞争政策——理论与实践》，沈国华译，上海财经大学出版社 2006 年版，第 33 页。

③ 参见［美］欧内斯特·盖尔霍恩、威廉姆·科瓦西奇、斯蒂芬·卡尔金斯《反垄断法与经济学》（第 5 版），任勇、邓志松、尹建平译，法律出版社 2009 年版，第 90 页。

degree of market power），或者重大市场力量（a significant market power）①，也即实质性市场力量或垄断力量。由于重大市场力量的存在会造成一系列福利损失，比如配置效率损失（福利净损失）、经营者的内部效率损失（"X—非效率"）、租金耗散（寻租的成本）等等，因而反垄断的介入具备了理论基础。② 在这种只关注福利效应的经济学理论框架下，反垄断法作用于市场力量的唯一目标是促进经济学意义上的效率。③ 自从20世纪70年代芝加哥学派革命以来，人们对市场力量可能造成的各种问题的看法及担忧已很大程度上简化为以福利来加以衡量的效率损失。在福利经济学的理论框架下，美国反托拉斯法蜕变成一套关于治理市场力量的规范体系，它旨在预防和制止市场力量的不正当变动，即预防和制止经营者为获取、维持、加强市场力量而采取的反竞争行为。④ 而此间"市场力量"的内涵完全由经济学给出，即"一个企业（或一群进行一致行动的企业）可以将价格提升到竞争性水平之上，而其销售额的损失不会如此之大和如此迅速以至于这一涨价行为变得无利可图"⑤。进一步看，这种较为持久的超竞争性水平的定价能力和获利能力，涵盖两种相互关联、不可分割的能力：一是控制价格的能力；二是抵制竞争的能力。控制价格的能力侧重于结果而言，抵制竞争的能力侧重于过程而言。正是在此意义上，美国最高法院在"Du Pond案"等案件中，也将市场力量界定为"控制价格或

---

① See Philip Areeda, Louis Kaplow, "Aaron Edlin, Antitrust Analysis: Problems, Text and Cases"（Six Edition），Aspen Publishers, 2004, p.484. 在美国，很多法官或评论者将市场力量和垄断力量这两个词混用，但垄断力量被越来越多地用于指代实质性的市场力量。参见［美］欧内斯特·盖尔霍恩、威廉姆·科瓦西奇、斯蒂芬·卡尔金斯《反垄断法与经济学》（第5版），任勇、邓志松、尹建平译，法律出版社2009年版，第91页。

② 参见刘志成《中国反垄断：经济理论与政策实践》，经济科学出版社2015年版，第69—70页。

③ 参见［美］理查德·A. 波斯纳《反托拉斯法》（第二版），孙秋宁译，中国政法大学出版社2003年版，第3页。

④ 参见郝俊淇《市场支配地位与实质性市场势力之辨析——兼及〈反垄断法〉第17条第2款的修改》，《当代法学》2020年第3期。

⑤ William M. Landes, Richard A. Posner, "Market Power in Antitrust Cases", 94 *Harvard Law Review* 937（1981）.

者排除竞争的能力"。①

（二）市场支配地位在欧盟竞争法中的多维含义、特征与关切

市场支配地位是欧盟、德国反垄断法中的重要概念。我国《反垄断法》第三章对滥用市场支配地位的规定，以《欧盟运行条约》和德国《反限制竞争法》为蓝本，同时借鉴韩国、俄罗斯、波兰、芬兰、罗马尼亚等国家的立法，也采用了"市场支配地位"的法律术语。②《反垄断法》第7条规定，"具有市场支配地位的经营者，不得滥用市场支配地位，排除、限制竞争"；第22条第1款规定，"禁止具有市场支配地位的经营者从事下列滥用市场支配地位的行为……"第22条第3款规定，"本法所称市场支配地位是指经营者在相关市场内具有能够控制商品价格、数量或者其他交易条件，或者能够阻碍、影响其他经营者进入相关市场能力的市场地位"。

事实上，市场支配地位并不是一个严格的经济学概念，而是一个法律概念。③ 在欧盟竞争法中，一般认为，拥有市场支配地位意味着一个企业对竞争对手的竞争反应和客户以及消费者行为的正常约束具有高度的免疫力。④ 对于这一界定，欧盟委员会和欧盟法院在一系列经典案例中反复予以了确认。

欧盟委员会在1972年的Continental Can案中指出，"一个企业如果有能力独立地进行经济决策，即决策时不必考虑竞争者、买方和供货方的情况，它就是一个处于市场支配地位的企业。如果一个企业通过与市场份额相关的因素如技术秘密、取得原材料和资金渠道以及其他重大优势如商标权，能够决定相关市场一个重大部分的价格，或者能够控制它们生产和销售，这就存在着市场支配地位。市场支配地位不是说这个力量必然剥夺市场上全体参与者的经营自由，而是强大到总体上可以保证这个企业市场行

---

① *United States v. Du Pont de Nemours & Co.* 351 U. S. 377，391（1956）.

② 参见全国人大常委会法制工作委员会经济法室编《中华人民共和国反垄断法：条文说明、立法理由及相关规定》，北京大学出版社2007年版，第103—109页。

③ 参见唐要家《市场势力可维持性与反垄断》，经济管理出版社2007年版，第18页。

④ See R. O'Donoghue & J. Padilla, *The Law and Economics of Article 82 EC*, Hart Publishing, 2006, p. 107.

为的独立性，即便这个力量对市场不同部分有着强度不同的影响。"① 在 1978 年的 United Brands 案中，欧盟法院将市场支配地位定义为，"支配地位是指企业所享有的经济实力，使其能够阻碍相关市场上有效竞争之维持，并使其能够在相当大的程度上独立于竞争对手、客户，最终独立于消费者而行事"。② 以上定义在 1979 年的 Hoffmann-La Roche 案的判决中得到了承认，尽管法院附加了某些告诫，"……这种地位并不像在垄断或半垄断状况下那样排除竞争，而是使因此而受益的企业，即使不能决定竞争条件，至少也能对竞争条件实施相当大的影响，并且在任何情况下都可不顾及竞争的存在而行为，只要这类行为对其自身不产生损害"。③

　　通过进一步考察欧盟竞争法的相关判例、著述以及政策文件，可以大致归纳出市场支配地位的以下多维含义、特征与关切。第一，市场支配地位通常依托于经营者强大的经济实力（economic strength），比如与经营者取得重大竞争优势和市场份额相关的技术秘密、商标权、资金渠道、采购渠道、销售网络等。第二，市场支配地位是由若干因素特别是与市场结构相关的因素综合而成的，因而单独考虑这些因素，不一定具有决定性。第三，市场支配地位意味着经营者对竞争对手的竞争反应和消费者行为的正常约束具有高度免疫力，即经营者能够在相当大的程度上独立于竞争对手、客户，最终独立于消费者行事。第四，市场支配地位是能够阻碍相关市场有效竞争（effective competition）的能力。对此，德国学者霍夫曼指出，"一种行为若由其他企业实施则可能是正常的竞争，但若由拥有市场支配地位的企业实施就构成'滥用'并受到禁止，因为在第二种情况下该行为对市场结构将产生充分的影响并将威胁到有效竞争"。第五，市场支配地位具有法律上的义务内涵，即具有市场支配地位的经营者承担着不得扭曲市场竞争的特殊义务（special responsibility）。第六，在滥用市场支配地位制度下，经营者具有的市场支配地位本身并不违法，且该经营者有权利用

　　① Continental Can Company, OJ 1972 L 7/25, para. II. 3.
　　② United Brands Company and United Brands Continental BV v Commission［1978］ECR 207 para. 65.
　　③ Case 85/76, Hoffmann-La Roche & Co AG v Commission［1979］ECR 461, para. 39.

此优势进行竞争。但与此不同，在经营者集中审查制度下，创设或加强市场支配地位的经营者集中一般会被认定为非法从而受到禁止。第七，市场支配地位不仅限于单个经营者的市场支配地位，还包括两个以上经营者的共同市场支配地位（collective domi-nance）。第八，市场支配地位作为一个法律上的目的性概念，蕴含着法的观念和价值，因而不能孤立于经济自由、经济公平、经济效率、有效竞争、消费者利益、市场一体化等欧盟竞争法的广泛目标来对其进行理解。[①]

二　市场支配地位与市场力量的混同

上文分析可见，市场力量原本是经济学概念，美国反托拉斯法采纳了这一概念以及相应的经济学理论和方法，并将其作为制度统合和运行的基础。而市场支配地位是特定于欧盟竞争法以及我国反垄断法的概念。尽管市场力量与市场支配地位是分属不同领域的概念，但当前理论、立法及实践却展现出将二者等同起来的现象。对此，下文将结合欧盟竞争法、国际组织的有关报告以及我国《反垄断法》的规定加以考察和说明。

欧盟竞争法自 20 世纪 50 年代实施以来，诸多判例、著述与政策文件从不同维度呈现了市场支配地位的丰富含义、特征与关切。然而，自从 20 世纪 90 年代初欧盟委员会对竞争法启动"更加经济学的方法"（the more economic approach）变革后[②]，其对市场支配地位的理解逐渐转向了基于经济学的视角，以至于市场支配地位与实质性市场力量的概念边界变得十分模糊。在欧盟委员会 2009 年发布的《适用欧共体条约第 82 条查处市场支配地位企业排他性滥用行为的执法重点指南》中，市场支配地位毋宁就是实质性市场力量的代名词。委员会指出，"评估一个企业是否占据市场支

---

① 参见郝俊淇《市场支配地位与实质性市场势力之辨析——兼及〈反垄断法〉第 17 条第 2 款的修改》，《当代法学》2020 年第 3 期。

② 许多因素叠加在一起导致了这场变革，包括市场一体化的初步完成，欧盟学者对既往执法的批评，大西洋两岸的冲突（即与美国反托拉斯法的冲突），法院对欧盟委员会所查处的系列案件的失望和排拒，时任欧盟委员会竞争事务委员蒙蒂（Monti）的卓越领导，国际合作的需要等。See Anne C Witt, *The More Economic Approach to EU Antitrust Law*, Hart Publishing, 2016, pp. 7 – 39.

配地位及其具有市场力量的程度是适用第 82 条的第一步"，"如果一家企业能够较长时期内以高于竞争性水平的价格赢利，说明该企业没有受到竞争约束，因此该企业通常被认为具有市场支配地位"①。此外，国际竞争网络（ICN）发布的报告《依据单边行为法对市场支配地位/实质性市场力量的分析》中，径直将"市场支配地位"和"实质性市场力量"视为两个可以相互替换的概念，并且认为二者都体现了企业在以下两方面的能力：一是将价格有利可图地提升到竞争性水平之上的能力；二是将这种超竞争性水平的价格维持相当长时间的能力。② 经济与合作发展组织（OECD）在其发布的《证明支配地位的证据问题》的报告中，也传递出类似的认识，"竞争法和司法实践使用大量不同的定义和术语来认定受单个企业的行为影响的企业，包括'支配地位''垄断力量''具有相当程度的市场力量'，但无论怎样称谓，不同的司法辖区在以下观点上逐渐达成了共识，即有关单一企业的行为规范只能适用于具有'实质性市场力量'（substantial market power）的企业"③。

在我国，有学者认为，"市场支配地位这一术语源自德国《反限制竞争法》和学术界，它又称'控制市场的地位'或'市场控制地位'，它与美国法中的'重大或严重的市场势力'、日本法的垄断状态中的独占以及我们通常所说的垄断性市场结构、垄断力含义大致相同。"④《反垄断法》的制定参照了欧盟竞争法，同样采用了市场支配地位的术语。《反垄断法》第 22 条第 3 款规定："本法所称市场支配地位，是指经营者在相关市场内具有控制商品价格、数量或者其他交易条件，或者能够阻碍、影响其他经营者进入相关市场能力的市场地位。"这里的市场支配地

---

① See EU Commission, Guidance on the Commission's Enforcement Priorities in Applying Article 82 of the EC Treaty to Abusive Exclusionary Conduct by Dominant Undertakings, [2009] OJ C 45 /7, paras. 9, 10.

② See ICN, Unilateral Working Group, Dominance/Substantial Market Power Analysis Pursuant to Unilateral Conduct Laws, available at http://www.internationalcompetitionnetwork.org/uploads/library/doc317.pdf, last visit on Sep. 5, 2018.

③ See OECD, Policy Roundtables, Evidentiary Issues in Proving Dominance, 2006, p. 7, available at http://www.oecd.org/daf/competition/abuse/41651328.pdf, last visit on Sep. 5, 2018.

④ 周昀：《试论企业市场支配地位之认定》，《河北法学》2007 年第 11 期。

位的定义由两部分构成：一是经营者对价格等交易条件的控制能力；二是经营者抵制或排斥外部竞争的能力。正如前文所述，这两种能力其实是市场力量在结果和过程层面的关联体现，二者不可分割。因而我国反垄断法对市场支配地位的定义，不仅是在传递市场力量的经济学含义，而且很大程度上是美国"Du Pont 案"等案件中法院对市场力量之定义（即控制价格或者排除竞争的能力）的翻版。

三　概念混同的缘由

市场支配地位与市场力量之所以被等同对待，主要是基于以下四个方面的缘由或考量。[1]

第一，经济学向反垄断法的深度渗透。尽管经济学与许多法律部门存在联系，但它与反垄断法之间的关系最为紧密。因为经济学特别是产业组织经济学能够为反垄断法的解释、应用、改进提供较为可靠的认识论基础和方法论保障。它一方面为反垄断法提供经验实证支持，另一方面拓宽了反垄断法的视角和方法，避免了传统法律思维僵化、封闭的短板。

第二，美国反托拉斯法的示范效应。美国反托拉斯法是现代反垄断法的鼻祖，其"历史最长，影响最大，任何国家在制定其反垄断法时都不能不考虑美国的法律"。在这样的背景下，美国反托拉斯法推行的经济学方法以及实质性市场力量等概念，对于其他法域反垄断法的制定、实施与研究来讲，具备了强大的示范效应与标杆作用。

第三，各法域反垄断法趋同的潜在动力。一方面，反垄断法植根于市场经济，不同国家和地区的市场经济体系在构成要素上的同质性，为全球通行的反垄断法概念、语言铺垫了客观基础。另一方面，在全球经济一体化的背景下，各法域反垄断法的概念、宗旨、制度、程序等方面的差异和张力，不仅无法给跨国经营者提供一致的合法预期，而且还会给经济全球化带来制度性阻碍。因此，反垄断法趋同性的增强，对各市场经济体都具

---

[1] 参见郝俊淇《市场支配地位与实质性市场势力之辨析——兼及〈反垄断法〉第 17 条第 2 款的修改》，《当代法学》2020 年第 3 期。

有一定的吸引力。这样做有助于缓解制度性摩擦并给经营者带来便利。

第四，法律概念通常讲求可操作性，市场支配地位也是如此。对市场支配地位的认定不能诉诸抽象的感知，而应具备可靠的方法保障。此际，如果把市场支配地位用经济学的方式加以定义，即定义为市场力量，那么经济学中用来评估市场力量的诸多方法和工具，比如市场绩效法、市场行为法、市场结构法以及与此相关的勒纳指数、罗斯柴尔指数、贝恩指数等，就可以运用到对市场支配地位的评估中。

四　区分市场支配地位与市场力量的理据

将两个原本不同的概念等同起来纵然有其缘由，但市场支配地位归根结底是特定于反垄断法的规范概念。基于以下理据，有必要对市场支配地位与市场力量加以区分。

第一，就市场支配地位的规范目的来看，它意味着具有市场支配地位的企业应当负担某种特殊义务（special responsibility），即不得妨碍公平和有效的竞争过程。[①] 在具体案件中，这种特殊义务又可能表现为支配企业的非剥削义务（不能造成剥削效应）、非排他义务（不能造成排他效应/一线损害）、非扭曲义务（不能造成扭曲效应/二线损害）等等。实际上，在管制型行业或放松管制不久的行业，支配企业特殊义务的程度一般会更高。因为该等企业市场支配地位的取得往往是基于政府政策的扶持和保护，因而与效率的关系不那么明显。尽管在不同行业、不同个案中，支配企业的特殊义务在样态和程度上具有差异，但抽象来看，市场支配地位具有重要的义务内涵，并且这种义务与公平竞争、有效竞争的反垄断法价值目标密切相关。[②]

---

① "Dominant Undertakings have a special responsibility not to allow their conduct to impair genuine undistorted competition on the common market." Joined Cases T – 191/98 and T212 to 214/98 Atlantic Container Line AB and others v Commission [2003] ECR II – 3257, para. 1109.

② "在决定垄断力滥用的存在与否中，市场支配地位扮演着至关重要的角色，它就是决定企业应否承担某种特殊责任的资格证明……一种行为若由其他企业实施则可能是正常的竞争，但若由拥有市场支配地位的企业实施就构成'滥用'并受到禁止，因为在第二种情况下该行为对市场结构将产生充分的影响并将威胁到有效竞争。"曹士兵：《反垄断法研究》，法律出版社1996年版，第140页。

　　第二，就更宽泛的价值意蕴来讲，市场支配地位作为法律概念，除了与有效竞争的价值目标存在关联外，还涵盖了保护市场参与者的经济自由、免受支配企业的歧视、盘剥、不合理对待等权益关注。实际上，即便很多人不愿意公开承认，但促进中小企业发展以及保障中小企业参与竞争的自由，历来是反垄断法实施中的重要考量。① 这些关注通常与竞争公平、经济自由的价值息息相关。然而，市场力量的经济学概念显然不能涵盖这类关注，最多只对其作间接考察。②

　　第三，从所反映的经济现象来看，虽然在一定意义上可以说，市场支配地位是企业控制价格等交易条件的能力以及抵御竞争的能力，但作为一个"结构性概念"，它更应当反映企业间的结构关系和市场上的竞争状况。因此，一方面，对市场支配地位的理解，有必要将"有效竞争"或"有效竞争的市场结构"作为参照。另一方面，缺乏充分有效的竞争约束或市场约束，亦即企业很大程度上的行为独立性（acting independently），似乎更能揭露市场支配地位的根本特征。这即是说，拥有市场支配地位意味着一个企业对竞争对手的竞争反应和客户以及消费者行为的正常约束具有高度的免疫力。③

　　第四，市场支配地位往往与排他效应（exclusionary effects）这一反垄断法关切紧密相连，就考察哪些行为属于排他性滥用而言，答案通常不取决于企业是否有把价格提高到边际成本以上的抽象能力，而取决于它是否有"支配"市场的实力。④ 例如，一个企业要实施掠夺性定价，首先要做的不是把价格提升到成本以上，相反，需要低于成本定价，且能够承担掠夺的损失。此际，市场力量并不具有相关性——至少在掠夺阶段，而真正具有相关性的是企业的"经济实力"，包括其市场份额、自身财力、融资

---

　　① 参见洛小春、董新凯《中小企业促进与反垄断法》，《现代法学》2003 年第 6 期。

　　② 参见［德］乌尔里希·施瓦尔贝、丹尼尔·齐默尔《卡特尔法与经济学》，顾一泉、刘旭译，法律出版社 2014 年版，第 76 页。

　　③ See R. O' Donoghue & J. Padilla, *The Law and Economics of Article 82 EC*, Hart Publishing, 2006, p. 107.

　　④ 参见［美］赫伯特·霍温坎普《联邦反托拉斯政策——竞争法律及其实践》，许光耀、江山、王晨译，法律出版社 2009 年版，第 87 页。

能力、产品经营范围、交叉补贴能力，等等。同样地，某个企业要通过排他性交易、忠诚折扣、搭售等纵向限制行为来排挤竞争对手，如果它不具有雄厚的经济实力来购买或补偿大量的"指涉竞争对手的合同"（contracts referencing rivals），或者没有很大的市场份额以至于构成不可避免的交易对象，那么，反竞争的封锁效应永远不会发生。①

第五，市场支配地位与市场力量所涉制度在外延上并不一致。市场支配地位制度不仅限于单独市场支配地位制度，还包括共同市场支配地位制度。共同市场支配地位制度旨在应对寡头垄断问题以及两个以上经营者的默示共谋，并且在欧盟竞争法和我国的《反垄断法》中都有潜在的法律依据。但是，对应到市场力量的语境和制度领域，却不存在"共同垄断力量"或"共同实质性市场力量"的制度。尽管为应对寡头垄断问题，美国学者特纳曾经提出过"共同垄断"（shared monopoly）的制度构想，但美国立法和司法机构从未采纳。

第六，市场力量的定义本身是不完善的，因而将市场支配地位简单地等同于市场力量，很可能误导市场支配地位的准确认定。在新古典经济学的框架里，市场力量一般被定义为：厂商通过有利可图的方式在相当长的一段时间内把价格提高到竞争性水平以上的能力。但该定义至少面临着以下问题或挑战：首先，它低估了一个事实，即市场力量可以在许多其他因素上发挥作用，例如质量、服务、选择和创新。这些因素在平台经济、网络经济、数字经济兴起的当今社会，具有更加显著的相关性。② 因此，该定义并未涵盖企业降低质量、弱化服务、减少选择、延缓创新的能力。其次，该定义需要确定竞争性价格水平，然而这是一项众所周知的艰巨任务。如果确定竞争性价格水平是可能的，实际上就没有必要考虑市场支配地位的概念，而可以径直对任何企业的"垄断绩

---

① See Douglas Bernheim & Randal Heeb, "A Framework for the Economic Analysis of Exclusionary Conduct", in Roger D. Blair & D. Daniel Sokol ed., *International Antitrust Economics* (*Volume 1*), Oxford University Press, 2015, pp. 4 – 5.

② See OECD, *Quality Considerations in Digital Zero-price Markets*, Background note by the Secretariat, 2018. https://one. oecd. org/document/DAF/COMP（2018）14/en/pdf, pp. 4 – 6.

效"进行追究。①

第七，具有市场支配地位的企业负有不得妨碍市场公平和有效竞争的特殊义务，正是这种地位和义务构成了个案中企业行为反竞争性解释以及责任承担的基础。换言之，市场支配地位与行为反竞争的解释以及责任承担之间具有强烈的正相关性。但与之不同的是，市场力量的作用并非是同质性的，② 其暗含着不同的相关性渠道，既可以充当行为反竞争的解释，也可以嵌入行为促进竞争的解释。市场力量与责任承担之间在通常情况下具有正相关性，但在以动态效率、动态创新为特征的行业里可能具有负相关性——较大的市场力量可能会促进创新竞争因而抵触责任承担。③ 究其缘由，通过产品价格偏离边际成本的程度来描述市场力量的标准经济学定义，主要适合揭示配置效率的缺失，在一定情形下也被看作是生产效率缺失的信号。但是，该定义本质上是一个静态概念，它并不反映动态效率。动态效率的实现需要存在一定程度的市场力量。在分析动态效率时，企业之间通过产品和生产技术的创新来竞争，而不是通过产品价格或产量来竞争。只有当投入研发的企业能够收获投资产生的回报时，这样的竞争才会切实有效。因而对于反垄断政策而言，完全遏制市场力量，即消除产品价格和长期边际成本之间所有差额，并不一定就是可取的，尤其是当动态效率需要被纳入考虑的时候。④

第八，区分市场支配地位与市场力量还是"法律自治"的要求。尽管市场力量的经济学概念在一定程度上有助于启示市场支配地位的法律

---

① See Damien Geradin, Nicolas Petit, Mike Walker, Paul Hofer and Frédéric Louis, The Concept of Dominance in EC Competition Law, (August 5, 2005). https://papers. ssrn. com/sol3/results. cfm, p. 5.

② 有产业组织经济学学者将市场势力划分为"效率市场势力"和"非效率市场势力"两种类型，并认为非效率市场势力才是反垄断的核心关注和规制对象。参见陈志广《非效率市场力量与效率市场力量——一个关于反垄断规制对象的基础框架》，《江苏社会科学》2007 年第1 期。

③ See Louis Kaplow, "On the Relevance of Market Power", 130 *Harvard Law Review*, 1304 - 1311 (2017).

④ 参见［德］乌尔里希·施瓦尔贝、丹尼尔·齐默尔《卡特尔法与经济学》，顾一泉、刘旭译，法律出版社 2014 年版，第 75 页。

概念，但是，法律是一种规范体系，它不能也不应全然照搬经济学的概念。正如美国法官布雷耶所言："尽管技术性的经济讨论有助于启示反垄断法，但反垄断法不能精确地复制经济学家（有时是相互矛盾的）的观点。因为与经济学不同，法律是一种管理体制……试图体现每一种经济复杂性和规格的法律，很可能由于管理的反复无常而适得其反，甚至削弱它所追求的经济目的。"①

第二节　市场支配地位的相关性和不同成因

反垄断法一般只禁止滥用市场支配地位的行为，而不禁止市场支配地位本身。② 这意味着，如果市场支配地位没有得到证明，那么无论有关行为的反竞争影响如何，该行为都不构成滥用。③ 市场支配地位何以具有这种中心地位？本节拟对市场支配地位在滥用规制中的相关性进行探究，并就市场支配地位的不同类型进行考察。

一　市场支配地位的相关性

尽管术语称谓和概念内涵存在差异，但各国（地区）的反垄断法在对企业单边行为或滥用行为的规制中都一致性地强调市场支配地位或市

---

① *Wright Corp. v. ITT Grinnell Corp.*，724 F. 2d 227，234（1st Cir. 1983）.

② "反垄断法并不禁止经营者具有市场支配地位，而是禁止具有市场支配地位的经营者滥用市场支配地位，从事排除、限制竞争的行为。"全国人大常委会法制工作委员会经济法室编：《中华人民共和国反垄断法：条文说明、立法理由及相关规定》，北京大学出版社2007年版，第100页。也请参见王晓晔《反垄断法》，法律出版社2011年版，第192页。"依照判例法，企业具有的市场支配地位本身并不违法，且该企业有权利用此优势进行竞争。但是该企业承担其行为不得损害共同市场有效竞争的特殊责任。" See EU Commission, Guidance on the Commission's enforcement priorities in applying Article 82 of the EC Treaty to abusive exclusionary conduct by dominant undertakings, [2009] OJ C 45/7, para. 1. See also R. O'Donoghue & J. Padilla, *The Law and Economics of Article 82 EC*, Hart Publishing, 2006, p. 107.

③ 我国《反垄断法》自2008年8月1日实施以来，私人原告胜诉的滥用市场支配地位案件寥寥无几，其重要原因之一在于原告无法证明被告具有市场支配地位。典型案件如"书生电子诉盛大网络案""周泽诉中国移动案""唐山人人诉百度案""奇虎360诉腾讯案"，等等。参见时建中、戴龙、焦海涛主编《反垄断诉讼：典型案件分析与解读（2008—2018）》，中国政法大学出版社2018年版，第256—331页。

场力量作为前提条件的重要性。经合组织在《证明支配地位的证据问题》的报告中指出，"实质性市场力量是分析单一企业行为案件的重要因素。如果企业没有实质性市场力量，就没有必要分析其行为的反竞争效果"①。在美国反托拉斯法中，市场力量（垄断力量）是违反《谢尔曼法》第2条垄断化规定的必备要件。② 在欧盟竞争法中，根据《欧盟运行条约》第102条，确立支配地位是一个必要的先决条件：企业的行为要构成滥用，首先必须证明其具有市场支配地位。③ 在我国，市场支配地位作为前提条件的重要性，学界早有认识，"在决定垄断力滥用的存在与否中，市场支配地位扮演着至关重要的角色，它就是决定企业应否承担某种特殊责任的资格证明"④。

事实上，知识具有描述、控制的功能，同时具有"正当性赋予"的力量。⑤ 当人们习以为常地把市场支配地位或市场力量作为既定的前提条件时，很可能就丧失了探究其背后理据的动力⑥，甚至丧失了对其进行质疑的勇气。本书认为，市场支配地位或者市场力量之所以构成滥用规制的前提条件，一是由于市场结构条件在滥用规制中处于核心地位，二是可以从序位决策理论、减少错误成本以及优化规则设计的角度加以

① See OECD, Policy Roundtables, Evidentiary Issues in Proving Dominance, 2006, p. 10, available at http://www.oecd.org/daf/competition/abuse/41651328.pdf, last visit on Sep. 5, 2018.

② See ABA Section of Antitrust Law, *Market Power Handbook：Law and Economics Foundations* (Second Edition), ABA Publishing, 2012, pp. 19 - 20. "如果没有实际的或可能的市场势力，我们几乎没有理由去关心单一企业的行为在反垄断法上的意义。"［美］欧内斯特·盖尔霍恩、威廉姆·科瓦西奇、斯蒂芬·卡尔金斯：《反垄断法与经济学》（第5版），任勇、邓志松、尹建平译，法律出版社2009年版，第90页。

③ See R. O'Donoghue & J. Padilla, *The Law and Economics of Article 82 EC*, Hart Publishing, 2006, p. 107.

④ 曹士兵：《反垄断法研究》，法律出版社1996年版，第140页。

⑤ 参见邓正来《中国法学向何处去——建构"中国法律理想图景时代"的论纲》，商务印书馆2014年版，第17页。

⑥ 当然，有反垄断法学者在对某些问题的探讨时，间接影射到了该问题。比如，王晓晔教授认为市场支配地位对经济和竞争存在广泛影响，具体包括对价格的影响、对创新的影响和对竞争的影响。参见王晓晔《反垄断法》，法律出版社2011年版，第193—194页。再如，有反垄断法学者在质疑相对优势地位滥用理论的时候，明确指出了结构性要素在反垄断法中的基础性地位。参见李剑《论结构性要素在我国〈反垄断法〉中的基础性地位——相对优势地位滥用理论之否定》，《政治与法律》2009年第10期。

解释。但是，不同于市场支配地位的规范化设定，当市场力量作为市场支配地位的代理时，由于市场力量作用的异质性，市场力量与滥用规制可能具有"负相关性"。

（一）市场结构条件的核心地位

滥用行为是一种结构性行为①，其扭曲效应、剥削效应、排他效应的产生需要依赖特定的市场结构条件。市场支配地位反映企业与市场竞争的关系，即拥有这种地位的企业不受充分有效的竞争约束。而一个企业能够持续性地获得超竞争水平的利润，即拥有持续且重大的市场力量，是该企业缺乏充分有效竞争约束的重要标志。② 在产业组织经济学"结构（structure）—行为（conduct）—绩效（performance）"的范式（简称SCP 范式）中，作为市场结构指标之一的市场集中度与作为市场绩效基准之一的利润率之间关系的研究历来处于核心地位，并据此提出了"集中度—利润率"假说。③ 在企业的市场结构条件与企业绩效存在紧密关联的理论预设之下，市场支配地位可以被看作是对特定市场竞争状况和市场结构条件的反映。在此意义上，市场支配地位构成企业滥用行为及其反竞争效应（垄断性绩效）的前提。

SCP 范式最初由产业组织理论的主要人物贝恩（Joe S. Bain）在 20 世纪 50 年代作出全面阐述。贝恩使用"行业"（industry）作为基本单位进行"结构—行为"分析，分析市场力量的成因和变动因素，开启了行业分析的先河。④ 其理论体系的基本逻辑是，从市场结构推断市场绩效，通过对若干行业的市场结构和市场关系各方面进行实际测量，推导出企业的市场结构、市场行为和市场绩效之间存在的一种单向因果关系，即市场结构决

---

① 规制滥用市场支配地位行为属于结构性行为规制，典型地体现了反垄断法的特点。参见王先林《论滥用市场支配地位的法律规制——〈中华人民共和国反垄断法（草案）相关部分评析〉》，《法商研究》2007 年第 4 期。

② See EU Commission, Guidance on the Commission's enforcement priorities in applying Article 82 of the EC Treaty to abusive exclusionary conduct by dominant undertakings, [2009] OJ C 45/7, para. 11.

③ 参见李天舒《"结构—行为—绩效"范式的理论演进与现实应用》，《改革与战略》2008 年第 7 期。

④ 参见赵杰《垄断的观念》，人民出版社 2007 年版，第 158 页。

定市场行为，市场行为决定市场绩效。其基本结论是：以某种方式度量的行为和绩效同市场结构具有很强的联系，特别是厂商或产业的可盈利程度与市场集中度和进入壁垒有很强的相关性。① 支持该范式的学者被统称为"结构主义"学派。他们对反垄断政策的制定者提出了一项重要建议，即对反竞争行为的关注应该减小到最低程度；相反，反垄断法应当通过改变产业结构来对垄断性绩效进行追究。② 该建议很好地解释了美国反托拉斯历史上诸如"消除集中""结构性救济""无过错垄断化"等雄心勃勃的主张和实践。在违反《谢尔曼法》第2条的垄断化案件中，受SCP范式的影响，法院大大增加了对被告市场力量的关注程度，而几乎不要求存在非法行为的证据。③

　　芝加哥学派对上述SCP范式及其反垄断政策实践提出了尖锐批评。批评者提出了以下重要论点：（1）SCP范式建立在单向因果关系即市场结构是外生的这一假设前提下，但实际上长期以来几乎所有可观察的产业层面的变量都要受到企业行为或者市场绩效的影响；（2）SCP范式仅仅是一种描述性的框架，缺乏坚实可信的经济理论基础。受益于这些批评，"新产业组织理论"的学者在策略性行为学说（博弈论）以及信息经济学的启示下，对传统SCP范式进行了改进，逐渐认识到了企业的市场结构、市场行为和市场绩效两两因素间的双向关系和反馈关系，由此形成了新SCP范式。④ 在新SCP范式中，尽管市场结构的重要性被削弱了，即结构不再决定绩效，但结构仍被看作是出现反竞争绩效的先决条件——结构变成了必要但非充分的原因。与此同时，"行为"获得了相当程度的独立重要性。⑤

---

　　① 参见李天舒《"结构—行为—绩效"范式的理论演进与现实应用》，《改革与战略》2008年第7期。

　　② 参见［美］赫伯特·霍温坎普《联邦反托拉斯政策——竞争法律及其实践》，许光耀、江山、王晨译，法律出版社2009年版，第47页。

　　③ 参见［美］理查德·A.波斯纳《反托拉斯法》（第二版），孙秋宁译，中国政法大学出版社2003年版，第118—122页。

　　④ 参见李剑《论结构性要素在我国〈反垄断法〉中的基础性地位——相对优势地位滥用理论之否定》，《政治与法律》2009年第10期。

　　⑤ 参见［美］赫伯特·霍温坎普《联邦反托拉斯政策——竞争法律及其实践》，许光耀、江山、王晨译，法律出版社2009年版，第49页。

不可否认，SCP 范式始终是产业组织经济学体系的主体逻辑构造。① 它在很大程度上塑造了反垄断的方式方法，反垄断法由此不能忽略对市场结构的分析。② 无论并购控制、垄断协议规制抑或市场支配地位滥用行为的禁止，市场结构条件都是其共通的、核心的关注，因而是适用反垄断法的逻辑起点。这意味着，在"市场支配地位——缺乏充分有效的竞争约束——具有持续且重大的市场力量——市场结构条件"的关联逻辑下，对企业市场结构条件的前提性考察就蕴含在滥用案件评估市场支配地位的初始步骤中，而据以评估市场支配地位的结构性因素包括但不限于市场份额（集中度）、进入壁垒、信息透明度、产品差异度等因素。③

（二）市场支配地位作为前提条件的其他解释

之所以在滥用规制中要优先关注市场结构条件，首先对市场支配地位进行评估，这还可以从序位决策理论、减小错误成本以及优化规则设计的角度加以解释。

反垄断面临的最基本的问题是能力有限的执法机构如何处理复杂的市场信息。④ 信息成本构成反垄断的重大局限。⑤ 决策理论（decision theory）提出了这样一个过程，即在信息昂贵且不完善的情况下，如何对事实作出决定。决策中的信息有三个来源：假定、逻辑分析和事实调查。在决策理论下，反垄断决策者面临着以下三个基本问题：（1）在信息不

① 参见李天舒《"结构—行为—绩效"范式的理论演进与现实应用》，《改革与战略》2008 年第 7 期。

② 市场结构在一定程度上可以影响企业的市场行为，进而影响整个市场运行的结果。德国反垄断法权威梅斯特梅克教授指出，"人们也许难以把某种市场行为归结为是市场结构方面的原因，然而，这种困难决不意味市场结构的这种影响不存在，以至预测企业的行为时，市场结构可以不予考虑"。参见王晓晔《有效竞争——我国竞争政策和反垄断法的目标模式》，《法学家》1998 年第 2 期。

③ 当然，市场支配地位的评估不限于对结构性要素的考察，诸如企业纵向整合的程度、企业的财力和金融实力、企业所掌握的知识产权和关键技术等非结构性要素对于市场支配地位的评估也具有一定的相关性。

④ 参见［美］赫伯特·霍温坎普《反垄断事业：原理与执行》，吴绪亮等译，东北财经大学出版社 2011 年版，第 11 页。

⑤ 反垄断是监管竞争的一个不完善的工具。反垄断是昂贵的。法官们对涉案行为进行裁判并不具有完善的信息。诉讼成本和信息的成本构成反垄断的局限。See Frank H. Easterbrook, "The Limits of Antitrust", 63 *Texas Law Review*, 1–40 (1984).

完善的情况下，最优决策是什么？（2）决策者在作出决策时，应该搜集和考虑多少信息；（3）如果要搜集信息，究竟应考虑哪些信息，以及考虑这些信息的顺序。概括来讲，反垄断决策者考虑这三个问题，需要对搜集信息的预期净收益作出盘算，即要比较信息搜集及其不同搜集顺序的预期收益和预期成本——包括法律程序成本（显性成本）和错误成本（隐性成本）。这意味着，越是具有"决定性"（dispositive）的信息，越应当优先进行搜集和考虑。因为搜集这种信息的预期收益最大，而其带来的预期错误成本最小。[1]

　　虽然企业的市场结构条件与其行为的反竞争效应（垄断性绩效）被证明不是单向因果决定关系，但是"结构"仍然是反竞争效应的先决条件。大样本的统计规律揭示了企业绩效与其市场结构条件的高度关联。因此，在滥用市场支配地位的案件中，优先对企业市场结构条件的信息——市场支配地位的信息[2]——进行搜集所带来的预期收益最高。与此同时，优先考虑该信息也大大降低了预期错误成本，尤其是错误谴责有益行为所造成的"积极错误"成本（cost of false positive），因为信息搜集的过程实际上是划定门槛并对案件进行筛选的过程。在伊斯特布鲁克法官提出的识别企业反竞争行为的系列"过滤设置"中，市场力量（市场支配地位）是其优先倚重的"过滤设置"。在他看来，没有市场力量的企业的行为不值得关注，因为在不具备市场力量的情况下，市场机制比司法程序能够更好地识别企业的有益行为和有害行为。[3]

　　总而言之，市场支配地位是滥用规制的前提条件，亦是一项先决性的责任要素。这样的规范安排体现了市场结构条件在反垄断法中的核心

---

　　[1]　See C. Frederick III Beckner & Steven C. Salop, "Decision Theory and Antitrust Rules", 67 *Antitrust Law Journal*, 41 –48 (1999).

　　[2]　在序位决策理论的指导下，笼统地认为应优先搜集市场支配地位的信息并不可取，更精确地说，应当优先搜集和考虑有关市场支配地位的结构性因素信息，其次再视情况进一步搜集和考虑有关市场支配地位的非结构性因素信息。此外，对于不同结构性因素的信息也应当做序位化的搜集处理，其中最应优先搜集考虑的是有关市场份额的信息，其次是进入壁垒的信息，再次是产品差异度、信息透明度等因素的信息。

　　[3]　See Frank H. Easterbrook, "The Limits of Antitrust", 63 *Texas Law Review*, 19 –23 (1984).

地位，也体现了序位决策和减小错误成本的合理需要，因而是优化反垄断法规则的必要举措。

二 市场力量的"反相关性"

上文从不同角度探析了市场支配地位作为滥用规制之前提条件的相关性。从规范层面看，尽管拥有市场支配地位本身并不违法，但拥有市场支配地位的企业负有不得扭曲市场有效竞争的特殊义务。对支配企业的行为需要在特别的法律透镜下进行审查。某些商业行为由非支配企业实施并不违法，但由支配企业实施则可能构成滥用。由此可见，市场支配地位与行为反竞争的解释以及责任承担之间具有强烈的相关性。然而，这种相关性是否无可动摇？市场支配地位可否被嵌入行为促进竞争的解释中？市场支配地位与责任承担是否具有某种"反相关性"？

以上设问虽然具有明显的解构倾向，但是它们依凭于这样一种洞察，即作为法律概念的市场支配地位与作为技术性概念的市场力量，在某些情况下可能发生"偏差"。具体来说，市场支配地位作为法律概念，同时作为一种观念形态，其核心在于企业缺乏充分有效的竞争约束。从规范目的上来看，当一个企业缺乏充分有效的竞争约束时，法律设定这种状态（市场支配地位）与责任承担之间的普遍相关性，即"特殊义务"与法律责任之间的相关性，这并无不妥。但是，转换到概念实际操作层面，一旦把市场力量作为市场支配地位的代理①，进而预设市场力量与责任承担之间的普遍相关性，问题就会产生。根据市场力量在经济学上的标准定义，"企业通过有利可图的方式在相当长的一段时间内把价格提高到竞争性水平（边际成本）以上的能力"②，这种通过产品价格偏离边际成本的程度来描述市场力量的方式，主要适合于揭示配置效率的缺失，

---

① 缺乏充分有效的竞争约束的重要标志是企业能够持续性地获得超竞争水平的利润，即企业具有持续且重大的市场力量。See EU Commission, Guidance on the Commission's enforcement priorities in applying Article 82 of the EC Treaty to abusive exclusionary conduct by dominant undertakings, [2009] OJ C 45/7, para. 11.

② 参见［意］马西莫·莫塔《竞争政策——理论与实践》，沈国华译，上海财经大学出版社 2006 年版，第 33 页。

在一定情形下也被看作是生产效率缺失的信号。但是，该定义本质上是一个静态概念，它并不反映动态效率。然而，动态效率的实现需要一定程度的市场力量存在。在分析动态效率时，企业之间通过产品和生产技术的创新来竞争，而不是通过产品价格或产量来竞争。只有当投入研发的企业能够收获投资产生的回报时，这样的竞争才会切实有效。关于不同市场结构的分析表明，动态效率在寡占市场中最有可能得到实现。这支持了这样一个结论：对反垄断政策而言，完全遏制市场力量，即消除产品价格和长期边际成本之间所有差额，并不一定就是可取的，尤其是当动态效率亦需要考虑的时候。①

因此，市场力量的作用并非是同质性的②，其暗含着不同的相关性渠道，既可以充当行为反竞争的解释，也可以嵌入行为促进竞争的解释。市场力量与责任承担之间在通常情况下具有正相关性，但在以动态效率、动态创新为特征的行业里可能具有反相关性——较大的市场力量可能会促进创新竞争因而会抵触责任承担。③ 由于市场力量潜在的不同相关性，通过评估市场力量来对市场支配地位作出认定，尤其需要对市场力量作用的性质及其所在的相关市场特征进行辨别，并对市场力量相关的渠道进行剖析。

以上分析意味着：一方面，市场支配地位不能简单地被等同于市场力量，前文对此已有论述和强调。市场支配地位作为规范化设定，其与市场力量作用的异质性之间存在张力，调和这种张力的关键在于建立沟通市场力量与市场支配地位之间相关的渠道，即建立某种判断标准。其中，"缺乏充分有效的竞争约束"作为市场支配地位这一规范概念的核

---

① 参见 ［德］乌尔里希·施瓦尔贝、丹尼尔·齐默尔《卡特尔法与经济学》，顾一泉、刘旭译，法律出版社 2014 年版，第 75 页。

② 有产业组织经济学学者将市场力量划分为"效率市场力量"和"非效率市场力量"两种类型，并认为非效率市场力量才是反垄断的核心关注和规制对象。参见陈志广《非效率市场力量与效率市场力量——一个关于反垄断规制对象的基础框架》，《江苏社会科学》2007 年第 1 期。

③ See Louis Kaplow, *On the Relevance of Market Power*, 130 Harvard Law Review, 1304 – 1311 (2017).

心，其根本上反映了市场竞争的有效性状况，因而"有效竞争"（effective competition）的概念①最有助于在"市场力量"与"市场支配地位"之间建立联系。能与有效竞争相容的市场力量究竟应该维持在怎样的程度，对各种市场而言可以有不同的设定。比如，以创新为核心竞争手段的市场，相比那些重大创新已经不太可能的成熟市场，就可以包容较强的市场力量存在。

另一方面，对市场力量作用的异质性不能过分夸大。如果把市场力量与责任承担之间的"反相关性"推向极端，则意味着在创新竞争激烈、动态效率明显的市场领域，反垄断干预只会造成更为严重的"积极错误"（false positive），进而得出某些创新行为/产品"本身合法"、创新与反垄断"有限兼容"等片面观点。② 如果反垄断法不能在创新型产业中发挥作用，这将在根本上威胁到反垄断法存在的合法性。事实上，到底是竞争有利于创新还是垄断（较高的市场力量）有利于创新，这在经济学上至今未有定论。有一种观点常与约瑟夫·熊彼特（Joseph Schumpeter）联系在一起，认为垄断有利于创新。相反的观点，常与肯尼斯·阿罗（Kenneth Arrow）联系在一起，认为竞争有利于创新。实际上，一旦我们考虑动态环境下的竞争以及日益激烈的竞争之间的联系，福利就变得不像人们通常认为的那样明确。③ 这意味着，即便在创新竞争非常激烈的市场，市场力量与企业滥用行为及责任承担的"反相关性"也并非绝对，可取的做法是对市场力量相关性的程度进行审慎辨别和细致分析。

三　基于不同成因的市场支配地位及其反垄断法关注

根据不同的分类标准，市场支配地位可以被划分为多种类别。以构成

---

① 按照经济学中被广为采纳的主张，有效竞争才应当是竞争政策所追求的理想目标，因为它最适合同时促成配置效率、生产效率和动态效率的实现，并避免由市场力量导致的再分配。参见［德］乌尔里希·施瓦尔贝、丹尼尔·齐默尔《卡特尔法与经济学》，顾一泉、刘旭译，法律出版社 2014 年版，第 75 页。

② See Geoffrey A. Manne & Jushua D. Wright, Innovation and the Limits of Antitrust, George Mason Law & Economics Research Paper No. 2009 – 54.

③ See Jonathan B. Baker, "Beyond Schumpeter v. Arrow: Antitrust Fosters Innovation", 74 *Antitrust Law Journal*, 575 – 577 (2007).

市场支配地位的经营者数量为标准，市场支配地位可划分为单个经营者的市场支配地位即"单独市场支配地位"和两个以上经营者的整体性市场支配地位即"共同市场支配地位"。以纵向经济关系中经营者所处的环节和角色为标准，市场支配地位可以划分为"卖方市场支配地位"和"买方市场支配地位"。以市场支配地位的显著程度及其所反映的市场样态为标准，市场支配地位可以划分为"垄断"（无竞争状态）、"准垄断"（没有实质上的竞争）、"突出的市场地位"（或压倒性市场地位）、"寡占地位"，欧盟竞争法的一些执法决定和判例还提到了"超级市场支配地位"（super-dominance）的类别，即一种近乎垄断的状态。以上分类从不同角度暗示了现实中可能存在的反垄断法关注。比如，"共同市场支配地位"暗含着对两个以上经营者经协调而产生共谋效应或协同效应的关注。再如，"买方市场支配地位"暗含着大型采购商或零售商对上游小型供应商的压榨、盘剥和歧视等关注。又如，"垄断""准垄断"或"超级市场支配地位"暗含着如何引入竞争、培植竞争、促进竞争的关注，即超越了通常所谓"保护竞争"的关注。这些分类具有重要意义，但在此之外，下文试图在"政府行为—经济竞争"的反垄断法框架下，以市场支配地位的成因作为标准，将市场支配地位划分为"基于政府行为的市场支配地位"和"基于经济竞争的市场支配地位"，解构二者的细化类别，揭示其中反垄断法关注的紧要之处，并提出与之适配的应对策略和规范路径。

（一）基于政府行为的市场支配地位

经营者市场支配地位的形成可以基于政府（国家）的授权、扶持，即基于概括性的政府行为。然而，政府的授权、扶持作为原因行为，并不尽然合法。因此，"基于政府行为的市场支配地位"可进一步划分为"基于合法授权的市场支配地位"与"基于行政垄断的市场支配地位"。①

1. 基于合法授权的市场支配地位及其反垄断法关注与应对

基于合法授权的市场支配地位，也称"法定垄断"或"政策性垄

---

① 参见郝俊淇《基于不同成因的市场支配地位及其反垄断法关注与应对》，《岭南学刊》2020 年第 4 期。

断"。具体来讲，经营者市场支配地位的取得及其"垄断经营"的状态，是基于国家法律的明确授权。这种授权有其特定的政策考量，比如涉及需要国有经济占控制地位的关系国民经济命脉和国家安全的行业，或者需要实行专营专卖的行业，或者所涉行业具有自然垄断属性，等等。从企业性质上看，垄断国有企业和公用企业是基于合法授权的具有市场支配地位的经营者的典型代表。在我国，这类具有市场支配地位的经营者主要存在于电力、电信、铁路、民航、能源、烟草、食盐、城市公用事业（包括城市供水、供气、供热、公交、地铁等），以及教育、医疗、金融等领域。该类经营者一般具有以下特征：垄断性、产品与服务的特殊性、交易的不可选择性、社会公益性、政府管制性、部分业务可竞争性。① 由此，基于合法授权的市场支配地位暗含下列反垄断法关注，并应采取适配的应对策略和规范措施。

从宏观层面看，基于合法授权的具有市场支配地位的经营者，其经营行为通常受到管制政策、法律的约束。这就带来如下问题和关注：当该类经营者实施反垄断法禁止的行为时，反垄断法能否适用于该类经营者？换言之，反垄断法与行业管制法是何种关系？答案并非一目了然。这不仅涉及反垄断法与行业管制法的关系，而且涉及一国竞争政策与其他经济政策的关系。② 如何处理反垄断与管制的关系是世界各法域的共同难题。我国《反垄断法》在制定过程中曾尝试对上述"关系"设计一些条款，但都因为有争议而被删除了，问题却仍然存在。③ 实际上，管制与反垄断不应是非此即彼的存在。鉴于竞争政策在我国经济政策体系中的地位不断提升，党的十九届四中全会明确提出"强化竞争政策基础地位"的要求，以及反垄断政策与管制政策协同互补的重要意义。建议我国《反垄断法》将来的修订，设计反垄断与管制的关系定位的相关条款。

---

① 参见郑鹏程《论我国自然垄断行业的垄断特征与法律规制》，《法学评论》2001 年第 4 期。

② 参见时建中《论竞争政策在经济政策体系中的地位——兼论反垄断法在管制型产业的适用》，《价格理论与实践》2014 年第 7 期。

③ 参见时建中《我国〈反垄断法〉的特色制度、亮点制度及重大不足》，《法学家》2008 年第 1 期。

从微观层面看，基于合法授权的市场支配地位还具有以下反垄断政策含义。第一，反垄断法适用于公用企业或垄断国有企业时，可以推定该类经营者具有市场支配地位。① 第二，剥削性滥用行为应当成为反垄断规制的重点。由于公用企业、垄断国有企业所提供的产品或服务是消费者日常生活的必需品，消费者通常处于别无选择的境地，因而反垄断法应当密切关注该类经营者实施的不公平高价、不合理的交易条件等剥削行为。第三，基于合法授权的具有市场支配地位的经营者通常掌控着产业链上的"瓶颈设施"，因而反垄断法还应关注该类经营者可能据此实施的拒绝交易、利润挤压、差别待遇等排他行为和扭曲行为。第四，在反垄断个案中，基于合法授权的具有市场支配地位的经营者可能会提出"管制行为抗辩"。然而，这种抗辩的成立至少需要满足两项条件：一是存在授权性的管制立法，并且其位阶不能低于《反垄断法》；二是管制机构对经营者的经营行为处于积极监督的履职状态。第五，在放松管制的大趋势下，一旦经营者的市场支配地位不再得到法律授权，强化反垄断执法便具有迫切的必要性。因为反垄断执法如果不及时跟进，放松管制留下的制度空白就无法填补。同时，由于该类经营者有过政府干预和扶持的历史，其残存的市场支配地位与效率的关系一般不太明显，因而对其不当行为进行更严厉的反垄断规制，不太可能给市场竞争带来负面影响。

2. 基于行政垄断的市场支配地位及其反垄断法关注与应对

行政垄断，也称行政性垄断或行政性限制竞争，特指行政主体利用行政权力实施损害市场竞争和经济秩序的违法行为。② 明确禁止行政垄断是我国《反垄断法》的鲜明特色。《反垄断法》总则第 10 条规定："行政机关和法律、法规授权的具有管理公共事务职能的组织不得滥用行政权力，排除、限制竞争。"《反垄断法》第五章则专章对若干行政垄断

---

① 最高人民法院 2012 年发布的《关于审理因垄断行为引发的民事纠纷案件应用法律若干问题的规定》，其中第九条规定："被诉垄断行为属于公用企业或者其他依法具有独占地位的经营者滥用市场支配地位的，人民法院可以根据市场结构和竞争状况的具体情况，认定被告在相关市场内具有支配地位，但有相反证据足以推翻的除外。"

② 参见郭宗杰《行政性垄断之问题与规制》，法律出版社 2007 年版，第 12 页。

行为作了禁止性列举。此外，鉴于行政垄断可以通过抽象行为即政策文件的方式呈现，我国还专门建立了公平竞争审查制度。《国务院关于在市场体系建设中建立公平竞争审查制度的意见》中明确要求，"行政机关和法律、法规授权的具有管理公共事务职能的组织制定市场准入、产业发展、招商引资、招标投标、政府采购、经营行为规范、资质标准等涉及市场主体经济活动的规章、规范性文件和其他政策措施，应当进行公平竞争审查"。毫无疑问，无论是具体的行政垄断行为还是抽象的行政垄断行为，都具有资源分配的效果，从而会影响市场竞争态势，致使个别经营者获得竞争优势乃至市场支配地位。进一步讲，虽然行政垄断是由行政主体所决定和启动的，但行政垄断的限制竞争后果总是由特定经营者的经营行为来加以落实。[①] 换言之，行政垄断行为与经济垄断行为往往紧密交织在一起。由此带来的反垄断法关注在于，受益于行政垄断的具有市场支配地位的经营者所实施的垄断行为，是否应当同与之关联的行政垄断一并受到反垄断法的制裁？

从政策考量的大方向看，制裁行政垄断责任主体的同时，一并制裁受益于行政垄断的具有市场支配地位的经营者，不仅重要而且必要。其理据在于以下两方面。一方面，无论是《反垄断法》还是公平竞争审查制度，对于行政垄断设置的制裁方式都较为薄弱，仅包括上级机关针对行政主体的"责令改正"以及针对相关责任人员的"行政处分"。此际，对受益于行政垄断的具有市场支配地位的经营者的垄断行为一并加以制裁，比如课以高昂的罚款或从业禁止，无疑有助于提升反行政垄断执法的威慑作用，从而对各关联主体实施行政垄断行为以及经济垄断行为的动机和能力形成制约。[②] 另一方面，法谚有云，"任何人不能从自己的违法行为中获利"，因而对受益于行政垄断的具有市场支配地位的经营者的垄断行为一并制裁，符合"矫正正义"的法律追求。

然而，从现实情境考虑，不加区分地对所有受益于行政垄断的具有

---

① 参见李国海《行政性垄断受益经营者可制裁性分析》，《法学评论》2019 年第 5 期。

② 参见李国海、彭诗程《制裁行政垄断受益经营者：动因、范式与规则》，《法学杂志》2019 年第 8 期。

市场支配地位的经营者的垄断行为一并进行制裁，也不尽合理。实际上，经营者市场支配地位的取得及其所实施的垄断行为，可能是行政主体单方面强制或胁迫的结果，因而缺乏归责和制裁的基础。换言之，受益于行政垄断的具有市场支配地位的经营者的垄断行为要受到制裁，要么是由于经营者积极主动地"俘获"了行政主体，要么是由于经营者与行政主体建立了"合谋"；纯粹受到行政主体强制或胁迫的"被动受益"经营者，其所实施的垄断行为不应受到反垄断法的制裁。进一步讲，一并制裁"主动受益"经营者的垄断行为具有适当性，而"被动受益"经营者得主张受强制或胁迫之抗辩事由，免除自身的反垄断法责任。

（二）基于经济竞争的市场支配地位

经济竞争遵循优胜劣汰的市场法则，任何经营者都具有为赢得市场或占据市场支配地位而不懈竞争的内在动力。尽管自由竞争是市场体制的核心，但绝对的竞争自由又容易造成不当竞争（包括限制竞争）的恶果，甚至埋下毁灭市场的种子。自此而言，"基于经济竞争的市场支配地位"可进一步划分为"基于效能竞争的市场支配地位"与"基于不当竞争的市场支配地位"。

1. 基于效能竞争的市场支配地位及其反垄断法关注与应对

效能竞争或凭业绩竞争（competition on the merits），是受到法律尤其是竞争法律鼓励和保护的竞争。它是不当竞争的相对概念，指经营者通过降低成本、提高质量、丰富选择、优化服务、改善管理、拓展模式、积极创新等方式，来促进生产效率、助推业务扩张、增加营业利润、实现长期增长，从而赢得市场优势乃至市场支配地位。德国竞争法上历来有效能竞争的说法，"竞争正当性判断的定位点在于效能竞争理论，即是否以自己的商品或服务的优质优价即自己经营活动的业绩去开展竞争"[1]。

实际上，当下人们耳熟能详的许多"科技巨头"，比如美国的谷歌、微软、苹果、Facebook、亚马逊等公司，中国的阿里巴巴、腾讯、百度、

---

[1] 郑友德、范长军：《反不正当竞争法一般条款具体化研究——兼论〈中华人民共和国反不正当竞争法〉的完善》，《法商研究》2005 年第 5 期。

美团、京东、滴滴等公司，它们原本都是普通的创新型企业。在激烈的市场竞争中，它们凭借敏锐的洞察、出色的经营加之某些历史偶然性，逐渐获得了显著的市场地位和竞争优势。不可否认，这些公司都是成功的竞争者，法律不应该在它们凭借业绩获得成功时去攻击它们。但是，也应当看到，由于互联网行业具有突出的网络效应、平台架构（多边属性）、极度规模报酬等特征，因而易于出现市场倾覆（tipping）。[①] 换言之，以上"科技巨头"一旦在"争夺市场的竞争"中胜出，它们通常就赢得了所有，即所谓的"赢者通吃"。事实上，在这些"科技巨头"各自搭建的经济生态中，它们不仅是市场的参与者，更是运作市场、链接市场的管理者；它们一方面撮合、匹配、创造不可计数的市场交易，另一方面又决定交易的形式、条件甚至经济生活的样态。此际，1890 年美国参议员约翰·谢尔曼在国会辩论时的慷慨陈词似乎就在耳边：如果人们不愿忍受作为政治权力存在的皇帝，人们也不应该屈从于一个能控制生产销售、阻止竞争、固定商品价格的贸易独裁者。

一般来讲，经营者通过效能竞争获取市场支配地位，不仅不违法，反而值得鼓励。但是，伴随互联网经济、数字经济、平台经济的兴起，那些凭借自身业绩获得成功并在相关市场中"一家独大"甚至"大而不倒"的经营者，却需要引起反垄断法格外的关注和重视。一方面，这些经营者虽然凭借业绩获得成功，但他们具有维护既得利益的强烈动机，这可能体现在他们继续采用高效的经营方式来巩固其市场地位，但也可能体现为他们采取滥用支配地位的行为来维持和加强自身市场优势并榨取垄断性收益。因此，该类具有市场支配地位的经营者实施的掠夺性定价、独家交易、拒绝交易、搭售、差别待遇等排他性滥用行为，以及不公平的合同条款、不合理的交易条件、过度收集消费者个人数据（侵犯隐私）、基于算法的个性化定价等剥削性滥用行为都应当受到反垄断法的密切关注。另一方面，如何对待"科技巨头"，涉及人们对反垄断法宗旨的认识和反思，进而涉及人们对市场支配地位秉持何种观念和立场。具体来讲，如果反垄断法的

---

① 参见韩伟《迈向智能时代的反垄断法演化》，法律出版社 2019 年版，第 16—29 页。

宗旨仅限于促进经济学意义上的效率或福利，那么它不太可能对"科技巨头"的支配性势力的广泛影响作出有效应对。事实上，"科技巨头"市场支配地位的不当维持和加强，不单会对经济效率或经济福利产生影响，还可能威胁到上文述及的诸多公共价值或利益，比如竞争过程的有效性、经济参与的自由性和开放性、政治的民主性、文化的多样性、分配的正义性、交易的公平性等等。① 德国联邦卡特尔局于2019年对Facebook公司过度收集消费者个人数据的行为，作出剥削性滥用的定性和处罚，已经反映出对"科技巨头"的市场支配地位及其相关行为的扩张关注和担忧。反观我国《反垄断法》，该法第1条规定了多元的立法宗旨，包括"保护市场公平竞争""提高经济运行效率""维护消费者利益和社会公共利益"等，因此，我们对于"科技巨头"的市场支配地位的认识和看法不应局限甚至迷失在"效率话语"之中，对其市场支配地位及关联行为的担忧也不应简化为以福利来加以衡量的效率损失。考虑到"科技巨头"的市场支配地位的持久性及其倾覆市场的危险性，作为一种保留措施，在必要和适当的情况下，可以考虑对该类具有市场支配地位的经营者采取横向拆分、纵向重组等结构性的反垄断规制措施。这体现了反垄断执法的管制化运作，需要强有力的政治支持。

2. 基于不当竞争的市场支配地位及其反垄断法关注与应对

不当竞争是与效能竞争相对而言的，即非凭借业绩的竞争，亦即是对竞争自由的滥用。经营者市场支配地位的取得可能是基于不当行为，比如炸毁竞争对手的工厂、打砸竞争对手的门店等极端例子，又如盗窃竞争对手的商业秘密、恶意贬损竞争对手的商业信誉和商品声誉、贿赂重要的交易相对人并获得排他性的交易机会等更为现实的例子。然而，由于这些不当行为通常受到刑法、侵权法、反不正当竞争法等法律的严厉禁止，因此，它们并没有从反垄断法的层面提出有实质意义的问题以供分析。换言之，这里需要关注的是那些创造市场支配地位并应当受到反垄断法禁止的不当

① 吴汉洪、王申：《数字经济的反垄断：近期美国反垄断领域争论的启示》，《教学与研究》2020年第2期。

行为。显然，垄断协议、具有限制竞争效果的经营者集中，都可能涉及创造市场支配地位而受到反垄断法的谴责。就垄断协议而言，其核心追求在于相互协调的经营者能够持续、稳定地控制共谋性结构，从而获取、维持实质性市场力量或市场支配地位。而创造市场支配地位的另一种更为简便的方式是经营者集中，以至于是否产生市场支配地位，很大程度上构成经营者集中审查的重大关注和检验标准。

可见，"创造市场支配地位"（creation of dominance）为反垄断法禁止垄断协议、经营者集中等多边行为（multilateral conduct）提供了统合性的规范理据和分析视角。尚有疑问的是，经营者的单边行为（unilateral conduct）是否也能基于创造市场支配地位而受到反垄断法的禁止？从实在法的层面看，包括我国、欧盟在内的大多数国家和地区的反垄断法都没有关于经营者通过单边行为创造市场支配地位的禁止性规定，但是，美国《谢尔曼法》第2条关于禁止"企图垄断"（attempt to monopolize）的规定却反映了这方面的反垄断法关注。在美国，"垄断化案件"（monopolization cases）涉及已经具有垄断力量（市场支配地位）的经营者实施的单边排他行为；而"企图垄断案件"则涉及尚未具备垄断力量（市场支配地位）的经营者实施单边排他行为以图获得市场支配地位。"企图垄断"的违法性构成要件包括：（1）经营者具有在某些部分的商业中控制价格或者毁灭竞争的特定意图；（2）从事了旨在达到上述非法意图的反竞争行为；（3）这种行为具有成功的危险的可能性。纵观美国判例法，受到"企图垄断"指控最多的行为是掠夺性定价。① 正因为对掠夺性定价的违法判定更多发生在"企图垄断案件"而非"垄断化案件"中，美国法院才一再强调，掠夺性定价要受到谴责，不仅要证明经营者定价低于特定的成本衡量标准，而且还要证明经营者在将来有可能"补偿"损失。

由此进一步产生的问题是，我国《反垄断法》有无必要增设相关规定，禁止经营者创造市场支配地位的不当单边行为？对此，有必要一分

---

① 参见［美］赫伯特·霍温坎普《联邦反托拉斯政策——竞争法律及其实践》（第3版），许光耀等译，法律出版社2009年版，第397—399页。

为二地予以考量。一方面，增设这样的规定不能全凭理论，也不能盲目效仿，而需要具备牢靠的实证基础，即需要对经营者纯粹依靠不当的单边行为来获取市场支配地位的盖然性程度，形成一个综合性的经验判断。如果盖然性的程度较高，才有必要增设这样的规定。实际上，即便在美国，人们也时常担忧"企图垄断"的禁止性规定可能对竞争过程造成负面影响。因为，太过于关注对"企图"的分析，片面强调行为的不正当性，而对市场结构条件的关注太少，这种做法实际上是在保护低效率的经营者免受来自于高效率经营者的竞争压力。另一方面，考虑到一些单边行为除了"赤裸裸"（naked）地排斥竞争对手从而获得市场支配地位外，别无其他可取的目的或补偿性利益①，因而增设相关规定，禁止创造市场支配地位的不当单边行为，又具有必要性。综上所述，将来我国《反垄断法》的修订，在具备较为扎实的经验判断的基础上，可以考虑增设通过不当单边行为创造市场支配地位的禁止性规定。但是，对该制度的适用需要作出两方面的限定。

一方面是主体限定，该制度的适用应限定为具有相对市场优势地位的经营者。相对市场优势地位不同于相对交易优势地位。相对交易优势地位是交易关系中强势一方经营者的市场地位，这种地位导致中小客户对与其交易具有高度依赖性，即中小客户缺乏足够的和可预期的转向可能性。而相对市场优势地位是相关市场中经营者相对于其他竞争者和交易对手具有比较优势的市场地位，即"弱化版"的市场支配地位。② 实际上，在经营者数量较多且经营者较为对称的竞争性市场中，如果一个经营者不是凭借其出众的效率和卓越的业绩，它无法通过纯粹的单边排

---

① "赤裸裸的排他"（naked exclusion）也称"廉价的排他"（cheap exclusion）或"纯粹的排他"（plain exclusion），这些术语用以指代某些排他行为所具有的以下特点：第一，实施这种行为的成本低廉；第二，这种行为并不创造财富，仅仅转移财富，因而在任何情况下几乎不具有可识别的效率或补偿性价值；第三，经由这种行为所获得的垄断性收益与实施这种行为的成本严重不相称。基于此，赤裸裸的排他行为一旦得到确认，在很大程度上就会被认定为非法，且经营者对行为的合理性辩解一般不被接受。

② 参见袁嘉《德国滥用相对优势地位行为规制研究——相对交易优势地位与相对市场优势地位的区分》，《法治研究》2016 年第 5 期。

他行为来获取市场支配地位。① 换言之，在该制度中，创造市场支配地位的主体须具备较为显著的市场优势和市场地位，但这种市场优势和市场地位的显著性尚未达到市场支配地位的程度，否则相关行为就属于禁止滥用市场支配地位制度的调整范围。对相对市场优势地位的认定同样涉及对现有竞争、潜在竞争、纵向契约关系中抗衡力量等市场结构因素的评估。② 为了增强法律确定性和经营者的合法预期，可以考虑设置以市场份额为基础的"否定性推定"安全港制度，比如规定"经营者在相关市场的市场份额不足30%的，不应当推定该经营者具有相对市场优势地位，但有相反证据的除外"。

另一方面是行为限定，即该制度的适用范围原则上应限定于那些具有赤裸裸的排他效应的单边行为，主要包括：（1）与技术标准制定相关的机会主义行为。比如行为人在参加技术标准制定时，违反标准制定组织的专利信息披露义务，故意隐瞒与标准所涉技术相关的专利权信息，并在技术标准的实施过程中主张专利权，从而导致"专利劫持"。（2）具有欺诈性质的行为。比如以欺骗专利管理部门的方式获取重要专利，或者以欺诈政府的方式获得特许经营。（3）操纵政府程序。或经营者为了排斥外国竞争对手，误导政府启动对该竞争对手的产品的反倾销程序。或生产专利药的经营者操纵药品监管审批程序，阻碍竞争性仿制药的市场进入。（4）滥用诉讼权利。当诉讼双方的成本极不对称时，发动诉讼可以提高竞争对手的经营成本、拖延或阻止竞争对手进入市场，进而有助于经营者市场支配地位的获取。例如，与知识产权相关的禁令救济诉讼，可能是经营者企图获取市场支配地位的排他性策略的关键手段。③

综上所述，在"政府行为—经济竞争"的反垄断法框架下，根据不同的成因，可将市场支配地位划分为"基于政府行为的市场支配地位"

---

① 参见［美］赫伯特·霍温坎普《联邦反托拉斯政策——竞争法律及其实践》（第3版），许光耀等译，法律出版社2009年版，第308页。

② 参见郝俊淇《经营者竞争约束的来源与市场支配地位的认定》，《中国市场监管研究》2019年第11期。

③ 赤裸裸的排他行为，即本书第四章论及的"廉价的排他行为"。

和"基于经济竞争的市场支配地位",二者可进一步衍生出细化类别。它们暗含不同的反垄断法关注,需要采取与之适配的应对策略和规范路径。具体如表5-1所示。

表5-1　　　　　**市场支配地位及反垄断法关注与应对**

市场支配地位的类别		反垄断法的核心关注	应对策略与规范路径
基于政府行为的市场支配地位	基于合法授权的市场支配地位	反垄断与管制的关系	管制法律在不抵触反垄断法宗旨的前提下可优先适用
	基于行政垄断的市场支配地位	受益经营者的可制裁性	一并制裁"主动受益"经营者的垄断行为具有适当性,而纯粹受到行政主体强制或胁迫的"被动受益"经营者不应受到制裁
基于经济竞争的市场支配地位	基于效能竞争的市场支配地位	"科技巨头"倾覆市场的危险	在必要和适当的情况下,可以考虑对"科技巨头"采取横向拆分、纵向重组等结构性的反垄断规制措施
	基于不当竞争的市场支配地位	通过单边不当行为创造市场支配地位的可谴责性	增设通过不当单边行为创造市场支配地位的禁止性规定,应将主体限定为具有相对市场优势地位的经营者,原则上将行为限定为赤裸裸的排他行为

第三节　市场支配地位的认定

如前文所述,尽管市场支配地位作为法律概念,有其独立的价值意蕴和规范目的,但是其规范功能的发挥依赖于市场力量这一经济学概念所提供的认识论基础和方法论保障。一言以蔽之,评估市场力量构成了认定市场支配地位的"路径依赖"。[1] 在技术操作层面,一个拥有实质性市场力量的企业通常被认定为具有市场支配地位。[2] 但是,这里仍然要

---

[1] 本节不特别区分"市场支配地位"和"市场力量",而根据表述需要对其交替使用。

[2] See ICN, Unilateral Working Group, Dominance/Substantial Market Power Analysis Pursuant to Unilateral Conduct Laws, available at http://www.internationalcompetitionnetwork.org/uploads/library/doc317.pdf, last visit on Sep. 5, 2018.

注意前文提出的市场支配地位与市场力量之间可能存在的"偏差"，即市场力量的"反相关性"。

一　市场支配地位认定的综合方法

在经济学上，有三种用以评估市场力量的方法，即市场绩效方法、市场行为方法和市场结构方法。[①]

市场绩效方法可以用于测试一个企业在绩效上多大程度地偏离了竞争性标准。该标准的适用可能涉及测量企业的产品价格在多大程度上偏离了边际成本或者涉及测量企业的净利润在多大程度上高出产业平均值。勒纳指数（Lerner Index）就是采用边际成本衡量市场力量的尝试。此外，罗斯柴尔德指数和贝恩指数也分别从边际成本和超额利润的角度对市场力量的测定进行了尝试。[②]然而，市场绩效方法虽然在理论上很有说服力，即能够更真实地反映企业控制价格的能力和持续性地获取利润的能力，但是在实际的反垄断案件中该方法几乎从未被运用过。这是因为受制于信息的不完善和会计方法的不同，边际成本很难被精确地估算，并且当企业没有实现利润最大化时，有关利润的材料不一定能够真实反映企业的市场力量。

市场行为方法着眼于企业的产量和价格对于竞争对手的产量和价格的变化及消费者行为调整的敏感性。然而，该方法要求投入较高的成本用于收集和解释大量的信息，而且这些信息在大部分情况下无法得到或者成本很高，因而被使用的可能性不高。[③]

在实践中，评估市场力量使用最多的方法是市场结构方法。如果一个或者几个企业在相关市场上长期占据很高的市场份额，这个事实本身

---

① 参见 P. 贝伦斯《对占市场支配地位企业的滥用监督》，载王晓晔主编《反垄断法与市场经济》，法律出版社 1996 年版，第 203—204 页。

② 参见辜海笑《美国反托拉斯理论与政策》，中国经济出版社 2005 年版，第 70—72 页；王传辉：《反垄断的经济学分析》，中国人民大学出版社 2004 年版，第 110 页。

③ 然而，该方法项下某些具体方法的改进可以提高其在未来的可用性。比如，需求弹性系数的计算在反垄断（尤其是合并审查）分析中的使用越来越普遍。参见［美］欧内斯特·盖尔霍恩、威廉姆·科瓦西奇、斯蒂芬·卡尔金斯《反垄断法与经济学》（第 5 版），任勇、邓志松、尹建平译，法律出版社 2009 年版，第 92 页。

可以作为市场支配地位的证据。换言之，市场份额被作为了市场力量的代理，而拥有显著市场份额的一个企业或者几个企业被推定具有市场支配地位。① 然而，当市场进入很容易时，这种推断方法存在很大的误导性。

通过以上分析可见，评估市场力量的三种方法各自存在局限。即便在实践中使用最普遍的市场结构方法，其正确运用也需要充分考虑个案所涉市场的具体情况，比如市场进入壁垒的高低、产品的差异性等。实际上，我国《反垄断法》对市场支配地位的认定就采取了"市场份额因素为先导、其他因素相结合"的综合方法。② 采取综合方法意味着，市场支配地位不能以单一因素或者某种给定的"因素核对清单"（checklist of factors）来评估。与此同时，各种因素在认定作用上的权重可能因个案事实及具体市场特性而有所不同，故需要加以辨别。③ 质言之，市场力量不是一个绝对的术语，而是一个涉及程度的问题，市场力量的程度将取决于个案情况。因此，必须根据所有相关的市场情况评估企业独立于竞争约束的行为能力。④

二 市场份额

在诸多反垄断司法辖区，市场份额都被作为评估企业市场支配地位

① 市场结构方法尤其体现在德国《反限制竞争法》第19条第3款关于市场支配地位的推定上。我国《反垄断法》有关经营者市场支配地位的认定，明显借鉴了市场结构方法。这不仅体现在第23条将经营者在相关市场的市场份额作为认定市场支配地位的第一因素，尤其还表现在第24条依据经营者在相关市场的份额对其市场支配地位的推定。参见王晓晔《〈中华人民共和国反垄断法〉析评》，《法学研究》2008年第4期。

② 根据《反垄断法》第23条的规定，这些因素包括：（一）经营者在相关市场的市场份额，以及相关市场的竞争状况；（二）经营者控制销售市场或者原材料采购市场的能力；（三）经营者的财力和技术条件；（四）其他经营者对该经营者在交易上的依赖程度；（五）其他经营者进入相关市场的难易程度；（六）与认定该经营者市场支配地位有关的其他因素。

③ 参见袁嘉、郝俊淇《滥用市场支配地位搭售行为的认定辨识——以"利乐案"为例》，《理论与改革》2015年第4期。

④ 欧盟法院在United Brands案的判决中指出：市场支配地位源于若干因素的组合，而这些因素分开考虑，各自不一定具有决定性作用。为了确定一个企业在相关市场是否具有支配地位，首先要检查市场的结构，然后从竞争的角度考虑市场的竞争状况。See Case 27/76, United Brands Company and United Brands Continentaal BV v Commission [1978] ECR 207, paras. 66 – 67.

的起点，因为它既是说明企业过去是否成功的一个有用信息，也是体现市场结构的首要标识，可以说明不同企业在市场竞争中的重要程度。[①] 然而，市场份额的重要作用不应被夸大。企业具有较高的市场份额，这一事实对市场支配地位的认定可能是误导性的。

（一）市场份额的重要性及其推定作用

市场份额也称市场占有率，通常是指一定时期内经营者的特定商品销售额、销售数量等指标在相关市场中所占的比重。[②] 市场份额之所以在认定市场支配地位的相关因素"独占鳌头"，其理据大致在于以下两方面。

一方面，在信息不充分的情况下，市场份额是市场力量的"相对较好"的代理。[③] 正如前文所述，通过勒纳指数等技术方式直接估算企业的市场力量虽然最为理想，但是由于信息不充分，企业的边际成本、企业的需求弹性、竞争性企业或者外围企业的供给弹性等数据很难获取，因而直接衡量得出的企业市场力量可能是很不精确的。在这种情况下，退而求其次的做法是运用市场结构方法（间接方法），即把市场份额作为市场力量的代理。相较于以上数据，市场份额信息的获取更加容易，并且市场份额更为直观。实际上，市场份额是反映市场结构的首要标识，而特定的市场结构条件是企业拥有市场力量的必要条件。[④] 在通常情况下，市场份额与市场力量具有正相关关系。

---

① See ICN, Unilateral Working Group, Dominance/Substantial Market Power Analysis Pursuant to Unilateral Conduct Laws, p. 3, available at http: //www. internationalcompetitionnetwork. org/uploads/ library/doc317. pdf, last visit on Sep. 5, 2018.

② 有必要说明的是：衡量市场份额的指标不是唯一的。通常情况下，可以用销售额、销售量等数量或者价值数据（volume or value data）作为市场份额的衡量指标。但是在某些行业，数量或者价值数据可能不是有意义的反映企业竞争实力的指标，因而其他可用的指标包括产能、储量、运力、用户基础，等等。See R. O' Donoghue & J. Padilla, *The Law and Economics of Article 82 EC*, Hart Publishing, 2006, pp. 110 – 111. 在具体案件中选择市场份额计算指标的标准应当是：看这一指标能否贴切地反映出市场竞争和特定经营者市场地位的实际情况。参见吴韬《互联网反垄断案件中的市场份额与经营者市场地位评估》，《竞争政策研究》2015 年第 3 期。

③ 参见李剑《市场力量、市场份额与信息不充分》，《现代法学》2006 年第 3 期。

④ 参见本章第二节关于"市场结构条件的核心地位"。

另一方面，评估市场份额也具有独立的重要意义。① 市场份额不仅仅是企业市场力量的代理，即不只是企业具有把价格提升到边际成本以上的抽象能力的表征，更关键的，它是企业市场地位和竞争实力的体现。其原因在于：第一，高市场份额企业减少其产出时，必然会导致市场整体产出的减少；第二，高市场份额留给竞争对手的市场份额更低，在给定的供给弹性下，竞争对手扩展市场的力量也会因此降低。② 此外，市场份额在很多情况下直接构成滥用行为的违法性基础。比如，实施掠夺性定价的企业，掠夺企业能够承担掠夺成本，是因为它的市场份额较大。再如，许多排他性滥用行为封锁效应（foreclosure effects）的产生，是因为企业进行了大范围的市场圈占（形成了较高的市场占有率），从而卡断了竞争对手的供货来源或者销售渠道。③

由于市场份额与市场力量的正相关关系，以及市场份额本身的独立重要性，推定市场份额较高的企业具有市场支配地位就获得了正当性。实际上，包括德国、韩国、俄罗斯以及我国在内的反垄断法，都在立法中确立了基于特定市场份额的市场支配地位推定制度。④ 根据我国《反垄断法》第 24 条第 1 款规定，一个经营者在相关市场的市场份额达到二分之一的，可以推定该经营者具有市场支配地位。在法定层面确立这样一个市场份额的"门槛"，从法律实施的角度看，它为执法机构和法院提供了一个较为简易和相对有效的案件"筛选屏障"（screen），有利于减轻案件调查负担和节约调查成本；而从企业的角度看，它为企业的正常经营提供了一个相对可靠和较为明确的"安全港"（safe harbour），有

---

① 这里的分析还意味着，无论是"结构主义"的反垄断分析，还是"行为主义"的反垄断分析，在实际操作中，市场份额都是其倚重的分析要素。

② See Einer Elhauge & Damien Geradin, *Global competition Law and Economics*（Second Edition），Hart Publishing, 2011, p.283.

③ 参见［美］赫伯特·霍温坎普《联邦反托拉斯政策——竞争法律及其实践》，许光耀、江山、王晨译，法律出版社 2009 年版，第 86 页。

④ 基于市场份额对市场支配地位进行推定，其立法模式或者实际操作模式可分为三种：否定性推定模式、可以推定模式、应当推定模式。参见杨文明《市场份额标准的理论反思与方法适用——以互联网企业市场支配地位认定为视角》，《西北大学学报》（哲学社会科学版）2014 年第 3 期。

助于企业预见自身行为的合法性。尽管这一"门槛"难免出现误差,但是它所蕴藏的巨大的法律确定性价值是不容否认的。[①] 对于市场支配地位的推定,这里有必要着重强调以下三点。

第一,不同市场份额对市场支配地位的推定作用或者指示作用是有差异的。一般来讲,企业市场份额越高,其对市场支配地位的推定作用越强,即企业被认定具有市场支配地位的可能性越大。比如,欧盟法院曾经在 Hilti 案中支持委员会的观点,即 70% 到 80% 的市场份额是如此之高,以至于不需要进一步的证据来证明支配地位。[②] 尽管法院将市场份额视作唯一的、决定性的因素显然是不正确的,但这从侧面反映出,市场份额越高,其对市场支配地位的指示作用或者推定作用就越强。

第二,基于市场份额对市场支配地位的推定,并非是一种绝对的推定或者结论式的认定,"推定"是可以被推翻的。从程序法的角度看,"推定的本质是举证责任倒置,即被推定的企业可以抗辩"[③]。根据我国《反垄断法》第 24 条第 3 款的规定,"被推定具有市场支配地位的经营者,有证据证明不具有市场支配地位的,不应当认定其具有市场支配地位。"此际,被推定的企业承担不能证明自身不具有市场支配地位的不利后果。

第三,《反垄断法》第 24 条的推定制度,并不具有民法意义上推定的法定效力。民法上的推定有广义和狭义之分。[④] 广义的推定也称法律上的推定、完全的推定、绝对的推定,即民法上的"视为"。[⑤] 显然,我国《反垄断法》并没有将拥有较高市场份额的企业绝对地、完全地"视为"具有市场支配地位。而民法上狭义的推定也称事实上的推定、相对的推定或不完全的推定,即法律对某种事实或责任所作的、允许当事人

---

① 推定(presumption)有助于节约信息成本和降低调查负担,也有利于强化法律确定性。See Eleanor M. Fox, "Perspectives on the Future Direction of Antitrust", 22 *Antitrust*, 21 – 28 (2008).

② Case T – 30/89, Hilti AG v Commission [1991] ECR II – 1439, para. 92.

③ 焦海涛:《"二选一"行为的反垄断法分析》,《财经法学》2018 年第 5 期。

④ 参见江平《民法中的视为、推定与举证责任》,《政法论坛》1987 年第 4 期。

⑤ 比如,《中华人民共和国民法典》第 18 条第 2 款规定:"十六周岁以上的未成年人,以自己的劳动收入为主要生活来源的,视为完全民事行为能力人。"

举证否认的一种认定。① 其法律效果体现在对推定事实或责任之确认的强制性和可反驳性。② 就对推定事实确认的强制性而言，《反垄断法》第24条第1款所作的表述是"可以推定"而非"应当推定"，因而似乎没有表露出基于"50%以上的市场份额"这一基础事实对"市场支配地位"这一推定事实在确认上的强制性。

（二）市场竞争现状：竞争对手的市场份额和累积市场份额

要想证立市场支配地位，就需要有证据表明，一个企业的竞争对手无法通过充当一个可行的替代供应来源来约束其市场行为。因此，竞争对手施加的竞争约束是对支配地位的评估的关键部分，而竞争对手的市场份额在这方面具有高度的相关性。一般来说，如果某个涉嫌具有市场支配地位的领先企业与其竞争对手的市场份额差距越大，那么该企业就被认定具有市场支配地位的可能就越大。例如，欧盟委员会在相关案件中认为，当"占支配地位"的企业与其最接近的竞争对手之间的市场份额差距超过20%时，其存在支配地位的可能性更大。当领先的企业与其最接近的竞争对手之间的差距在相当长一段时间内保持稳定时，这种考虑会受到更大的重视。③

此外，除了考察据称占据"市场支配地位"的企业的个别竞争对手的市场份额外，对其主要（不是全部）竞争对手的累积市场份额（cumulative market share）进行研究也具有相关性。例如，在欧盟的British Airways/Virgin案中，初审法院裁定，在1992年至1998年间，英国航空公司（以下简称"英航"）的市场份额与其最接近的竞争对手的市场份额，以及其五个主要竞争对手的累积市场份额之间，均有很大差距。在1992年，英航与其最接近的竞争对手英国米德兰航空（British Midland）的市场份额差距为42.4%。在整个时期，最接近英航的竞争对手是1996年的美国航空公司，当时它占有7.6%的市场份额，英航的市

① 比如从罗马法时起，就有诸如"占有人推定为所有人"的规定。
② 参见钟维《论民法中的推定规范》，《东方法学》2015年第6期。
③ See R. O'Donoghue & J. Padilla, *The Law and Economics of Article 82 EC*, Hart Publishing, 2006, p.115.

场份额仍高出 32.9%；英航与其 5 家最接近的竞争对手的累积市场份额
之差维持在 21.8%—34.4%。法院认为以上悬殊差异足以支持对英航市
场支配地位的认定。[①] 然而，竞争对手相对于被调查企业的市场份额的
相对权重不应被夸大。问题不在于它们的市场份额，而在于它们能否迅
速扩大生产以满足需求。

（三）市场份额指示作用的限度

尽管市场份额在市场支配地位的认定中具有重要作用，但是高的市
场份额作为市场支配地位存在的证据并不是一个恒定的、绝对的因素。
换言之，市场份额对支配地位的指示作用是有限度的。这种限度主要体
现在以下方面。

第一，企业市场份额的可靠性强烈地依赖于相关市场界定的准确
性。[②] 对于相关市场界定，在实践操作更多依赖产品或者服务的功能、

---

① See Case T – 219/99, British Airways plc v Commission [2003] ECR II – 5917.

② 我国《反垄断法》第 15 条第 2 款规定：相关市场是指经营者在一定时期内就特定商品
或者服务进行竞争的商品范围和地域范围。相关市场一般包括相关产品市场、相关地域市场、
相关时间市场，有时还涉及相关技术市场和相关创新市场。一般认为，相关市场界定是评估企
业市场力量和确定商业行为是否具有或者可能具有反竞争效应的关键步骤，并且许多反垄断案
件的处理结果直接取决于相关市场的界定。See Janathan B. Baker, "Market Definition: An
Analytical Overview", 74 *Antitrust Law Journal*, 129 (2007)；时建中、王伟炜：《〈反垄断法〉中相
关市场的含义及其界定》，《重庆社会科学》2009 年第 1 期；王先林：《论反垄断法实施中的相
关市场界定》，《法律科学》2008 年第 1 期。具体到滥用市场支配地位案件，主流观点也认为，
界定相关市场作为测度市场份额和间接认定市场支配地位的基础，在涉及滥用行为案件的竞争
分析中起着全方位的作用。尽管界定市场不可避免地存在着不确定性和不够精准的问题，但是
通过直接证据认定市场势力在实践中的问题更大。参见王晓晔《论相关市场界定在滥用行为案
件中的地位和作用》，《现代法学》2018 年第 3 期。尽管相关市场界定在各国反垄断实践中历来
被赋予重要地位，但作为一种理论动向，一些资深学者对反垄断案件中界定相关市场的必要性
提出了质疑。See Louis Kaplow, "Why (ever) Define Markets?", 124 *Harvard Law Review*, 437 – 517
(2010)；Daniel A. Crane, "Market Power without Market Definition", 90 *Notre Dame Law Review*,
31 – 80 (2014). 对于相关市场界定在反垄断案件（包括滥用市场支配地位案件）中是否必要，
本书无意加入这一争论。实际上，这是一个非常宽广的题域，涉及许多子问题，另辟一篇博士
论文恐怕也很难将其研究清楚。由于立论重心和篇幅所限，本书不再对滥用市场支配地位中的
"相关市场"问题作专门讨论。但是，必须强调的是，我国《反垄断法》第 22 条第 3 款对市场
支配地位的定义，无论是前半句还是后半句，都强调在"相关市场"内对支配地位进行考虑；
并且《反垄断法》第 23 条列明的"应当"考虑的因素中，"经营者在相关市场的市场份额"和
"相关市场的竞争状况"被作为了法定首要的因素。因此，作为一个实在法问题，在滥用市场
支配地位案件中须坚守相关市场界定的法律要求。

特征、用途、价格差异以及消费者偏好等定性证据的时候，它毋宁是一门艺术而非科学。在此种界定相关市场的方式下，哪怕得出了较高的市场份额，也不能完全可靠地显示市场支配地位。退一步讲，即便采用计量经济技术对相关市场进行界定，比如假定垄断者测试（HMT）中的SSNIP方法，由于该测试的一个原则性前提是，所选取的基准价格应为充分竞争的当前市场价格，但在滥用市场支配地位等案件中，当前价格明显是偏离竞争性价格的，因而需要对当前价格进行调整，进而涉及竞争性价格的评估，这难免会出现一些误差。① 此外，在产品或者服务的价格为零的情况下，比如某些互联网产品或者服务，SSNIP方法的适用性受到很大的局限。② 这即是说，如果涉案相关市场的边界比较模糊，对其界定不能保证较为准确的情况下，在此基础上所估算出的高市场份额对市场支配地位的指示作用必须有所保留。③

第二，市场份额只是对企业过去竞争实力的反映，而不能完全说明企业将来的市场地位。事实上，最为重要的不是短期内存在高的市场份额，而是这些高市场份额的可持续性。经验表明，市场份额越高，持续的时间越长，并且市场结构方面不存在对其不利的条件变化，这样的高

---

① 参见余东华《反垄断法实施中相关市场界定的SSNIP方法研究——局限性及其改进》，《经济评论》2010年第2期。

② 有经济学学者甚至认为，假定垄断者测试（SSNIP方法）在免费市场上是完全不适用的。参见于左《互联网大数据平台的市场支配地位认定与反垄断政策》，《竞争政策研究》2017年第5期。另外，有学者指出，在双边市场条件下，如何适用SSNIP方法来界定相关产品市场，是一个较为复杂的问题。由于市场两边之间相互依存、相互影响，因此，两边之间存在"反馈效应"。比如，若收费业务的价格提高，其用户数量和整个平台的收入就会相应减少，反过来又会影响免费业务的质量，进而导致免费用户数量下降。显然，这种两边之间相互反馈，会放大测试效果。因此，传统的产品功能界定法仍然是主要方法。参见吴韬《互联网产业发展的阶段性及其对相关产品市场界定的影响》，《中国物价》2013年第8期。此外，在奇虎360诉腾讯案（3Q大战）中，最高人民法院的终审判决认为：在难以使用SSNIP方法时，可以考虑使用SSNDQ方法——数量不大但有意义且非短暂的质量下降（small but significant not-transitory decrease in quality）来进行测试。参见最高人民法院（2013）民三终字第4号民事判决书。

③ 最高人民法院在"奇虎360诉腾讯滥用市场支配地位案"的终审判决中指出：互联网环境下的竞争存在高度动态的特征，相关市场的边界远不如传统领域那样清晰，在此情况下，更不能高估市场份额的指示作用，而应更多地关注市场进入、经营者的市场行为、对竞争的影响等有助于判断市场支配地位的具体事实和证据。参见最高人民法院（2013）民三终字第4号民事判决书。

且持久的市场份额对市场支配地位的存在才具有说服力。①

第三，在动态特征明显和创新竞争激烈的市场领域，市场份额的作用更不应被高估。这一点尤其适用于互联网行业。互联网行业是一个"创造性毁灭"的市场领域，其技术创新和产品竞争的周期非常短，因而呈现出"垄断"和竞争的双强化特征。企业取得"垄断地位"或者大量市场份额，既是上一轮技术创新和产品竞争的结局，也是新一轮技术创新和产品竞争的开端。② 此际，"市场份额只是判断市场支配地位的一项比较粗糙且可能具有误导性的指标"③。这是因为在互联网行业，短期的市场结构更可能出现集中化趋势。④ 然而，我们不用太担心互联网行业较高的集中度以及企业较高的市场份额会窒息竞争，该领域的市场结构无论怎样变化，技术创新和产品竞争通常都是非常活跃的。⑤ 反过来讲，相较于市场快速增长和技术变革迅猛的市场，市场份额对于市场支配地位的指示作用在那些已经成熟或者处于衰退的市场中更为重要且相对可靠。

第四，在极个别情况下，哪怕企业的市场份额较低，但也可能被认定为具有市场支配地位。欧委会 2009 年《适用欧共体条约第 82 条查处市场支配地位企业排他性滥用行为的执法重点指南》中指出，"如果企业在相关市场的市场份额低于 40%，该企业不太可能具有市场支配地位。但是在特定的情况下，尽管占支配地位的企业的市场份额低于 40%，竞争对手可能也无法对其行为进行有效约束，例如当竞争对手面临严重的产能限制时。这种情况可能也会引起委员会的关注"⑥。在我

---

① See EU Commission, Guidance on the Commission's enforcement priorities in applying Article 82 of the EC Treaty to abusive exclusionary conduct by dominant undertakings, [2009] OJ C 45/7, para. 15.

② 参见蒋岩波《网络产业的反垄断政策研究》，中国社会科学出版社 2008 年版，第43 页。

③ 最高人民法院（2013）民三终字第 4 号民事判决书。

④ 参见唐要家《市场势力可维持性与反垄断》，经济管理出版社 2007 年版，第 24 页。

⑤ 参见焦海涛《论互联网行业反垄断执法的歉抑性——以市场支配地位滥用行为规制为中心》，《交大法学》2013 年第 2 期。

⑥ See EU Commission, Guidance on the Commission's enforcement priorities in applying Article 82 of the EC Treaty to abusive exclusionary conduct by dominant undertakings, [2009] OJ C 45/7, para. 14.

国，《反垄断法》规定一个经营者在相关市场的市场份额达到二分之一的可以推定其具有市场支配地位。对此，能否认为一个经营者在相关市场的市场份额低于50%时，就一定不被认定具有市场支配地位？就《反垄断法》第24条的表意来看，显然没有包含此种反向的、绝对的"合法推定"。

第五，归根结底，市场份额仅仅是衡量企业市场支配地位的一个指标（初步标志），而不是唯一的、决定性的因素。很高的市场份额不一定表明企业缺乏充分有效的竞争约束。单纯关注市场份额，有可能会忽视竞争对手在多大程度上可以约束一个据称占据"支配地位"的企业的行为。事实上，我国《反垄断法》第23条第一项将"该经营者在相关市场的市场份额"作为认定市场支配地位的首要因素的同时，尚且关联性地强调"以及相关市场的竞争状况"。这即是说，高的市场份额对市场支配地位的指示作用须与市场竞争的实际状况相对照，也须与据以认定市场支配地位的其他因素相匹配——这些"其他因素"不仅包括《反垄断法》第23条第二项至第五项明确规定的应当依据的因素，也包括该条第六项（兜底项）所暗含的"与认定该经营者市场支配地位有关的其他因素"。只有当所有因素都指向一致的结论时，才能对市场支配地位作出最终推断。

三　进入壁垒

事实上，要证明高的市场份额等同于市场支配地位，其必要条件之一是确定存在"实质性的进入壁垒"（substantial entry barriers）。[1] 从根本上看，"一个企业的市场力量大小并不取决于其是否拥有高的市场份额，而是取决于市场的进入情况"[2]。根据鲍莫尔提出的"进退无障碍市场"理论，即使是一个垄断的市场，只要进退自由，一个在位垄断企业

---

[1] See OECD, Policy Roundtables, Barriers to Entry, 2005, p. 9, available at http://www.oecd.org/daf/competition/abuse/36344429. pdf, last visit on Sep. 15, 2018.

[2] 唐要家：《市场势力可维持性与反垄断》，经济管理出版社2007年版，第18页。

也会像竞争性企业一样来定价，市场力量是不可维持的。[①] 我国《反垄断法》第23条第五项，明确将"其他经营者进入相关市场的难易程度"作为认定经营者市场支配地位应当依据的因素。这意味着，如果相关市场存在进入壁垒，以至于潜在竞争对手的进入或者实际竞争对手的扩张非常困难——进入或者扩张不可能、不及时、不充分[②]，那这就是存在市场支配地位的最有力的证据。

（一）进入壁垒的不同定义

数十年来，经济学家们对进入壁垒的定义争论不休，至今仍然未形成较为一致的认识。贝恩在其开创性的著作《新竞争壁垒》中，将进入壁垒定义为，允许在位企业将销售价格提高到最低平均生产和分销成本之上而不会引起潜在进入者进入该行业的因素。[③] 贝恩认为进入壁垒主要来源于规模经济、绝对成本（必要的资本支出）和产品差异化。与之不同，乔治·斯蒂格勒认为，进入壁垒是一个在位企业相对于进入者享有的成本优势，即"进入壁垒是一种生产成本，这种成本是打算进入一产业的新厂商必须负担，而已在该产业的厂商无须负担的"[④]。罗伯特·博克提出了一种更为狭窄的定义，即从反垄断的角度来看，进入市场的唯一障碍应该是"人为的"（artificial）进入壁垒，比如价格掠夺等策略性行为导致的进入壁垒（策略性进入壁垒）。[⑤] 后芝加哥学派则强调只有沉没成本才会构成进

①　参见吴绪亮、初永《鲍莫尔〈进退无障碍市场与产业结构理论〉评介》，《产业组织评论》2012年第2期。

②　See EU Commission, Guidance on the Commission's enforcement priorities in applying Article 82 of the EC Treaty to abusive exclusionary conduct by dominant undertakings, [2009] OJ C 45/7, para. 16.

③　See Joe S. Bain, *Barriers to New Competition*, Harvard University Press, 1956, p.3. 转引自〔美〕保罗·杰罗斯基、理查德·吉尔伯特、亚历克西斯·杰克明：《进入壁垒和策略性竞争》，崔小刚译，北京大学出版社2004年版，第10页。

④　乔治·施蒂格勒：《进入壁垒、规模经济和厂商规模》，载〔美〕乔治·施蒂格勒《产业组织和政府管制》，潘振民译，上海三联书店1989年版，第96页。

⑤　博克认为，将进入壁垒定义为包括任何使一家新公司难以进入市场的因素，是过于宽泛的。在他看来，经济和技术障碍仅仅代表了开展营业的现实（例如，进入的沉没成本），或者相对于竞争对手而言，在为企业的效率更高（例如，由于规模经济、范围经济或网络效应）。See Robert H. Bork, *The Antitrust Paradox: A Policy at War with Itself*, Basic Kooks, 1978, p.310.

入壁垒。沉没成本的存在造成在位企业和潜在进入企业之间的策略不一致，使潜在进入者处于策略被动地位。① 哈德罗·德姆塞茨则认为，任何增加生产成本的政府的限制都是进入壁垒。② 此外，有经济学者认为，策略行为（策略性进入壁垒）和规模经济、范围经济等结构性进入壁垒是交互影响的，它们共同组成了市场进入的"综合壁垒"。③

那么，对市场支配地位的评估，以上哪一种关于进入壁垒的定义应当被采纳？事实上，大多数国家（地区）的反垄断执法机构认为，尽管"进入壁垒"的理论定义存在争议，但是在实践操作中，无须对"进入壁垒"设置一个固定的定义；在具体案件中重要的不是某一种壁垒是否满足"进入壁垒"的这一或者那一定义，而是"是否、何时以及到什么程度市场进入可能发生"等更为实际的问题。④ 由于市场支配地位可以被认为是在位企业不受现有竞争对手或新进入者约束的情况下，在较长一段时间内维持超竞争性价格的能力，因而任何阻碍、延缓进入或者扩张，从而使超竞争性价格不受约束的因素，都应被认为与市场支配地位的评估相关。下文将从相关市场的固有特征、在位企业的自身特点、在位企业的行为三方面对影响进入或者扩张的相关因素作简要阐述。⑤

（二）相关市场的固有特征

从相关市场的固有特征来看，进入壁垒可分为行政性进入壁垒和经

---

① 从这个意义上说，市场结构并不是企业之间的市场份额分布格局，而是决定企业之间博弈的规则。参见唐要家《市场势力可维持性与反垄断》，经济管理出版社 2007 年版，第 24 页。

② 参见赵杰《垄断的观念》，人民出版社 2007 年版，第 164 页。有国内经济学学者认为，区分竞争与垄断的标准只有一个，那就是准入自由（不存在行政性进入障碍）。参见张维迎《市场的逻辑》（增订版），上海人民出版社 2012 年版，第 103 页。

③ 参见赵杰《垄断的观念》，人民出版社 2007 年版，第 158 页。也有经济学学者根据进入壁垒产生的原因，指出垄断市场势力的来源主要有三个：结构性进入壁垒、行为性进入壁垒（策略性/人为性进入壁垒）行政性进入壁垒。参见唐要家《市场势力可维持性与反垄断》，经济管理出版社 2007 年版，第 23 页。

④ See OECD, Policy Roundtables, Barriers to Entry, 2005, p.9, available at http://www.oecd.org/daf/competition/abuse/36344429.pdf, last visit on Sep.15, 2018.

⑤ 这些分类方式主要参考 R. O'Donoghue 和 J. Padilla。See R. O'Donoghue & J. Padilla, *The Law and Economics of Article 82 EC*, Hart Publishing, 2006, pp.116-128.

济性进入壁垒。二者项下又包括一些具体的考量因素。

1. 行政性进入壁垒

立法和政府措施往往是最大、最有效的进入壁垒。前文述及的"基于政府授权的市场支配地位",其产生原因就在于行政性进入壁垒的存在。行政性进入壁垒与政府(国家)权力有着千丝万缕的联系。行政性进入壁垒的存在可以是合法的,比如通过立法授予的国家垄断(法定垄断);再如依法经过管制评估程序而制定和实施的政府管制措施。[①] 行政性进入壁垒的存在也极有可能是非法的,比如政府基于逐利冲动而实施的"地方保护"或者"区域封锁"[②];例如,政府管制机构由于被"俘获"而制定的溺爱在位企业的管制标准及措施。[③] 事实上,非法的行政性进入壁垒是"行政性垄断"[④] 的典型体现,构成我国《反垄断法》和公平竞争审查制度的重点防范和制止对象。[⑤]

2. 经济性进入壁垒

在多数情况下,限制进入和扩张的根源不是法律或行政方面的,而

---

① 一项为纠正真正的市场失灵而适当定作的管制措施,是有效率的,却可能会限制进入,或会提高新进入者的成本、风险或最低效率规模。参见〔美〕赫伯特·霍温坎普《联邦反托拉斯政策——竞争法律及其实践》,许光耀、江山、王晨译,法律出版社 2009 年版,第 585 页。

② 政府也是"经济人",具有自身的利益考量,但是对于政府来说,其最重要的利益是合法性的最大化。参见张守文《经济法理论的重构》,人民出版社 2004 年版,第 221 页。

③ 正如斯蒂格勒所指出的那样:管制通常是产业自己争取来的,管制的设计和实施主要是为受管制产业的利益服务的。同时,政府具有自身的利益,亦有自身的偏好,因而完全可能为了满足自身利益最大化而成为受管制行业的隐形代言人,即所谓的"管制俘获"。参见〔美〕乔治·施蒂格勒《产业组织和政府管制》,潘振民译,上海三联书店 1989 年版,第 211 页。

④ 在我国,"行政性垄断"不仅是一个学术概念,即指与竞争政策宗旨不相容的政府反竞争行为,也可以理解成《反垄断法》所规制的滥用行政权力排除、限制竞争的行为。同时,该概念还得到了国家顶层政策文件的承认。党的十九大报告明确指出"打破行政性垄断,防止市场垄断"的反垄断工作要求。

⑤ 我国《反垄断法》第五章对"滥用行政权力排除、限制竞争"作了一系列禁止性规定。此外,2016 年 6 月,《国务院关于在市场体系建设中建立公平竞争审查制度的意见》正式建立了我国的公平竞争审查制度。公平竞争审查制度是我国确立竞争政策基础性地位的一项重要举措,是从源头上厘清政府与市场边界,规范政府行为,防止滥用行政权力排除限制竞争的顶层设计。参见时建中《强化公平竞争审查的若干问题》,《行政管理改革》2017 年第 1 期;刘继峰《论公平竞争审查制度中的问题与解决》,《价格理论与实践》2016 年第 11 期。

是市场结构或市场行业所固有的某些特征，主要包括：[①]

（1）规模经济。依据贝恩的定义，规模经济是一种重要的进入壁垒，而他的定义也是各国（地区）反垄断实践中最常采用的。当产品的平均成本随着产量的增加而下降时，企业在产品的生产或者分销中享有规模经济。当一个市场呈现出显著的正规模报酬的特征时，最大的企业将比那些还没有达到相同生产或者分销水平的企业拥有显著的优势。由于规模经济，打算进入的企业就必须不仅要考虑其生产成本，而且要考虑付出多大的成本才能达到最低效率规模（minimum efficient scale）乃至获得足够的销售额，从而保证其进入是有利可图的。实际上，许多"限制性定价"（limit pricing）策略——在位企业制定的价格，致使其他企业失去进入市场的兴趣——都是以规模经济为条件的。

（2）进入的沉没成本。沉没成本是企业进入市场必须承担，但在退出市场后无法收回的成本。高昂的沉没成本将成为进入的障碍，因此将阻却潜在的竞争。沉没成本可以分为内生沉没成本和外生沉没成本。外生沉没成本主要是指以规模扩张为核心的设备、机器、工厂等具有专用性的固定资产投资。内生的沉没成本主要是指以质量改进、广告、研发投资等为主所形成的投资。值得注意的是，高昂的初期投资（initial investment），即贝恩所指的绝对成本（必要的资本支出），一般不会构成进入壁垒。这既是考虑到当前世界资本市场的有效性，也是考虑到资本的筹集也具有相应的规模效应。实际上，真正相关的是如果一旦投资失败，进入的企业会亏损多少。因此，预期不可收回的或者说"沉没"的成本才是阻碍企业进入市场的关键因素。

（3）产品差异和品牌广告。产品差异本身能否构成进入壁垒，这是存在争议的。不同的产品品种能够满足不同消费者的偏好，如果说产品差异构成进入壁垒，则等于说产品优越也是进入壁垒，这显然不太合理。实际上，如果产品差异伴随着大量的品牌广告的情况下，则可能阻碍进

---

① 参见［美］赫伯特·霍温坎普《联邦反托拉斯政策——竞争法律及其实践》，许光耀、江山、王晨译，法律出版社 2009 年版，第 581—585 页。

入，因为这会使潜在进入者很难找到有利可图的市场空间。一方面，广告展示了产品的不同类型，可能会使消费者感觉产品间的差异比其实际差异大得多；另一方面，如果大量消费者业已对品牌产品树立了忠诚度，那么竞争对手与品牌产品展开竞争所需的广告和营销投入将是数额巨大的沉没成本，在退出市场时无法收回。

（4）间隔期间。企业在作出进入某个市场的决定后，从其建立工厂和分销网络到第一次在该市场上进行销售所需的时间越长，进入的风险就越大。因为这给了在位企业充足的时间作出策略性的反应。例如，在位企业可能会增加产出、竭力去抢占新客户，或者对进入者的产品加以复制，从而使之失去独特性，因而导致进入者失去其特有的市场空间。

（三）在位企业的自身特点

当在位企业基于自身特点相较于其实际或者潜在的竞争对手拥有一个或者多个竞争优势时，竞争对手的进入或者扩张可能也是困难的。这些与在位企业自身特点相关的因素（非市场结构或行业特征的因素），包括但不限于下列情形。

1. 纵向整合

纵向整合有广义和狭义之分。狭义的纵向整合，即纵向一体化，是指一个企业沿产业链不同环节的业务布局。具有纵向一体化特征的在位企业能够将其在产业链各环节的经营外部性内部化，同时在资产具有高度专用性的情况下，能够保障其供给和需求的稳定性。此外，纵向一体化还能减少谈判成本，帮助"规避"法律或政府规则，有助于节约交易费用。通过纵向一体化，在位企业最终可以提高其总资产回报率，强化其产品和服务的定价能力和盈利能力。① 与此同时，在位企业的纵向一体化可能会对竞争对手形成实质性的"纵向封锁"（vertical foreclosure），即通过封锁大量的市场份额，竞争对手难以寻得充分、优质的上游供应

---

① 但是，纵向一体化也不尽然会给在位企业带来优势。比如，当市场效率高于纵向一体化的公司自身运营效率时，纵向一体化实际上可能会增加额外成本。这种成本往往是因为管理大企业的困难而带来的组织成本。

商或者下游客户来为继自身经营，因而其若要与在位企业展开竞争，就面临着在产业链不同环节同时进入的压力。[①] 这无疑大大提升了竞争对手的经营成本，迫使其只能寻求其他成本很高的经营渠道，最终对其进入或者扩张造成显著障碍。

广义的纵向整合不仅包括在位企业的纵向一体化，还包括在位企业通过纵向合同获取长期的排他性交易权利。长期的纵向排他性交易合同其实是纵向一体化的契约替代形式。如果在位企业通过长期的纵向排他性交易合同"圈占"了上下游相当数量且优质的供应商或者客户，那么这同样可能对竞争对手造成实质性的纵向封锁，并提升其经营成本，进而阻碍其进入或者扩张。[②]

我国《反垄断法》第23条列举了认定经营者市场支配地位应当依据的因素。其中与纵向整合最密切联系的因素是第23条第二项"该经营者控制销售市场或者原材料采购市场的能力"。具体来说，经营者控制上下游市场的能力不仅可以通过纵向一体化的形式予以体现，还可以通过其保有的纵向排他性交易合同的形式呈现出来。此际，二者判断的核心都是"控制"，即该经营者对上游原材料采购市场或者下游销售市场是否形成了"实质性的封锁"，而这需要对市场封锁率、其他交易渠道的可替代性以及"反事实"（counterfactual）状态等进行分析。[③] 另外，此处对纵向整合的讨论本身就是在进入壁垒的语境下展开的，因此第23条第五项"其他经营者进入相关市场的难易程度"，在所不问。有必要追问的是，第23条第四项"其他经营者对该经营者在交易上的依赖程度"与在位经营者纵向整合之间是否具有相关性？答案是肯定的。当在位经营

① 参见［美］基斯·希尔顿《反垄断法：经济学原理和普通法演进》，赵玲译，北京大学出版社2009年版，第245页。

② Salop和Krattenmaker在其1986年的经典文章《提升竞争对手的成本》中，提出了"提升竞争对手成本"（Raising Rivals' Costs, RRC）这样一种可以对很多垄断行为作出解释和分析的方式。See Steven C. Salop & David T. Scheffman, "Raising Rivals'Costs", 16 *Antitrust Law and Economics*, 421 - 428 (1986).

③ See Joshua D. Wright, "Moving Beyond Naïve Foreclosure Analysis", 19 *George Mason Law Review*, 1163 - 1198 (2012).

者业已纵向一体化，并且在产业链的某一环节构成其上游或者下游竞争对手"不可避免"的交易对象时，这种"交易上的依赖程度"实际上是非常高的。而此间交易的标的可能是在位企业所占有的"关键投入品"（key input）或者其所拥有的庞大的客户基础或分销网络。在此意义上，在位经营者的纵向整合与《反垄断法》第 23 条第四项"交易上的依赖程度"之认定因素具有相关性。

2. 经济和金融实力

在位企业的经济和金融实力，即所谓的"财力雄厚"（deep pockets），构成在位企业的显著优势，并可能对竞争对手的进入或者扩张形成阻碍。财力雄厚与进入壁垒的相关性，可以从短期和长期的角度加以说明。从短期来看，如果在位企业的财力雄厚，那么它不仅可以设置某种"策略性的产能结构"（闲置/备用产能）以阻吓潜在进入者，而且即便在竞争对手打算进入或者扩张时，它也可以更为迅速地追加产能或者大规模地削价倾销产品，从而使竞争对手的进入或者扩张无利可图。从长期来看，雄厚的财力是在位企业进行研发投资、创新竞争以及大肆收购竞争性技术和企业的基础。在位企业越是拥有竞争对手无法获得的"关键技术"或者"瓶颈技术"，竞争对手进入的动机就越小或者说进入后扩张和成长的难度就越大。

3. 关键技术和核心知识产权

如果说企业的经济和金融实力预示着在位企业占据关键技术的可能，进而给竞争对手带来某种进入上的顾虑，那么当在位企业实际地拥有生产经营中的关键技术和核心知识产权时，竞争对手的进入或者扩张实际上面临着重大的"技术壁垒"。尤其是在"技术专利化—专利标准化—标准垄断化"的知识经济时代，如果在位企业拥有被纳入标准的技术或者知识产权，其竞争优势将更加明显。因为技术或者知识产权的所有者凭借标准的公共产品属性，可以放大其"垄断效应"，进而人为地强化市场进入壁垒。但是，这绝不是说在位企业拥有关键技术或者核心知识产权就等同于具有市场支配地位。事实上，知识产权作为"法定垄断权"这一修辞在很大程度上是具有误导性的。因为从根本上看，知识产权作为一种财产权，仍是一种"边界型"排他权利而非"市场型"排他权利。[1] 即便是涉及标准必要专利（Standard Essential Patent，SEP）[2]，那种径直将 SEP 权利人认作具有市场支配地位的做法也是非常值得怀疑的。[3]

4. 必需设施

反垄断法意义上的必需设施（essential facility）是指竞争对手进入市场所必不可少的设施。设施占有者掌握着其他竞争者进入市场的瓶颈，潜在竞争者在必需设施的约束下束手无策。[4] 美国和欧盟反垄断法判例发展出了"必需设施原则"。必需设施原则的适用要求执法机构或原告证明：（1）垄断者控制着必需设施；（2）从现实性和可行性的角度来看，竞争者没有能力复制该必需设施；（3）垄断者拒绝竞争者使用该必需设施；（4）提供该必需设施具有可行性。[5] 在实践中，必需设施主要包括传统工业经济中的铁路、港口、电信网络等管网设施。尽管如此，有学者对反垄断法引入"必需设施原则"提出了质疑，认为"必需设施原则或者是多余的，或者会与反托拉斯的一般原则相冲突"[6]。此外，在知识经济背景下，主流

---

① 参见［美］克里斯蒂娜·博翰楠、赫伯特·霍温坎普《创造无羁限：促进创新中的自由与竞争》，兰磊译，法律出版社 2016 年版，第 326 页。

② "标准必要专利是指技术标准中包含的必不可少和不可替代的专利，即是为实施技术标准而不得不使用的专利。"参见王晓晔《标准必要专利反垄断诉讼问题研究》，《中国法学》2015 年第 6 期。

③ 有学者批评指出，"技术标准、竞争行为和经济绩效由市场和合作机构共同决定。技术标准本身不能作为反托拉斯政策的基础，因为技术标准和创新是均衡结果。技术标准的存在和标准必要专利的数量几乎没有提供证据表明标准必要专利权人拥有市场力量。标准必要专利权人通常面临来自创新替代品和创新补充品的竞争"。See Daniel F. Spulber, "Innovation Economics: The Interplay among Technology Standards, Competitive Conduct, and Economic Performance", 9 *Journal of Competition Law & Economics*, 824 (2013). 国内批评的观点，参见韩伟、尹锋林《标准必要专利持有人的市场地位认定》，《电子知识产权》2014 年第 3 期；袁波《标准必要专利权人市场支配地位的认定——兼议"推定说"与"认定说"之争》，《法学》2017 年第 3 期；仲春《标准必要专利相关市场界定与市场支配地位认定研究》，《知识产权》2017 年第 7 期；李剑《市场支配地位认定、标准必要专利与抗衡力量》，《法学评论》2018 年第 2 期。

④ 参见刘继峰《竞争法学》（第二版），北京大学出版社 2016 年版，第 153 页。

⑤ 参见［美］欧内斯特·盖尔霍恩、威廉姆·科瓦西奇、斯蒂芬·卡尔金斯《反垄断法与经济学》（第 5 版），任勇、邓志松、尹建平译，法律出版社 2009 年版，第 147 页。

⑥ ［美］赫伯特·霍温坎普：《联邦反托拉斯政策——竞争法律及其实践》，许光耀、江山、王晨译，法律出版社 2009 年版，第 342 页。

学者反对采取"贴标签"的方式将特定知识产权或者标准必要专利认作是"必需设施",进而强制设施占有者与竞争对手开放交易。因为这样做会破坏产权保护的核心(排他性权利)、损害创新和投资激励、纵容"搭便车"、助推共谋、带来管理救济措施的困难,等等。[①]

5. 收集、储存、处理、利用相关数据的能力。伴随着数字经济的蓬勃发展,数据成为一种至关重要的竞争要素。经营者对海量数据进行收集、储存、分析、利用的能力,纵然有助于其优化业务流程、提高经营效率,但也可以帮助其更清晰地掌控竞争对手的动态和决策、更迅速地作出预测和反应、更精准地透视和宰割消费者,从而使市场被一只"数字化的手"操纵。

(四) 在位企业的行为:作为市场支配地位的证据

一般来说,在滥用市场支配地位的案件中,首先应证明一个企业在相关市场上具有支配地位,然后再证明其滥用支配地位的行为。然而,有学者质疑这种市场支配地位(市场力量)与滥用行为(反竞争行为)在检验上"可分性"(separability)的假设,并认为如果反垄断法关心的是市场力量的变化而不仅仅是市场力量的水平,那么就不应脱离据称的反竞争行为而孤立地对市场力量进行考察。[②] 国内也有持类似观点的学者。[③]

在实践中,有的执法机构和法院在对市场支配地位进行评估时,也确实考虑到了企业的行为事实。比如,在 United Brands 案中,欧盟法院认为,在评估支配地位时,如果需要的话,最好考虑那些被认为是滥用行为的事实,而不必承认它们是滥用行为。在 Michelin 案中,欧盟委员

---

① See Jorge Padilla & Koren Wong-Ervin, Portfolio Licensing at the End-User Device Level: Analyzing Refusals to License FRAND-Assured Standard-Essential Patents at the Component Level (July 7, 2016), pp. 4 – 13, available at https://ssrn. com/abstract = 2806688, last visit on Sep. 16, 2018.

② See Louis Kaplow, "On the Relevance of Market Power", 130 *Harvard Law Review*, at 1304 – 1311 (2017).

③ 国内有学者认为传统的"三步分析法"存在很大的局限性,尤其是运用到互联网产业中。其指出:通过相关市场界定、市场支配地位确定和竞争效果评估三个分立的步骤,很可能割裂市场支配地位与竞争行为以及违法行为之间的关联性。这是因为,这三者之间其实具有内在的交互联系和影响。参见朱理《互联网产业滥用市场支配地位行为的反垄断分析》,《竞争政策研究》2015 年第 5 期。

会指出，支配地位的发现尤其还得到有关滥用这一地位的行为证据的支持。在 Hilti 案中，欧盟委员会称，该企业的商业行为证明了其独立于竞争对手或客户的能力，即不顾及竞争对手或客户的反应。① 在我国，最高人民法院在奇虎360诉腾讯滥用市场支配地位案中指出，"在相关市场边界较为模糊、被诉经营者是否具有市场支配地位不甚明确时，可以进一步分析被诉垄断行为对竞争的影响效果，以检验关于其是否具有市场支配地位的结论正确与否"②。

然而，将在位企业的行为无限定地作为其具有市场支配地位的证据，恐怕也不太妥当。因为这样做存在着循环论证的风险：一个企业可能会因为某些行为而被认为是具有市场支配地位；市场支配地位和"特殊义务"反过来会导致某些行为被归类为滥用行为。此际，没有任何关于实际滥用性质的证据。因此，如果要使用这种方法，就应该将其作为对市场状况进行仔细分析以评估市场支配地位的一种补充而不是替代。③ 此外，这种方法主要适用于超高定价的剥削性滥用行为，即如果可以证明，过高的价格会持续很长一段时间，而市场本身无法节制这种高价，那么市场支配地位就是一个可能的解释。④

四　买方抗衡力量

一如前文所述，企业行为的"独立性"是市场支配地位的本质或者核心。而对企业的行为是否具有"独立性"的判断，其参考系不仅可以是实际或者潜在的竞争对手，也可以是客户（买方）。事实上，关键买家的谈判地位、议价能力和商业行为不可避免地会影响市场竞争状况，进而影响供应商能否被认定具有市场支配地位。

---

① See R. O'Donoghue & J. Padilla, *The Law and Economics of Article 82 EC*, Hart Publishing, 2006, p. 128.

② 最高人民法院（2013）民三终字第4号民事判决书。

③ See R. O'Donoghue & J. Padilla, *The Law and Economics of Article 82 EC*, Hart Publishing, 2006, p. 129.

④ See Richard Whish & David Bailey, *Competition Law* (Eighth Edition), Oxford University Press, 2015, p. 368.

（一）买方垄断和买方市场支配地位

与垄断（monopoly）相对应的镜中像是买方垄断（monopsony）。① 传统福利经济学对"垄断"原理的阐释，通常是从卖方的视角进行的，即把垄断者视为卖方垄断者（monopolist）。垄断之所以成为问题，是因为垄断者面对竞争性买家，通过减少产量，将价格提升到竞争性水平以上，导致终端消费者可获得的产品数量变少而价格变高，并且造成资源配置无效率。这一对卖方垄断者的基本理论描述同样适用于买方市场。买方垄断者面对竞争性供应商，通过减少采购量、迫使供应商将价格降到竞争性水平（平均成本）以下，因此，单独地看，买方垄断和卖方垄断都会降低经济效率和损害消费者福利，因而都应当是反垄断法关注和调整的对象。②

实际上，买方垄断是买方市场力量的极端形式。根据买方市场力量程度的不同，具有实质性市场力量的买方，也可以成立买方市场支配地位（dominant buyer），进而被纳入滥用市场支配地位的规范框架。要而言之，反垄断法应当聚焦于识别和抑制那些创设、增强或者维持买方市场支配地位且造成竞争损害（即降低效率或损害消费者）的行为。③

（二）买方抗衡力量假说及其反垄断法含义

在以往的理解中，如果产业链的上游供应商是一个垄断者，下游客户也是一个垄断者，那么最终会导致"双重加价"问题。④ 但是，双重加价实际上对上游供应商（制造商）尤其不利，因为终端消费者付出的价格越高意味着产品的销量会越小，因而会造成供应商利润损失。为了

① 参见［美］赫伯特·霍温坎普《联邦反托拉斯政策——竞争法律及其实践》，许光耀、江山、王晨译，法律出版社2009年版，第15—16页。

② 尽管垄断性买方压低了供应商的批发价（供应商的批发价低于其平均成本），但是，并不能当然地、自动地认为垄断性买方所付的低价格会导致转售价格降低，从而传递到消费者身上。参见［美］赫伯特·霍温坎普《联邦反托拉斯政策——竞争法律及其实践》，许光耀、江山、王晨译，法律出版社2009年版，第18页。

③ See OECD, Policy Roundtables, Monopsony and Buyer Power, 2008, p. 10, available at http://www.oecd.org/daf/competition/44445750.pdf, last visit on Sep. 17, 2018.

④ 双重加价，也称双重边际化（double marginalization），美国经济学家斯宾格勒（Spengler）在早期对产业组织行为的研究中发现，当市场上的产业链存在单个上游卖者和单个下游买者时，上下游企业为实现各自利益的最大化而使整个产业链经历两次加价（边际化）。See Joseph J. Spengler, "Vertical Integration and Antitrust Policy", 58 *Journal of Political Economy*, 347–352 (1950).

克服双重加价问题，供应商用激励采取转售价格维持①来限制经销商或零售商（客户）的垄断力量，并防止其进行二次加价，从而在保证上下游的联合利润最大化的同时，使供应商分得更多的利润。② 由此可见，上游企业出于自身利益考量，对下游企业垄断力量的行使进行制约所形成的结果，可能与"双重加价"的理论预设发生偏离。

同样地，下游企业基于自身利益的考虑，也会对上游企业垄断力量的行使进行反制约，即通过讨价还价来尽可能地压低上游企业的批发价格。正是在此意义上，约翰·肯尼斯·加尔布雷思（John Kenneth Galbraith）在其名著《美国资本主义：抗衡力量的概念》中提出了通过一种垄断力量去中和另外一种垄断力量的"买方抗衡力量"（buyer countervailing power）的假说。③ 他认为："具有一定程度垄断力量的卖方可以攫取一定程度的垄断收益。这一事实意味着，该卖方的上下游企业也有提高垄断力量的动力，因为，借此它们可以使自己免于被剥削。这也意味着它们这样做有利可图，因为可以分享对手的市场力量收益。通过这种途径，一种市场力量的存在会创造出另外一种市场力量形成的激励，并且中和前一种市场力量。"④ 尽管这一理论提出之初，受到了来自斯蒂格勒、亨特等经济学者的批评，但是随后兴起的博弈论对买方抗衡力量假说进行了重新论证，诸多经验研究也证实了买方抗衡力量假说的成立。⑤

事实上，无论是"转售价格维持"还是"买方抗衡力量"都有助于我们理解纵向关系中具有一定市场力量的企业之间的利益制约关系。其中，对买方抗衡力量的关注使我们将理论视角从卖方转向买方，认识到买方对于卖

---

①　转售价格维持（Resale Price Maintenance，RPM），是指供应商和转售商就转售商品可能收取的价格加以限制，并达成协定的一种行为。

②　参见李凯、李伟、崔哲《买方抗衡势力与制造商定价决策》，《产经评论》2014年第1期。

③　Galbraith，J. K.，*American Capitalism：The Concept of Countervailing Power*，Houghton Mifflin，chapter 9.

④　吴绪亮、孙康、侯强：《存在治理垄断的第三条道路吗？——买方抗衡势力假说研究的近期突破》，《财经问题研究》2008年第6期。

⑤　参见吴绪亮、孙康、侯强《存在治理垄断的第三条道路吗？——买方抗衡势力假说研究的近期突破》，《财经问题研究》2008年第6期。

方市场力量行使的约束或者抵消作用。这对于市场支配地位的认定无疑具有重要的现实指导意义，因为它拓展了评估企业所面临的竞争约束的范围，即不再只是限定于实际或者潜在竞争对手所施加的竞争约束，也包括具有抗衡力量的客户所施加的竞争约束。要而言之，对买方抗衡力量的考察，使得市场支配地位的分析框架更为健全，也使市场支配地位的认定更加准确。

实际上，欧洲委员会 2009 年《适用欧共体条约第 82 条查处市场支配地位企业排他性滥用行为的执法重点指南》就将评估市场支配地位的因素分为三类：（1）实际竞争对手的现有供应和市场地位所施加的约束（支配企业及其竞争对手的市场地位）；（2）实际竞争对手未来扩张或者潜在竞争对手进入的威胁所施加的约束（市场进入和扩张）；（3）企业的客户讨价还价的能力所施加的约束（买方抗衡力量）。① 反观我国，虽然《反垄断法》实施已 10 余年，但是《反垄断法》本身②以及随后的配套立法和司法解释，都没有就买方抗衡力量作出过任何明确的规定或者解释。这样的规范缺漏难免会带来一些现实问题，并可能引发市场支配地位认定上的偏差。③

（三）买方抗衡力量的评估

经合组织的报告《买方垄断与买方力量》，将买方力量分为两种类型，即买方垄断力量和买方议价力量（买方抗衡力量），并指出："这两种类型的买方市场力量所产生的福利效应以及相应的执法政策都有很大的不同。二者都会造成更低的原材料价格，但是买方垄断力量的使用通常会导致下

---

① See EU Commission, Guidance on the Commission's enforcement priorities in applying Article 82 of the EC Treaty to abusive exclusionary conduct by dominant undertakings, [2009] OJ C 45/7, para. 12.

② 《反垄断法》第 23 条所规定的认定市场支配地位应当依据的因素，并未明确涉及买方抗衡力量，但是第 23 条第六项"与认定经营者市场支配地位有关的其他因素"保留了买方抗衡力量的解释余地和运用空间。

③ 我国《反垄断法》从结构法来认定市场支配地位，依赖于市场份额推定与市场因素的综合考虑。在具体市场因素分析中，因为忽视抗衡力量所产生的制约作用，导致标准必要专利持有人事实上被自动认定具有市场支配地位。参见李剑《市场支配地位认定、标准必要专利与抗衡力量》，《法学评论》2018 年第 2 期。实际上，中国的许多产业领域，例如零售、煤电、医药、石油、电信、钢铁、汽车、农产品流通、军工采购等均不同程度地存在买方垄断力量，有些产业问题还比较尖锐，例如零供冲突。参见吴绪亮《纵向市场结构与买方抗衡势力研究》，《产业经济研究》2010 年第 1 期。

游的价格更高，从而使消费者受到损害。而对于议价力量而言，它在很大程度上是一种抗衡力量，其运用可能会在上游市场增加产量并在下游市场增加消费者福利。"① 事实上，反垄断法关于买方力量的政策，最主要的困难即是如何将这两种不同类型的买方力量区分开。② 换言之，识别有效率的、对消费者有益的买方抗衡力量具有相当大的复杂性和挑战性。一般来说，评估买方抗衡力量包含以下步骤。③

首先，应当明确界定相关采购市场（relevant procurement market），相关采购市场包括供应商可能实际销售其产品的那些需求来源。

其次，考察客户在相关采购市场的集中度，这是评估市场受买方力量影响程度的最重要因素。客户集中度在绝对意义上（由最大的买家或最大的买家们所占的需求百分比）和相对于供应方的集中度都很重要。然而，有必要指出的是，即使在个别需求侧市场份额相对较小的地方，买方集中化的"购买群体"（buying groups）的存在也可能导致买方集中化。

再次，作为客户的销售商的行为也需要进行考虑。买方抗衡力量的证据包括销售商移除或者威胁移除品牌供应商的产品，以及销售商要求货款或者其他对供应商不利的交易条件。

最后，应当对供应商和客户的转换成本进行比较。供应商和客户各自所具有的外部选择，对于比较二者的转换成本尤其重要。经济学上议价理论的一个基本观点是：一方的议价能力从根本上取决于其可得的外部选择。当大客户有多种外部选择，而它们的供应商很少时，它们将拥有强大的买方力量。买方的外部选择可以由上游其他在位企业提供，但大买家也可以单独或与其他买家合作赞助新的上游市场进入（sponsor entry）。

---

① OECD, Policy Roundtables, Monopsony and Buyer Power, 2008, pp. 9 - 10, available at http：//www. oecd. org/daf/competition/44445750. pdf, last visit on Sep. 17, 2018.

② 如何将由于降低交易成本，或由于消除上游垄断所造成的有效率的低购买价格，与由于买方垄断所造成的无效率的低购买价格区分出来，这是反托拉斯法里关于买方垄断的政策中之主要的困难。参见［美］赫伯特·霍温坎普《联邦反托拉斯政策——竞争法律及其实践》，许光耀、江山、王晨译，法律出版社 2009 年版，第18 页。

③ See R. O'Donoghue & J. Padilla, The Law and Economics of Article 82 EC, Hart Publishing, 2006, pp. 130 - 131.

如果通过这些因素的分析表明存在足够的买方抗衡力量，这种力量使供应商不能独立于其客户行事，即能够击溃供应商为盈利而提价的企图，那么供应商就不应被认定具有市场支配地位。然而，如果只有特定的或者有限的客户不受据称占支配地位企业的市场力量的影响，买方力量便不是一种充分有效的竞争约束。要而言之，强劲的买家不仅要保护自己，还要有效地保护市场。

五　新经济中的市场支配地位

上文从市场份额、进入壁垒、买方抗衡力量这三个维度搭建了认定市场支配地位的一般性分析框架。这即是说，对任何企业市场支配地位的评估，都可以置入该框架并对以上三方面的要素展开分析。然而，该分析框架及其规范要素在很大程度上奠基于传统经济的事实特征，因而在涉及新经济的行业或者案件中，其适用性难免存在局限性。此际，有必要对新经济的相关事实特征进行把握，从而对认定市场支配地位的分析要素做有针对性的调整或者拓补。

（一）新经济及其市场竞争特征

"新经济"（new economy）是相对于传统经济而言的。新经济一词最早出现于1996年的美国《商业周刊》中，指的是即将到来的以信息和通信为主导的新的经济形态。[①] 波斯纳在其名著《反托拉斯法》中，用新经济这个词来定义三个截然不同但是相互联系的产业：计算机软件的制造、互联网企业，以及为前面两个产业提供支持的通信服务和通信设备。[②] 世界经济论坛创始人克劳斯·施瓦布在其著作中则提出"第四次工业革命"的到来，他认为：蒸汽机的发明驱动了第一次工业革命；流水线作业和电力的使用引发了第二次工业革命；半导体、计算机、互联网的发明和应用催生了第三次工业革命；而建立在数字革命基础上的第

---

① 参见时建中、陈鸣《技术标准化过程中的利益平衡——兼论新经济下知识产权与反垄断法的互动》，《科技与法律》2008年第5期。

② 参见［美］理查德·A. 波斯纳《反托拉斯法》（第二版），孙秋宁译，中国政法大学出版社2003年版，第289页。

四次工业革命，包含了诸如大数据、物联网、区块链、人工智能等技术。[①] 事实上，如果说新经济在以往主要是指互联网经济，那么现在其外延无疑已经扩展到了数字经济（digital economy）。然而，无论是互联网经济还是数字经济，它们本身不是独立的产业集合，二者也不具有清晰的界限。实际上，它们都分享着某些新经济的特征，比如技术驱动、创新驱动、质量驱动、平台驱动、信息驱动、数据驱动、算法驱动，等等。

就新经济中市场支配地位的认定而言，由于市场支配地位反映的是企业与市场竞争的关系，因此，有必要首先对新经济领域的市场竞争特征进行考察。这些特征大致包括：

（1）创新竞争或质量竞争。不同于传统经济中的企业主要在产品或者服务的价格、产量上开展竞争，新经济中的企业为消费者提供产品或者服务的价格往往为零，且巨量拷贝供应的边际成本几乎也为零，实际上这里的竞争更多体现在技术和创新方面，即围绕产品或服务的质量所展开的竞争。[②] 而这种竞争具有高度的动态性、颠覆性、迭代性，即所谓"竞争被创新发起或抑制，垄断靠创新实现或突破"[③]。

（2）平台竞争。不同于传统经济中的企业局限在特定产业链的一个环节或多个环节进行竞争，在新经济中，企业之间竞争的核心是"多维构架"和"网络效应"[④]，即"平台化"的竞争。平台企业[⑤]将那些在需

[①] 参见［德］克劳斯·施瓦布《第四次工业革命》，李菁译，中信出版社 2016 年版，第 6 页。

[②] See James Mancini & Cristina Volpin, Quality considerations in digital zero-price markets, Background Note by the Secretariat, OECD, 2018, pp. 4 – 6. Available at https：//one. oecd. org/document/DAF/COMP（2018）14/en/pdf, last visit on Dec. 31, 2018.

[③] 杨文明：《论互联网企业市场支配地位认定的非结构因素》，《河北法学》2014 年第 12 期。

[④] 参见王节祥、蔡宁《平台研究的流派、趋势与理论框架——基于文献计量和内容分析方法的诠释》，《商业经济与管理》2018 年第 3 期。

[⑤] 根据 Rochet 和 Rirole 教授的定义：连接两组或者多组不同的类型的客户群体，为不同类型的客户之间的交互作用提供"平台"服务的企业称为平台企业，平台企业所处的市场称为双边市场。See Jean-Charles Rochet & Jean Tirole, "Two-sided Markets：A Progress Report", 37 *The Rand Journal of Economics*, 645（2006）.

求上相互依赖的客户群体积聚并维持在平台"各边"，通过非对称定价结构或者交叉补贴来实现平台的最大化盈利。[①]

（3）注意力竞争。不同于传统经济中所存在的"信息不充分"，新经济中往往充斥着"过剩信息"，而相对于过剩的信息，只有一种资源是稀缺的，那就是人的注意力。在此意义上，可以说新经济是一种"注意力经济"[②]，即企业如何通过免费的、优质的产品或者服务来吸引（竞争）用户及其注意力，进而为平台的搭建储备注意力资源和用户基础。

（4）跨界竞争。不同于传统经济中的企业在有限的业务范围内进行竞争，新经济中的企业依托于综合性在线平台优势，利用已经积聚起来的用户基础，追求向更多产业渗透和全业务化的经营模式，因而在产品或者服务的竞争上具有更加显著的跨界特征。

（5）大数据竞争或算法竞争。伴随着当代社会深刻的数字化革命，大数据、物联网、区块链、人工智能等科技运用得越发普遍，"数据军备竞赛""算法军备竞赛"成为互联网企业或线上平台企业相互竞争的重要维度。对海量、快速、多样、富有价值的大数据进行采集、储存、加工、分析、利用，一方面有助于企业优化商业决策并给其带来商业价值，另一方面也可能对市场的整体竞争态势和消费者利益产生不良影响。

（二）新经济中市场支配地位认定思路的调整

通过以上分析可见，新经济明显具有迥异于传统经济的市场竞争特征。鉴于这些差异的存在，如何评估互联网企业（平台企业/数字驱动企业）的市场力量或者市场支配地位，实际上成为经济学、法学以及国内外政策制定者热议且颇具争议的话题。尽管如此，人们在以下两方面大体上达成了初步共识。

---

① 参见［美］戴维·埃文斯《多边平台、动态竞争与互联网企业的市场势力评估》，载时建中、张艳华主编《互联网产业的反垄断法与经济学》，法律出版社 2018 年版，第2—4 页。

② 注意力经济就是如何配置企业现有资源，以最小的成本去吸引顾客的注意力，从而获得最大的无形资本。参见李珊、黄妍《注意力经济——网络营销的实质》，《湘潭大学学报》2005 年第 5 期。

一方面，在新经济领域中，市场份额对市场力量或者市场支配地位的指示作用是有限的，甚至在很多时候具有误导性。例如，有经济学者对搜索引擎市场研究后发现，市场份额与市场力量具有显著的不对等性，具有最大市场份额的平台厂商并不具有最大的市场力量，而市场份额较小的平台厂商依然可能具有较强的市场力量。[①]

另一方面，在新经济领域中，应更加重视下列新型进入壁垒对市场支配地位认定的作用：（1）双边市场（多维架构或多边进入）；（2）网络效应（包括直接网络效应和间接网络效应）；（3）用户的锁定效应和转换成本；（4）用户习惯；（5）企业的学习效应；（6）企业所主导的技术标准、所具有的知识产权或者关键技术；（7）企业进行研发创新的能力；（8）企业的盈利能力；（9）创新市场并购。[②] 实际上，2018年颁布的《中华人民共和国电子商务法》，其对电子商务经营者市场支配地位考察因素的规定，就考虑到了新经济条件下进入壁垒的不同表现形式，该法第22条规定："电子商务经营者因其技术优势、用户数量、对相关行业的控制能力以及其他经营者对该电子商务经营者在交易上的依赖程度等因素而具有市场支配地位的，不得滥用市场支配地位，排除、限制竞争。"

[①]　参见曲创、刘重阳《平台厂商市场势力测度研究——以搜索引擎市场为例》，《中国工业经济》2016年第2期。但是，也有学者认为，在评估互联网企业的市场地位时，也不能全面否定市场份额的作用。市场份额毕竟是经营者之间竞争的结果，尤其是在互联网产业中，由于网络效应极为明显，企业对市场份额高度重视。市场份额较小、缺乏一定用户规模的经营者，很难吸引新的用户，最终难逃被市场淘汰的命运；只有实现一定的用户规模并达到一定临界值时，网络效应才会显现并产生正反馈，进而使业务发展呈现良性循环。参见吴韬《互联网反垄断案件中的市场份额与经营者市场地位评估》，《竞争政策研究》2015年第3期。

[②]　参见鲁彦、曲创《用户迁移、单边锁定与市场进入》，《当代财经》2016年第5期；于左《互联网大数据平台的市场支配地位认定与反垄断政策》，《竞争政策研究》2017年第5期；吕明瑜《网络产业中市场支配地位认定面临的新问题》，《政法论丛》2011年第5期；叶明《互联网行业市场支配地位的认定困境及其破解路径》，《法商研究》2014年第1期。当然，也有学者提出不应夸大这些新型进入壁垒对市场支配地位的认定作用，因为新经济条件下普遍存在的用户多归属性（multi-homing）在很大程度上削弱了这些进入壁垒。参见刘丰波、黎雨霞《即时通信的多归属行为与企业市场势力——兼评奇虎诉腾讯案中市场支配地位的认定》，《产业经济评论》2016年第2期。

此外，也有学者从根本上质疑新经济领域反垄断执法的必要性[①]，或者呼吁新经济领域反垄断执法的谦抑性。[②] 但是，本书认为，新经济不应当是反垄断法的法外空间；过分地强调反垄断法适用于新经济的克制、审慎、谦抑，恐怕会从根本上削弱反垄断法自身存在的合法性。"立场"固然重要，但更重要的是致力于实践、发展出适于新经济的反垄断法规则。自此而言，对于新经济中市场支配地位的认定，除了上述两方面的初步共识外，这里有必要补充强调以下两方面的考量。

第一，市场的均衡性。任何产业都具有生命周期，新经济中的具体业态也不例外，即存在初创、过渡、成熟等不同发展阶段。一般来说，在其初创阶段，在风险投资的推动下，企业频繁进入和退出市场，为产业发展不断试错。因而这一阶段也被称作"烧钱"阶段。[③] 此时，由于市场尚未均衡，市场自身更可能纠正任何反竞争策略的负面效应，因而不宜对具有"冒尖"（tipping）苗头的某个企业贴上"市场支配地位"的标签。相反，当市场处于过渡或者成熟阶段时，个别企业实际上已经积聚了稳定、庞大的用户基础并搭建起了多方位的产业平台构架，且具有强大的盈利能力。此际，市场越加"均衡"，其网络效应、转换成本、进入壁垒等就越加显著，因而认定某个企业具有市场支配地位更加可信。[④]

---

① 有学者研究指出，针对互联网行业的反垄断管制必要性不高，可以采取较为宽松的管制政策。孙宝文、荆文君、何毅：《互联网行业反垄断管制必要性的再判断》，《经济学动态》2017 年第 7 期。

② 有学者指出，执法谦抑不仅是一种执法方式，也是一种执法态度、执法原则，意在强调反垄断法应用于互联网行业时应克制、谨慎。为此，一方面不能以反垄断取代行业监管；另一方面，应尽量采取温和的反垄断执法方式，具体包括：更多的经济分析而非规则判断、更多的不正当竞争行为规制而非反垄断、更多的私人诉讼而非公共执法、更多的替代性执法方式而非严厉惩罚。参见焦海涛《论互联网行业反垄断执法的歉抑性——以市场支配地位滥用行为规制为中心》，《交大法学》2013 年第 2 期。另外，也有学者指出，互联网行业的反垄断规制更加容易出现积极错误（false positive），因此为了保护创新，反垄断应当保持克制。See Geoffrey A. Manne & Jushua D. Wright, Innovation and the Limits of Antitrust, George Mason Law & Economics Research Paper No. 2009 - 54.

③ 参见吴韬《互联网产业发展的阶段性及其对相关产品市场界定的影响》，《中国物价》2013 年第 8 期。

④ See Thibault Schrepel, "A New Structured Rule of Reason for High-tech Markets", 50 *Suffolk University Law Review*, 125 - 126 (2017).

第二，平台企业进行歧视的能力。平台企业越能系统性地、持续性地对不同消费者或者客户进行差别对待，其具有市场力量或者市场支配地位的可能性就越大。① 这种歧视的能力一方面可能来源于企业所掌握的核心知识产权、关键技术；另一方面，在数字经济领域，也可能来源于企业对大数据的处理和分析的能力，这即是说，企业所建构的特定算法（模型），以及在此算法驱动下对消费者或客户进行区隔和歧视的能力，可以成为认定企业市场支配地位的重要分析因素。

第四节　本章小结

企业具有市场支配地位是其滥用行为得以认定的规范新前提。"市场支配地位"和"实质性市场力量"通常被视为两个可以相互替换的概念。但严格来说，"市场支配地位"是一个法律/法学概念，而"市场力量"以及"实质性市场力量""垄断力量"等术语是经济学概念，它们在定义上具有不同面向和侧重。市场力量是厂商通过有利可图的方式在相当长的一段时间内把价格提高到竞争性水平以上的能力。市场支配地位则是由单个经营者或者两个以上经营者组成的整体，具备强大的经济实力，不受充分有效的竞争约束，并且能够妨碍相关市场的公平、有效竞争的市场地位。我国《反垄断法》第22条第3款的规定，与其说是在界定"市场支配地位"的法律概念，不如说它是在复刻"市场力量"的经济学含义，并以此作为市场支配地位概念的操作指引，但这在很大程度上与《反垄断法》第23条的规定发生重复。

市场支配地位之所以构成滥用规制的前提条件，一是由于市场结构条件在滥用规制中处于核心地位，二是可以从序位决策理论、减小错误成本以及优化规则设计的角度加以解释。但是，一旦把市场力量作为市场支配地位的代理，进而预设市场力量与责任承担之间的普遍相关性，

---

① 参见［美］赫伯特·霍温坎普《联邦反托拉斯政策——竞争法律及其实践》，许光耀、江山、王晨译，法律出版社2009年版，第146—149页。

问题就会产生。因为不同于"市场支配地位"的规范化设定，市场力量可以嵌入行为促进竞争的解释，进而抵触责任承担并展现出"反相关性"。这一点尤其体现在创新特征明显的产业。区分基于政府授权的市场支配地位、基于市场竞争的市场支配地位、基于违法行为的市场支配地位，可以突出它们在滥用规制中的不同相关性和特性。

市场支配地位的认定应当采取"综合方法"。市场支配地位的一般性分析框架建立在市场份额、进入壁垒、买方抗衡力量的三重维度之上。以上分析框架在新经济领域难免存在局限。对此，在调整分析框架及相关考量因素的同时，应着力于市场均衡与否的分析，以及支配企业"歧视"能力的分析。

第六章

共同市场支配地位

前一章从单一企业的市场支配地位（即单独市场支配地位）的角度，阐述了市场支配地位的基本原理。然而，市场支配地位不仅包括单独市场支配地位，也包括共同市场支配地位。共同市场支配地位（collective dominance）作为一些国家（地区）反垄断法中特有的类型化规范，从调整功能上看，它主要是为了应对寡头市场的垄断问题，即寡头垄断问题（oligopoly problem）；从制度发生上看，它肇始于欧盟竞争法的相关实践和探索；从我国《反垄断法》文本上看，其第24条第1款规定："有下列情形之一的，可以推定经营者具有市场支配地位：（一）一个经营者在相关市场的市场份额达到二分之一的；（二）两个经营者在相关市场的市场份额合计达到三分之二的；（三）三个经营者在相关市场的市场份额合计达到四分之三的。"其中，第二项和第三项规定是关于推定两个以上经营者具有市场支配地位的规则，该规则实际上隐含着共同市场支配地位的法律概念及制度。鉴于国内学界实务界对该制度的关注、阐释、应用还很不充分，甚至存在有失偏颇的情形，因而对其展开系统性的研究具有突出的现实必要性。[①] 加之，即便在该制度的"母国"（欧盟），如何在《欧盟运行条约》第102条（即滥用市场支配地位的法

① 国内学者对共同市场支配地位制度的研究，请主要参见侯利阳《共同市场支配地位法律分析框架的建构》，《法学》2018年第1期；时建中《共同市场支配地位制度拓展适用于算法默示共谋研究》，《中国法学》2020年第2期；张晨颖《共同市场支配地位的理论基础与规则构造》，《中国法学》2020年第2期；焦海涛、宋亭亭《数字时代共同市场支配地位的认定标准》，《上海财经大学学报》2021年第3期；李剑《〈反垄断法〉中推定的限度——对共同市场支配推定规则的反思》，《社会科学研究》2021年第4期。

律框架）① 下认定有关企业具有共同市场支配地位，甚而确定其滥用该地位，至今仍存在较大的不确定性。换言之，共同市场支配地位的法律制度还不够成熟，其规范性需要被进一步塑造。我国《反垄断法》采纳了该制度，因而也无可回避地面临着对其进行规范建构的课题。

第一节　寡头垄断问题与反垄断法的困境

从市场结构的角度来看，寡头垄断（oligopoly）市场介于完全竞争（perfect competition）市场和垄断（monopoly）市场之间。相对于存在众多竞争者的完全竞争市场或单一参与者的垄断市场，寡头垄断市场只有少数的几家企业存在。然而，寡头垄断市场的功能或绩效却非常广泛且很不确定，因为寡头企业可以在价格和产量方面以接近竞争的方式运作，或者以现行价格和产量接近垄断水平的方式运作。② 寡头市场的垄断，即寡头垄断问题（oligopoly problem），亦即寡头非合作的默契共谋（寡头市场结构通常被认为是企业默契共谋的先决条件），历来是反垄断政策和法律调控的极大难点。有学者甚至认为，评价反垄断政策和法律的健全性和有效性的一个核心指标，就是看其能否妥善地解决或应对寡头垄断问题。③

一　经济学中的寡头垄断与默契共谋

长期以来，经济学家普遍认为，寡头垄断市场区别于完全竞争市场、垄断市场的一个根本特征在于，作为竞争对手的寡头企业相互作用并影响对方的行为，即一家寡头企业的战略决策由于相互依赖而影响其他寡

---

①　必须注意的是，在欧盟竞争法中，共同市场支配地位不仅是《欧盟运行条约》第102条下的相关概念，同时也是《欧盟合并控制条例》下的相关概念。换言之，对共同市场支配地位的认定可以发生在禁止滥用市场支配地位和合并控制的不同分析框架中。对此，下文将进一步阐明其联系和区别。

②　参见［美］保罗·萨缪尔森、威廉·诺德豪斯《微观经济学》（第19版），萧琛主译，人民邮电出版社2012年版，第157页。

③　See Barry J. Roger, "The Oligopoly Problem and the Concept of Collective Dominance: EC Development in the Light of U. S. in Antitrust Law and Policy", 2 *Columbia Journal of European Law*, 25 (1996).

头参与者。而在完全竞争市场中，竞争者与市场（顾客和消费者）作为一个整体相互作用；而在垄断市场中，由于市场是由单个企业主导的，根本没有相互作用。因此，很多经济学家相信，由于寡头企业之间存在着无法挣脱的相互依赖，它们可以在不达成协议或者不进行其他交流的情况下协调它们的行动。① 寡头企业以一种竞争性企业所没有的方式相互依赖和彼此协调；每个寡头企业都意识到，与其他企业展开竞争最终会自掘坟墓（self-defeating）。② 许多经济学家喜欢用"默契共谋"（tacit collusion）这个词来描述寡头企业这种相互依赖的状态，因为它确实准确地抓住了核心的经济洞见，即寡头企业可以以类似于卡特尔的方式行事。但是，这一用词让某些法学人士和律师们感到困惑，他们倾向于认为"共谋"（collusion）要么需要实际的协议，要么需要经由意思联络（communication）而协调一致的行为。③ 坦率地讲，如果我们不能用经济学的眼光来认知默契共谋（非合作的默契共谋），那么对于共同市场支配地位制度的理解和运用，难免会一知半解甚至迷失方向。

（一）静态寡头垄断理论：寡头相互依赖的预设

传统经济学对寡头垄断的理论阐释，基本上是以寡头企业在定价、产量决策上的相互依赖（interdependence）作为预设前提的，因而可称其为寡头相互依赖理论——本质上是一种静态寡头垄断理论。由于相互依赖性的存在，寡头企业表现出协调行动的倾向，由此造成负面经济效应

---

① 共谋的结局能够在厂商从未聚会讨论价格问题或从未交换敏感信息的情况下得以维持。参见［意］马西莫·莫塔《竞争政策——理论与实践》，沈国华译，上海财经大学出版社 2006 年版，第 116 页。另外，乔治·施蒂格勒把寡头定价看作共谋定价的更一般化的经济学理论的一个特例。在这一分析中，卡特尔被假定具有多种形式，从受到《谢尔曼法》规制的产业中也许已经基本上被消灭的完善卡特尔，到不要求有可察觉的共谋机制的"卡特尔"——在这种"卡特尔"中，共谋的实现是通过纯粹心照不宣的合意，也就是相互克制，不把产量提高到价格等于边际成本的位置上。See George J. Stigler, "A Theory of Oligopoly", 72 *The Journal of Political Economy*, 44–61 (1964).

② See R. O'Donoghue & J. Padilla, *The Law and Economics of Article 82 EC*, Hart Publishing, 2006, p. 137.

③ 正是不满于人们对法律上"共谋"的僵化理解，波斯纳直言，"有关共谋定价的法律被掏空了经济内涵"。参见［美］理查德·A. 波斯纳《反托拉斯法》（第二版），孙秋宁译，中国政法大学出版社 2003 年版，第 61—62 页。

和消费者福利损害。

以古诺模型（Cournot Model）、斯塔克尔伯格模型（Stackelberg Model）和斯威齐模型（Sweezy model）为代表的传统寡头垄断理论是静态的、单周期的非合作博弈。

古诺模型假设寡头企业通过选择同质产品的产量来竞争，它们只设定一次的产量。此外，每家企业都会根据其对竞争对手的产量预期和扩大总产出的价格效应，来选择与其他企业同时进行的个别产量水平。这种模式的结果是：每家企业的产出水平都超过了竞争对手同意共谋的水平，因为每个竞争对手只考虑其决策所导致的价格影响的一部分。在这种情况下，市场参与者的数量越多，整体产出就会增加得越多，价格就会向完全竞争水平靠拢。然而，在这个模型中，价格总是高于完全竞争市场中普遍存在的价格水平。换言之，古诺寡头博弈的均衡状态，是介于垄断均衡和竞争性均衡之间的福利结果，并非是最令人满意的竞争性均衡下的福利结果。由此，通过反垄断来改进（古诺）寡头垄断下的福利状况，获得了理论基础。①

斯塔克尔伯格模型是古诺产量模型的一个变体，它规定企业不同时作出决策，但是，首先选择产量的参与者是领导者，而其他公司是追随者，它们通过采纳领导者的决定来形成利润最大化的反应。在这种情况下，领导者具有先动的战略优势，因为其数量扩张会诱使追随者减少他们提供的产量。该模型的结果是：与古诺模型相比，领导者的产量更大，市场占有率更高，跟随者的产量更小，市场占有率更低；但整体上，其产量仍低于完全竞争情况下的产量水平，也不是一种最优的福利结果，因而有必要通过反垄断来加以矫正。

此外，斯威齐模型作为另一种静态非合作博弈的寡头垄断模型，则从价格竞争的角度反映出了寡头企业之间类似于价格固定的均衡结果。该模型假定寡头企业意识到相互间的依赖关系，因此，当一个寡头企业提价时，其竞争对手并不提价，以保持市场份额；但是当一个寡头企业

---

① 参见张维迎《经济学原理》，西北大学出版社 2015 年版，第 279 页。

降价时，其竞争对手也降价，以避免市场份额减少，由此形成了寡头垄断市场上的价格黏性（刚性）现象。①

　　实际上，除了以上模型外，还有很多寡头垄断的经济学模型都是以寡头相互依赖为预设前提的。在很多经济学者的信念中，寡头垄断市场区别于完全竞争市场、垄断市场的一个根本特征在于，作为竞争对手的寡头企业相互作用并影响对方的行为，即一家寡头企业的战略决策由于相互依赖而影响其他寡头参与者；换言之，在这些经济学家看来，寡头垄断的本质就是企业之间存在着被认识到的相互依赖性。②由于这种相互依赖性的存在，寡头企业倾向于避免激烈的价格竞争和产量竞争，而宁愿保持价格、产量等行为的一致性。③其实，张伯伦（Chamberlin）早年（1929 年）关于生产类似产品的寡头企业的研究，已指出这些企业会意识到彼此之间的相互依赖关系；由于激烈的价格战是极其残酷的，因而每个寡头企业都宁愿克制和保守，哪怕它们之间没有任何明示的沟通交流，最终也会形成默契共谋（非合作的默契共谋）。此后，贝恩在 20 世纪 50 年代提出"市场结构—利润率"的相关性假设，在这方面的研究中，贝恩认为，寡头市场结构与超竞争性利润水平之间存在正相关关系。这在一定程度上佐证了寡头企业相互间定价、产量决策所暗含的共谋效应。④

　　综上所述，静态寡头垄断理论的逻辑可归纳如下：寡头垄断市场的企业数量很少→企业可以相互监视彼此的行动→企业在决策上相互依赖→企业的行动具有一致性→共谋效应→负面的经济效果和消费者福利损害。此际，反垄断的干预获得了理论基础。但是，以上理论模型及其

---

　　①　参见尹伯成、刘江会《西方经济学简明教程》（第九版），格致出版社 2018 年版，第 172—178 页。

　　②　参见吴汉洪《西方寡头市场理论与中国市场竞争立法》，经济科学出版社 1998 年版，第 8—9 页；［美］曼昆：《经济学原理（微观经济学分册）》（第 6 版），梁小民等译，北京大学出版社 2012 年版，第 354 页。

　　③　参见［美］理查德·A. 波斯纳《反托拉斯法》（第二版），孙秋宁译，中国政法大学出版社 2003 年版，第 65 页。

　　④　参见时建中《共同市场支配地位制度拓展适用于算法默示共谋研究》，《中国法学》2020 年第 2 期。

分析基本上是在静态框架下进行的，寡头相互依赖的理论预设实际上剪裁了寡头市场的复杂性，进而模糊了寡头企业在动态、反复的非合作博弈过程中形成共谋均衡所需要的一系列严格条件。

（二）寡头垄断市场的复杂性

相较于垄断、完全竞争、垄断竞争的市场结构，寡头垄断其实最具复杂性——在寡头市场上"任何事情都可能发生"。[1] 正因如此，静态寡头垄断理论，即寡头相互依赖理论，受到了很多学者的批评。譬如，有学者提出以下质疑：（1）寡头相互依赖理论所依据的古诺模型、斯塔克尔伯格模型等模型，是建立在极为严格的假定条件上的，极大地简化了寡头市场的结构特征；（2）由于对现实进行了过度剪裁，因而该理论夸大了寡头企业在价格、产量竞争等方面的相互依赖性；（3）现实中的许多寡头市场，存在激烈竞争，其价格水平和产量水平都与完全竞争条件的水平相近，这说明寡头市场也可出现竞争性均衡，而非必然是趋近于共谋性均衡；（4）最为要紧的，寡头相互依赖理论更多的是对寡头企业之间默契共谋可能性的描述，而没有指出寡头企业达致、维持默契共谋的系列条件。[2] 其中第一个批评具有基础的重要性，因为寡头市场的运作并非是由具有"支配性"作用的市场结构所单向决定的。[3] 如果市场结构所施加的作用并非绝对，至少在不同行业有所差异，那么想要形成一个普遍有效的针对寡头市场的理论解释就异常困难。正如米尔顿·弗里德曼在谈到寡头垄断的政策时所言，"答案不取决于原则（教条），而取决于经验"[4]。

---

① Barry J. Roger, "The Oligopoly Problem and the Concept of Collective Dominance: EC Development in the Light of U. S. in Antitrust Law and Policy", 2 *Columbia Journal of European Law*, 27 (1996).

② See Richard Whish & David Bailey, *Competition Law* (Eighth Edition), Oxford University Press, 2015, p. 468.

③ 经过修正的哈佛学派的 SCP 范式，认识到了市场结构、市场行为、市场绩效两两之间的相互反馈作用，而非某种单向的因果决定关系。参见上一章第一节的相关论述。

④ Quoted from Barry J. Roger, "The Oligopoly Problem and the Concept of Collective Dominance: EC Development in the Light of U. S. in Antitrust Law and Policy", 2 *Columbia Journal of European Law*, 27 (1996).

事实上，即便是古诺模型所描绘的静态寡头垄断市场，其亦具有相当的复杂性，而绝非是在严格假定条件下该模型所展示的那种不令人满意的结果。例如，伯特兰德模型（Bertrand model）作为寡头垄断的又一种静态模型，其均衡结果就与古诺模型下的均衡结果大相径庭。伯特兰德模型假设竞争对手只设定一次价格，同时且独立地进行竞争，产品同质化，消费者从以最低价格出售的企业购买产品，竞争对手的成本近似。在这种情况下，如果一个竞争对手的价格高于边际成本，那么它的竞争对手就会有动机降低这个价格，以获取整个市场的需求。如果一个竞争对手收取的价格等于边际成本，那么这种削价行为就会达到极限，在这种情况下，没有一家企业会有背离这种策略的动机，因为如果它收取更低的价格，它将无法弥补其生产成本，而收取较高的价格将不会盈利。因此，该模型的结果是，在寡头竞争市场中，与完全竞争市场中价格相同，即价格等于边际成本。在经济学中，这一现象被称为伯特兰德悖论（Bertrand paradox）。①

以上分析说明，即便在寡头垄断市场上，竞争性均衡仍然是可能的。② 而寡头市场均衡结果的多样性和复杂性意味着，哪怕市场上只有少数几家企业，以至于它们意识到彼此之间的相互依赖，但这并不必然保证该等企业最终就能够达到默契共谋均衡。实际上，在芝加哥学派看来，寡头市场结构蕴含着巨大的创新效率、生产效率和交易效率。该学派的代表人物施蒂格勒更是认为：大多数寡头垄断对于社会无危害，危害只产生在极特殊的情况下，因此寡头垄断与社会损害之间并无必然的因果关系。③ 然而，施蒂格勒没有进一步给出寡头垄断造成社会损害的具体条件。

（三）动态寡头垄断理论：寡头企业非合作默契共谋的条件

从可观察的经验层面看，寡头企业之间的竞争不是静态的，也并非

① 对于伯特兰德悖论，经济学家给出了以下几种解释：第一种解释是产能限制或边际收益递减；第二种解释是成本差异；第三种解释是产品的差异化；第四种解释是竞争的"聚点"。参见张维迎《经济学原理》，西北大学出版社2015年版，第280—281页。

② 王彦芳：《寡头市场结构的效率分析》，《经济师》2006年第4期。

③ See George J. Stigler, "A Theory of Oligopoly", 72 *The Journal of Political Economy*, 44–61 (1964).

是单周期的，即不是局限在短暂时间段内的一次性博弈，而是涉及重复的相互作用和策略性互动。在经济学中，动态寡头垄断理论，又称默契共谋理论，其主题就是在没有协议或者可察觉的交流的情形下，即在没有明示共谋的情形下，寡头们如何达到并维持与明示共谋一样的结果。[①]詹姆斯·弗里德曼、迪利普·阿布厄等人的研究证明了通过一种纯粹不合作的机制来实现共谋均衡的可能，即在动态的、重复的超级博弈（supergames）中可以发生类似于合作（明示共谋）的结果。[②]

动态寡头垄断理论认为，默契共谋是一种具有无限重复交互作用的动态非合作博弈。一方面，默契共谋是市场参与者通过采取独立的行动来参与和维持共同的行为过程的一种非合作的协调形式。另一方面，无限次重复的博弈提供了更多的协调机会，从而促进了默契的达成，而共谋的默契共识则不能从单一时期的博弈中推断出来。此外，无限重复的互动是默契共谋得以持续的先决条件，因为它使每个企业都能对其竞争对手过去的行为作出反应，并且有机会对竞争对手的背离共谋均衡的行为（作弊行为）予以报复。而在单周期的或者时间有限的博弈中，对于参与者的作弊行为，很难进行有效的报复和惩戒。换言之，无限重复的博弈，有助于参与者从经验中学习如何协调它们未来的行为，因为它们在制定市场策略时考虑了过去和现在的行为。[③]

尽管动态寡头垄断理论证明了寡头企业非合作默契共谋的可能，但是，这种共谋如何可行？事实上，对于非合作默契共谋的具体实现条件，经济学界至今尚未形成一致的认识。譬如，波斯纳提出了"共谋统一理论"，列出了共谋——无论是明示的还是默契的——赖以为继的若干经济

---

① 参见［美］朱·弗登博格、［法］让·梯若尔《寡头垄断的动态模型：理论与应用经济学基础》，张嫚、谢晓爽译，机械工业出版社 2016 年版，第 63—74 页。

② See James Friedman，"A Non-cooperative Equilibrium for Supergames：A Correction"，38 *Review of Economics Studies*，1 - 12 (1971)；Dilip Abreu，"On the Theory of Infinitely Repeated Games with Discouting"，56 *Economitrica*，383 - 396 (1988)；也请参见蔡继荣《默契合谋下的市场价格操纵机理分析》，《重庆工商大学学报》（自然科学版）2011 年第 3 期。

③ See Gunnar Niels，"Collective Dominance：More than just Oligopolistic Interdependence"，22 *European Competition Law Review*，168 - 172 (2001).

条件。① 德国学者乌尔里希·施瓦尔贝和丹尼尔·齐默尔根据各种条件与寡头企业形成默契共谋的关联程度的大小，将它们区分为基本条件、与企业自身属性有关的条件、与市场相关的条件。② 与这种分类相似，帕特里克·雷伊将寡头企业形成默契共谋的条件分为必备条件、重要条件和其他条件，并详细列举了各大条件之下的细化条件。③ 但是，对于这些"条件核对清单"，谢勒提出了质疑：第一，这些条件并非充分条件；第二，这些条件之间可能存在冲突；第三，有些条件在现实中根本无法搜集到证据。④ 尽管人们很难精确无误地给出寡头默契共谋必然出现的条件，但以下市场特征仍有助于寡头企业形成并维持默契共谋。

（1）高市场集中度。市场集中度是评估相关行业是否适合寡头企业采取和维持共谋策略的有用指标。市场集中度越高，大企业就越有可能进行协调，它们进行共谋的动机也就越强。相反，在低集中度的市场中，共谋的动机较弱，而且共谋更难以维持。

（2）有限的竞争者数量。相关市场的竞争者数量对协调的可能性起

---

① 这些条件包括：（1）市场上卖方集中（寡头市场结构）；（2）没有外围的小企业存在；（3）在竞争价格上，需求缺乏弹性；（4）进入需要很长的时间；（5）市场上买方不集中；（6）标准化产品；（7）非耐用品；（8）主要企业在分销链上的同一层次进行销售；（9）价格竞争比其他形式的竞争更重要；（10）固定成本对可变成本的比率较高；（11）相似的成本结构和生产过程；（12）需求不变或者随着时间流逝不断下降；（13）价格可以迅速变化；（14）秘密投标；（15）市场是地方性的；（16）合作活动频繁；（17）该产业存在反托拉斯"记录"。参见［美］理查德·A. 波斯纳《反托拉斯法》（第二版），孙秋宁译，中国政法大学出版社 2003 年版，第 81—92 页。

② 其中基本条件包括：（1）反复的相互作用；（2）较高的折现因子（可观的未来收益）；（3）可信的惩罚机制；（4）市场透明度高。与企业自身属性相关的条件包括：（1）企业数量较少；（2）企业具有对称性；（3）不存在过剩的产能和库存；（4）企业之间存在结构性关联。与市场相关的因素包括：（1）市场进入困难；（2）需求价格缺乏弹性；（3）背离后会被及时惩罚；（4）产品无差异性或者差异性较小；（5）不存在买方势力；（6）企业在不同市场中相互作用（多市场接触）；（7）不属于成长型市场；（8）不属于创新市场；（9）不存在经济波动；（10）相关地域市场可以被细分和控制。参见［德］乌尔里希·施瓦尔贝、丹尼尔·齐默尔《卡特尔法与经济学》，顾一泉、刘旭译，法律出版社 2014 年版，第 369—430 页。

③ 必备条件包括高市场进入障碍、寡头垄断者之间的高频交往、低创新度等；重要条件包括寡头垄断者数量较少、寡头垄断者相似度较高等；其他条件包括市场透明度较高、消费需求较强、产品差异性较低等。转引自侯利阳《共同市场支配地位法律分析框架的建构》，《法学》2018 年第 1 期。

④ See Frederick Scherer, "The Posnerian Harvest: Separating Wheat from Chaff", 86 *Yale Law Journal*, 974–1002 (1977).

着决定性的作用。众多市场参与者的存在使得达成默契的共谋共识变得更加困难，因为这增加了企业在确定协调焦点（a focal point）方面的难度。再者，与众多企业的共谋，其稳定性也是堪忧的，因为参与者存在着背离协调均衡的强烈动机。此外，大量市场参与者的存在降低了监测背离共同政策的能力。

（3）企业的对称性。对称性是指寡头企业之间在市场份额、成本结构、产能和纵向一体化程度方面的相似性。市场参与者之间的对称性有助于它们采用一种共同的协调政策，因为类似的公司将具有共同的利益，并在协调均衡方面有一致的动机和看法。此外，对称性增加了市场透明度，降低了每个企业面临的与竞争对手的成本和需求条件相关的不确定性程度。此外，对称性通过暗示惩罚作弊的能力，增强了共谋结果的稳定性。

（4）产品同质性。同质产品市场比差异化产品市场更容易发生共谋。高度的产品同质性有助于企业达成默契的协调政策，因为它们易于找到协调的焦点。此外，产品同质化提高了透明度，提高了对欺骗行为的检测能力，从而提高了报复的能力，降低了欺骗的动机，促进了共谋结果的可持续性。

（5）需求稳定或适度增长。当需求条件相对稳定时，参与者的竞争动机被最小化，更容易达成共谋共识。同时，稳定的需求使背叛更容易被发现，因为它有助于将欺骗行为从对单纯的市场条件下的自然反应中区分出来，因此，这样的市场减少了背叛的动机，同时也增强了维持共谋的动机。

（6）产品的需求弹性小或缺乏弹性。弹性是指消费者对一种产品的需求程度，这种需求会随着价格的变化而变化。需求弹性小或缺乏弹性，增加了寡头企业形成共谋的动机，因为在这种情况下，需求不会受到价格上涨的严重影响，因此参与协调的企业将获得更大的利润。此外，需求弹性小或缺乏弹性，有助于稳定共谋策略，因为它减少了作弊的动机，即任何惩罚都会使背叛者的利润大幅减少，换言之，维持共谋比背离共谋更有利可图。

（7）技术成熟即较低的创新程度。技术成熟的市场有助于协调策略的可持续性，因为在这种情况下，没有企业会在共谋共识上作弊，因为它不会比竞争对手获得明显的优势。相反，在一个以高度创新为特征的市场中，企业不太可能采取共谋策略，因为此类市场容易发生快速而不可预测的技术变化，从而导致显著的市场不稳定。此外，创新破坏了协调的稳定性，因为开发了新产品或改进了产品的企业不太愿意维持这种共谋均衡，即增加了其背离共谋的动机，并且报复对这样的企业几乎不起作用。

（8）多市场接触。多市场接触是指企业之间在一个以上市场相互接触。多市场接触在市场参与者之间建立了更紧密的相互依赖关系，并增加了它们相互作用的频率，加强了它们执行一项共谋策略的动机。再者，多市场接触增加了市场的透明度，有助于企业获得有关其竞争对手的信息。此外，这种接触通过弱化个别市场中出现的不对称，促进了共谋的可持续性，即在一个市场上的背离行为可以在所有市场或另一个不同的市场上被惩罚。

（9）不存在边缘企业或特立独行的企业。边缘企业或特立独行的竞争对手的存在可能会限制和动摇一个协调策略。一个特立独行的企业是一个积极进取的竞争者，它表现出的市场行为因其竞争优势而异于其竞争对手，如更低的成本结构、更高的生产能力或更好的产品质量。如果在寡头垄断市场中存在一个特立独行的企业，而该企业有能力扩大产出，并且拒绝参与这种共谋行为，那么这种协调持续存在的可能性就会降低。

（10）存在高进入壁垒。高进入壁垒的存在有利于共谋策略的可持续性，因为第三方不容易渗透进市场，即不能通过降低共谋价格来破坏协调。相反，在低进入壁垒的情况下，任何参与共谋的企业以超竞争水平提高价格的企图都会吸引竞争者进入，因为外来者进入市场并制定较低的价格以获取整个市场的需求是有利可图的，这将破坏在位企业的协调策略。

（11）不存在强大的抵消性买方力量。强大的抵消性买方力量可能会通过向共谋集团的成员提供大规模和长期的供应合同，破坏协调的可持续性，增加了它们背离协调策略的动机。相反，买方力量的脆弱会助长共谋，因为它缺乏约束共谋成员集体提升价格的能力。

事实上，"反垄断"首先是经济学的关注，然后才成为法学的议题。经济学的研究表明，寡头企业的非合作默契共谋具有存在的可能性，然而其实现条件又具有一定的不确定性。这样的认识状况对于反垄断法来讲，可谓"喜忧参半"：之所以"喜"，是因为经济学确证了寡头企业非合作默契共谋存在的可能性，这不仅在理论上有助于拓展传统反垄断法学对"共谋"或者"垄断协议"的定义范围，而且在很大程度上为反垄断法规制寡头默契共谋——没有协议或者可察觉的交流——奠定了正当性基础；之所以"忧"，一方面是因为反垄断法不得不面临规制路径的选择难题，另一方面是由于默契共谋的实现条件缺乏理论和经验上的一致性，因而难免会加剧反垄断法对其调整的不确定性。① 对此，下文将进一步展开论述。

二 寡头默契共谋的反垄断法调整：困境与出路

如何对寡头企业非合作的默契共谋（以下简称"寡头默契共谋"）进行有效规制，反垄断法历来被寄予厚望。然而，从反垄断法体系内可供选择的规制手段上看，无论是垄断协议禁止制度、企业合并控制制度，还是单边行为禁止制度，都存在很大程度的适用障碍或者盲点，因而在整体上暴露出反垄断法调整寡头默契共谋的明显缺陷。为了弥补这一缺陷，有些国家和地区转而寻求反垄断法之外的方法支援，比如日本曾经建立了"寡头同时涨价报告制度"，② 再如英国充分发挥了行业调查以及结构性规制的优势③；与之不

---

① 经济学的研究主要解决对寡头企业非合作默契共谋进行反垄断规制的合理性和正当性，而反垄断法学的研究则主要关注法律如何对寡头企业非合作默契共谋的规制提供有效的制度支撑和秩序保障。关于这种辩证关系的更一般性的论述，参见徐晓松《管制与法律的互动：经济法理论研究的起点和路径》，《政法论坛》2006 年第 5 期。

② 20 世纪 70 年代，日本《独占禁止法》曾引入"寡头同时涨价报告制度"。这项制度主要是为了减轻寡头平行定价情况下发现协议证据的困难，同时也是为了建立威慑，防止寡头企业同时涨价。该制度要求寡头企业提供理由来证明平行涨价是合理的。平行涨价是指寡头企业三个月内以相同或相似的金额或比例涨价。但是，这项制度后来由于以下原因在 2005 年被废止：第一，20 世纪 90 年代经济下行，根据该制度进行报告的企业数量一直在减少；第二，日本公平交易委员会（JFTC）发现该制度的威慑效果有限；第三，该制度不仅给寡头企业带来了负担，也给 JFTC 自身带来了负担。See OECD, Summary of Discussion of the Hearing on Competition Enforcement in Oligopoly Markets, 2015, p. 4, available at https：//one. oecd. org/document/DAF/COMP/M（2015）1/ANN4/FINAL/en/pdf, last visit on Sep. 22, 2018.

③ See OECD, Summary of Discussion of the Hearing on Competition Enforcement in Oligopoly Markets, 2015, p. 7, available at https：//one. oecd. org/document/DAF/COMP/M（2015）1/ANN4/FINAL/en/pdf, last visit on Sep. 22, 2018. 为求论证结构合理，与行业调查相关的内容将在本章末进行阐述。

同，欧盟在其竞争法的框架内——《欧盟运行条约》第 102 条和《欧盟合并控制条例》——逐步探索和发展出了共同市场支配地位制度。在我国，虽然立法者制定《反垄断法》时未必自觉意识到以上"缺陷"，但却在第 24 条"预设"了共同市场支配地位制度。这无疑为《反垄断法》规范寡头默契共谋提供了可能，但也预留了挑战。

（一）垄断协议在证据要求上的障碍

在反垄断法所禁止的三大经济性垄断行为中，垄断协议通常被视作"最大的邪恶"（greatest evil）。[①] 各国（地区）反垄断法无一例外地禁止企业通过合意协调的方式来代替相互竞争的风险，即禁止通过明示（书面或口头）的协议或者其他有助于促成意思联络的交流方式来协调价格、产量、销售地域等事项。在传统反垄断法教义中，意思联络是定义垄断协议不可或缺的要素，而究竟意思联络是明示的还是暗示的，在所不论。因而，垄断协议的违法性认定在很大程度上取决于对主体间意思联络的证明。而意思联络的证据不仅包括明示的协议、决定等，也包括其他较为隐蔽但仍可被察觉的交流方式，比如信息交换、餐厅聚会、电话沟通、会议纪要、开支记录，等等。

虽然寡头默契共谋与明示共谋具有相似的经济效果，都不利于经济效率和消费者福利，但是在上述传统法律教义所设定的路径下，要想将寡头默契共谋定性为垄断协议，实际上面临着诸多证据障碍。[②] 这是因为，寡头默契共谋在本质上是一种非合作的共谋均衡（经济学用语），即是在特定的市场结构条件下，寡头企业通过长期的、反复的超级博弈所形成的协调结果，因而不存在反垄断法意义上的意思联络，也就不存在任何协议或者交

---

① 各国（地区）对垄断协议的称谓并不一致，如美国将其称作"共谋"或者"非法共谋"，德国将其称作"卡特尔"，欧盟将其称作"限制竞争协议"，日本将其称作"不正当交易限制"，法国将其称作"非法联合行为"，韩国将其称作"不正当协同行为"，等等。参见全国人大常委会法制工作委员会经济法室编《中华人民共和国反垄断法：条文说明、立法理由及相关规定》，北京大学出版社 2007 年版，第 66 页。为表述方便，下文将其统称为垄断协议。

② See OECD, Executive Summary of the Hearing on Competition Enforcement in Oligopolistic Markets, 2015, p. 2, available at https://one.oecd.org/document/DAF/COMP/M（2015）1/ANN4/FINAL/en/pdf, last visit on Sep. 22, 2018.

流的证据。按照唐纳德·特纳的说法，寡头企业的默契共谋或者纯粹相互依赖的平行定价，属于"根据相关经济情势做出的个体理性决策……如果法律禁止企业在决定自己的价格和产出时参考它的竞争者可能做出的决策，那么这毋宁等同于法律要求企业做出非理性的行为……对不令人满意的福利结果负根本责任的是产业结构的状况，而不是产业中企业的行为"①。与之不同，波斯纳显然不愿意拘泥于传统法律的教条，他坚定地认为垄断协议的法律规范足以调整寡头默契共谋。为此，他极力倡导"共谋定价的统一理论"，并强烈反对在法律上刻意区分明示共谋和默示共谋（协同行为）。② 然而，从实践情况来看，波斯纳的建议并没有被实务所采纳。③

　　在我国，无论是立法、执法（司法）还是学术研究，垄断协议的传统法律教义始终被坚守着。《反垄断法》第 16 条规定，"本法所称垄断协议，是指排除、限制竞争的协议、决定或者其他协同行为"。该款中"其他协同行为"的表述，其实是将协同行为作为协议和决定的上位概

---

① See Donald F. Turner, The Definition of Agreement under the Sherman Act: Conscious parallelism and Refusal to Deal, 75 Harvard Law Review, 655 – 706 (1962). 为此，特纳给出了三个潜在解决问题的方案：(1) 通过特别立法进行调整；(2) 指控寡头企业联合垄断市场；(3) 拆分寡头企业。See Donald F. Turner, "The Scope of Antitrust and Other Economic Regulatory Policies", 82 *Harvard Law Review*, 1217 – 1231 (1969).

② 波斯纳提出了以下关键论点：(1) 对共谋事实（法律证据）的强调代替对经济效果（价格理论）的关注，这种"警察与小偷"的传统进路有害于一个有效的反托拉斯政策，严重扭曲了政府的执法努力。因为许多固定价格的图谋可能只有微不足道的后果，而很多严重的固定价格（比如寡头默契共谋）可能完全察觉不到。(2) 通过界定出有效共谋的特定经济迹象或间接证据，即通过识别有利于产生共谋的市场具体条件并判断在这些市场中是否确实存在共谋定价，人们可以超越对固定价格的"警察与小偷"的进路，同时解决如何遏制纯粹默示共谋的问题。(3) 为了调和间接证据的经济学进路与法律所要求的共谋证据之间的张力，默示共谋可以用单边合同（unilateral contract）予以解释，即一个销售者通过限制产出表明它的"要约"，而它的竞争对手以同样限制产出的行为作为"承诺"，从而达成默示合意。(4) 间接证据具有复杂性、技术性和不确定性，为了避免潜在的法律失误，在共谋的唯一证据是间接证据的情况下，执法机构应承担更高的证明责任。See Richard A. Posner, "Oligopoly and the Antitrust Laws: A Suggested Approach", 21 *Stanford Law Review*, 1065 – 1110 (1969). 也可参见 ［美］理查德·A. 波斯纳《反托拉斯法》（第二版），孙秋宁译，中国政法大学出版社 2003 年版，第 59—117 页。

③ 美国法院普遍认为，单凭纯粹的平行行为并不足以确认存在协议，除非原告能够证明还存在一些"便利行为"（facilitating practice）或"附加因素"（plus factors）来增强说明力。参见 ［美］赫伯特·霍温坎普《联邦反托拉斯政策——竞争法律及其实践》（第三版），许光耀等译，法律出版社 2009 年版，第 203 页。

念，并用协同行为来揭示垄断协议的构成性。① 虽然我国《反垄断法》中没有明确给出"协同行为"的构成要件，但反垄断执法机构的配套规章均强调认定协同行为不仅要有"行为的一致性"，同时也须具有"意思联络"。② 在我国法院至今审理的唯一一起涉及协同行为的案件中，法院给出了认定协同行为的五个步骤，其中"主观上经营者之间是否进行过意思联络或者信息交流"赫然在列。③ 而在学者的著述中，"一致行动＋意思联络（一致意见）"也是通说。④

值得注意的是，尽管有学者提出根据相关市场的结构情况、竞争状况、市场变化情况、行业情况、企业自身情况等经济迹象或者间接证据（circumstantial evidence，又称旁证或者周边证据）来推定存在协同行为⑤，但是这种方法暗含着"脱离行为而惩罚行为"的危险。⑥ 换言之，在没有

---

① 但是，也有学者持不同的看法，"由于协同行为是平行于协议、决定的子项，'协同行为'附加了'其他'之后便产生了划分标准不统一的问题"。参见刘继峰《试析我国〈反垄断法〉垄断协议概念的形式逻辑问题》，《北京化工大学学报》（社会科学版）2012 年第 4 期；刘继峰《我国反垄断法概念关系的错误及修正》，《中国社会科学院研究生院学报》2009 年第 2 期。然而，协同行为不必然是平行于协议和决定的子项，协议和决定可以是协同行为的两种常态类型。

② 国家市场监督管理总局颁布的《禁止垄断协议的暂行规定》（国家市场监督管理总局令第 10 号）第 6 条规定："认定其他协同行为，应当考虑下列因素：（一）经营者的市场行为是否具有一致性；（二）经营者之间是否进行过意思联络或者信息交流；（三）经营者能否对行为的一致性作出合理解释；（四）相关市场的市场结构、竞争状况、市场变化等情况。"

③ 北京市第二中级人民法院就信雅达密码器横向垄断协议案的反垄断行政诉讼作出的判决指出，以协同行为方式达成垄断协议的认定标准和考虑因素主要有以下五点：第一，是否符合达成垄断协议行为的主体要件。第二，客观上经营者之间是否存在一致性市场行为。第三，主观上经营者之间是否进行过意思联络或者信息交流。第四，经营者能否对一致性行为作出合理解释。第五，相关市场的结构情况、竞争状况、市场变化情况、行业情况等因素。参见北京市第二中级人民法院（2018）京 02 行终第 82 号行政判决书。

④ 比如，王晓晔教授指出，"一个协同行为应当至少满足两个要件：一是两个或两个以上的企业存在一致行为；二是这些企业为了实现一致的行为相互间存在合作。如果只有事实上的一致行为，而没有一致意见，即相互合作，这种行为充其量不过是一致行为，而不能称为协同行为。"王晓晔：《反垄断法》，法律出版社 2011 年版，第 101 页。

⑤ 参见［美］理查德·A. 波斯纳《反托拉斯法》（第二版），孙秋宁译，中国政法大学出版社 2003 年版，第 59—117 页。

⑥ 之所以强调对协同行为的认定须考虑市场结构状况等旁证，实际上是为了弥补共谋（意思联络）证据的不足。但是，反垄断法谴责的是行为而不是结构，一项完全建立在旁证基础上的实施策略，本身严重依赖于结构，可能会违反这个基本政策。参见［美］基斯·希尔顿《反垄断法：经济学原理与普通法演进》，赵玲译，北京大学出版社 2009 年版，第 62—63 页。

发现任何与意思联络相关的传统证据的情况下，仅仅根据"共谋诱因"（conduciveness to collusion）①来对行为作出惩罚，很可能导致"积极错误"，即把有益的合作误认作协同行为。②

（二）合并控制制度的盲点和验证协同效应的严格条件

作为各国（地区）反垄断法的主体制度之一，企业合并控制制度，即经营者集中控制制度，是一种防止市场结构或者市场竞争条件不正当变动的事前规制制度。事实上，该制度为预防寡头默契共谋的风险提供了一个潜在的事前解决方案。反垄断执法机构可以禁止或者纠正使市场更有利于协调的合并。有很多原因可以解释为什么反垄断执法更倾向于将合并控制制度作为调整寡头默契共谋的主要工具。其中最重要的，对拟议中的合并进行干预，可能比事后通过结构性救济措施来解决默契共谋问题更容易、破坏性更小，也更有效。③

寡头默契共谋在合并控制制度中的代名词是"协同效应"（coordinated effects）。④在我国，商务部作为原经营者集中审查的反垄断执

----

①　路易斯·卡波罗（Louise Kaplow）教授与波斯纳持有相似的观点，即当共谋的诱因非常高，以至于很容易协调时，基于沟通交流的方法（communications-based approach）就不再分配责任了。这是因为企业不需要沟通，因此不会被卡特尔法律抓到。在这个悖论区域（paradox region），由于企业不需要诉诸被禁止的沟通交流，因此没有责任。在共谋诱因最强的区域，应通过"直接方法"施加责任。See OECD, Summary of Discussion of the Hearing on Competition Enforcement in Oligopoly Markets, 2015, p. 3, available at https：//one. oecd. org/document/DAF/COMP/M（2015）1/ANN4/FINAL/en/pdf, last visit on Sep. 22, 2018.

②　国内学者中，刘继峰教授也提出了依靠间接证据来证明协同行为，但是其所谓"间接证据"并不限于市场结构等经济迹象（经济证据）或者共谋诱因，尚且要考察企业的沟通证据、行为证据、促进协作的证据。因此刘继峰教授所言"间接证据"其实是传统证据和旁证（周边证据）的结构化组合。参见刘继峰《依间接证据认定协同行为的证明结构》，《证据科学》2010 年第 1 期。

③　在合并控制的制度框架下解决默契共谋问题不太可能对市场中的企业行为产生有害的"寒蝉效应"（chilling effects）。See OECD, Executive Summary of the Hearing on Competition Enforcement in Oligopolistic Markets, 2015, p. 4, available at https：//one. oecd. org/document/DAF/COMP/M（2015）1/ANN4/FINAL/en/pdf, last visit on Sep. 22, 2018.

④　在企业合并控制制度中，协同效应是与单边效应（unilateral effects）相对的概念。单边效应是指，经营者集中后，通过单方面涨价或者减少供应量来追求自身利益的一种反竞争效应或者垄断效应。参见［英］Daniel Gore 等《经济学分析方法在欧盟企业并购反垄断审查中的适用》，黄晋等译，法律出版社 2017 年版，第 259 页。

法机构，其在《关于评估经营者集中竞争影响的暂行规定》（商务部公告 2011 年第 55 号）第四条，将协同效应界定为："当经营者集中所涉及的相关市场中有少数几家经营者时，该集中产生或加强了相关经营者共同排除、限制竞争的能力、动机及其可能性。"然而，截至目前，我国还没有一起基于协同效应而被禁止的经营者集中案件。①

尽管合并控制制度是一种预防寡头默契共谋相对有效的工具，但是它也不能完全解决寡头默契共谋问题。这种局限性主要体现在两方面。

一方面，合并控制制度存在盲点。合并控制首先需要参与合并的企业来启动审查程序。如果没有这种触发机制，稳定的寡头市场中的反竞争的协同效应就无法被审查。与此同时，寡头市场的参与者通常不想合并或者合并的激励较弱，因为它们知道这样的合并会招致反垄断审查，而且有被禁止的风险，反而有可能破坏业已建立的协同效应。

另一方面，协同效应的验证条件可能过于复杂。在很多反垄断司法管辖区，很少有合并基于协同效应的损害理论而受到挑战或被禁止，形成这种局面的原因可能是多方面的，其中协同效应检验条件的复杂性是一个最为可信的原因。例如，欧盟委员会在《横向合并审查指南》中要求对协同效应的检验满足四项累积性条件：一是形成了协调机制；二是能够监测背离行为；三是具备惩戒机制；四是能够对抗外部力量。② 事实上，协同效应验证条件的复杂性，同时也导致这类案件的建模变得困难。在单边效应的案件中，合并模拟可以清楚地显示合并后市场价格上涨的程度。③ 但是在协同效应案例中，模拟只能量化企业共

---

① 有 8 起附条件通过的经营者集中案件直接或间接地涉及了协同效应的分析，分析的因素主要是参与集中的经营者持有竞争对手的股权、与竞争对手具有合作关系以及市场透明度较高。参见侯利阳《共同市场支配地位法律分析框架的建构》，《法学》2018 年第 1 期。

② See EU Commission Guidelines on the assessment of horizontal mergers under the Council Regulation on the control of concentrations between undertakings, [2004] OJ C 31/03, para. 44 – 57.

③ 合并模拟（merger simulations）是用于预测合并对于价格的单边影响的市场模拟。参见[英]彼得·戴维斯、[英]伊莲娜·迦瑟斯《竞争与反垄断中的数量技术》，周德发、李三译，中国人民大学出版社 2013 年版，第 317—320 页。

谋的动机。这使得在协同效应案件中定量技术的应用变得更加复杂。①

（三）固守单边行为的制度逻辑：美国反托拉斯法的困境

在如何应对寡头默契共谋的问题上，唐纳德·特纳曾经提出过"共同垄断"（shared monopoly）的概念及其制度设想。② 该制度试图让多个寡头企业作为整体满足垄断力量的要件，进而被纳入《谢尔曼法》第 2条关于垄断化规定的调整范围。③ 特纳认为，寡头市场上的企业能够通过协调相互之间的策略而实现类似垄断的结果，因此多个企业的共同垄断和单个企业的垄断一样，都应受到《谢尔曼法》第 2 条的规范。事实上，特纳所谓的共同垄断制度与欧盟后来发展出的共同市场支配地位制度是非常接近的。④ 然而，"理论之真"并不等同于"事实之真"。美国案例法从未接受共同垄断的规范进路。法院坚定地认为《谢尔曼法》第2 条只能适用于单个企业的行为。例如，在 Rebel oil 案中，第九巡回法院指出，"如果单一企业的反竞争行为旨在促进寡头的生成，那么这不是《谢尔曼法》第 2 条的调整范围。国会仅授权联邦法院审查单个企业垄断化的危害。尽管我们认识到《谢尔曼法》的缺陷使得寡头逃脱了制裁，但是如何弥合缺陷属于国会的关注，而不是司法的关注。"⑤

事实上，在美国国会立法的时候，《谢尔曼法》并没有清晰地界定其中关键的操作性术语，它允许联邦法院根据对具体商业行为的目的和效果的理解进行阶段性的再定义，这种框架性立法赋予了反垄断制度一

---

① See OECD, Summary of Discussion of the Hearing on Competition Enforcement in Oligopoly Markets, 2015, pp. 7 – 9, available at https：//one. oecd. org/document/DAF/COMP/M （2015）1/ANN4/FINAL/en/pdf, last visit on Sep. 23, 2018.

② See Donald F. Turner, "The Scope of Antitrust and Other Economic Regulatory Policies", 82 *Harvard Law Review*, 1225 （1969）.

③ 《谢尔曼法》第 2 条规定，"任何人垄断或企图垄断，或与他人联合、共谋垄断州际间或与外国间的商业和贸易，是严重犯罪。"该条的违法构成要素包括垄断力量和意图垄断市场的特定行为。尽管从条文表述上看，第 2 条没有明确将其规制对象限定为单一企业行为（unilateral conduct），但是法律解释的传统认为，第 2 条的规范框架不能用于解决寡头垄断问题。参见［美］欧内斯特·盖尔霍恩、威廉姆·科瓦西奇、斯蒂芬·卡尔金斯《反垄断法与经济学》（第 5 版），任勇等译，法律出版社 2009 年版，第 264 页。

④ See Reza Dibadj, "Conscious Parallelism Revisited", 47 *San Diego Law Review*, 604 （2010）.

⑤ *Rebel Oil Company Inc. v. Atlantic Richfield Company*, 51 F. 3d （9th Cir. 1995）.

种内在灵活性和演进性。① 然而，在《谢尔曼法》120 余年的演进历程中，为什么法院始终未能发掘出应对寡头默契共谋的恰当方式？实际上，这很大程度上是该法的实施制度的结构所注定的。由于存在严厉的刑事制裁、陪审团制度、广泛的私人诉讼和三倍赔偿制度，该法的解释和实施难免会变得保守一些。②

那么，美国反托拉斯法应对寡头默契共谋的出路在哪里？有学者寄望于《联邦贸易委员会法》第 5 条更加宽泛的措辞——"不公平的竞争方式"（unfair methods of competition）。③ 该条的实施由联邦贸易委员会的行政程序所主导，私人不能据此提起诉讼；并且联邦贸易委会的救济措施只能是面对未来的终止令（cease and desist order），因而《联邦贸易委员会法》的责任标准有理由宽泛于《谢尔曼法》。④ 此外，有学者认为，由于联邦贸易委员会与欧盟委员会在执法特征上具有显著相似性，因而共同市场支配地位制度（共同垄断制度）可以在《联邦贸易委员会法》中得到阐释和运用，从而形成欧盟竞争法和美国反托拉斯法在寡头调控上的趋同性规范。⑤ 以上愿景能否实现，有待于进一步观察。

（四）共同市场支配地位：规范寡头默契共谋的另一种可能

从滥用市场支配地位禁止制度的产生上看，该制度原本是欧盟竞争法着力调整企业单边行为的制度举措，类似于美国《谢尔曼法》第 2 条关于垄断化的规定。《欧盟运行条约》第 102 条规定，"一个或多个企

---

① See Thomas C. Arthur, "Workable Antitrust Law: The Statutory Approach to Antitrust", 62 *Tulane Law Review*, 1163 – 1175 (1988).

② See William E. Kovacic, "The Institutions of Antitrust Law: How Structure Shapes Substance", 110 *Michigan Law Review*, 1019 – 1044 (2012).

③ 但是，长期以来，涉及该条"不公平的竞争方式"的案件非常有限，联邦贸易委员会也没有提供有效的执法政策指引。这引起了一些学者们对其应用前景的担忧。See Jan M. Rybnicek and Joshua D. Wright, "Defining Section 5 of the FTC Act: The Failure of the Common Law Method and the Case for Formal Agency Guidelines", 21 *George Mason Law Review*, 1287 – 1316 (2014).

④ 参见［美］赫伯特·霍温坎普《联邦反托拉斯政策——竞争法律及其实践》（第三版），许光耀、江山、王晨译，法律出版社 2009 年版，第 199—201 页。

⑤ See Marilena Filippelli, "Collective Dominance and Collusion: Parallelism in EU and US Competition Law", Edward Elgar Publishing Limited, 2013, pp. 284 – 290.

业，滥用其在共同市场上，或在其重大部分的支配地位，如果有可能影响成员国间的贸易，则被视为与共同市场不相容而被禁止"。其中，"一个或多个企业"（one or more undertakings）在文义上既可以解释为"一个企业的市场支配地位"，也可以解释为"多个企业的市场支配地位"。此际，如果多个寡头企业可以"共同"拥有市场支配地位，那么寡头默契共谋的规范难题似乎就有了另一种出路。

欧盟委员会很早就意识到了上述规定的解释空间，并在1973年的Hoffman-La Roche案中提出了"共同市场支配地位"的概念。遗憾的是，欧盟法院坚定地认为：共同市场支配地位不能从第102条的规定中推导出来；市场支配地位必须严格区别于寡头企业之间的平行行为，并且市场支配地位只能适用于单一企业。① 在该案中，欧盟法院事实上将第102条"一个或多个企业"的表意假定为了"单一经济主体原则"（single economic entity principle）。② 显然，这种认识在逻辑上是脆弱的。因为单一经济主体原则本身就是在"企业"③ 的概念框架下生成的。如果"多个企业"的表意也指向"单一经济主体"，那么《欧盟运行条约》第101条（禁止限制竞争协议的规定）和第102条中"企业"的概念就会发生分裂，但它们的内涵应当是一致的。④

总而言之，看似不起眼的"多个企业"这四个字，却为共同市场支配地位制度在世界反垄断法制史中预留了一席之地，也为寡头默契共谋这一世界性规范难题，在反垄断法层面提供了另一种可能的规范路径。

---

① See case 85/76 F Hoffmann La Roche & Co AG v Commission［1979］ECR 461.

② See case 85/76 F Hoffmann La Roche & Co AG v Commission［1979］ECR 461. 关于欧盟竞争法上的"单一经济实体原则"，可参见刘武朝《欧盟竞争法的单一主体规则及借鉴》，《比较法研究》2014年第4期。

③ "企业"（undertaking）在欧盟竞争法中是一个包容性很强的概念，它重在主体的经济功能，而不拘泥于民商法语境下主体的法律人格，即使没有法律人格的民商事主体或多个法律人格独立的民商事主体（构成单一经济主体）都可以涵盖于"企业"的概念中。

④ See Alison Jones and Brenda Sufrin, *EU Competition Law: Texts, Cases, and Materials*, Oxford University Press, 2014, p. 919.

第二节　共同市场支配地位的制度实践

尽管《欧盟运行条约》第102条为共同市场支配地位提供了解释空间，但是其制度实践的历程并不顺畅；即便从当前看，共同市场支配地位的规范措置和分析框架仍有待进一步厘清。我国《反垄断法》第24条关于多个经营者市场支配地位推定的规则，隐含着共同市场支配地位的概念和制度。但是，人们对这一推定规则存在某些误读。在异烟肼原料药垄断案中，我国反垄断执法机构首次依据该规定对案件作出处理，但是其案件分析实则暗含着某些隐忧。

一　共同市场支配地位的规范演变

在欧盟竞争法上，共同市场支配地位不仅是《欧盟运行条约》第102条关于滥用市场支配地位禁止制度的相关概念，而且也曾经是《欧盟合并控制条例》关于企业合并控制的检验标准之一。因而共同市场支配地位规范形塑的过程其实是在两种不同制度的交互影响和彼此观照下摸索前进的。

（一）《欧盟运行条约》第102条下的规范阐释

对于共同市场支配地位的规范塑造而言，1992年的Flat Glass案具有重大意义，因为欧盟初审法院首次承认了《欧盟运行条约》第102条下"共同市场支配地位"的概念。[①] 该案中，SIV、FP、VP三家生产和销售平板玻璃的意大利企业在其国内市场份额合计达到95%。从表象上看，这是一个紧凑的寡头市场。欧盟委员会对三家企业展开调查，认为三家企业施加产量配额以及固定产品销售价格和销售条件的行为同时违反了《欧盟运行条约》第101条和第102条。但是，欧盟初审法院否定了委员会大部分的调查结果。关于第101条的指控，法院认为委员会得出协同

---

① See Joined Cases T – 68/89, T – 77/89 and T – 78/89, Società Italiana Vetro SpA, Fabbrica Pisana SpA and PPG Vernante Pennitalia SpA v Commission [1992] ECR II – 1403.

行为结论的基础比较薄弱，不仅没有满足协同行为（concerted practice）的证明标准，而且在证据上也不充分。① 对于第 102 条的指控，法院则推翻了委员会近乎全部的调查结果。法院认为，委员会只是在简单地"循环事实"（recycle the facts），即把用于支持违反第 101 条的事实重复运用到第 102 条的指控中。法院进一步指出，违反第 102 条不必以违反第 101 条为前提；委员会基于第 102 条的指控不仅没有准确界定相关市场，而且对市场支配地位的认定也没有充分考虑到市场竞争状况，因而不足以证明三家企业具有市场支配地位。即便如此，欧盟初审法院并未否认从第 102 条的规定可以推导出共同市场支配地位的概念。法院指出：没有任何法律或者经济上的理由认为第 102 条中的"企业"与第 101 条中的"企业"具有不同含义；没有任何理由能够阻碍两个经济上独立的实体，在特定的市场中，通过"经济联系"（economic links）在事实上获得相对于其他市场参与者的市场支配地位；例如，两个或两个以上独立的企业通过协议或许可证共同拥有一项领先技术，使它们能够在相当大的程度上独立于竞争对手、客户并最终独立于消费者行事。根据法院的说法，"经济联系"即是处于共同市场支配地位的企业之间在协议或者结构上的联系（contractual or structural links）。

　　遗憾的是，欧盟初审法院虽然提出了"经济联系"的概念，但却没有充分阐释其内涵和外延。共同市场支配地位意义上的"经济联系"到底是指什么？企业之间存在协议或者结构上的联系——比如合作协议、行会公约、交叉持股、少数股权、投票表决权、人事连锁、共有合资企业、共有代销企业等，这些对于共同市场支配地位的认定而言，是充分条件还是必要条件？抑或既非充分也非必要？进一步而言，寡头相互依赖的平行行为

---

　　① 在 Woodpulp 案中，欧盟法院对"协同行为"作出了严格的解释：对于寡头企业的平行定价行为，如果存在其他可能的合理解释，比如平行定价仅仅是企业对寡头市场结构的自然反应，那么就不能将平行定价行为解释为协同行为。See Case C89/85 Ahlström v. Commission [1993] ECR I–1307. Woodpulp 案实际上宣示了认定协同行为所必需的两项要素：平行行为的客观要素和意思联络的主观要素。See Marilena Filippelli, *Collective Dominance and Collusion：Parallelism in EU and US Competition Law*, Edward Elgar Publishing Limited, 2013, pp. 77–83.

是否也是某种适格的"经济联系"？这些问题引起了很大的争议。①

（二）《欧盟合并控制条例》下的规范阐释及对第 102 条的启示

共同市场支配地位的概念之所以与欧盟合并控制制度具有相关性，是因为 1989 年颁行的《欧盟合并控制条例》将"创设或者加强市场支配地位"作为合并控制的验证标准，而"创设或者加强共同市场支配地位"这一细分标准后来得到了判例法的确认。尽管《欧盟合并控制条例》在 2004 年被修订，相应的验证标准变为"显著减损竞争"（significant lessening of competition，简称 SLC 检验），② 然而，是否创设或者加强协同效应（共同市场支配地位）在该标准下仍然是相关关注。③ 有必要说明的是，虽然合并控制制度与条约第 102 条在某些方面不尽相同——前者是预测性的，旨在防止市场结构的不正当变动，而后者是在事后对支配企业的策略性行为进行规制——因而似乎有理由认为，在市场支配地位的认定上，合并控制中的标准可以低于第 102 条。但无论如何，合并控制中有关共同市场支配地位的界定对于第 102 条显

---

① 正如欧盟学者所言，基于太多的原因欧盟初审法院在该案中的分析既让人兴奋又让人沮丧，法院承认了共同市场支配地位的概念和制度，但却没有对"经济联系"的概念作出明确阐释。See Chris Withers and Mark Jephcott, "Where to Go Now for E. U. Oligopoly Control", 22 *European Competition Law Review*, 297（2001）. 此外，1994 年的 Almelo 案紧随 Flat Glass 案，该案本来是助推规范发展和阐明"经济联系"的一次难得机会，但欧盟法院的分析并不让人满意。虽然法院再次承认第 102 条包含了共同市场支配地位的概念，并指出在第 101 条和第 102 条的禁止范围内，相同的事实可以同时满足以上禁止性规定，但是欧盟法院并没有讨论如何对共同市场支配地位进行检验。法院仅仅强调企业"必须系于特定的联系，以至于他们在市场上采取相同的行为"，而没有说明什么性质或者类型的联系（links）能够使企业构成共同市场支配地位。与此同时，欧盟法院将"集群企业的共同行为"（common conduct of a group of undertakings）作为共同市场支配地位的核心特征。这进一步加剧了人们的争议和揣测——不仅仅是企业之间的协议或者结构联系，其他包括寡头相互依赖，是否都是证立共同市场支配地位的适合的"经济联系"。See Case C - 393/92 Almelo v NV Energiebedrijt Ijsselmij［1994］ECR I - 1477; See also Felixe E. Mezzanotte, Interpreting the Boundaries of Collective Dominance in Article 102 TFEU, 21 *European Business Law Review*, 524（2010）.

② 采用 SLC 检验的原因之一是，它具有不必将《欧盟合并控制条例》下"市场支配地位"的定义和检测与法院对《欧盟运行条约》第 102 条下"市场支配地位"概念的任何解释联系起来的特别优势，即这两种制度对市场力量程度上的要求可以相分离而有所不同。See Explanatory Memorandum to the Draft Merger Regulation, OJ 2003 C 20/4, para. 57.

③ See EU Commission Guidelines on the assessment of horizontal mergers under the Council Regulation on the control of concentrations between undertakings,［2004］OJ C 31/03, para. 44 - 57.

然也具有基础性的启示作用。①

　　1989 年的《欧盟合并控制条例》没有明确规定创设或者加强共同市场支配地位的企业合并应当被禁止。共同市场支配地位的概念第一次出现在合并控制领域是在 1999 年的 Gencor/Lonhro 案中，该案对于澄清《欧盟运行条约》第 102 条对共同市场支配地位的解释具有重大影响。在该案中，欧盟委员会决定禁止铂金市场的一项合并，理由是这将导致建立一个有利于竞争者协调的双头垄断市场。委员会指出：寡头企业仅仅为了适应市场条件也会导致反竞争的平行行为，从而使寡头垄断演变为共同市场支配地位。② 在上诉中，参与合并的企业提出，委员会未能证明所谓的双头垄断的成员之间存在 Flat Glass 案意义上的"经济联系"，例如结构联系。对此，初审法院支持了委员会的观点，并指出：没有人支持"经济联系"只限于有关企业之间的结构联系，也没有任何法律或者经济上的理由将寡头企业之间相互依赖关系排除在"经济联系"的概念之外，尽管这取决于某些市场特征；共同市场支配地位是紧凑的寡头市场中相互依赖的企业之间的相互关系；这种市场具有以下显著的特征，即市场集中、市场透明度高、产品同质性强；在这样的市场上，每个企业以其他企业的行为作为自己作出行为的参照，从而导致统一的行动，尤其是以共同限制产量、获得最大利润的方式来提升产品价格。③

　　概而言之，Gencor/Lonhro 案的裁判要旨在于：没有协议或者结构联系的寡头默契共谋也可能导致共同市场支配地位。这进而纠正了 Italian Glass 案之后出现的一种误解，即共同市场支配地位必然需要企业之间存在协议或者结构上的经济联系。

　　Gencor/Lonhro 案中法院对共同市场支配地位的理解很快传递到了《欧盟运行条约》第 102 条，并在 2000 年欧盟法院对 CEWAL II 案的判决中呈

---

① See R. O'Donoghue & J. Padilla, *The Law and Economics of Article 82 EC*, Hart Publishing, 2006, p. 137.

② See Case Commission No. IV/M 619, Gencor/Lonhro.

③ See Case T – 102/96, Gencor Ltd v Commission [1999] ECR II – 753, paras. 276 – 277.

现出来。在 CEWAL II 案中①，尽管涉案企业的共同市场支配地位是通过协定和结构联系实现的——涉案企业系于同一班轮公会协议，而非仅仅是通过便利性的市场条件实现的，但欧盟法院借机就第 102 条下共同市场支配地位的认定方法作了更具一般性的声明。法院指出：市场支配地位可以由两个或者多个在法律上相互独立的经济实体所拥有，从经济的视角看，只要这些企业在特定的市场上表现得就像是一个"共同实体"（a collective entity）②；协议的存在或者其他法律联系（结构联系）的存在并非是认定共同支配地位的先决条件，共同市场支配地位的认定可以基于其他联系因素，并且依赖于经济评估，尤其是对所涉市场结构的评估。

---

①　欧盟委员会于 1993 年对四个班轮公会（Cewal、Cowac、Mewac、Ukwal）提供的欧洲与西非之间的航运服务展开调查。在一系列的事实中委员会认定：Cewal 公会及其成员企业提供的集装箱品和大宗商品的班轮服务条款，背离了既定的收费表，通过设置更低的费率排挤了同一航线上仅存的竞争对手 G&C 和 African Liner，因而违反《欧盟运行条约》第 102 条的规定，构成共同市场支配地位的滥用。在市场支配地位的认定中，欧盟委员会认为，Cewal 的成员企业通过公会协议使得彼此之间产生了密切的经济联系，因而这一支配地位是这些成员所共同拥有的。据此，欧盟委员会要求涉案企业终止违法行为，并对 Cewal 的四家成员企业 CMB、Dafra Line、Nedlloyd Lijnen BV 和 Deutsche Afrika Linien-Woermann Linie 处以了罚款。此后，四家成员企业向欧盟初审法院提起诉讼，请求撤销欧盟委员会的决定。它们的抗辩理由主要是，涉案行为并不具有扭曲竞争的目的或效果，也不构成市场支配地位滥用行为。初审法院基本认可欧盟委员会的认定，其在判决中指出，Cewal 成员在相关市场上的地位应当被共同地进行评价，因为这些成员加入班轮公会后通过订立某些协议，共同地从事了相关的滥用行为。基于此，初审法院仅判决减少了罚款数额，并未支持原告们撤销欧盟委员会决定的主张。CMB、CMBT（CMB 设立的独立实体）和 Dafra Line 对初审法院的判决不服，又向欧盟法院提起上诉。他们对共同支配地位的滥用行为予以否认，认为没有足够的经济联系表明 Cewal 成员企业能被作为共同市场支配地位看待，即便他们之间存在着一致行动，也应是《欧盟运行条约》第 101 条的评价范围而非落入第 102 条滥用市场支配地位的调整范围。关于《欧盟运行条约》第 101 条和 102 条的关系，欧盟法院作出了富于教益的阐述：条约第 101 条和第 102 条的措辞清楚地表明，同一行为可以同时违反两个条文，因此，不能先验地说这两个条文不能同时适用。尽管两个条文可以同时适用，但两个条文追求的目标是不同的。条约第 101 条适用于可能显著地影响成员国间贸易的协议、决定或协同行为，而不管所涉及企业的市场地位如何；条约第 102 条则适用于一个或多个企业从事的滥用经济力量的行为，这种力量使其能够相当程度地独立于竞争者、客户，最终独立于消费者，从而使其有能力阻碍相关市场上有效竞争的维持。See Cewal, Cowac and Ukwal, OJ 1993 L 34/20, upheld on appeal in Joined Cases T–24/93, T–25/93, T–26/93, and T–28/93, Compagnie Maritime Belge Transports SA and Others v Commission [1996] ECR II–1201, and in Joined Cases C–395/96 P and C–396/96 P, Compagnie Maritime Belge Transports SA and Others v Commission [2000] ECR I–1365.

②　该案中，法院将"共同实体"描述为：多个企业——特别是由于这些企业之间产生联系的因素——能够在相关市场上采取共同的策略，并在相当大的程度上独立于其竞争对手、客户和消费者而行动。

　　紧接着的 2002 年，在欧盟委员会对 Airtours/First Choice 案合并禁令的上诉中，欧盟初审法院延续了 Gencor/Lonhro 案的思路，进一步澄清了《欧盟合并控制条例》下认定共同市场支配地位的若干原则，以及间接适用于《欧盟运行条约》第 102 条下共同市场支配地位的解释原则。法院给出了一个更加清晰、更为结构化的共同市场支配地位的分析框架。法院认为，要认定共同市场支配地位，必须满足三个累积要件：（1）存在足够的市场透明度，以至于每一个寡头成员有能力知道其他成员的行为，以便监测它们是否采取了共同策略；（2）随着时间的推移，默契的局面必须是可持续的，即必须有一种激励机制促使寡头成员不背离共同策略。因此，对背离共同策略的行为进行报复不仅必要而且须具有可信性。（3）应确定目前（实际）或者将来（潜在）的竞争对手以及消费者的可预见反应（竞争性反应）不会危及共同策略的预期结果。①

　　事实上，Airtours/First Choice 案的分析框架此后成为欧盟委员会在合并控制领域中验证协同效应（共同市场支配地位）的基准。② 然而，回到《欧盟运行条约》第 102 条下，即便欧盟法院在 2003 年的 TACA 案③和 2005 年的 Piau 案④中都援引了 Airtours/First Choice 案的分析方法，但根本上，这两个案件所认定的共同市场支配地位仍主要是基于企业之间所存在的协议或者结构上的联系。前者涉及 TACA 班轮公会的成员企业签订的固定内陆运输费率的协议，后者涉及各国足协及其俱乐部系于共同的 FIFA（国际足联）所制定的球员经纪人规则（PAR）。这即是说，在《欧盟运行条约》第 102 条下，至今还没有出现过任何一起完全不牵涉协议或者结构联系，而只是根据寡头默契共谋——合并控制

---

　　①　See Case T‑342/99, Airtours plc v Commission［2002］ECR Ⅱ‑2585.

　　②　最明显的，欧盟委员会 2004 年发布的《横向合并审查指南》要求对协同效应（共同市场支配地位）的检验须满足四项累积要件：一是形成了协调机制；二是能够监测背离行为；三是具备惩戒机制；四是能够能够对抗外部力量。See EU Commission Guidelines on the assessment of horizontal mergers under the Council Regulation on the control of concentrations between undertakings,［2004］OJ C 31/03, para. 44‑57.

　　③　See Joined Cases T‑191/98 and T‑212/98 to T‑214/98, Atlantic Container Line AB and Others v Commission［2003］ECR Ⅱ‑3275.

　　④　See Case T‑193/02, Laurent Piau v Commission［2005］ECR Ⅱ‑209.

中称为协同效应——的检验标准来认定相关企业具有共同市场支配地位的案件。

（三）简评和启示

上文大致梳理了共同市场支配地位在欧盟竞争法中规范演变的历程。总体上看，对于如何界定共同市场支配地位的问题，欧盟初审法院和欧盟法院更倾向于贯彻经济学有关寡头默契共谋的相关洞见，即从市场互动或者便利性条件的角度来评估共同市场支配地位。这尤其体现在对 CEWAL II 案的判决中，对于《欧盟运行条约》第102条下共同市场支配地位的认定，欧盟法院明确否定了那种将企业之间存在协议或者结构联系作为先决条件的认识，与此同时，又突出强调经济评估和市场结构评估的重要性。然而，迄今为止，依据第102条下的所有决定和判决都是涉及企业之间存在协议或者结构联系，进而导致它们作为一个共同实体行事，最终才被认定为具有共同市场支配地位。换言之，直接将滥用市场支配地位禁止制度用于规范寡头默契共谋的功效迄今尚未得到直观体现。

进一步观察，欧盟竞争法中似乎存在着两种形成机制不尽相同的共同市场支配地位：一种是"协议或者结构联系驱动型的共同市场支配地位"，另一种是"市场条件和企业互动驱动型的共同市场支配地位"。前者主要对应于《欧盟运行条约》第102条下的案例，后者主要对应于《欧盟合并控制条例》下的案例。然而，人为地作出这种区分或者刻意地强调这种差异，恐怕于实践无益。从根本上讲，共同市场支配地位作为反垄断法中的规范概念，其所依托的原理应当是同一的，而这一原理就是经济学中的寡头默契共谋理论（动态寡头垄断理论）。事实上，之所以能够基于企业之间的协议或者结构联系而认定它们具有共同市场支配地位，这可以从两方面加以解释：一方面，存在协议或者结构联系的情况下，寡头企业更具有避免相互竞争的动机，同时也更具有采取共同策略的基础，因而更有利于彼此协调；另一方面，协议或者结构联系无非是某种形式，这些表面因素完全可以且应当与促成寡头默契共谋的市场内在因素吻合起来，形成互为表里、逻辑一致的证明结构。

当然，这也不是说共同市场支配地位在合并控制制度和滥用禁止制度中就完全没有差别。其中有两个差别是不容忽视的：第一，合并控制是一种事前预防机制，具有预测性，因而只需要证明企业在合并后具有或者可能具有共同市场支配地位（协同效应）就足够了；而滥用禁止是一种事后纠偏机制，具有救济性，因而必须证明共同市场支配地位已经存在，即寡头默契共谋（协调）已经发生。第二，上述差异同时意味着，合并控制情形下共同市场支配地位的证明标准可以低于滥用禁止情形下共同市场支配地位的证明标准。

二　我国《反垄断法》关于共同市场支配地位的规定

我国《反垄断法》中有没有规定共同市场支配地位的制度？对此，权力部门和学界鲜有直接说明。即便存在着一些零星的阐述，其认识也并不准确，甚至存在误读。因此，有必要首先对《反垄断法》的相关规定予以释疑。

（一）《反垄断法》第24条的误读

我国《反垄断法》在滥用市场支配地位禁止制度的设计上明显借鉴了欧盟、德国的反垄断法[①]，但是相关条文表述并未像《欧盟运行条约》第102条和德国《反限制竞争法》第19条一样，明确突出"一个或者多个企业"的主体情状。[②]《反垄断法》第22条第1款只是概括性地规定，"禁止具有市场支配地位的经营者从事……"第22条第3款关于市场支配地位定义也没有区分"单一企业的市场支配地位"和"共同市场支配地位"。虽然《反垄断法》第24条关于多个经营者市场支配地位推定的

---

① 参见《中华人民共和国反垄断法（注释本）》，法律出版社2017年版，第19页；王晓晔《〈中华人民共和国反垄断法〉析评》，《法学研究》2008年第4期。

② 《欧盟运行条约》第102条第1款规定，"一个或多个企业，滥用其在共同市场上，或在其重大部分的支配地位，如果有可能影响成员国间的贸易，则被视为与共同市场不相容而被禁止"。德国《反限制竞争法》第19条第1款规定，"禁止一个企业或者多个企业滥用市场支配地位"。参见中华人民共和国商务部反垄断局编《世界主要国家和地区反垄断法律汇编（上册）》，中国商务出版社2013年版，第343、699页。

规则①，隐含着共同市场支配地位的概念和制度，但是如何理解这一规定，人们的认识并不清晰，甚至相互矛盾。

例如，有学者认为，我国《反垄断法》"明确"规定了共同市场支配地位制度，其指出，"共同市场支配地位是我国《反垄断法》中的一个重要概念，由第19条（现第24条）以三个基于市场份额的法律推定而被明确规定，只是在提出共同市场支配地位概念后，该条既未解释何为共同市场支配地位，也未提供任何明确的分析方法，这在很大程度上导致了共同市场支配地位法律规定相对不确定之窘境。"② 该解读虽然洞察到了共同市场支配地位制度的存在，但认识上似乎不尽妥当。因为从《反垄断法》的文本看，"共同市场支配地位"乃至"一个或者多个经营者"的用语都是不存在的③，共同市场支配地位的概念和制度仅仅是隐含或潜藏在《反垄断法》第24条的规定中。它需要被解读出来。

与此同时，来自"权威机构"的解读着实令人费解。全国人大常委会法制工作委员会经济法室对《反垄断法》第24条的解释，一方面认为，"将多个企业作为整体推定具有市场支配地位，主要是解决市场寡头垄断问题"；另一方面又认为，"将多个企业的市场份额合并计算来推定其中的每个企业都具有市场支配地位，这样的制度安排可以有效地对从事相同行

---

① 《反垄断法》第24条规定：［第一款］有下列情形之一的，可以推定经营者具有市场支配地位：（一）一个经营者在相关市场的市场份额达到二分之一的；（二）两个经营者在相关市场的市场份额合计达到三分之二的；（三）三个经营者在相关市场的市场份额合计达到四分之三的。［第二款］有前款第二项、第三项规定的情形，其中有的经营者市场份额不足十分之一的，不应当推定该经营者具有市场支配地位。［第三款］被推定具有市场支配地位的经营者，有证据证明不具有市场支配地位的，不应当认定其具有市场支配地位。
② 侯利阳：《共同市场支配地位法律分析框架的建构》，《法学》2018年第1期。笔者认为，《反垄断法》并没有明确提出共同市场支配地位的概念，共同市场支配地位的概念和制度仅仅是潜藏在该法第24条的规定中。
③ 但是，《中华人民共和国反垄断法（草案）》曾经将"市场支配地位"定义为："本法所称市场支配地位，是指一个经营者或者数个经营者作为整体在相关市场内具有能够控制商品价格、数量或者其他交易条件，或者能够阻碍、影响其他经营者进入相关市场能力的市场地位。"然而，最终颁布的《反垄断法》把草案中"一个经营者或者数个经营者作为整体"的表述剔除了。其原因为何，不得而知。但笔者认为这是一种立法倒退。参见王先林《论滥用市场支配地位的法律规制——〈中华人民共和国反垄断法（草案）相关部分评析〉》，《法商研究》2007年第4期。

为的寡头垄断企业（没有达成垄断协议的证据）的行为进行规范和制约"①。显然，"将多个企业作为整体推定具有市场支配地位"和"推定其中的每个企业都具有市场支配地位"是不可兼容的，二者具有天壤之别。如果按照后一种解读，那么市场支配地位所施加给企业的特殊义务未免太过宽泛，企业自然的、合理的商业努力因而难免会受到阻抑。

因此，有必要强调，共同市场支配地位是指，寡头企业系于特定联系而组成的整体（共同实体）所具有的显著超脱其竞争对手、客户和消费者的约束，从而能够阻碍该市场之有效竞争的市场地位。换言之，这一市场地位须由寡头企业共同维系，单独的某个企业不具有这种能力。因此，全国人大法工委经济法室的后一种解读是错误的，应当予以纠正。

（二）《反垄断法》第24条推定规则存在的缺陷

我国《反垄断法》第24条借鉴德国、韩国等国家反垄断法的相关规定，建立了依据特定市场份额对市场支配地位的推定规则。其中不仅包括对单一企业的市场支配地位的推定规则②，同时也包括对多个经营者之共同市场支配地位的推定规则。《反垄断法》第24条规定，"［第一款］有下列情形之一的，可以推定经营者具有市场支配地位：（一）一个经营者在相关市场的市场份额达到二分之一的；（二）两个经营者在相关市场的市场份额合计达到三分之二的；（三）三个经营者在相关市场的市场份额合计达到四分之三的。［第二款］有前款第二项、第三项规定的情形，其中有的经营者市场份额不足十分之一的，不应当推定该经营者具有市场支配地位。［第三款］被推定具有市场支配地位的经营者，有证据证明不具有市场支配地位的，不应当认定其具有市场支配地位。"综合该条第一款第二项、第三项和第二款的文义，可大致将其凝练为：如果相关市场的集中度高，属于紧凑的寡头市场，那么便可以推定寡头企业具有共同市场支配地位。但是，正如前文所述，寡头市场具有复杂性；寡头市场结构与寡头默契共谋不具有必然联系，它充其量只是

① 全国人大常委会法制工作委员会经济法室编：《中华人民共和国反垄断法：条文说明、立法理由及相关规定》，北京大学出版社2007年版，第113页。
② 参见本书第五章第一节的相关阐述。

寨头默契共谋的便利条件之一。因此，仅仅系于市场份额的单一因素就推定寨头企业具有共同市场支配地位，这从实现寨头默契共谋所需具备的复杂条件上看，是完全站不住脚的。

此外，从举证责任分配的层面看，该规定也有问题。执法机构或者原告只需要证明涉案寨头企业符合上述市场份额指标，就完成了举证责任，此后繁重的举证责任被转移给被控诉企业，由其负担不能证明它们不具有共同市场支配地位的不利后果。这样的设置未免太过仓促和轻易地卸掉了事实调查者——尤其是反垄断执法机构——的举证负担。这样做无疑会使《反垄断法》陷于过度威慑的境地。

事实上，作为该规定借鉴对象的德国《反限制竞争法》第 19 条第 3 款，其在适用推定规则之前，尚且限定性地强调，"由多个企业组成的整体具备以下条件时，推定其具有市场支配地位……"这即是说，如果多个寨头企业没有形成整体——用欧盟竞争法的术语来讲，即没有形成共同实体——那么即便这些企业符合了市场份额指标，也不能推定其具有市场支配地位。换言之，执法机构或者原告尚且负有证明寨头企业构成一个"整体"或者"共同实体"的初步举证责任。[1]

我国《反垄断法》实施十余年来，反垄断执法机构和法院几乎没有运用过第 24 条关于多个经营者市场支配地位的推定规则，因而共同市场支配地位的规范内涵也就缺乏权威的阐述。2017 年国务院反垄断机构查处的异烟肼原料药垄断案[2]，首次涉及上述规定的适用。原本这是一次

---

[1] 如何证明寨头企业构成整体或者共同实体，下一节将详细论述，此处仅引出问题。

[2] 异烟肼原料药垄断案中，上游市场生产异烟肼原料药的企业只有 3 家，新赛科公司和汉德威公司历年来所占据的市场份额均远高于大得利公司，因而几近于双头市场结构。这样的市场结构比较有利于新赛科公司和汉德威公司彼此协调经营策略。事实上，两家公司都一致地与隆舜和公司达成独家包销协议，仅向隆舜和公司及其指定的制剂企业、商业公司出售异烟肼原料药。基于以上事实，国家发展和改革委员会依据《反垄断法》第 24 条的规定，确认新赛科公司和汉德威公司在相关市场的份额合计超过三分之二，且二者在相关市场的份额近年来分别从未低于十分之一，进而推定二者具有市场支配地位。与此同时，国家发展和改革委员会结合《反垄断法》第 23 条分析认定二者在异烟肼原料药市场上具有市场支配地位，并根据《反垄断法》第 22 条的规定分别对新赛科公司和汉德威公司滥用市场支配地位，以不公平高价销售异烟肼原料药、没有正当理由拒绝向下游制剂企业销售异烟肼原料药的行为作出处罚。参见国家发展和改革委员会行政处罚决定书〔2017〕1 号、2 号。

绝佳的对共同市场支配地位制度作出阐释的机会，但是其分析根本没有
体现共同市场支配地位的概念意识（法律意识）。该案处罚决定书的相
关分析似乎仅仅是对法条的单调延展和机械运用，甚至通篇没有涉及关
键性的分析概念，比如"共同市场支配地位""共同实体"或者"共同"
"整体"等。因此，在我国反垄断法的规范建设的进程中，如何促使共
同市场支配地位之概念意识的觉醒，如何对共同市场支配地位的认定构
建较为合理的分析框架，实际上都是当前面临的迫切任务。

第三节 我国反垄断法中共同市场支配地位的规范建构

上文对寡头垄断经济学理论的阐述，对共同市场支配地位在欧盟竞
争法中规范演变的考察，以及对我国《反垄断法》相关规定的释疑及问
题剖析，最终都是服务于构建一个强健的关于共同市场支配地位的分析
框架。当然，从应对寡头垄断问题的根本关切上讲，共同市场支配地位
的分析认定并非最终目的，其本身也并不违法，关键还得落实到滥用行
为的规制上。与此同时，某些非执法工具，比如行业调查或者市场竞争
状况评估、执法评估等，对于优化反垄断执法和消解寡头垄断问题或许
大有裨益。

一 共同市场支配地位的法律分析框架

共同市场支配地位法律分析框架的建构涉及两方面的问题：一是认
定共同市场支配地位需要哪些构成要件以及构成要件要素？二是对于这
些构成要件以及构成要件要素，如何合理地分配其举证责任？对于前者，
我们不能脱离动态寡头垄断理论的观照，即不能忽视该理论对寡头默契
共谋在实现条件上的系列见解。对于后者，我们应以适度威慑和法律确
定性原则为指导，避免举证责任配置的畸轻畸重。

（一）共同市场支配地位的构成

共同市场支配地位制度奠基于动态寡头垄断理论，即寡头默契共谋

理论。经济学的研究表明，寡头企业之间通过长期的、反复的互动可以达致共谋均衡，然而这需要满足一系列复杂的条件。对此，波斯纳、雷伊、施瓦尔贝等学者给出了不同版本的"条件清单"。应当说，这些"条件清单"尽管存在某些差异，但大体上是近似的。比如，市场较为透明、具有惩罚机制、不具有外部抗衡力量等都是共通条件。欧盟委员会《横向合并审查指南》对协同效应的判定，实际上就吸收了这些共识性条件。然而，这些"条件清单"或许全面性有余，但在结构化方面却有待改进。从执法或者司法决策的角度讲，究竟哪个或者哪些条件应当优先考虑？不同条件的考虑序位如何设置才是收益最优的？[①] 对此，单是给出一份"条件清单"恐怕不能提供任何有益的指引。在这方面，罗伯特·唐格和乔治·帕迪拉提供了一种更加结构化的方案。[②] 他们认为，寡头默契共谋的实现，无非要具备两方面的基本条件：首先是"可能性条件"（或动机条件），即寡头企业须具有避免相互竞争的可能或者动机；其次是"可行性条件"（或能力要件），即寡头企业具有达成和维持默契共谋的现实条件和能力。从规范措置上看，以这两大条件作为共同市场支配地位的核心构成要件，并进一步整合构成要件各自项下的系列构成要件要素，可以形成结构较为合理的法律分析框架。

1. 可能性要件（动机要件）

在共同市场支配地位的认定中，对可能性要件的分析具有初始的优先性。因为如果寡头企业不具有避免相互竞争的动机，或者说不具有形成共同策略的基础，那么对可行性要件的分析就难免会变得抽象。而可能性要件能否得到满足，关键在于寡头企业之间是否具有共同利益。共同利益的存在是寡头企业寻求默契协调的根本动力。试想，一个拥有突出创新能力且成长性良好的寡头企业，几乎不会有任何理由或激励与另一个处于衰退的寡头企业在价格、产量、销售地域等方面进行协调。

---

① 关于决策理论（decision theory）在反垄断法中的应用，See C. Frederick III Beckner & Steven C. Salop, "Decision Theory and Antitrust Rules", 67 *Antitrust Law Journal*, 41-76 (1999).

② See R. O'Donoghue & J. Padilla, *The Law and Economics of Article 82 EC*, Hart Publishing, 2006, pp. 139-145.

进一步讲，那些有助于促进寡头企业之间①形成利益同盟的联系因素，都可以归为可能性条件项下的构成要件要素。这些要素包括但不限于：

（1）财务联系（结构联系）。如果寡头企业之间具有财务联系，那么为了彼此的利益最大化，它们避免竞争并采取共同策略的可能性最大。事实上，财务联系在很多情况下就是寡头企业之间的结构联系。比如，寡头企业之间的交叉持股；某个机构投资者对寡头企业们进行横向持股（horizontal shareholding）②；一个寡头企业对另一寡头企业拥有少数股权或投票表决权；寡头企业之间存在人事连锁（interlocking directorships）；寡头企业共同设立合资企业，或者委托相同销售代理，或者共用（依赖）同一经销企业，等等。

（2）对称性。如果寡头企业或者它们的产品在本质上是不同的，那么可能没有一个共同的价格或者策略是各方所能接受的。寡头企业之间是否具有对称性，这涉及多方面的因素。具体来说，如果寡头企业之间在成本结构、产能结构、市场份额、产品线或者产品同质性以及增长前景上具备对称性，那么它们进行默契协调的可能性更大。否则行业利润最大化会导致参与协调的成员的产量和利润水平不同，最终可能需要某些参与者退出市场。

（3）不存在特立独行的企业（mavericks）。一个特立独行的企业可能会捣毁寡头企业之间的共同利益。在特立独行的企业面前，寡头企业进行协调的可能性几乎没有。一个特立独行的企业可以通过某些特征来识别，比如产能过剩、激进的定价和非定价行为（例如广告宣传），等等。具有这些特征的企业很可能会背离企业之间的任何共识或者默契，从而阻碍市场的协调。③

---

① "寡头企业之间"这一称谓本身就意味着相关市场是集中度较高的寡头市场，因此对于"市场集中度高"这一构成要件要素，此处不再单独列出和阐述。

② See Einer Elhauge, "Horizontal Shareholding", 129 *Harvard Law Review*, 1267 – 1317 (2016).

③ See Jonathan B. Baker, Mavericks, Mergers and Exclusion: Proving Coordinated Effects under the Antitrust Law, 77 *New York University Law Review*, 135 –203 (2002).

（4）系于一致的管理性规范。如果说寡头企业之间存在财务联系（结构联系）以及具备对称性是其协调彼此策略以追求共同利益的内生动力，那么施加于寡头企业（有限数量的企业）的一致的管理性规范，则是其利益趋同的促进机制或者外部约束。比如，航运企业系于班轮公会的共同执行条款（enforcement provisions）①；球队俱乐部系于体育联盟的管理规定②；有关企业系于行业协会的自律公约，甚至企业之间缔结的合作协定，等等。需要强调的是，这里的管理性规范，无论表现形式如何，一旦落入反垄断法对垄断协议的禁止范围，就应当优先将其认定为垄断协议，并作出处罚，而不应向共同市场支配地位制度"逃逸"。③

2. 可行性要件（能力要件）

寡头企业之间具有协调的动机或者可能，这只是其达成和维持默契协调的基础条件，而协调是否可行及其难易程度，尚且依赖于寡头企业维系默契协调的能力，而这种能力在很大程度上取决于市场客观条件，即市场便利性要素。这些要素包括但不限于：

（1）市场透明度高。市场必须具有高度透明性，这样相互协调的寡头企业才能监测到竞争对手的行为并及时发现偏差。在不透明的市场中，企业之间的默契协调是不可持续的。④市场透明度高，这可能是一系列因素相互作用的结果，比如，市场集中化、价格信息公开、定价机制简单（即企业不存在复杂的非线性定价）、需求稳定（需求弹性较小甚或

---

① See OECD, Executive Summary of the Roundtable on Competition Issues in Liner Shipping, 2015, pp. 2 – 5, available at https://one.oecd.org/document/DAF/COMP/WP2/M（2015）1/ANN3/en/pdf, last visit on Sep. 26, 2018.

② See Case T – 193/02, Laurent Piau v Commission［2005］ECR II – 209.

③ 各国（地区）反垄断法树立了一种普遍的理念，即涉及价格、数量、市场分割的垄断协议往往是缺乏可补偿价值的（redeeming merits），其存在就属于"本身违法"（illegal per se）或者属于"核心限制"（hardcore restriction）。鉴于垄断协议（恶性卡特尔）责任标准的严苛性，对其大力展开执法的集约性，以及打击垄断协议（恶性卡特尔）对树立反垄断法普遍性威慑所具有的重要意义，因而当垄断协议（恶性卡特尔）作为寡头企业之间分享的"管理性规范"时，其应当优先落入垄断协议禁止制度的调整范围。

④ See George J. Stigler, "A Theory of Oligopoly", 72 *The Journal of Political Economy*, 44 – 61 (1964).

缺乏需求弹性）、市场稳定（不属于快速增长和创新特征明显的市场），等等。

（2）惩罚背离行为的现实性和严厉性。如果在相互协调的过程中，某个寡头企业作出了"越轨"行为，比如降低价格、扩张产量等与共同策略不相容的行径，那么对这种行径予以惩罚必须具有现实性和严厉性，否则寡头默契协调会就此瓦解。在寡头企业之间具有结构联系或者系于一致的管理性规范的情况下，明确的惩罚机制可能已经存在，因而对背离者进行惩罚会相对容易一些。但是，在没有明确惩罚机制的情况下，必须确定存在着一种潜在的报复机制，且该机制能够激励寡头企业不背离共同策略——比如存在可信的、反制性的更大幅度的降价或产量扩张，以及寡头企业在多市场互动时可以通过在其他市场实施报复来惩罚一个市场上的偏差；有时候，如果发现价格或者产量剧烈波动且背离行为已经遭到报复，那么这很可能是寡头企业已经建立默契协调（共同市场支配地位）的有力证据。①

（3）不存在充分有效的外部竞争约束。只有当相互协调的寡头企业不面临可能危及其共同策略执行的外部竞争约束时，默契共谋才是可持续的。与单一企业的市场支配地位的认定一样，这里应当分析据称占据共同支配地位的企业之外，其他竞争对手的市场地位和经济实力，同时也要考虑新的市场进入或者市场扩张的潜力（比如是否进入壁垒），以及来自于买方的抗衡力量。如果这些竞争约束能够抵消寡头默契共谋的影响，那么就不会产生共同市场支配地位。

（二）举证责任的配置

正如前文所述，我国《反垄断法》第24条对多个经营者市场支配地

---

① 列日大学的佩蒂（Petit）教授就认为，只有在寡头默契共谋因为背离行为被中断，而后又重新回到均衡的情况下，才能在《欧盟运行条约》第102条下认定相关企业构成共同市场支配地位。换言之，佩蒂教授对滥用规制情形下的共同市场支配地位采取了更为狭窄、更加审慎的界定，即如果没有发现寡头默契共谋被中断以及重新定价和变回均衡的证据，那么就不能作出共同市场支配地位的认定。See OECD, Summary of Discussion of the Hearing on Competition Enforcement in Oligopoly Markets, 2015, pp. 4 - 5, available at https：//one. oecd. org/document/ DAF/COMP/M（2015）1/ANN4/FINAL/en/pdf, last visit on Sep. 26, 2018.

位的推定规则，实质上是基于寡头市场结构的单一事实就径直推断寡头默契共谋（共同市场支配地位）的存在。该规则的逻辑在动态寡头垄断理论看来是极为脆弱的。因为寡头市场结构（市场集中度高）仅仅是默契共谋的便利条件之一，或者说只是共同市场支配地位的构成要件要素之一，而并非是一个决定性的条件或者要素。① 严格地实施该规则将意味着，执法机构或者原告只需要证明涉案企业符合特定的市场份额要求，就得以建立一个"具备初步证据的共同市场支配地位"（a prima facie collective dominance）②，也即完成了其初步举证责任。此后，可能性要件和可行性要件项下几乎所有的构成要件要素的举证责任都由被控诉企业承担。如果被控诉企业不能就这些构成要件要素作出相反的证明，那么最终就会被认定为具有共同市场支配地位，并负担相应的特殊义务。毫无疑问，这样的举证责任配置，严重地偏袒执法机构和原告，并且暗藏着巨大的错误风险和寒蝉效应。

鉴于上述问题的存在，有必要对《反垄断法》第 24 条关于多个经营者市场支配地位的推定规则进行改造，并优化举证责任配置。具体来说，在基于市场份额推定多个经营者具有共同市场支配地位之前，执法机构或者原告尚且应当证明这些企业具有进行默契共谋的可能或者动机，即由其承担"可能性要件（动机要件）"的举证责任。而"可能性要件"可以被凝练在"共同实体"（或"整体"）的规范要素中。由此，《反垄断法》第 24 条可作如下修订。③

---

① 正如波斯纳对寡头相互依赖理论（静态寡头垄断理论）批评的那样，寡头相互依赖理论依赖于严格的假定条件，寡头间的相互依赖被夸大了，现实中寡头市场的竞争可能是激烈的。换言之，寡头相互依赖理论从"集中是默示共谋的必要条件"这个正确的命题跳到了"集中是默示共谋的充分条件"这个错误的命题。任何有责任感的经济学家都不会认为，集中是使市场倾向于共谋的唯一因素。参见［美］理查德·A. 波斯纳《反托拉斯法》（第二版），孙秋宁译，中国政法大学出版社 2003 年版，第 80、82 页。

② "具备初步证据的案件"（a prima facie case）最为常用的含义是，一方当事人举出的证据足以使事实推理者推断出系争事实并作出对其有利的裁决。See Georg Nils Herlitz, The Meaning of the Term "Prima Facie case", 55 Louisiana Law Review, 391（1994）.

③ 参见时建中《共同市场支配地位制度拓展适用于算法默示共谋研究》，《中国法学》2020 年第 2 期。

[第一款] 一个经营者在相关市场的市场份额达到二分之一的，可以推定其具有市场支配地位。

[第二款] 多个经营者组成的共同实体具备以下条件的，可以推定其具有市场支配地位：

（一）两个经营者在相关市场的市场份额合计达到三分之二的；

（二）三个经营者在相关市场的市场份额合计达到四分之三的。

[第三款] 有前款规定的情形，其中有的经营者市场份额不足十分之一的，该经营者不应当被列入市场支配地位的认定范围。①

[第四款] 被推定具有市场支配地位的经营者，有证据证明不具有市场支配地位的，不应当认定其具有市场支配地位。

在以上规定之下，执法机构或者原告只有在证明了涉案企业构成共同实体，即证明了可能性要件和市场份额要求之后，举证责任才能发生转移，进而由被控诉经营者对可行性要件进行否定性证明（见表6-1）。

表6-1 共同市场支配地位认定中的举证责任分配

可能性要件（共同实体）和市场份额要求→推定具有共同市场支配地位：执法机构或者原告承担举证责任	①经营者之间存在着财务联系（结构联系）
	②经营者之间具有对称性
	③不存在"独行经营者"
	④经营者都系于一致的管理性规范
	⑤两个经营者在相关市场的市场份额合计达到三分之二的，或者三个经营者在相关市场的市场份额合计达到四分之三的，且没有经营者市场份额不足十分之一的
	……

---

① 该款在《反垄断法》中的原文表述是，"有前款第二项、第三项规定的情形，其中有的经营者市场份额不足十分之一的，不应当推定该经营者具有市场支配地位"。之所以要将"不应当推定该经营者具有市场支配地位"修改为"该经营者不应当被列入市场支配地位的认定范围"，是因为在共同市场支配地位的规范框架下，单独地看，该经营者自身无论如何都不可能具有市场支配地位（单一企业的市场支配地位）。因此，现行法所称"不应当推定该经营者具有市场支配地位"就具有歧义。其真实意思毋宁是不应当推定该经营者属于共同市场支配地位的企业集合的范围。因此，将现行法表述修改为"该经营者不应当被列入市场支配地位的认定范围"更加精确。参见中华人民共和国商务部反垄断局编《世界主要国家和地区反垄断法律汇编（上册）》，中国商务出版社2013年版，第163页。

续表

可行性要件的否认：被控诉经营者承担举证责任	①市场不具有透明性
	②不具有对背离行为的惩罚机制，或者惩罚不可信、未发生、不严厉
	③存在着充分有效的外部竞争约束
	……

二 共同市场支配地位的关联问题

本节末尾有必要对与共同市场支配地位紧密相关的几个问题作简要探讨。这些问题主要涉及滥用共同市场支配地位、"纵向共同市场支配地位"以及应对寡头垄断问题的辅助措施。

（一）滥用共同市场支配地位

与单一企业的市场支配地位一样，共同市场支配地位本身并不违法。但是，组成共同市场支配地位的每一家寡头企业，原则上都应当承担不得扭曲市场有效竞争的特殊义务，即非剥削义务、非排他义务、非扭曲义务。如果它们违反该等义务，滥用共同市场支配地位，则其行为将被认定为非法。然而，就寡头垄断问题的反垄断法应对而言，共同市场支配地位滥用禁止制度作为超越垄断协议禁止制度、企业合并控制制度和单一企业的市场支配地位滥用禁止制度的"第四条道路"，尽管其蕴含着颇具针对性的规范功能，然而该规范功能的兑现无疑面临着某些有待厘清的特别疑点。比如，寡头企业默契协调的行为本身是否等同于滥用共同市场支配地位？共同市场支配地位滥用行为的构成是否可以基于某个企业的单独实行行为，抑或必须基于企业整体上的共同实行行为？在单独实行行为满足滥用构成的情况下，如何分配法律责任，是"单独实行、个别责任"还是"单独实行、全部责任"？对此，本书认为：

首先，不应将寡头企业的默契协调行为等同于滥用共同市场支配地位，即不应将共同市场支配地位固有的构成要素视作滥用行为。这就好比单一企业的市场支配地位所暗示的企业具有将价格持续性地提升到竞争性水平以上的能力一样，这种能力本身并不是滥用行为；要构成滥用行为尚且需要额外的证据证明价格过高（excessive price）或者具有排他性、扭曲性的滥用行为。同样地，共同市场支配地位意味着寡头企业可以通过默契的相互作用，将价格持续性地提升到竞争性水平以上，但这种互动本身不是滥用行为。

其次，组成共同市场支配地位的某一寡头企业可以单独实施滥用行为，即便其他寡头企业没有以类似的方式参与实行。但是，该单独实行行为必须与维持或者加强共同市场支配地位具有紧密相关性。换言之，如果某一寡头企业的行为仅仅是为了谋取私利——比如极端情形下的"越轨（欺骗）"行为，而非增进共同实体的整体利益，那么该行为不应被视为滥用共同市场支配地位。从行为类型上看，剥削性滥用行为（比如不公平高价）不太可能由某一寡头企业单独实行而实现，换言之，剥削性滥用通常依赖于寡头企业相互间心照不宣的一致行动，即需要寡头企业共同实行。从理论上讲，扭曲性滥用行为可以由某一寡头企业单独实行，即使其他寡头企业没有这样做或者行为不一致。但是，在这种情况下，必须有证据表明这种扭曲性滥用行为是寡头企业相关间默契协调的关联部分。事实上，排他性滥用是这里最具有现实相关性的类型。因为滥用共同市场支配地位的最可信的动机或者最合理的理由毋宁是，默契共谋的寡头企业为了维持和加强其市场支配地位，从而单独地或共同地非法排斥不属于共同实体的竞争对手。例如，这些寡头企业可能割据在相关市场的不同地域，进而单独地或共同地采取拒绝交易、掠夺性定价、排他性交易等行为来排斥各自地域内的实际竞争或者潜在进入。

最后，对于某一寡头企业单独实行的滥用行为，由于该行为是寡头企业相互间默契协调的关联部分，且致力于共同市场支配地位的维持或者加强，因而应当确立类似于刑法中共同犯罪的归责原则，即"部分实行、全部责任"。这意味着，某一寡头企业的滥用行为所导致的法律后果，将波及全部寡头企业，并带来相应的责任承担。

（二）"纵向共同市场支配地位"之批判

在欧盟竞争法的决策实践和学术著作中，存在着一种认识，即共同市场支配地位不限于横向竞争者之间的默契共谋，尚且包括纵向交易关系的企业间所构成的"纵向共同市场支配地位"（vertical collective dominance)。例如，在 Irish Sugar 案中，欧盟委员会认为，尽管涉案的两个企业属于纵向交易关系，但是双方之间的经济联系使两家企业相对于第三方具有明显的平行利益；根据 Flat Glass 提出的原则，二者存在共同市场支配地位。① 在上诉中，初审法院维持了委员会的裁定，并指出，判例法不包含任何内容来支持这样的结论，即共同市场支配地位的概念不适用于纵向交易关系中的两个或多个企业。② 而在一些欧盟学者的著述中，也明确肯定了"纵向共同市场地位"的类型。③

但是，基于以下两方面的理由，本书认为，增设"纵向共同市场支配地位"的法律规范既无根据也无必要。一方面，共同市场支配地位的法律概念植根于寡头默契共谋的经济学理论，其所反映的经济现象是在同一相关市场上相互竞争的寡头企业通过彼此默契协调的方式而表现得就像是一个卡特尔。因此，基于理论的严谨性、一致性或彻底性，共同市场支配地位的认定范围应当限定在相互竞争的寡头企业之间，而不应当延伸到纵向交易关系的企业之间。另一方面，具有纵向交易关系的企业，如果它们属于母子公司或者具有控股关系，抑或一方对另一方的经营决策能够施加决定性影响，那么为了实现相关规制目的，可以将该等企业视作一个企业（经营者）。此即反垄断法上的单一主体规则（单一经济主体原则）。④ 换言之，在这种情况下，反垄断法的适用无须诉诸不必要的"纵向共同支配地位"的概念。

（三）应对寡头垄断问题的辅助措施

事实上，由于寡头垄断问题是"结构性问题"，其对经济效率和消费者福利的损害在很大程度上源于"结构性原因"，因而很多人质疑反垄断法绕开寡头结构而去关注寡头行为的做法。诚然，结构性救济——比如拆分大企业、去除集中化等措施，对于寡头垄断问题的消解来说或

---

①　See Irish Sugar, OJ 1997 L 258/1, para. 112.

②　See Case T – 228/97, Irish Sugar plc v Commission［1999］ECR II – 2969, para. 63.

③　See Alison Jones and Brenda Sufrin, *EU Competition Law: Texts, Cases, and Materials*, Oxford University Press, 2014, pp. 279 – 280; Marilena Filippelli, *Collective Dominance and Collusion: Parallelism in EU and US Competition Law*, Edward Elgar Publishing Limited, 2013, pp. 107 – 110.

④　参见刘武朝《欧盟竞争法中的单一主体规则及借鉴》，《比较法研究》2014 年第 4 期。

许最有效。但是，这一方面与反垄断法作为行为规制法的现代定位存在张力；另一方面，寡头市场结构并非全然有害，某些行业的寡头垄断实际上就蕴含着创新效率、规模效率、交易效率等优势。[①] 因此，不加区分地对寡头市场结构采取结构性干预并不一定妥当。这对于反垄断法——尤其是对于共同市场支配地位滥用禁止制度——的教益在于，反垄断主管部门应当重视和加强对不同寡头行业的市场调查及竞争状况评估。[②] 通过行业调查和竞争状况评估，能够夯实反垄断执法的信息基础和知识基础，既可以避免反垄断执法"选错"行业，也有助于反垄断执法对经济效率和消费者福利的切实改善。因此，对寡头行业的市场调查及竞争状况评估虽然不能取代反垄断执法，但却构成特定寡头行业反垄断执法的补充工具和辅助措施。[③]

第四节　本章小结

共同市场支配地位，是相互独立的寡头企业系于特定的联系因素而组成的整体（共同实体）所具有的显著超脱其竞争对手、客户和消费者的约束，从而能够阻碍该市场之有效竞争的市场地位。

实际上，寡头垄断问题，即寡头非合作的默契共谋，历来是产业组织经济学和反垄断法律、政策的关注重点。寡头市场具有复杂性。动态寡头垄断理论表明，寡头非合作默契共谋的实现，依赖于一系列严格的条件。尽管垄断协议禁止制度、企业合并控制制度，企业单边行为禁止制度为寡头垄断问题的反垄断法调整提供了潜在路径，但它们各自存在

---

① 王彦芳：《寡头市场结构的效率分析》，《经济师》2006 年第 4 期。

② 我国《反垄断法》第 12 条第 1 款第二项，明确赋予国务院反垄断委员会"组织调查、评估市场总体竞争状况，发布评估报告"的职责。国内学者关于行业调查和市场竞争状况评估的研究，参见王继平、王若兰《作为竞争政策工具的市场研究》，《竞争政策研究》2017 年第 4 期。

③ See OECD, Summary of Discussion of the Hearing on Competition Enforcement in Oligopoly Markets, 2015, p. 5, available at https: //one. oecd. org/document/DAF/COMP/M（2015）1/ANN4/FINAL/en/pdf, last visit on Sep. 27, 2018.

适用障碍或盲点，因而暴露出反垄断法调整寡头默契共谋的明显缺陷。为了弥补这一缺陷，欧盟竞争法实践逐步探索和阐释出了共同市场支配地位制度。

我国《反垄断法》第 24 条关于多个经营者市场支配地位推定的规则，隐含着共同市场支配地位的概念和制度。然而，人们对此多有误读，相关执法实践也存在隐忧。对共同市场支配地位法律规范的构造或改善，须立基于动态寡头垄断理论，进而区别"可能性要件"（动机要件）和"可行性要件"（能力要件），并合理配置举证责任。

附

OECD "数字市场的滥用
支配地位"论坛介评

　　数字经济是继农业经济、工业经济之后的主要经济形态,是以数据资源为关键要素,以现代信息网络为主要载体,以信息通信技术融合应用、全要素数字化转型为重要推动力的新经济形态。数字经济在促进效率提升、经济结构优化、生产生活变革的同时,也带来了平台垄断、赢者通吃、价格歧视、算法霸权、泄露个人隐私、风险叠加积累等一系列问题。面对数字经济勃兴及其迥异于工业经济的运行机制和竞争特点,传统反垄断法的滥用支配地位制度能否有效规范数字平台实施的各种单边行为(unilateral conduct)? 如果力有不逮,传统制度需要作出何种适应性改进其或体系性转变? 在这样的背景和关注下,作为全球竞争论坛的一部分,经合组织举行了一次圆桌论坛,讨论数字市场中的滥用支配地位问题。结合此次论坛的背景说明①、执行摘要②、讨论纪要③等文献,本章对其作概要性介绍和评论。④

---

① See OECD (2020), Abuse of Dominance in Digital Markets: Background Note, available at www. oecd. org/daf/competition/abuse-of-dominance-in-digital-markets-2020. pdf, last visit on Jan. 7, 2022.

② See OECD (2020), Abuse of Dominance in Digital Markets: Executive Summary, available at https: //one. oecd. org/document/DAF/COMP/GF (2020) 7/en/pdf, last visit on Jan. 7, 2022.

③ See OECD (2020), Abuse of Dominance in Digital Markets: Summary of Discussion, available at https: //one. oecd. org/document/DAF/COMP/GF (2020) 8/en/pdf, last visit on Jan. 7, 2022.

④ 本章内容曾公开发表,参见郝俊洪《迈向数字时代的单边行为规范——OECD "数字市场的滥用支配地位"论坛介评》,《竞争政策研究》2022 年第 2 期。

第一节　滥用支配地位制度的立法与历史背景

　　许多司法辖区的反垄断法规定了滥用支配地位制度,其核心目标相似,但往往存在术语上的差异。例如,欧盟、印度、南非称之为"滥用支配地位"(abuse of dominance),美国称之为"垄断(化)"(monopolisation),日本称之为"私人垄断(化)"(private monopolisation),墨西哥称之为"相关行为"(relative practices),澳大利亚称之为"滥用市场力量"(misuse of market power),巴西称之为"反竞争行为"(anticompetitive conduct)。尽管具有制度目标和构成的相似性,但这些规定的适用情况却存在很大差异,其主要原因在于:不同的历史背景和法律哲学,竞争主管机构的立场、观点和优先考虑事项不同,法院在解释法律时存在重大差异。[①] 因此,面对不同司法管辖区处理的案件类型及结果的差异,"抽象地批评不一致的结果,不考虑不同的基础和目标,类似于拿苹果和橘子做比较"[②]。实际上,在涉及数字市场的案件中,不同司法管辖区对滥用支配地位案件的处理方式也有所不同。下文将探讨导致差异性的一些关键因素。

一　形式主义的分析与基于效果的分析

　　一般来说,滥用支配地位行为不适用"本身违法"的分析。换言之,法律一般不会不分情况地对某一类滥用行为予以概括禁止。然而,在不同司法辖区,分析的深入程度却不相同,有的只需要形式主义的分析,有的则需要基于效果的分析。在形式主义的分析中,一旦证明了一个企业具有支配地位,潜在的滥用行为在很大程度上将被视作违法。也就是说,竞争主管机构没有义务确定消费者有没有受到实际损害。现今,

---

　　① Eleanor M. Fox, "Monopolization and Abuse of Dominance: Why Europe Is Different", 59 *Antitrust Bulletin*, 129 – 152 (2014).

　　② Ariel Ezrachi, EU Competition Law Goals and the Digital Economy, Oxford Legal Studies Research Paper No. 17/2018, available at https://papers.ssrn.com/sol3/papers.cfm? abstract_ id = 3191766, last visit on Jan. 7, 2022.

使用形式主义分析框架的司法管辖区相对较少。[①]

形式主义的分析可能给竞争主管机构带来一些好处：一方面，可以减少滥用支配地位案件所需的资源，加快案件处理；另一方面，可以为市场参与者提供更大的确定性。然而，形式主义的分析仍需要进行复杂的相关市场界定，不能完全防止主观臆断；同时，也存在执法过度的风险，即错误地谴责实际上有利于竞争的行为。鉴于此，越来越多的人呼吁建立基于效果的滥用支配地位分析框架。实际上，形式主义和基于效果方法的差异，可以用人们对执法错误风险的不同看法来解释。[②]形式主义的方法之下，反垄断规则相对严厉，意在避免执法不足而错误宽赦或遗漏实际有害的行为（此类错误也称作假阴性错误、第二类错误、漏判错误）。基于效果的方法之下，反垄断规则相对宽松，意在防范执法过度而错误谴责或禁止实际有益的行为（此类错误也称作假阳性错误、第一类错误、错判错误）。换句话说，奉行形式主义方法的人，更介意反垄断法执行不足的问题；奉行基于效果方法的人，更担心反垄断法执行过度的风险。此外，形式主义的方法可以被视为注重保护竞争过程，并间接地推断消费者将受到损害。相比之下，基于效果的方法侧重于证明对消费者的直接损害。

关于形式主义和基于效果的方法的辩论在欧洲特别活跃。作为对这一争论的回应，欧盟委员会在2009年发布了其滥用支配地位执法优先事项的指南，其中强调了效果的重要性和对消费者福利的关注。在美国，滥用支配地位案件通常是根据合理原则（即基于效果的方法）来分析的。但情况并非总是如此。20世纪40年代至70年代，美国法院扩大了"本身违法"的适用范围，诸如搭售、独家交易等行为一度在形式主义的方法下受到禁止。然而，从20世纪70年代起，美国摆脱了这种形式主义的做法，因为

---

① 例如，印度名义上采用了一种形式主义的方法，但在实际分析中，已在某些情况下包含了对效率的识别，因而趋向于效果主义的方法。再如，南非只对某些类型的行为采取形式主义的做法，如过高定价、拒绝接入必需设施等。

② See Frank H. Easterbrook，"Workable Antitrust Policy"，84 *Michigan Law Review*，1696 - 1713（1986）.

受到"本身违法"禁止的行为也具有促进竞争的效果。现今,美国法院在应用合理原则时放弃了纯粹的合理原则(全面的合理原则),采用了一套举证责任转移机制(结构化的合理原则),并且任何潜在的滥用支配地位行为都不会被先入为主地推定为具有反竞争效果。

二 不同方法对分析数字市场中滥用支配地位案件的影响

欧盟和美国的方法差异,说明了不同的背景和框架如何影响数字市场中滥用支配地位案件的裁决。首先,与欧盟相比,美国更注重满足效果方面的举证责任。一些人认为,欧盟"尤其关心为竞争对手维持一个公平竞争环境,这在美国不是一个重要问题";在美国,"垄断者的责任仅限于采取旨在维持或扩大其地位的行为,而这种行为在商业或效率方面是不合理的"[①]。有人进一步认为,无论是传统市场还是数字市场,欧盟竞争法侧重于保护竞争对手,而美国反垄断法侧重于保护竞争。更广泛地说,美国试图通过关注对价格和产出的影响(即关注市场结果而不是竞争过程)来管控执法过度的风险。[②] 最后,剥削性滥用——企业利用支配地位向消费者强加不公平的价格或条件,在欧盟竞争法中是一个特别关注,最近也出现过一些案例,但在美国不存在这方面的关注和案例。

实际上,近年来欧盟委员会处理的数字市场滥用支配地位案件,没有一起与美国的案件类似。例如,为了回应欧盟委员会 2007 年对微软的裁决(关于美国当局尚未提起诉讼的质疑),美国负责反垄断事务的助理司法部长在一份新闻稿中强调了两个司法辖区之间的区别,"在美国,反托拉斯法的执行是通过保护竞争来保护消费者,而不是保护竞争对手"[③]。再如,2017 年,欧盟委员会对谷歌处以 24.2 亿欧元的罚款,原

---

① James Calder et al. , "A review of similarities and contrasts between American Antitrust and European Union Competition Law", 2004 *Columbia Business Law Review*, 380 – 418 (2004).

② See Lina M. Khan, "Amazon's Antitrust Paradox", 126 *Yale Law Journal*, 710 – 805 (2017).

③ US Department of Justice, Assistant Attorney General for Antitrust, Thomas O. Barnett, issues Statement on European Microsoft Decision, available at https: //www. justice. gov/archive/atr/public/press_ releases/2007/226070. htm, last visit on Jan. 7, 2022.

因是谷歌滥用其在综合搜索市场的支配地位，在搜索结果页面中偏袒自己的垂类比较购物服务。本案引用了欧盟法院在大陆罐案（Continental Can）中的裁决，认为没有必要表明对消费者的直接影响，就足以证明有关行为损害了竞争。相比之下，美国联邦贸易委员会（FTC）曾对谷歌的搜索业务展开了调查，但后来终止了对其"搜索偏袒"指控的调查。FTC 认为，谷歌通过算法和设计调整来展示内容的方式，改善了产品质量（搜索结果），既不妨碍竞争，也不损害消费者利益。[①] 尽管两个司法辖区处理的案件类型和结果存在明显差异，但近来，美国立法和执法机构加强了对大型数字平台滥用支配地位行为的关注，并展开了多次反垄断调查。这似乎表明两个司法辖区之间的一些融合正在发生。

第二节　数字市场中支配地位的证明

反垄断法中的滥用支配地位条款，对具有支配地位的企业在其商业决策方面施加了特殊义务。这些特殊义务通常根植于关于市场力量的经济学见解。市场力量可以被定义为在相当长的一段时间内，"企业单方面将价格提高到高于竞争性水平的能力（或将价格压低到低于竞争性水平的能力）"[②]。市场力量既可以表现为静态意义上的高价或低价，也可以表现为动态意义上的懈怠（减少努力）。一般来说，当一个企业不受竞争对手、消费者的约束而可以单方面地决定产品价格或质量时，便存在市场力量（重大/显著/实质性的市场力量）。市场力量可以是一系列因素的结果，包括创新、进入壁垒、知识产权和管制等。

---

① See Federal Trade Commission, Statement of the Federal Trade Commission Regarding Google's Search Practices, In the Matter of Google Inc. , FTC File Number 111 – 0163, available at http：// www. ftc. gov/sites/default/files/documents/public _ statements/statementcommission-regarding-google, last visit on Jan. 7, 2022.

② OECD (2019), Practical approaches to assessing digital platform markets for competition law enforcement：Background Note by the Secretariat for the Latin American and Caribbean Competition Forum, available at https：//one. oecd. org/document/DAF/COMP/LACF (2019) 4/en/pdf, last visit on Jan. 8, 2022.

虽然不同司法管辖区的反垄断立法、判例和指南存在差异，但涉及支配地位，一般可被认为是一种特殊形式的市场力量，这种市场力量既持久（不是短暂的），又相对地不受实际和潜在竞争对手以及消费者的约束。换句话说，虽然一些反垄断立法和判例法考虑了市场份额等支配地位的指标，但它们仅仅是指标（indicators）。滥用支配地位的损害理论，其背后的核心经济原理与市场力量紧密相关。因此，英国关于滥用支配地位的指南明确将支配地位等同于"实质性市场力量"（substantial market power）。① 美国、日本等一些司法管辖区的反垄断法，使用的是垄断（化）（monopolisation）的概念，而不是滥用支配地位。不过，基于市场力量的类似逻辑也同样适用：企业不必成为垄断者才受反垄断法约束，但必须拥有"巨大而持久的市场力量"②。市场力量（支配地位）的存在，可以决定一个给定的商业策略是促进竞争的还是反竞争的。

一　相关市场界定

支配地位指的是一个企业在特定产品和地域市场中的地位。因此，滥用支配地位案件通常需要进行相关市场界定。在数字市场中，相关市场界定存在一些特别挑战。

（一）竞争的非价格维度

在数字市场中，相关市场界定的一个关键挑战是，需要着重关注竞争的非价格维度，避免将价格作为竞争的单一维度。在数字市场，价格不是竞争的唯一因素，甚至不是最重要的因素。消费者可以通过零价格获取各种数字产品和服务，生动地说明了这一点。然而，如何考虑创新、质量等非价格竞争因素，颇具挑战性。经合组织指出，竞争主管机构需要根据消费者所看重的特征确定相关竞争维度；同时权衡不同竞争维度

---

① See Office of Fair Trading（UK）（2004），Abuse of A Dominant Position：Understanding Competition Law，available at https：//assets. publishing. service. gov. uk/government/uploads/system/uploads/attachment_ data/file/284422/oft402. pdf，last visit on Jan. 8，2022.

② Federal Trade Commission Guidance，Monopolisation Defined，available at https：//www. ftc. gov/tips-advice/competition-guidance/guide-antitrust-laws/single-firm-conduct/monopolization-defined，last visit on Jan. 8，2022.

（如价格与质量）之间的关系。① 由于数字市场零价格竞争的特点以及SSNIP测试方法难以使用，对消费者偏好、弹性和替代的充分理解——无论是使用调查还是公司内部关于预期消费者行为的文件，都可以用于建立非价格竞争的定性市场界定。

（二）界定一个还是多个相关市场

数字市场涉及将不同用户群体连接在一起的平台，属于多边市场。数字平台相关市场界定的一个主要问题是，应该界定一个市场还是多个市场？换句话说，竞争主管机构需要确定平台各边是相互关联的独立市场，还是在整体上属于一个市场？平台经济学表明，一个企业要么在一个多边市场的整体上拥有市场力量，要么没有市场力量；换言之，它不可能在平台的一边占据支配地位，却在另一边面临竞争压力。② 因此，如果实务中选择界定多个独立的相关市场，可能难以对其中的市场力量给出有说服力的证明。也就是说，在其他条件相同的情况下，将数字平台界定为单一的相关市场更为可取。交易匹配类平台尤其如此，因为它们为不同的用户群体提供类似的服务（搜寻和匹配），两边用户都受益于跨平台的外部性（外部性是双向和对等的）。提供注意力的平台（如视频流服务平台）的情况要复杂一些，因为网络外部性可能不是双向的，但为了反映平台某一边累积的效率，仍可考虑单一的市场界定。即便如此，在竞争评估中也应留意平台双边之间的重要联系。

（三）界定数字市场的证据和分析工具

克服数字经济领域相关市场界定带来的挑战，竞争主管机构可考虑如下策略：一是向当事人收集证据。内部文件对于确定竞争的相关维度非常重要（例如高管陈述、关于竞争定位的电子邮件和战略计划），这些文件提供了企业如何看待竞争的清晰画面。二是从第三方和消费者调

---

① See OECD（2018），Non-price Effects of Mergers：Background Note by the Secretariat，available at https：//one.oecd.org/document/DAF/COMP（2018）2/en/pdf，last visit on Jan 8，2022.

② See OECD（2018），Rethinking Antitrust Tools for Multi-Sided Platforms，available at https：//www.oecd.org/daf/competition/Rethinking-antitrust-tools-for-multi-sidedplatforms-2018.pdf，last visit on Jan.9，2022.

查中获取证据。消费者调查有助于了解平台在消费者心目中的可替代性。行业和投资分析报告能提供市场未来发展的有用信息,帮助确定潜在的竞争参数。三是改进假定垄断者测试。在零价格的情况下,零价格一侧的 SSNIP 测试不会产生有意义的结果。要正确运用 SSNIP 测试,竞争主管机构需要在交易总成本的基础上进行,并对需求弹性和跨平台网络外部性的价值进行可靠的估计。当非价格竞争很重要时,另一种选择是"小而显著的非短暂性质量下降"测试(SSNDQ 测试),但该测试对数据的要求也很高,很少被定量地应用。尽管如此,SSNIP 和 SSNDQ 测试仍能为相关市场界定的定性分析提供有用的原则。

二 市场支配地位的指标

一个企业需要多大的市场力量才能被认定为具有支配地位?对此,没有简单的衡量规则,因为每个市场的特征和导致市场力量的因素是不同的。以下描述了数字市场中支配地位的一些潜在指标,包括直接指标(基于可替代性评估)和间接指标(基于进入壁垒、盈利能力和市场份额的评估)。

(一)可替代性

支配地位源于市场中缺乏合适的替代品。具体来说,消费者无法获得支配企业产品的替代品,而且没有潜在的竞争者有能力迅速进入市场,以约束支配企业。也就是说,在需求和供给两方面,对支配企业产品的替代都有局限性。当可替代性受到限制时,支配企业可以独立于其竞争对手、客户和最终消费者作出决策。

弹性的计算是评估可替代性的一种直接、定量的方法。需求弹性衡量的是消费者对企业产品变化的反应。这可能包括价格(需求价格弹性),但在许多数字市场,竞争的其他维度更相关,同时也更难量化。尽管如此,弹性的概念在任何情况下都应指导对支配地位的评估。[1] 在难

---

[1] See Gregory J. Werden, "Demand Elasticites in Antitrust Analysis", 66 *Antitrust Law Journal*, 363–414 (1998).

以对需求弹性进行完整的计量估计的情况下，事件研究（event studies）可以提供一种实用的替代方法。这些研究可以观察变化对市场的影响，例如搜索算法、数据收集政策或服务质量的某些方面的修改对消费者选择的影响。①

（二）进入壁垒与潜在竞争

支配地位可以是市场进入壁垒的结果，因此，对进入壁垒的分析可以提供一种间接的支配地位的指示。虽然这一逻辑很简单，但要准确地确定市场的进入壁垒是什么却颇具挑战性。此外，虽然进入壁垒可以提供一些迹象，表明企业是否面临市场竞争的威胁，但进入壁垒本身并不能决定支配地位的存在。因为，即使在有进入壁垒的市场，一个足够强大的实际或潜在竞争者（比如一个小型的、破坏性的初创公司）也可能对在位企业施加约束。

究竟什么构成进入壁垒，何种成本应被列为进入壁垒，这些是经济学家争论不休的问题。然而，不论对进入壁垒采取何种认识，在数字市场中有几个特定的因素却会影响市场进入。首先，数字市场通常具有显著的规模经济效应，固定成本高，可变成本低或为零。因此，未来进入市场的企业将比现有企业承担更高的成本，至少在它们能够吸引用户之前是这样。虽然该特征在长期内可能不是永久性的，因为过时的产品需要再次产生固定成本，但它们可能会减慢进入速度。例如，当市场中的用户表现出高度的品牌忠诚度，且存在较高的固定成本时，进入就会受到阻碍。其次，数字市场的另一个共同特征是网络效应。网络效应阻碍进入的程度取决于所涉及的市场。当用户不太可能更换供应商时，由于转换成本高、数据可移植性有限、使用习惯、学习新系统的成本以及需接受捆绑和搭售等因素，网络效应可能是进入的一个重大障碍。② 对多

---

① See OECD（2018），Non-price Effects of Mergers：Background Note by the Secretariat. Available at https：//one.oecd.org/document/DAF/COMP（2018）2/en/pdf, last visit on Jan.9, 2022.

② See Kenneth A. Bamberger, Orly Lobel, "Platform Market Power", 32 *Berkeley Technology Law Journal*, 1051–1092（2017）.

归宿的限制会阻碍用户选择新产品，同样构成进入的重大障碍。再次，还有一个相关的潜在因素是数据收集。在位企业可能会积累大量的数据集，并利用这些数据集进入其他市场。鉴于数据收集可能涉及在位企业的重大成本，而进入者可以购买相同或替代的数据集，因此在个案分析时，应考虑数据的构成以及是否在市场进入中发挥重要作用。

（三）盈利能力的衡量

如果一家企业与市场上的其他企业相比，表现出较高的利润水平，这可能是一个潜在的支配地位指标。但需要进一步的证据来说明这一点，比如结果是否反映了某一特定成本计量中未包括的研发投资的回收。还应注意，这里采用的是经济而非会计的利润衡量方法。来自 Tremblay 的调整后的勒纳指数（Lerner index）是一个很好的替代选择，有助于避免数据限制和业务绩效会计定义的问题，其计算方法为：平台总利润＋平台固定成本除以平台总收益。①

（四）市场份额

市场份额本身并不是市场力量或支配地位的可靠指标，因为其未能捕捉到企业因替代而面临的动态竞争压力，特别是在产品存在差异的情况下。例如，一些拥有较大市场份额的企业，可能由于竞争对手即将进入而拥有十分有限的市场力量。再如，一些数字市场可能会表现出"为市场而竞争"（competition for the market）的动态，即企业将在有限的时间内激烈竞争，以成为特定产品或服务的主要提供者。②

尽管如此，市场份额还是经常被认为是评估支配地位的一部分和分析的起点。若干司法辖区还制定了以市场份额为基础的标准，向企业明确说明不被视为具有支配地位的情况。例如，欧盟委员会表示，市场份额低于 40% 的企业不太可能具有支配地位；美国反垄断执法机构认为，虽然一些法院要求更高的市场份额，但垄断案件中的企业通常至少拥有

① See Mark J. Tremblay, Market Power and Mergers in Multi-Sided Markets, available at https：//papers. ssrn. com/sol3/papers. cfm? abstract_ id＝2972701, last visit on Jan. 9, 2022.
② 市场份额指标特别适用于用户不太可能多归属、存在显著的网络效应、竞争产品之间的差异相对较小的情况。

50%的市场份额；日本公平交易委员会表示，将优先处理涉及市场份额至少达到50%的供应商的案件；巴西反垄断法规定，当一个企业或一群企业能够单方面或共同改变市场状况，或当其控制了20%或更多的相关市场时，就被推定具有支配地位，但该份额比例可由竞争管理局针对特定经济部门进行调整。

数字市场的市场份额同样需要根据正确的衡量标准来判断。平台的多边性意味着需要考虑多种衡量标准。例如，衡量以零价格提供的服务的市场份额，可以采取用户份额、互动份额、交易份额等标准。

第三节　数字市场中滥用支配地位行为的类型

以往的反垄断执法案例和相关文献，勾勒出了数字市场中可能构成滥用支配地位的主要行为类型，例如拒绝交易、掠夺性定价、利润挤压、排他交易与忠诚折扣、搭售与捆绑、不公平高价等。[①] 然而，这些行为类型不是详尽无遗的，考虑到数字市场已经形成的新商业模式和竞争策略，对新型滥用行为持开放态度尤为重要。[②] 此外，数字市场的共同特征，如多边市场、网络效应、低可变成本等，可能会增加损害理论构建和经济分析的复杂性。

一　拒绝交易

拒绝交易是数字市场中发现的主要竞争担忧之一。这些担忧集中于获得对竞争至关重要的投入、原料、技术或分销网络（以下统称"投

---

① 根据国际竞争网络（ICN）的一项调查，数字市场中最常被调查的行为是拒绝交易（在30个司法管辖区的调查中有12个），其次是搭售（在30个司法管辖区的调查中有11个）和独家交易（在30个司法管辖区的调查中有5个）。See ICN (2020), Report on the Results of the ICN Survey on Dominance/Substantial Market Power in Digital Markets, available at https://www.internationalcompetitionnetwork. org/wp-content/uploads/2020/07/UCWG-Report-on-dominance-in-digital-markets. pdf, last visit on Jan. 9, 2022.

② 这些行为大多涉及排他性滥用，但收取过高价格或过度恶化质量等剥削性滥用行为，在数字市场上受到越来越多的关注。

入"），有时被称作"必需设施"（essential facility）。其损害机理在于，一个拥有关键投入的支配企业，可以通过拒绝竞争对手获得这种资源，剥夺其参与竞争的权利。拒绝交易一般分为三种情形：一是无条件的拒绝交易（unconditional refusal），即在任何情况下一概拒绝供应；二是有条件的拒绝交易（a conditional refusal），即除非买方接受某些条款，否则拒绝供应；三是实质性的拒绝交易（constructive refusal），即供应商表面上同意交易，但给出的条件使买方处于重大竞争劣势。实际上，拒绝交易的损害理论是有争议的，在违法认定上也存在一些操作和概念上的挑战。

第一，秉持单一垄断利润理论的人认为，一个企业封锁与它竞争的下游企业没有任何好处。换句话说，如果企业拒绝与下游竞争对手交易，那一定是出于效率考量或与排斥竞争对手无关的商业原因。因此，任何强制提供投入的执法措施都不可能降低价格或为消费者带来好处。然而，由于数字市场的某些特征，如平台竞争、跨界竞争等，单一垄断利润理论很可能具有误导性。因为，数字市场的拒绝交易可以是支配企业提升竞争对手成本的有效措施（例如当交易相对人在多个市场与支配企业进行竞争），即一种防御型拒绝交易，而不一定意味着支配企业试图扩张市场力量、垄断两个市场（进攻型拒绝交易）。[①]

第二，一些人指出，即使拒绝交易可能会导致竞争封锁，但为救济这种情况而采取的过度执法行动也存在风险。因为，强制要求向竞争对手分享重要投入的义务，可能会削弱企业开发此类投入的动机，甚至在更大范围内减损其他企业（包括竞争对手自身）创新和投资的激励。[②]

第三，在数字市场，边际成本很低或为零，此时只关注同等效率的竞争对手可能不太合适，因为即使效率较低的竞争对手也可以给支配企

---

① See OECD (2007), Competition Policy Roundtables: Refusals to Deal, available at http://www.oecd.org/daf/43644518.pdf, last visit on Jan. 9, 2022.

② See Damien Geradin, Refusal to Supply and Margin Squeeze: A Discussion of Why the "Telefonica Exceptions" are Wrong, available at https://papers.ssrn.com/sol3/papers.cfm? abstract_id=1750226, last visit on Jan. 9, 2022.

业施加竞争约束。然而，应用这一方法的精确机制目前尚未开发出来。[①]

　　第四，与拒绝交易案件有关的一个概念上的重大挑战，是需要确定所涉投入的不可或缺性（indispensability）。如果投入存在有效的替代品，或者复制具有可行性，拒绝交易就不可能封锁竞争。在数字市场上，确定哪些投入是不可或缺的，以及这些投入是否可以被竞争对手复制，存在很大难度。数据通常被认为是数字市场的重要投入，可以用来获取网络效应、争夺目标客户、制定个性化定价、提高产品质量、推出新产品，以及实施一系列商业战略。甚至，在一些人看来，一些支配企业所掌控的数据集是其他企业能够在特定市场上竞争的先决条件。[②] 一些研究表明，数字平台可能"将自己定位为合作伙伴和客户之间的强制性瓶颈（mandatory bottleneck）"，换言之，数字服务本身可能构成不可或缺的投入。然而，很难断言拒绝向竞争对手提供数据是否构成反垄断法背景下的拒绝交易。[③] 数据集是单个数据点的集合，很难判断什么时候数据集将变得不可或缺，也很难判断从中获得的见解（知识）或价值是否可以从其他来源获得。在某些情况下，数据可以从第三方数据聚合者处购买，不同的数据集可以用来生成相同的见解。此外，数据的大部分价值来自其组织和分析方面的处理方式，这需要大量投资，因此，尚不清楚获得原始数据是否对竞争对手有帮助，也不清楚获得数据的救济措施是否会造成数据处理投资方面的障碍。[④] 此外，数据可以用来提高质量或提供附加功能，不总是构成企业竞争中不可或缺的投入。因此，在拒绝交易

---

① See OECD（2018），Rethinking Antitrust Tools for Multi-Sided Platforms，available at https：//www. oecd. org/daf/competition/Rethinking-antitrust-tools-for-multi-sidedplatforms-2018. pdf, last visit on Jan. 10, 2022.

② See OECD（2016），Big Data：Bringing Competition Policy into the Digital Era-Background paper by the Secretariat，available at https：//one. oecd. org/document/DAF/COMP（2016）14/en/pdf, last visit on Jan. 10, 2022.

③ See OECD（2020），Consumer Data Rights and Competition：Background Note by the Secretariat，available at https：//one. oecd. org/document/DAF/COMP（2020）1/en/pdf, last visit on Jan. 10, 2022.

④ See Michael L. Katz，"Multisided Platforms，Big Data，and a Little Antitrust Policy"，54 *Review of Industrial Organization*，695 – 716（2019）.

案件中，区分"有就好"的数据和"必须有"的数据也很重要。①

第五，拒绝交易案件也可以根据"交易"是否可行（feasibility）来作出评估。换言之，必须在技术上和操作上存在获得投入的可行途径。例如，在搜索引擎提供给消费者的数字产品的视觉位置方面，某客户要求获取搜索结果排名的顶部位置，这可能很难建立可行的救济措施。②实践中，判断可行性的最直接的方法是确定企业是否已经向一些客户提供了投入。此外，一直存在的交易关系，后来突然终止了，这也有助于说明交易的可行性。不过，即使提供投入具有可行性，在判断施加交易义务是否相称以及是否有利于消费者之前，也需十分谨慎。

第六，即使明确了拒绝交易的封锁效应，竞争主管机构还面临制定适当救济措施的挑战。潜在的解决方案包括结构性的业务拆分、设置获取投入的条件等。这些救济措施不仅异常复杂、难以定义，而且对创新和投资激励构成潜在的威胁。在无条件拒绝交易的情况下，设置救济措施须更为谨慎。因为，考虑获取投入的价格、数量、时长、根据哪些条款、如何解决争议等事项，对竞争主管机构来讲是特别烦琐的任务，其制定和监测需要大量资源，并且有很高的出错风险。这样做，实际上让竞争主管机构充当了行业监管者的角色，创制了新的行业规范。因此，作为救济措施的一种替代选择，竞争主管机构可以考虑倡导（advocacy），即思考行业监管是否比反垄断执法更有效？如果更有效，则可以动议向现有的行业监管机构赋予额外权力，或者建立新的行业监管机构。也就是说，在某些情况下，基于竞争原则的行业监管，比滥用支配地位案件中实施复杂的获取投入的救济措施更容易实施。

二　掠夺性定价

掠夺性定价是企业采取的一种封锁策略，通过牺牲短期利润将竞争

---

① See Greg Sivinski, Alex Okuliar & Lars Kjolbye, "Is big data a big deal? A Competition Law Approach to Big Data", 13 *European Competition Journal*, 199 – 227 (2017).

② See Marina Lao, "Search, Essential Facilities, and the Antitrust Duty to Deal", 11 *Northwestern Journal of Technology and Intellectual Property*, 275 (2013).

对手逐出市场，并寻求后期更高的价格来弥补损失。这种行为的一种典型形式，被称为低于成本的掠夺性定价（通常是低于平均可变成本的定价），这意味着与支配企业同等效率的竞争对手将无法与之竞争。① 但是，在高于成本的掠夺性定价的情况下，需要从更广泛的角度来确定这种行为是否具有封锁竞争对手以外的商业理由。在美国等一些司法管辖区，正当的低价竞争与掠夺性定价的区别在于，该策略是否能够使企业在竞争对手被驱逐后通过更高的价格来弥补其损失。

在数字市场中，掠夺性定价案件涉及几个概念上的挑战。

第一，数字市场的边际成本通常非常低，确定正确的成本衡量标准并不容易。此外，许多数字企业以零价格提供产品，在这种情况下，机械地应用价格—成本测试难免会产生假阳性错误。②

第二，数字平台通常涉及不同业务之间的交叉补贴。平台一侧的低价格或零价格可能是一种最大化网络效应的策略，即吸引用户群来增加平台对另一侧用户群的价值（一侧的损失可以在另一侧弥补）。因此，平台一侧低于成本的价格可能是一种促进竞争的策略。③ 进一步讲，这里对掠夺性定价的分析，需要考虑市场各方面的总体成本和价格水平。有学者主张将平台的总体价格水平与总体平均可变成本进行比较。④

第三，在多边市场中，仅仅基于支配企业自身的成本—价格展开分析，恐怕无助于掠夺性定价的发现。⑤ 因为，在平台经济领域，用户基

① See OECD（2004），Competition Policy Roundtables：Predatory Foreclosure，available at https：//www.oecd.org/competition/abuse/34646189.pdf，last visit on Jan.11，2022.
② 零的价格可能反映了一系列商业策略，例如"免费增值"（freemium）策略，即企业既提供零价格版本的产品，也提供付费版本的产品。在这些情况下，低于成本的定价可能不会产生掠夺性封锁效应。
③ See OECD（2018），Rethinking Antitrust Tools for Multi-Sided Platforms，available at https：//www.oecd.org/daf/competition/Rethinking-antitrust-tools-for-multi-sidedplatforms-2018.pdf，last visit on Jan.11，2022.
④ See Stefan Behringer，Lapo Filistrucchi，Areeda-Turner in Two-Sided Markets，46 *Review of Industrial Organization*，287–306（2015）.
⑤ See OECD（2018），Rethinking Antitrust Tools for Multi-Sided Platforms，available at https：//www.oecd.org/daf/competition/Rethinking-antitrust-tools-for-multi-sidedplatforms-2018.pdf，last visit on Jan.11，2022.

础、规模效应、网络效应对于竞争至关重要。有效的竞争压力可以源自尚未产生临界规模的新竞争对手，尽管其效率不如在位支配企业。此时，支配企业的低价策略，可能妨碍新竞争对手争取用户以实现最低有效规模，进而封锁市场竞争。换句话说，掠夺性定价可能会对数字市场造成损害，即使它损害的企业在效率上低于支配企业。这使得确定何种效率水平应该用于价格—成本测试成为一项挑战。此外，有学者提出了"削弱—收购"的损害机制，并认为其本质是掠夺性的：平台使用一种定价算法，以低于竞争对手的价格销售，待竞争对手的实力被削弱后将其收购。[1]

第四，证明弥补损失的潜力也是一项挑战。这除了与多边市场的复杂性有关外，在价格波动迅速和频繁的在线市场，评估是否可能或已经发生了损失补偿是非常困难的。实际上，数字企业的特点是看重长期增长而非短期利润，投资者也认为短期和中期的损失是合理的。因此，考虑到许多数字企业的商业战略和投资动态，在掠夺性定价案件中考虑弥补损失的潜力时，要有更长远和更广阔的（多市场）视野。

三　利润挤压

利润挤压的损害理论，主要集中在能源、广播、电信等网络产业，涉及在上游或下游具有重大市场力量的纵向整合企业，其通过交叉补贴或歧视性待遇来挤压、减损竞争对手的利润。事实上，在平台经济领域，利润挤压的损害理论亦可适用。[2] 主要包含以下两种机制。

（一）交叉补贴

利润挤压的一种损害机制，是具有支配地位的供应商对上游重要投入收取高价，而对下游产品收取低价，这意味着竞争对手将面临过高的投入成本和过低的产品价格（产品价格甚至无法弥补成本）。对支配企

---

① See Lina M. Khan, "Amazon's Antitrust Paradox", 126 *Yale Law Journal*, 710 – 805 (2017).

② See Friso Bostoen, "Online Platforms and Vertical Integration: the Return of Margin Squeeze?" 6 *Journal of Antitrust Enforcement*, 355 – 381 (2018).

业而言，下游市场产品低价带来的损失，可以通过在上游市场收取高昂的投入价格来弥补，但竞争对手却无法做到这一点。因此，此种情形的利润挤压可以被认为是一种掠夺性定价策略。① 同等效率竞争者测试可以应用于这种类型的利润挤压。此项测试的核心在于：如果支配企业的下游业务是独立的，且必须支付与竞争对手相同的投入价格，它是否有利可图？

（二）歧视性待遇

利润挤压的另一种损害机制，是具有支配地位的供应商在重要投入的价格或交易条件上，优待自己的下游业务（获取投入的价格较低），劣待竞争对手的下游业务（获取投入的价格较高）。② 这种行为提升了竞争对手的成本，迫使其提高产品价格，从而减轻了支配企业自家下游产品的竞争压力，最终导致消费者价格上涨或质量下降、创新减少。其实，歧视性待遇还可能以非价格条款的形式出现，例如对投入采取差异性交易条件，或对投入采取差异性质量，等等。欧盟的滥用支配地位案件对此种类型的利润挤压有所关注，而美国的垄断案件则没有。不过，美国执法机构在纵向并购的背景下考虑了类似的损害理论。③ 一般来说，企业有权选择其交易对象和商业伙伴；企业收取歧视性价格也可能具有正当理由，例如为了收回投资成本。因此，竞争主管机构可以把重点放在损害迹象明显的案件上：其一，所涉及的投入是不可或缺的，在这种情况下，利润挤压可以被视为一种实质性拒绝交易④；其二，这种行为导致竞争对手退出市场，而不是简单地减损其利润；其三，这种情况导致

---

① See OECD（2020），Lines of Business Restrictions：Background Note by the Secretariat，available at https：//one. oecd. org/document/DAF/COMP/WP2（2020）1/en/pdf，last visit on Jan. 10, 2022.

② 也可以是具有支配地位的下游分销商，在接入分销网络的价格或条件上，优待自己的上游业务，劣待竞争对手的上游业务。

③ See Carl Shapiro, Testing Vertical Mergers for Input Foreclosure（Note for OECD Roundtable），available at https：//one. oecd. org/document/DAF/COMP/WD（2019）75/en/pdf，last visit on Jan. 11, 2022.

④ See OECD（2009），Competition Policy Roundtables：Margin Squeeze, available at http：//www. oecd. org/regreform/sectors/46048803. pdf，last visit on Jan. 11, 2022.

竞争对手的利润率为负，而竞争对手在效率上与支配企业相当。

上述利润挤压的两种损害机制，在数字市场同样具有适用性。实际上，欧盟委员会在谷歌比较购物服务案中提出的歧视性杠杆理论（discriminatory leveraging theory）[1]，本质上就是利润挤压损害理论的变体，只不过是换了一种说法而已。

四 排他交易和忠诚折扣

实际上，数字市场中的滥用支配地位案件，大多与支配企业获取排他性（购买较高的客户市场份额）相关。这些条款既可以针对供应商或平台一侧的商户，也可以针对消费者或平台另一侧的用户；既可以采取合同中明确的排他条款的形式，也可以基于某种激励安排，比如允诺达到一定购买量或购买份额可获得的折扣，即所谓的忠诚折扣。

排他交易和忠诚折扣对竞争的影响需结合个案来分析。在一些情况下，这些措施通过防止供应商在分销过程中进行免费投资，或实现更有效的定价，或加强品牌之间的竞争，或刺激对每个客户和消费者的激烈竞争，可以提高效率。换言之，这是一种企业为了成为市场的主导者而积极竞争的趋势，即"为排他而竞争"（competition for exclusivity）。[2] 然而，排他交易和忠诚折扣可能不是实现这些目标的唯一手段，也就是说，可能存在对竞争损害更小的替代措施。比如，基于客户购买数量的折扣比基于客户购买份额的折扣（个性化折扣），在客户诱导效应和竞争封锁效应上更小，因而更合理。[3] 实际上，排他交易和忠诚折扣可以产生类似的限制竞争效果，特别是涉及下列情形。

---

① See European Commission Decision in Case AT. 39740. 27 June 2017, available at https：//ec. europa. eu/competition/antitrust/cases/dec_ docs/39740/39740_ 14996_ 3. pdf, last visit on Jan. 11, 2022.

② See OECD（2018）, Rethinking Antitrust Tools for Multi-Sided Platforms, available at https：//www. oecd. org/daf/competition/Rethinking-antitrust-tools-for-multi-sidedplatforms-2018. pdf, last visit on Jan. 9, 2022.

③ See OECD（2016）, Fidelity Rebates-Background Note by the Secretariat, available at http：//www. oecd. org/officialdocuments/publicdisplaydocumentpdf/? cote＝DAF/COMP（2016）5&docLanguage＝En, last visit on Jan. 11, 2022.

第一，支配企业签订独家供应协议，以提高竞争对手的成本，削弱其竞争能力。例如，支配企业与上游重要供应商签订独家供应协议，从而封锁竞争对手获得关键投入的渠道，或者使竞争对手仅能获得质劣价高的替代性投入，推高竞争对手的成本，最终产生与拒绝交易类似的反竞争效果。[①]

第二，支配企业可能会与客户签订独家协议或提供忠诚折扣（特别是个性化的追溯折扣），以削弱竞争对手的规模效应或网络效应，提升其经营成本。然而，很难在概念上区分企业是在积极进取地竞争还是在滥用支配地位。事实上，一些排他协议和忠诚折扣可以被更有效地视为掠夺性定价，即一种暂时的低价策略，以逼迫竞争对手退出市场，此后支配企业可以利用其增强的市场力量收取更高的价格。然而，在以多边市场为特征的平台经济领域，排他协议和忠诚折扣不必涉及短期的利润牺牲。例如，一个平台企业可以在市场的一边使用排他性的折扣来削弱竞争对手的规模、提升其成本，同时在市场的另一边弥补损失（交叉补贴）。[②] 这意味着，即使有任何利润牺牲，也会实时得到补偿。更普遍地说，在数字市场中，排他性策略是一个特别值得关注的问题。其形式多样，不限于排他协议和忠诚折扣，还包括以免费附加服务的形式提供的折扣，限制数据的可移植性，限制用户多归属或者降低使用多种服务的便利性，等等。[③] 在这当中，限制用户多归属，尤其需要引起高度重视，因为这种排他性策略可以显著地加剧市场"倾斜"并成为垄断的趋势。

第三，支配企业可以利用忠诚折扣对竞争对手的销售"征税"。假设 A 公司为其客户提供一种全部产品的购买折扣，条件是该客户从 A 公

---

① See Thomas G. Krattenmaker, Steven C. Salop, "Anticompetitive Exclusion: Raising Rivals' Costs to Achieve Power over Price", 96 *Yale Law Journal*, 209 – 294 (1986).

② 有学者建立了一个模型来分析欧盟谷歌 Android 案的条件，这个模型展示了一个支配企业如何利用排他性支付来阻碍竞争对手的规模，然后在平台其他侧使用"分而治之的策略"（a divide and conquer strategy）来最小化排他性支付的代价。See Federico Etro, Cristina Caffarra, "On the economics of the Android case", 13 *European Competition Journal*, 282 – 313 (2017).

③ 这些排他性策略可用于阻止竞争对手获得足够的用户基础从而产生网络效应，提高竞争对手的成本，降低市场的可竞争性。

司购买其产品需求的至少90%。也就是说，如果客户打算购买100个单位的产品，只要从A公司购买90个单位，就可以享受折扣。但是，如果客户考虑从A公司的竞争对手那里购买第101个产品，这个产品的成本将相当大，不仅包括产品的价格，还包括从A公司购买的90个产品所丧失的折扣。这类似于对竞争对手的销售征税。这种逻辑是美国两起垄断案件的基础，其中一起涉及数字行业的英特尔公司。①

五　搭售和捆绑

数字产品，无论是硬件、软件还是网络服务，通常以模块化或与其他产品的连接为特征。这些联系可以来自需求方面，如两个在功能上互补的产品；也可以来自供应方面，如专利技术、配件、程序等投入的组合。一般来说，当两个以上数字产品的现有或潜在消费者重叠时，企业具有将这些产品予以搭售（tying）②或捆绑（bundle）③的动机。搭售和捆绑在生活中十分常见，并且在很多情况下是以效率为依据的，即有助于企业实现规模经济、范围经济、网络效应，防止劣质产品搭便车而损害商誉等。④因此，搭售和捆绑不应被视作当然违法。然而，如果企业在至少一个产品市场拥有市场支配力，搭售或捆绑可能会损害消费者和竞争。具体来说，企业可以利用一个市场的市场力量来妨碍另一个市场的竞争，造成反竞争的封锁效应。这些情况在数字市场中很常见，包括但不限于：（1）当被搭售或捆绑的产品所在市场存在不完全竞争，表明搭售或捆绑可以获得额外利

---

① See OECD (2016), Fidelity Rebates-Background Note by the Secretariat, available at http://www.oecd.org/officialdocuments/publicdisplaydocumentpdf/? cote=DAF/COMP（2016）5&docLanguage=En, last visit on Jan. 11, 2022.

② 搭售是指一个企业要求客户购买其产品的同时也购买另一种产品，并把购买第二种产品作为允许其购买第一种产品的条件。搭售分为协议型搭售和技术型搭售。全线强制（full line forcing）是搭售的一种情形，即客户想要购买一种产品，却被迫购买一整套产品。

③ 捆绑是指一个企业将多种产品作为一个整体打包出售。它既可以通过纯捆绑的方式销售，也可以通过混合捆绑的方式销售。纯捆绑即搭售；混合捆绑即产品可以单独出售，同时也以折扣的方式打包出售。

④ See Federico Etro, Cristina Caffarra, "Tying and Bundling in the Digital Era", 14 *European Competition Journal*, 342–366 (2018).

润。尤其当被搭售或捆绑的产品所在市场存在重大进入壁垒时，搭售或捆绑更加有利可图。① 这种策略有时候也被称为"平台包抄"（platform envelopment），即利用一个市场的支配地位切入另一个市场，随后封锁该市场的竞争。② （2）被搭售或捆绑的产品是垄断产品外部用途（outside uses）的补充。在某些情况下，这意味着竞争对手没有足够的规模在被搭售或捆绑产品所在的市场上盈利，甚至被迫退出市场。当垄断产品本身是一个系统时，搭售或捆绑可能导致竞争对手的产品无法兼容于系统，由此产生的反竞争风险更大。（3）当存在对被搭售或捆绑产品的重复购买时（通常是耐用品售后市场的配套产品），比如当用户倾向于购买新版本或升级版本时，搭售或捆绑会提升用户的转换成本，造成用户锁定效应，使竞争对手的产品难以接触到用户。③ （4）当网络效应对于竞争至关重要时，搭售或捆绑可以是巩固或扩展支配企业自身产品网络效应，从而阻碍竞争对手产品形成网络效应的重要手段。④

事实上，数字市场的某些特征，比如规模经济、范围经济、低边际成本、网络效应、反馈循环（feedback loop）等，使搭售和捆绑策略更具吸引力。数字产品的性质使技术型搭售和捆绑相对容易实现，也就是说，产品设计可以用来限制互操作性，并在不同产品之间创建一个生态系统或无缝界面。众所周知，搭售或捆绑的损害理论要求存在两种相互独立的不同产品。然而，在数字市场上，产品之间的联系如此普遍，以至于很难区分什么是搭售或捆绑，什么不是。例如，当一个新的特性或功能被添加到一个数字产品时，这是否属于一个单独的产品被捆绑到原来的产品上？解决

---

① See OECD (2020), Roundtable on Conglomerate Effects of Mergers-Background Note by the Secretariat, available at https：//one. oecd. org/document/DAF/COMP (2020) 2/en/pdf, last visit on Jan. 12, 2022.

② See Thomas Eisenmann, Geoffrey Parker, Marshall Van Alstyne, "Platform Envelopment", 32 *Strategic Management Journal*, 1270 – 1285 (2011).

③ See Dennis W. Carlton, Michael Waldman, Tying, Upgrades, and Switching Costs in Durable-Goods Markets, NBER Working Paper No. 11407, available at https：//www. nber. org/papers/w11407, last visit on Jan. 13, 2022.

④ See Marc Bourreau, Alexandre de Streel, Digital Conglomerates and EU Competition Policy, available at http：//www. crid. be/pdf/public/8377. pdf, last visit on Jan. 12, 2022.

这个问题的一种方法,是确定新特性或功能是否由市场上的其他企业独立提供。也可以采访调查消费者,以确定相关产品是否存在未被搭售或捆绑而独立提供的情形。[①] 首先,在一些人看来,搭售和捆绑在数字市场上不限于通过协议或技术来实现产品联系,还会呈现出新形式,比如借助消费者的认知偏差形成事实上的搭售和捆绑。[②] 例如,企业在其手机操作系统中预先安装互补性的应用软件,消费者通常会保留默认选项,这可能对市场产生与搭售和捆绑同样的实际效果。[③] 不过,也有人质疑,这种策略是否真的可以被称为"没有强制"的搭售或捆绑。[④] 换句话说,单纯地利用消费者的认知偏差或者没有尊重消费者的知情权、选择权,是否就满足了违法搭售或捆绑所需的"强制"要件。其实,这种策略更接近于混合捆绑,其反竞争效果和违法性很大程度上取决于个案情况。

最后,关于搭售和捆绑的救济措施,可以根据所施加的是消极义务(如停止对产品的搭售和捆绑)还是积极义务(如采取措施以实现互操作性)来区分。例如,欧盟委员会对 Windows 与 Windows Media Player 搭售案的处理,最初采取的救济措施是施加消极义务,即要求提供一个没有 Windows Media Player 的 Windows 版本,但其市场效果并不理想。随后,各方同意了另一种救济办法,即把确保竞争对手的媒体播放器能够访问 Windows 这一积极义务纳入进来。[⑤]

---

① See Pinar Akman, "The Theory of Abuse in Google Search: A Positive and Normative Assessment under EU Competition Law", 2017 *University of Illinois Journal of Law, Technology & Policy*, 301 – 374 (2017).

② See Federico Etro, Cristina Caffarra, "Tying and Bundling in the Digital Era", 14 *European Competition Journal*, 342 – 366 (2018).

③ See Mary Steffel, Elanor F. Williams, Ruth Pogacar, "Ethically Deployed Defaults: Transparency and Consumer Protection through Disclosure and Preference Articulation", 53 *Journal of Marketing Research*, 865 – 880 (2016).

④ See Pinar Akman, "The Theory of Abuse in Google Search: A Positive and Normative Assessment under EU Competition Law", 2017 *University of Illinois Journal of Law, Technology & Policy*, 301 – 374 (2017).

⑤ See Pablo Ibáñez Colomo, Indispensability and Abuse of Dominance: From Commercial Solvents to Slovak Telekom and Google Shopping, available at https: //papers. ssrn. com/sol3/papers. cfm? abstract_ id=3502519, last visit on Jan. 13, 2022.

六 剥削性滥用

在一些司法管辖区，支配企业利用市场力量向消费者强加不公平价格或其他条件的情形，构成反垄断法禁止的剥削性滥用支配地位。[1] 这反映了特定的政策理念和取向。[2] 特别是，具有支配地位的企业负有特殊义务，不仅不应当从事反竞争行为（排他性行为）来损害竞争，也不应当滥用支配地位为其带来的商业机会和交易优势，采取不公平价格或其他条件（剥削性行为）来直接损害消费者。[3]

事实上，对数字市场上的某些行为感到担忧的竞争主管机构，已经开始使用或考虑使用剥削性滥用的损害理论。传统市场的剥削性滥用行为，更多表现为支配企业向消费者或客户收取过高价格或者施加不合理的交易条款。在数字市场，剥削性滥用可能呈现出其他形式，比如恶化向消费者提供的隐私条款和数据收集条款[4]，明确限制消费者将其数据或内容携带到其他平台，等等。这些情形都意味着服务质量的降低，而非收取的价格过高。也就是说，剥削性滥用还可以被定义为支配企业向消费者收取过高的非货币价格，如过度的数据收集或广告曝光等。[5] 此外，数字市场也可能充斥着个性化定价或其他定制化的服务条款，在某些情况下，可能符合价格歧视或歧视待遇的违法要件，从而构成对支配地位的剥削性滥用。[6]

---

① 然而，也有一些司法管辖区（如美国）未采取剥削性滥用的损害理论及制度，而是使用一些替代工具，包括市场研究、行业监管等。

② See Michal Gal, "Abuse of Dominance-Exploitative Abuses", in Lianos and Geradin eds. , *Handbook on European Competition Law*, Edward Elgar, 2013, pp. 385 - 442.

③ See Wolf Sauter, A Duty of Care to Prevent Online Exploitation of Consumers? Digital Dominance and Special Responsibility in EU Competition Law, TILEC Discussion Paper No. 2019 - 002, available at https：//papers. ssrn. com/sol3/papers. cfm? abstract_ id = 3353280, last visit on Jan. 14, 2022.

④ See Maurice E. Stucke, "Should We Be Concerned about Data-Opolies?", 2 *Georgetown Law Technology Review*, 275 - 324 (2018).

⑤ See Aleksandra Gebicka, Andreas Heinemann, "Social Media & Competition Law", 37 *World Competition*, 149 - 172 (2014).

⑥ See OECD (2018), Personalised Pricing in the Digital Era: Background Note by the Secretariat, available at https：//one. oecd. org/document/DAF/COMP (2018) 13/en/pdf, last visit on Jan. 14, 2022.

　　处理剥削性滥用案件,最核心的挑战在于如何确定有关行为是否"不公平"。从经济角度看,非价格效应与价格效应都会对消费者福利产生影响。然而,数字市场中剥削性滥用行为包含的非价格因素,可能会给市场参与者带来显著的不确定性和模糊性。[①] 因此,需要确保案件关注的非价格竞争维度,是那些对消费者实际很重要的维度,而不是仅仅反映消费者"应该"关心什么的主观判断。为了说明这种复杂性,有学者将 Facebook 的数据收集行为,置于欧盟法院的判例要旨下进行考量,即"价格过高,因为它与所提供的产品的经济价值没有合理的关系"[②]。分析发现,用户对 Facebook 的重视程度超过了该公司平摊到每个用户身上的广告营收。然而,这些发现并不完全可靠,因为用户对他们数据被收集、使用的情况可能缺少了解,而且当前的收益可能并不是未来数据价值的可靠指标。尽管这样,它确实说明亟须更好的分析工具和框架来评估一个支配企业是否提供了过高的价格或其他不公平的条件。德国联邦卡特尔局对 Facebook 数据收集行为的调查,以不公平交易条款而不是过高价格为突破口,实际上回避了此类分析的挑战。[③]

　　此外,查处数字市场的剥削性滥用案件,还面临救济措施方面的挑战。关键在于,得出一个企业的数据收集是过度的结论,需要判断什么水平是不过度的。这往往会使竞争主管机构处于作为行业(或隐私)监管机构的困难境地。尽管存在挑战,一些潜在的救济措施包括:实施某些标准,如欧盟《一般数据保护条例》确立的若干数据保护原则和规则;施加数据可移植性的要求;为消费者提供有意义的选择机会,如在数据收集方面为消费者提供更多程序选项;等等。

---

　　① See Michal Gal, "Abuse of Dominance-Exploitative Abuses", in Lianos and Geradin eds. , *Handbook on European Competition Law*, Edward Elgar, 2013, pp. 385 – 442.

　　② Friso Bostoen, "Online Platforms and Pricing: Adapting Abuse of Dominance Assessments to the Economic Reality of Free Products", 35 *Computer Law & Security Review*, 263 – 280 (2019).

　　③ See Marco Botta and Klaus Wiedemann, "Exploitative Conducts in Digital Markets: Time for a Discussion after the Facebook Decision", 10 *Journal of European Competition Law & Practice*, 465 – 478 (2019).

七 数字市场滥用支配地位的新形式

上述滥用支配地位案件的类型和公认的损害理论，可以帮助竞争主管机构对手头的事实进行类比，并对案件作出处理。实际上，在许多司法管辖区，滥用支配地位的立法也适用于上述具体情况之外。鉴于数字市场的独特的市场条件和行为形式，发展新的损害理论的建议层出不穷。但这些新的损害理论并非没有争议。在一些人看来，它们不符合既定的理论和分析框架，特别是背离了传统基础（芝加哥学派），给市场参与者带来了很大的不确定性。不过，在某些情况下，所谓新的损害理论，实际上与传统损害理论之间具有紧密联系，因而可借此来理解和评价新的损害理论。

（一）强制性搭便车

强制性搭便车（forced free riding）的损害理论，侧重于数字平台所扮演的独特角色——既是平台（特别是交易和内容类平台）的经营管理者，又是平台内的企业，即与依赖该平台的其他企业开展竞争。"当一个平台挪用了其他依赖该平台获取消费者的企业的创新时"①，就会出现强制性搭便车的现象。也就是说，具有支配地位的平台可以利用其中介的角色，获取平台上卖家和消费者的创新、数据或者内容，进而作出有利于自身利益的策略安排。例如，在数字平台上匹配和促进交易的一个支配企业，利用买家和卖家的数据来推销（跟卖）类似的自营产品。② 这种策略不仅免费搭乘了平台内竞争对手创新及其他收益的便车，而且还可能严重封锁平台内相关市场的竞争。

强制性搭便车的损害理论还处于探索阶段，出现损害的必要条件也不明确。不过，该损害理论与拒绝交易有一些相似之处，即都涉及一项重要资产（在本例中是一个平台），没有这一资产，下游企业或平台内的企业将很难接触到消费者。因此，一些与拒绝交易案例相同的标准似乎可以适

---

① See Howard A. Shelanski, Information, "Innovation, and Competition Policy for the Internet", 161 *University of Pennsylvania Law Review*, 1663 – 1705, (2015).

② 欧盟委员会对亚马逊展开的反垄断调查，其中就包括这类损害理论。

用，比如关于平台的不可或缺性的标准。实际上，在某些情况下，强制性搭便车的损害理论与利润挤压的损害理论更加接近，用后者来处理强制搭便车的情形可能更加合适。因为，具有支配地位的平台，可以选择为平台内的竞争对手提供不同的接入价格或服务、质量等其他条件，使其经营处于重大劣势甚至难以为继，从而造成反竞争的封锁效应。

（二）滥用杠杆或自我优待

滥用杠杆或自我优待（abusive leveraging or self-preferencing）的损害理论，涉及活跃在多个相关市场的支配企业（无论这些市场是纵向相关的，还是横向相关的）。与挪用竞争对手的创新等强制性搭便车的情形相比，滥用杠杆或歧视性杠杆损害理论侧重于支配企业如何将一个市场的支配力量辐射或传导到另一个市场，并偏袒该市场上自家的产品或服务。[①] 由于数字平台在多个相关市场运营，其商业模式通常以从另一个市场收回投资为前提，因而此类案例可能会越来越频繁。欧盟委员会查处的谷歌比较购物服务案即为一例。

该损害理论与拒绝交易也有一些相似之处，因为它们都涉及一项重要的投入。一个支配企业可能使用杠杆来事实上封锁竞争对手，而不必明确地拒绝供应投入从而触发拒绝交易案件。例如，一家企业可能会利用消费者的行为偏差，或选择更明显选项的倾向，以封锁竞争对手。在欧盟的谷歌购物案中，执法机构并未考虑"不可或缺性"的条件。其认为，由于救济措施是基于总体原则，不包含谷歌分享资产或与其他企业达成协议的积极义务，因而拒绝交易案件的相关要件并不适用。

滥用杠杆的损害理论也可能与搭售和捆绑表现出一些相似之处。两者都专注于利用一个市场的支配力量来封锁另一个市场的竞争。一方面，搭售和捆绑行为本身就表现出"自我优待"的倾向。另一方面，滥用杠杆可以被视为搭售或捆绑的一种形式，比如通过平台设计进行技术捆绑

---

① See Pablo Ibáñez Colomo, "Self-Preferencing: Yet Another Epithet in Need of Limiting Principles", 43 *world Competition*, 417-446.

或者混合捆绑，以实行折扣和其他激励措施。此外，利润挤压也可以被看作是一种滥用杠杆或自我优待。也就是说，从事滥用杠杆的企业在提供关键投入，或在接入平台的交易条件上，优待自身业务而劣待竞争对手业务，造成竞争封锁。

（三）隐私政策搭售

有学者指出，数字市场中可能出现一种特殊类型的包抄策略（envelopment strategy），即隐私政策搭售（privacy policy tying），亦即一家支配企业向消费者强加数据收集条款，允许其在多种情况下使用消费者数据。这种策略可以利用在具有支配地位的市场（原始市场）中收集的数据，切入一个具有重叠用户基础的新市场。此际，支配企业可以在新的目标市场上积极竞争，如通过原始市场的补贴将目标市场的产品价格设定为零。反过来，企业可以使用在新市场收集的数据，巩固或加强其在原始市场的支配地位。

考虑到这种行为对目标市场的封锁和对原始市场支配地位的强化，其可以被视为排他性滥用；考虑到这种行为对消费者强加广泛的不公平的数据使用条款，其也可以被视作排他性滥用和剥削性滥用的结合。对于隐私政策搭售的救济，确保消费者对数据的可移植性或可携带性是一种适当的工具。①

第四节　数字市场上的滥用支配地位案件：局限与应对

如上所述，数字市场中的滥用支配地位案件涉及一系列分析挑战。近年来，竞争政策界就以下问题展开了积极的辩论：一是如何修改滥用支配地位规则，以考虑数字市场的特征；二是滥用支配地位规则何时是解决特定竞争问题的正确工具。有代表性的建议如下。

---

① See Daniele Condorelli, Jorge Padilla, Harnessing Platform Envelopment Through Privacy Policy Tying, available at https：//papers. ssrn. com/sol3/papers. cfm? abstract_ id = 3504025, last visit on Jan. 15, 2022.

一　改进滥用支配地位的调整方法

针对目前滥用支配地位的规范程序和立法，人们提出了一系列改变，以解决数字市场特有的问题。

（一）发布更多的指引

大多数人指出，滥用支配地位规则在数字市场如何适用，需要竞争主管机构发布更明确透明、更具可预见性的指引。在某个司法辖区未就某一损害理论作出过既定判例的情况下，这种需要尤为明显。指引可以采取发布指南的形式，甚至可以通过修改立法来明确关键概念在数字市场如何应用。市场参与者将受益于这种确定性。例如，"德国竞争法4.0委员会"（Competition Law 4.0 Commission）概述了什么是数字市场中的市场力量，并就该主题发布了指导意见。[①]

（二）应用新的经济工具并修改现有的经济工具

一些建议则侧重于竞争主管机构用来评估行为效果的经济工具。例如，在案件评估中通过分析质量调节价格（quality-adjusted prices），更广泛地考虑竞争的非价格方面；又如，在评估市场力量和行为效果时，更多地利用行为经济学的见解，等等。

（三）重新平衡执法过度和执法不足的风险

如上所述，滥用支配地位的规范框架和案件裁决反映了对假阳性和假阴性之间平衡的判断。一些人认为，在某些司法管辖区（如美国），目前的做法过分偏向于避免假阳性，即存在执法不足。有观点进一步指出，长期以来，美国的反垄断执法更情愿在"宽赦潜在的反竞争行为方面犯错"，而欧盟的反垄断执法则更情愿在"禁止潜在的反竞争行为方面犯错"。[②]

---

① See Competition Law 4.0 Commission (2019), A New Competition Framework for the Digital Economy: Report by the "Competition Law 4.0 Commission", available at https://www.bmwi.de/Redaktion/EN/Publikationen/Wirtschaft/a-new-competition-framework-for-the-digital-economy. pdf?_ blob = publicationFile&v =3, last visit on Jan. 16, 2022.

② See Jacques Crémer, Yves-Alexandre de Montjoye, Heike Schweitzer, Competition Policy for the Digital Era, available at https://ec. europa. eu/competition/publications/reports/kd0419345 enn. pdf, last visit on Jan. 17, 2022.

（四）更多地使用临时措施来保护竞争

由于数字市场的快速演变，以及滥用支配地位案件可能需要花费大量时间（特别是在诉讼模式下），有人指出，竞争主管机构有必要迅速采取行动，防止市场受到损害。因为一旦竞争者被排挤出市场，可能就很难消除滥用行为造成的损害。例如，英国数字竞争问题专家小组建议更多地使用临时救济措施（interim remedies）来应对潜在的滥用行为，从而避免损害在案件裁决期间扩大。[①]

（五）立法完善

一些关于滥用支配地位规则的立法完善建议，主要包括：（1）取消界定相关市场的要求，允许通过不受竞争压力约束的反竞争行为的存在来推断市场力量。（2）实行举证责任倒置，使某些行为被推定为反竞争行为。这可能特别适用于具有强烈网络效应市场中的拒绝互联互通的行为（互操作性问题），以及当平台充当"中介基础设施"（intermediation infrastructure）时的自我优待行为。（3）对于尚未占据支配地位，但由于具有市场"倾斜"趋势而可能成为支配地位的企业，可以适用支配地位滥用的禁止性规定。

二 滥用支配地位的替代性解决方案

滥用支配地位规则并不能解决数字市场中可能出现的所有竞争问题。其实，即便滥用行为的损害理论是确凿无疑的，也不一定要发起滥用支配地位案件，因为其他竞争政策工具可以更有效地解决问题。例如，相较于通过事后调查来解决市场力量的滥用问题，并购审查可以从源头上防止市场力量的出现，因而更能从根本上解决竞争担忧。考虑到数字市场上不断涌现的颠覆性创新以及新进入者迅速改变市场的可能性，支配企业对新兴竞争对手的收购（掐尖式并购）需要引起

---

① See Digital Competition Expert Panel, Unlocking Digital Competition: Report of the Digital Competition Expert Panel, available at https://assets. publishing. service. gov. uk/government/uploads/system/uploads/attachm ent_ data/file/785547/unlocking_ digital_ competition_ furman_ review_ web. pdf, last visit on Jan. 17, 2022.

特别关注。①

竞争主管机构也可以利用其倡导职能（advocacy powers），进行市场研究，解决数字市场中的竞争问题。市场研究可以对市场竞争进行更结构性的分析，而不局限于以行为为中心的分析，因而有助于从更全面的视角来确定竞争问题。此外，通过市场研究可以做到未雨绸缪，即在滥用支配地位行为出现之前寻求促进竞争的方法。② 不过，目前只有少数司法管辖区有权在市场研究后实施救济措施。欧盟委员会已经为新竞争政策工具制定了一项提案，以使市场研究能够解决市场中的结构性竞争问题。

最近的几份专家报告更进一步，建议建立新的数字市场监管机构，以促进数字市场的竞争。这样的监管机构将促进竞争作为主要任务之一，但其工具和方法有所不同。例如，对竞争主管机构而言，监测和执行复杂的行为救济措施是一项挑战，但数字市场监管机构可以通过事前规则更好地承担这一任务。此外，数字市场监管机构可以更好地将可能与支配企业的行为相关但不符合滥用支配地位框架的替代性政策目标纳入考虑。概括来讲，数字市场监管机构可以解决以下问题：（1）对具有支配地位或战略性市场地位的平台（"瓶颈"平台或"看门人"平台）制定规则，如与公平、歧视、自我优待、互操作性有关的规则。（2）针对可能巩固市场力量的竞争问题制定相关措施，如建立数据可移植性规则，建立"用户友好型"的数据托管人制度，等等。

第五节 启示与简评

当前，全球正处于新一轮科技革命和产业变革的历史交汇期，数字经济方兴未艾、加速演进，其迥异于工业经济的运行机制和竞争特点，

---

① See OECD (2020), Start-ups, Killer Acquisitions and Merger Control: Background Note by the Secretariat, available at https: //one. oecd. org/document/DAF/COMP (2020) 5/en/pdf, last visit on Jan. 17, 2022.

② See OECD (2020), Using Market Studies to Tackle Emerging Competition Issues, available at https: //www. oecd. org/competition/globalforum/using-market-studies-to-tackleemerging-competition-issues. htm, last visit on Jan. 17, 2022.

不仅放大了企业滥用支配地位的风险，而且给传统滥用支配地位制度带来了一系列挑战。OECD"数字市场的滥用支配地位"论坛，对这些风险、挑战以及应对举措作了富有启示性的阐发，有助于我们从事实、规范、价值等维度重新认识、定位、完善滥用支配地位制度。

第一，把握数字经济的运行机制和竞争特点，是更好改进滥用支配地位制度的前提。数字经济的蓬勃发展，离不开数据要素、网络载体与ICT技术动力，具有支撑技术化、经营平台化、程序刚性化、行为数据化、数据数字化、平台生态化、营销精准化等特征。[①] 在数字经济中，市场竞争的维度极大拓展，不仅包括传统企业注重的价格、产量竞争，还包括更能决定企业成败的数据、质量、算法（技术）、创新、流量、注意力等竞争。数字经济中的竞争行为通常以实现和巩固多边架构、规模效应、范围经济、网络效应、平台生态为导向，并呈现出投资活跃、产融结合、并购频繁、创新密集、动态循环、赢者通吃等特征。

第二，数字经济的上述运行机制、竞争特点，使企业更易获得持久且稳定的支配地位，且数字商业模式的独特性质放大了支配地位被滥用的风险。一方面，规模经济、范围经济、网络效应在数字市场上扮演着至关重要的角色，它们可以帮助一个企业率先锁定消费者，培育用户基础；规模、范围、网络等方面的壁垒，加之消费者的某些行为偏见，使潜在进入者很难在市场上获得立足点，遑论打入多个市场与在位者竞争。这意味着，数字市场上的支配地位具有趋于持久和稳定的特点。另一方面，尽管基于效能竞争的支配地位本身无可厚非[②]，但数字平台纵向整合、跨业混合经营的独特商业模式，使支配企业更容易滥用其"中介基础设施""强制性瓶颈"或"守门人"的地位，实施拒绝交易、利润挤压、掠夺性定价、搭售、捆绑、排他交易（"二选一"）、自我优待、强制性搭便车、隐私政策搭售（过度收集使用数据）、大数据杀熟、不公

---

① 参见时建中《共同市场支配地位制度拓展适用于算法默示共谋研究》，《中国法学》2020年第2期。

② 参见郝俊淇《基于不同成因的市场支配地位及其反垄断法关注与应对》，《岭南学刊》2020年第4期。

平交易等滥用行为。这意味着,数字市场上的滥用支配地位行为更为纷繁复杂,也更为普遍。

第三,全面看待和准确把握滥用支配地位的损害效果,对于滥用支配地位的损害理论,既不过度保守、也不过度开放。其一,基于效果的分析是当前各司法辖区处理滥用支配地位案件的通行做法。我国《反垄断法》所禁止的滥用支配地位行为,多限定为"没有正当理由"的情形,这实际上包含了对行为正反两方面效果予以考量的要求。换言之,在我国反垄断法上,不存在"本身违法"的滥用支配地位行为。其二,以美国为代表的一些司法辖区,往往把滥用支配地位行为的损害效果局限于某种效率损失,并通过经济学的福利概念来加以量化。然而,在数字经济,这种狭隘的视角和方法恐怕更加不敷使用。就其本质来看,数字经济是"促进公平与效率更加统一的新经济形态"①,这意味着,对滥用支配地位损害效果的考量,起码有效率和公平两个视角。② 相应地,滥用支配地位的损害理论起码有两大分支:一是基于效率的损害理论,如排斥理论、掠夺理论、杠杆理论、提升竞争对手成本的封锁理论等限制竞争理论;二是基于公平的损害理论,如直接损害交易相对人(中小微企业、消费者)利益的不公平定价理论、歧视性待遇理论、隐私政策搭售理论、不公平交易理论等剥削理论。其三,数字经济的特点虽然使滥用支配地位行为更加纷繁复杂,但很多时候我们可以穿透行为的表象,运用传统的损害理论对其作出处理,而不必一味地寻求新的概念语词和开发新的损害理论。例如,当下被一些媒体炒得火热的平台"封禁"行为,实际上可以通过拒绝交易的规范模型来加以处理;平台"二选一"行为也可以通过排他交易(限定交易)的规范模型来作出分析。换言之,数字经济虽然有很多新的商业模式和策略行为,但从反垄断法和滥用支配地位制度的视角看,其损害机制与传统行为的损害机理可能别无

---

① 国务院:《"十四五"数字经济发展规划》,http://www.gov.cn/zhengce/content/2022-01/12/content_5667817.htm,最后访问日期:2022年1月17日。

② 参见郝俊淇《竞争政策和法律中的公平考量——OECD"竞争何以促进社会公平"论坛介评》,《中国价格监管与反垄断》2021年第10期。

二致。因此，在损害理论和制度规范的发展上，既不能顽固保守，也不能盲目求新。其四，在滥用支配地位规则运用的技术细节上，论坛提供了诸多富有启发性的见解。比如，更多考虑竞争的非价格维度，不过分执着于相关市场的界定，利用行为经济学的见解来评估支配地位和行为效果，更多地使用临时救济措施来应对潜在的滥用行为，将滥用支配地位制度拓展适用于试图获取支配地位的不当单边行为，等等。

　　第四，对滥用支配地位制度在数字经济领域的整体定位，不能脱离具体的国情和政策环境。正如论坛所言，由于不同的历史背景、国内环境、法律哲学、执法（司法）政策，滥用支配地位制度在不同司法辖区的适用情况有很大差异。就我国而言，反垄断法是保障社会主义市场经济体制的基本法律制度，因此无论是在传统经济还是数字经济，滥用支配地位制度都具有普遍适用性。同时，考虑到近年来我国资本、数据等生产要素的体量规模不断增大，向头部企业加速集聚，逐利冲动和扩张势能日益高涨，平台垄断、竞争失序、野蛮生长等乱象逐步凸显，给经济社会的持续健康发展带来了重大威胁。因此，国家作出了"强化反垄断和防止资本无序扩张"等战略部署。在这样的宏观背景下，我们更应当着力完善滥用支配地位制度，深入推进该制度在数字经济领域的实施，以维护公平竞争、创新活力、中小企业和消费者利益，保障公平正义和经济社会安全稳定。但必须强调的是，强化反垄断、深入推进滥用支配地位制度在数字经济领域的实施，须把握好时度效：一方面，要加强统筹协调，坚持系统观念，稳定市场主体预期，提振市场主体信心，平衡好法律执行过度和执行不足的风险，更好统筹效率与公平、活力与秩序、创新与保护、发展与安全，促进经济高质量发展；另一方面，要认识到滥用支配地位制度的限度，它只是数字经济风险治理体系的一种机制，不能"越俎代庖"，也无法"包治百病"。[①] 因此，我们必须紧扣反垄断法的立法目的，清醒认识滥用支配地位制度的功能边界和适用范围。

---

　　① 参见时建中《反垄断法不是治理平台的唯一机制，无法"包治百病"》，https：//xw. qq. com/cmsid/20211220A0BH8V00？f＝newdc，最后访问日期：2022 年 1 月 17 日。

参考文献

一 中文著作

曹士兵：《反垄断法研究》，法律出版社 1996 年版。

韩伟：《迈向智能时代的反垄断法演化》，法律出版社 2019 年版。

蒋岩波：《网络产业的反垄断政策研究》，中国社会科学出版社 2008 年版。

荆文君：《互联网平台企业的"垄断"现象与福利效应》，中国财政经济出版社 2020 年版。

兰磊：《论反垄断法多元价值的平衡》，法律出版社 2017 年版。

李剑：《搭售的经济效果与法律规制》，中国检察出版社 2007 年版。

厉以宁：《中国经济双重转型之路》，中国人民大学出版社 2013 年版。

刘志成：《中国反垄断：经济理论与政策实践》，经济科学出版社 2015 年版。

全国人大常委会法制工作委员会经济法室编：《中华人民共和国反垄断法：条文说明、立法理由及相关规定》，北京大学出版社 2007 年版。

沈敏荣：《法律的不确定性——反垄断法规则分析》，法律出版社 2001 年版。

时建中、张艳华主编：《互联网产业的反垄断法与经济学》，法律出版社 2018 年版。

时建中主编：《反垄断法——法典释评与学理探源》，中国人民大学出版社 2008 年版。

时建中主编：《〈中华人民共和国反垄断法〉专家修改建议稿及详细说

明》，中国政法大学出版社 2020 年版。

唐要家：《市场势力可维持性与反垄断》，经济管理出版社 2007 年版。

王传辉：《反垄断的经济学分析》，中国人民大学出版社 2004 年版。

王先林：《知识产权与反垄断法——知识产权滥用的反垄断问题研究》（修订版），法律出版社 2008 年版。

王晓晔：《反垄断法》，法律出版社 2011 年版。

吴敬琏、刘吉瑞：《论竞争性市场体制》，中国大百科全书出版社 2009 年版。

徐士英：《竞争政策研究——国际比较与中国选择》，法律出版社 2013 年版。

许光耀：《欧共体竞争法通论》，武汉大学出版社 2006 年版。

应品广：《法治视角下的竞争政策》，法律出版社 2015 年版。

张守文：《经济法理论的重构》，人民出版社 2004 年版。

张维迎：《经济学原理》，西北大学出版社 2015 年版。

张维迎：《市场的逻辑》（增订版），上海人民出版社 2012 年版。

赵杰：《垄断的观念》，人民出版社 2007 年版。

郑艳馨：《我国公用企业垄断力滥用之法律规制》，法律出版社 2012 年版。

二 中文译著

［比］保罗·尼豪尔、［比］彼得·范·克莱恩布吕格尔主编：《创新在竞争法分析中的角色》，韩伟等译，法律出版社 2020 年版。

［德］卡尔·拉伦茨：《法学方法论》（全本·第六版），黄家镇译，商务印书馆 2020 年版。

［德］乌尔里希·施瓦尔贝、丹尼尔·齐默尔：《卡特尔法与经济学》，顾一泉、刘旭译，法律出版社 2014 年版。

［德］亚图·考夫曼：《类推与事物本质——兼论类型理论》，吴从周译，台湾新学林出版股份有限公司 1999 年版。

［美］戴维·格伯尔：《二十世纪欧洲的法律与竞争——捍卫普罗米修

斯》，冯克利、魏志梅译，中国社会科学出版社 2004 年版。

［美］赫伯特·霍温坎普：《反垄断事业：原理与执行》，吴绪亮等译，东北财经大学出版社 2011 年版。

［美］赫伯特·霍温坎普：《联邦反托拉斯政策——竞争法律及其实践》，许光耀、江山、王晨译，法律出版社 2009 年版。

［美］基斯·希尔顿：《反垄断法：经济学原理和普通法演进》，赵玲译，北京大学出版社 2009 年版。

［美］理查德·A. 波斯纳：《反托拉斯法》（第二版），孙秋宁译，中国政法大学出版社 2003 年版。

［美］罗伯特·皮托夫斯基等：《超越芝加哥学派——保守经济分析对美国反托拉斯的影响》，林平、臧旭恒等译，经济科学出版社 2013 年版。

［美］欧内斯特·盖尔霍恩、威廉姆·科瓦西奇、斯蒂芬·卡尔金斯：《反垄断法与经济学》（第 5 版），任勇、邓志松、尹建平译，法律出版社 2009 年版。

［美］莎拉·马克斯韦尔：《如何正确定价》，陈汝燕等译，电子工业出版社 2009 年版。

［美］威廉·谢佩德：《市场势力与经济福利导论》，易家详译，商务印书馆 1980 年版。

［美］朱·弗登博格、［法］让·梯若尔：《寡头垄断的动态模型：理论与应用经济学基础》，张嫚、谢晓爽译，机械工业出版社 2016 年版。

［意］马西莫·莫塔：《竞争政策——理论与实践》，沈国华译，上海财经大学出版社 2006 年版。

［英］阿里尔·扎拉奇、［美］莫里斯·E. 斯图克：《算法的陷阱：超级平台、算法垄断与场景欺骗》，余潇译，中信出版社 2018 年版。

［英］奥利弗·布莱克：《反垄断的哲学基础》，向国成等译，东北财经大学出版社 2010 年版。

［英］Daniel Gore 等：《经济学分析方法在欧盟企业并购反垄断审查中的适用》，黄晋等译，法律出版社 2017 年版。

三　中文论文

陈兵：《我国〈反垄断法〉"滥用市场支配地位"条款适用问题辨识》，《法学》2011 年第 1 期。

陈志广：《非效率市场力量与效率市场力量——一个关于反垄断规制对象的基础框架》，《江苏社会科学》2007 年第 1 期。

大卫·埃文斯、张艳华、张昕竹：《反垄断法规制不公平定价的国际经验与启示》，《中国物价》2014 年第 5 期。

侯利阳：《共同市场支配地位法律分析框架的建构》，《法学》2018 年第 1 期。

焦海涛：《论互联网行业反垄断执法的歉抑性——以市场支配地位滥用行为规制为中心》，《交大法学》2013 年第 2 期。

焦海涛：《社会政策目标的反垄断法豁免标准》，《法学评论》2017 年第 4 期。

金善明：《中国反垄断法研究进路的反思与转型》，《法商研究》2017 年第 4 期。

兰磊：《非法价格歧视行为的判断标准研究》，《竞争政策研究》2015 年第 5 期。

李国海：《行政性垄断受益经营者可制裁性分析》，《法学评论》2019 年第 5 期。

李剑：《反垄断私人诉讼困境与反垄断执法的管制化发展》，《法学研究》2011 年第 5 期。

李剑：《论反垄断法的实质理性》，《学习与探索》2013 年第 12 期。

李剑：《论结构性要素在我国〈反垄断法〉中的基础性地位——相对优势地位滥用理论之否定》，《政治与法律》2009 年第 10 期。

李剑：《市场支配地位认定、标准必要专利与抗衡力量》，《法学评论》2018 年第 2 期。

李剑：《中国反垄断法实施中的体系冲突与化解》，《中国法学》2014 年第 6 期。

李天舒：《"结构—行为—绩效"范式的理论演进与现实应用》，《改革与战略》2008 年第 7 期。

刘继峰：《竞争法中的消费者标准》，《政法论坛》2009 年第 5 期。

刘继峰：《依间接证据认定协同行为的证明结构》，《证据科学》2010 年第 1 期。

吕明瑜：《网络产业中市场支配地位认定面临的新问题》，《政法论丛》2011 年第 5 期。

任剑新：《美国反垄断法思想的新发展——芝加哥学派与后芝加哥学派的比较》，《环球法律评论》2004 年第 2 期。

邵建东：《论市场支配地位及其滥用》，《南京大学法律评论》1999 年第 1 期。

时建中、陈鸣：《技术标准化过程中的利益平衡——兼论新经济下知识产权与反垄断法的互动》，《科技与法律》2008 年第 5 期。

时建中：《论竞争政策在经济政策体系中的地位——兼论反垄断法在管制型产业的适用》，《价格理论与实践》2014 年第 7 期。

时建中：《我国〈反垄断法〉的特色制度、亮点制度及重大不足》，《法学家》2008 年第 1 期。

苏华：《不公平定价反垄断规制的核心问题——以高通案为视角》，《中国价格监管与反垄断》2014 年第 8 期。

孙晋：《数字平台垄断与数字竞争规则的建构》，《法律科学》2021 年第 4 期。

王先林：《超高定价反垄断规制的难点与经营者承诺制度的适用》，《价格理论与实践》2014 年第 1 期。

王先林：《涉及专利的标准制定和实施中的反垄断问题》，《法学家》2015 年第 4 期。

王晓晔：《有效竞争——我国竞争政策和反垄断法的目标模式》，《法学家》1998 年第 2 期。

王晓晔：《〈中华人民共和国反垄断法〉析评》，《法学研究》2008 年第 4 期。

吴韬：《互联网反垄断案件中的市场份额与经营者市场地位评估》，《竞争政策研究》2015 年第 3 期。

吴绪亮、孙康、侯强：《存在治理垄断的第三条道路吗？——买方抗衡势力假说研究的近期突破》，《财经问题研究》2008 年第 6 期。

肖江平：《滥用市场支配地位行为认定中的"正当理由"》，《法商研究》2009 年第 5 期。

许光耀：《互联网产业中双边市场情形下支配地位滥用行为的反垄断法调整——兼评奇虎诉腾讯案》，《法学评论》2018 年第 1 期。

许光耀：《价格歧视行为的反垄断法分析》，《法学杂志》2011 年第 11 期。

杨文明：《市场份额标准的理论反思与方法适用——以互联网企业市场支配地位认定为视角》，《西北大学学报》（哲学社会科学版）2014 年第 3 期。

叶明：《互联网行业市场支配地位的认定困境及其破解路径》，《法商研究》2014 年第 1 期。

叶卫平：《反垄断法分析模式的中国选择》，《中国社会科学》2017 年第 3 期。

袁波：《标准必要专利权人市场支配地位的认定——兼议"推定说"与"认定说"之争》，《法学》2017 年第 3 期。

袁嘉：《德国滥用相对优势地位行为规制研究——相对交易优势地位与相对市场优势地位的区分》，《法治研究》2016 年第 5 期。

张永忠：《反垄断法中的消费者福利标准：理论确证与法律适用》，《政法论坛》2013 年第 3 期。

四　外文著作

ABA Section of Antitrust Law, *Market Power Handbook*: *Law and Economics Foundations* (Second Edition), ABA Publishing, 2012.

Alison Jones & Brenda Sufrin, *EU Competition Law*: *Text*, *Cases and Materials* (Fifth Edition), Oxford University Press, 2014.

Marilena Filippelli, *Collective Dominance and Collusion: Parallelism in EU and US Competition Law*, Edward Elgar Publishing Limited, 2013.

M. A. Utton, *Market Dominance and Antitrust Policy* (Second Edition), Edward Elgar, 2003.

Richard Whish & David Bailey, *Competition Law* (Eighth Edition), Oxford University Press, 2015.

R. O' Donoghue & J. Padilla, *The Law and Economics of Article 82 EC*, Hart Publishing, 2006.

Vijver, Tjarda Desiderius Oscar van der, *Objective Justification and Prima Facie Anti-competitive Unilateral Conduct: an Exploration of EU Law and Beyond*, Doctoral Dissertation of Leiden University, 2014.

五 外文论文

Alan Devlin & Michael Jacobs, "Antitrust Error", 52 *William & Marry law Review*, (2010).

A. Neil Campbell & J. William Rowley, "The Internationalization of Unilateral Conduct Laws-Conflict, Comity, Cooperation and/or Convergence", 75 *Antitrust Law Journal*, (2008).

Ariel Ezrachi & David Gilo, "Are Excessive Price Really Self-correcting", 5 *Journal of Law and Economics*, (2009).

Barry B. Hawk, "System Failure: Vertical Restraints and EC Competition Law", 32 *Common Market Law Review*, (1995).

Barry J. Roger, "The Oligopoly Problem and the Concept of Collective Dominance: EC Development in the Light of U. S. in Antitrust Law and Policy", 2 *Columbia Journal of European Law*, (1996).

C. Frederick III Beckner & Steven C. Salop, "Decision Theory and Antitrust Rules", 67 *Antitrust Law Journal*, (1999).

Christopher R. Leslie, "Predatory Pricing and Recoupment", 113 *Columbia Law Review*, (2013).

Christopher Townley, Eric Morrison, Karen Yeung, Big Data and Personalised Price Discrimination in EU Competition Law, https: //ssrn. com/abstract = 3048688.

Chris Withers and Mark Jephcott, "Where to Go Now for E. U. Oligopoly Control", 22 *European Competition Law Review*, (2001).

C. Scott Hemphill & Tim Wu, "Parallel Exclusion", 122 *The Yale Law Journal*, (2013).

Daniel A. Crane & Graciela Miralles, "Toward a Unified Theory of Exclusionary Vertical Restraints", 84 *Southern California Law Review*, (2011).

Daniel A. Crane, "Rules Versus Standards in Antitrust Adjudication", 64 *Washington and Lee Law Review*, (2007).

Daniel F. Spulber, "Innovation Economics: The Interplay among Technology Standards, Competitive Conduct, and Economic Performance", 9 *Journal of Competition Law & Economics*, (2013).

David J. Gerber, "Law and Abuse of Economic Power in Europe", 62 *Tulane Law Review*, (1987).

David S. Evans, "Why Different Jurisdictions Do not (and should not) Adopt the Same Antitrust Rules", 10 *Chicago Journal of International Law*, (2009).

Einer Elhauge, "Defining Better Monopolization Standards", 56 *Stanford Law Review*, (2003).

Einer Elhauge, "Tying, Bundled Discounts, and the Death of the Single Monopoly Profit Theory", 123 *Harvard Law Review*, (2009).

Eleanor M. Fox, "We Protect Competition, You Protect Competitors", 26 *World Competition*, (2003).

Felixe E. Mezzanotte, "Interpreting the Boundaries of Collective Dominance in Article 102 TFEU", 21 *European Business Law Review*, (2010).

F. Ennis, "Pedro Gonzaga, Chris Pike, The Effects of Market Power on

Inequality", *CPI Journal Fall* 2017.

Frank H. Easterbrook, "The Limits of Antitrust", 63 *Texas Law Review*, (1984).

Geoffrey A. Manne & Jushua D. Wright, "Innovation and the Limits of Antitrust", *George Mason Law & Economics Research Paper* No. 2009 – 54.

Gunnar Niels, "Collective Dominance: More than just Oligopolistic Interdependence", 22 *European Competition Law Review*, (2001).

Herbert Hovenkamp, "The Monopolization Offence", 61 *Ohio State Law Journal*, (2000).

Howard P. Marvel, "Exclusive dealing", 25 *Journal of Law & Economics*, (1982).

J. Gregory Sidak & David J. Teece, "Dynamic Competition in Antitrust Law", 5 *Journal of Competition Law and Economics*, (2009).

Jonathan B. Baker, "Beyond Schumpeter v. Arrow: Antitrust Fosters Innovation", 74 *Antitrust Law Journal*, (2007).

Jonathan B. Baker, "Exclusion as a Core Competition Concern", 78 *Antitrust Law Journal*, (2012).

Jonathan B. Baker, "Taking the Error out of Error Cost Analysis: What's Wrong with Antitrust's Right", 80 *Antitrust Law Journal*, (2015).

Jonathan M. Jacobson, "Exclusive Dealing, Foreclosure, and Consumer Harm", 70 *Antitrust Law Journal*, (2002).

Joshua D. Wright, "Moving Beyond Naïve Foreclosure Analysis", 19 *George Mason Law Review*, (2012).

Katharine Kemp, "A Unifying Standard for Monopolization: Objective Anticompetitive Purpose", 39 *Houston Journal of International Law*, (2017).

Lina M. Kahn, "Amazon's Antitrust Paradox", 126 *Yale Law Journal*, (2017).

Lina M. Kahn, "The New Brandeis Movement: American's Antimonopoly

Debate", 9 *Journal of European Competition Law & Practice*, (2018).

Louis Kaplow, "On the Relevance of Market Power", 130 *Harvard Law Review*, (2017).

Louis Kaplow, "Rules Versus Standards: An Economic Analysis", 42 *Duke Law Journal*, (1992).

Mark A. Lemley & Christopher R. Leslie, "Categorical Analysis in Antitrust Jurisprudence", 93 *Iowa Law Review*, (2008).

Mark S. Popofsky, "Defining Exclusionary Conduct: Section 2, The Rule of Reason, and the Unifying Principle Underlying Antitrust Rules", 73 *Antitrust Law Journal*, (2006).

Maurice E. Stucke, "Does the Rule of Reason Violate the Rule of Law?", 22 *Loyola Consumer Law Review*, (2009).

Michael J. Meurer, "Controlling Opportunistic and Anti-competitive Intellectual Property Litigation", 44 *Boston College Law Review*, (2003).

Reza Dibadj, "Conscious Parallelism Revisited", 47 *San Diego Law Review*, (2010).

Richard D. Cudahy & Alan Devlin, "Anticompetitive effect", 95 *Minnesota Law Review*, (2010).

Robert H. Lande, "Wealth Transfers as the Original and Primary Concern of Antitrust: The Efficiency Interpretation Challenged", 50 *Hastings Law Journal*, (1999).

Spencer Weber Waller, "Justice Stevens and the Rule of Reason", 62 *SMU Law Review*, (2009).

Steven C. Salop, "Anticompetitive Overbuying by Power Buyers", 72 *Antitrust Law Journal*, (2005).

Steven C. Salop, "Exclusionary Conduct, Effect on Consumers, and the Flawed Profit-Sacrifice Standard", 73 *Antitrust Law Journal*, (2006).

Steven C. Salop, "The Raising Rivals' Cost Foreclosure Paradigm, Conditional Pricing Practices, and the Flawed Incremental Price-Cost Test", 81 *Antitrust*

Law Journal, (2017).

Susan A. Creighton, D. Bruce Hoffman, Tomas G. Krattenmaker, Ernest A. Nagata, "Cheap Exclusion", 72 *Antitrust Law Journal*, (2005).

Thibault Schrepel, "A New Structured Rule of Reason for High-tech Markets", 50 *Suffolk University Law Review*, (2017).

Thomas Höppner, Data ExploitingAs an Abuse of Dominance: The German Facebook Decision, https://ssrn.com/abstract=3345575.

William E. Kovacic, "Competition Policy in the European Union and the United States: Convergence or Divergence in the Future Treatment of Dominant Firm", 4 *Competition Law International*, (2008).

William E. Kovacic, "The Institutions of Antitrust Law: How Structure Shapes Substance", 110 *Michigan Law Review*, (2012).

William E. Kovacic, "The Intellectual DNA of Modern U. S. Competition Law for Dominant Firm Conduct: The Chicago/Harvard Double Helix", 2007 *Columbia Business Law Review*, (2007).

William M. Landes & Richard A. Posner, "Market Power in Antitrust Cases", 94 *Harvard Law Review*, (1981).

后　记

　　本书是在博士毕业论文的基础上修改完成的。确定选题是在 2018 年年初，完成论文并通过答辩是在 2019 年 5 月。在当时，之所以把滥用市场支配地位作为研究对象，主要是基于以下几方面的背景和考虑。

　　首先，在反垄断法的四大支柱性制度领域，相较于垄断协议、经营者集中、行政性垄断，滥用市场支配地位在"分量"上似乎是最重的。因为，反垄断法是一部"抓大放小"的法律，具有市场支配地位的企业无疑是反垄断法紧盯的对象。甚至在我看来，反垄断法的标识性范畴或基石性范畴，就是市场支配地位。同时，反垄断法又是一部"结构性"的法律，市场的结构性因素在反垄断法的适用中居于核心地位，而市场支配地位蕴含或折射出的结构性因素，以及滥用行为所导致的市场结构条件的不良变化，将反垄断法的这种"底色"和"特色"彰显得淋漓尽致。

　　其次，在我国《反垄断法》实施的第一个十年，行政执法机构和法院处理了大量案件，其中滥用市场支配地位案件虽然数量较少，但反响最为强烈。例如，国家发展改革委对高通公司滥用支配地位行为的查处，原国家工商行政管理总局对利乐公司滥用支配地位行为的查处，法院对华为公司诉 IDC 公司滥用支配地位案的裁判、对奇虎公司诉腾讯公司滥用支配地位案的裁判，起到以案释法、震慑警戒作用的同时，也引发了社会各界对案件处理及滥用支配地位诸多问题的讨论和争议，一时间聚讼纷纭，难以归宗。

　　再次，虽然国内关于滥用市场支配地位的研究早在 20 世纪 90 年代就起步，也形成了一些重要的学术成果，但总体上看，局域性研究多而原理性阐发少是其主要特点。也就是说，既有的研究要么局限在具体滥用行为的类型化规则或规则制度方面，要么以特定的行业或领域为切入点。不可否认，这些研究有利于深化对相关问题的认识并形成学术积累，但也难免造成"只见树木，不见森林"的状况。实际上，有关滥用市场支配地位行为（垄断化行为）的一般性定义或判断标准问题，早已在域外学界和实务界争执得不可开交，但在国内，鲜有这方面的关注，也缺少这方面的系统性研究。在此意义上，以可概观的方式对滥用市场支配地位的规范原理进行探究，是非常必要的。

最后，从个人研究兴趣角度来讲，滥用市场支配地位亦是我最感兴趣的一个反垄断法领域。一方面，在硕士一年级正式接触反垄断法时，我就对滥用支配地位的制度和理论问题产生了浓厚兴趣，并写就发表了两篇与之相关的习作。另一方面，先后在四川省工商局反垄断与反不正当竞争执法处、国家发改委价格监督检查与反垄断局（反垄断二处）实习的经历，让我有幸见证对微软公司、高通公司的反垄断调查，由此建立起对滥用市场支配地位及其法律实践更为直接的经验感知。

基于上述背景和考虑，本书所要探求的核心问题，即什么是滥用市场支配地位的反垄断法原理？一言以蔽之，滥用市场支配地位是企业不正当地获取、维持、加强市场支配力以及对这种市场支配力的不正当行使的行为。展开来讲，根据滥用市场支配地位行为可能导致的不同性质的损害类型，可以划分出其在反垄断法上的不同基本规范类型（元规范类型），即"扭曲性滥用""剥削性滥用""排他性滥用"以及作为其规范前提的"单独市场支配地位"和"共同市场支配地位"。换句话说，对于滥用市场支配地位的规范原理，除了可以通过整全的、可概观的方式进行感知，还可以在扭曲性滥用、剥削性滥用、排他性滥用、单独市场支配地位、共同支配地位等基本规范类型的层面予以更好地把握。诚如德国法学家考夫曼所言，"概念没有类型是空洞的，类型没有概念是盲目的"，"法律以及法律发现的成功或失败，端赖能否正确地掌握类型。我们今日的不安定性——法律的不安定性——主要并非肇因于法律在概念上的掌握较以往拙劣；而是不能再确切无误地掌握位于法律概念背后的类型"。① 在此意义上，本书对于更好地理解和运用滥用市场支配地位制度，或许有些许帮助。不过，笔者深知自己能力有限，企图翔集事理却唯恐力不从心，尽管态度是比较认真的，但仍难掩符号的伤疤、逻辑的矛盾。错误之处、遗漏之处，恳请读者多多包涵和指正。

在这里，要特别感谢我的博士生导师时建中教授。我与时老师初识于2014年12月的成都，那时我还是四川大学法学院的硕士研究生。后来在2015年，借着到国家发改委实习的机会，我特意租住在政法大学小南门旁边的宿舍楼里，有幸以"托管生"的身份参与了诸多时门活动，这段经历弥足珍贵。正是时老师不吝关爱和指导，我才鼓起了走出四川来到北京、报考"法大"博士研究生的勇气和信心，并如愿拜入时老师门下。如今回首，可以说，时老师总是不遗余力地为我创造良好的学习和研究条件，同时在工作和生活上给予我无限的宽容呵护、鼓励支持、鞭策引导。一次次参与时门沙龙、课题研讨、学术会议、国际交流，无不涵养了我的学识、开拓了我的视野、陶冶了我的情操。跟随时老师的这些年，我深感时老师大气的格局、宽阔的眼界、独到的思维、高尚的人格魅力。毫无疑问，时老师是我做人、为学的积极榜样。一日为师，终身为父。我想，自己唯有在学术道路上不断求索、不断进步，才能报答时老师的知遇和再造之恩。当然，也要特别感谢师母苏老师。读书那会儿，经常趁着时老师不在家的时候去找师母蹭饭，工作了也没少去麻烦师母。师母质朴勤劳、持家有道、热情好礼、幽默风趣，跟她待在一起，总是能体会到广阔世界中的新乐趣和正能量。

感谢我的硕士生导师李平教授。在四川大学法学院攻读硕士学位期间，李老师对我的学习和研究给予了细致的指导。坦率地讲，我之所以能够对学术研究产生兴趣，能够顺利去到"法大"，并在追求学术的道路上扬帆起航，得益于李老师真诚的引领、帮助和鼓励。同时，也要感谢四川大学法学院的袁嘉老师。无论是在学生时期还是参加工作后，袁

---

① ［德］亚图·考夫曼：《类推与事物本质——兼论类型理论》，吴从周译，台湾新学林出版股份有限公司1999年版，第117、113页。

老师都亦师亦友，为我指点迷津、助力喝彩。

　　感谢中国社会科学院法学研究所各位领导的赏识栽培和各位同事的关心帮助。法学研究所是马克思主义法学和中国特色社会主义法治理论的坚强阵地；法学基础理论与法治重大现实问题研究的最高学术殿堂；党和国家在民主法治人权领域的高端思想库和智囊团。能够在博士毕业后来到这里工作，是我人生莫大的荣幸。愿自己不断努力，对得起这个平台和这份职责。此外，尤其要感谢中国社会科学院哲学社会科学创新工程对本书的出版资助，感谢中国社会科学出版社许琳编辑及其他为本书付出辛苦劳动的老师。

　　感谢多年来在我求学、工作、生活中给予我诸多关心和无私帮助的每一位师长前辈、师兄师姐、师弟师妹、同仁同学、亲戚朋友，恕我不再一一列举你们的名字。我深知，没有你们的关心支持，脚下的路寸步难行。

　　最后，感谢我的爱人对我无微不至的照顾及诸多理解和支持。感谢岳父岳母对我如同己出般的勉励和关爱。感谢父母的养育之恩。你们大家的爱，我感激不尽。

郝俊淇

2022 年 2 月于北京通州